广州铁路职业技术学院

（1974—2024）

主　审　张竹筠

主　编　王亚妮　乔西铭

副主编　王　超　徐小锋

西南交通大学出版社

·成　都·

图书在版编目（CIP）数据

广州铁路职业技术学院校史 ： 1974—2024 / 王亚妮，乔西铭主编. -- 成都 ： 西南交通大学出版社，2024. 10. -- ISBN 978-7-5774-0176-8

Ⅰ. U2-40

中国国家版本馆 CIP 数据核字第 2024GU9582 号

Guangzhou Tielu Zhiye Jishu Xueyuan Xiaoshi (1974—2024)

广州铁路职业技术学院校史（1974—2024）

主　编 / 王亚妮　乔西铭

策划编辑 / 罗在伟
责任编辑 / 居碧娟
封面设计 / 原创动力

西南交通大学出版社出版发行
（四川省成都市金牛区二环路北一段 111 号西南交通大学创新大厦 21 楼　610031）
营销部电话：028-87600564　028-87600533
网址：https://www.xnjdcbs.com
印刷：四川玖艺呈现印刷有限公司

成品尺寸　210 mm × 285 mm
印张　20.25　字数　473 千
版次　2024 年 10 月第 1 版　印次　2024 年 10 月第 1 次

书号　ISBN 978-7-5774-0176-8
定价　88.00 元

校训：创新每一天

校风：精益求精

教风：潜心教学　大爱育人

学风：勤学善思　砺能笃行

广州铁路职业技术学院校史（1974—2024）

编纂委员会

主　审：张竹筠

主　编：王亚妮　乔西铭

副主编：王　超　徐小锋

委　员：（按姓氏笔画排序）

马小荣　王　青　王友良　王巧莲　王丽娜　龙雄辉
冯　甫　冯建福　朱宛平　向成军　刘　琼　刘让雄
许爱军　李　宇　李先武　李助军　李瑞荣　杨益华
张文金　陈红志　林燕波　欧阳恩剑　周　般　周欢伟
郑山水　钟仲谋　段　文　曹　越　龚　健　谢家的
蒲　伟　蔡幼君　蔡勤生　管春玲　黎剑华　颜忠益

编写组：（按姓氏笔画排序）

组　长：冯建福　李　宇

组　员：古湘余　许雯婷　李海兵　陈亮波　庞林林
庞诗琴　段　艳

顾问组：（按姓氏笔画排序）

马仁听　王韶清　方雅明　卢宗耀　叶树潭　包琪龙
刘冬成　刘国生　刘彦圭　江林洋　李启元　李晓明
李淑珍　张东桥　麦国焞　陈　爽　林文华　林茂祥
林　姚　胡　琛　龚延祥　彭铁英　蒋新革　景广军
雷忠良　廖金榜　廖惠卿　潘　穗　潘濬源　薛小群

序言

光阴荏苒，广州铁路职业技术学院建校至今，已历经春秋五十载。回首往昔，筚路蓝缕、玉汝于成；喜看今朝，鸿博荟萃、风光旖旎；展望未来，砥砺奋进、豪情满怀。一部校史，浸染了无数铁职院人的奋斗心血，谱写了铁职院人的躬耕不辍、薪火相传的赞歌。

1974年，在羊城八景之一的石门，广州铁路职业技术学院的前身广州铁路司机学校诞生了！适逢我国高等职业教育的发端，为适应交通运输事业发展对技术力量的需要，广州铁路局审时度势，创办了广州铁路司机学校，广州铁路职业技术学院由此肇始。50年风雨兼程，学校紧密对接区域经济社会发展的需求，发挥行业背景深厚和政府重视支持的双重优势，凝心聚力、攻坚克难，在艰难中起步，在攻坚中崛起。2009年，学校以优异成绩通过教育部人才培养工作评估；2015年，通过教育部验收，学校建成为国家示范（骨干）高等职业院校；2019年，学校被认定为“全国优质专科高等职业院校”，并入选国家“双高计划”建设单位。

一、第一阶段（1974—2000 年）：在适应中追赶

从筹建、整合、重组到规范发展；从单一核心专业（内燃机车专业）创建到铁路各工种专业（车、机、工、电、辆专业）全覆盖。

1. 广州铁路司机学校的筹备建立

1974年5月22日，广州铁路局革命委员会〔1974〕95号文件《关于成立广州铁路司机学校的通知》批示，为了适应交通运输事业发展对技术力量的需要，决定成立广州铁路司机学校，该校属技工性质，校址设在石门，办学规模为800人。

2. 广州铁路技术学校应势而生

1979年4月，原铁道部下发《关于撤销、调整部分中专、技工学校的决定》文件，同意调整为广州铁路技术学校。1979年6月8日，广州铁路司机学校正式改为中等专业学校，校名改为广州铁路技术学校，办学规模为800人，设内燃机车、铁道企业供电等专业。

3. 广州铁路机械学校的蜕变

1983年11月12日，原铁道部广州铁路局下发《关于“广州铁路技术学校”改为“广州铁路机械学校”的通知》文件。文件提及，为加强对铁路中等专业学校的管理，使学校名称能更好地反映学校及所办专业的性质，经原铁道部教育局批准，将“广州铁路技术学校”改称为“广州铁路机械学校”。新校名即日起启用。广州铁路机械学校迎来重要的历史契机。

在全体教师的共同努力下，1994年，学校成为广东省省部属重点中专，评估进入全省前5名。广东省人民政府对学校寄予厚望：“切实把学校办好，发挥其骨干示范作用；推进我省普通中等专业学校教育体制改革和发展，更好地为现代化建设服务。”除此之外，学校还获得原铁道部优秀专业

奖，多次被评为广铁集团公司先进单位。

二、第二阶段（2000—2016 年）：在追赶中跨越

从移交转制、外延扩张到内涵提升、跨越发展；从迎评估、创示范到坚持做“优”轨道交通类专业、做“强”先进制造类专业、做“精”电子信息类专业、做“实”现代服务类专业，建设成为国家示范（骨干）高职院校。

1. 广州铁路职业技术学院成立

2000年6月22日，广东省人民政府粤府函〔2000〕356号文件批复，同意广州铁路运输职工大学、广州铁路机械学校、广州铁路成人中等专业学校三校合并转制为广州铁路职业技术学院，同时撤销广州铁路运输职工大学、广州铁路成人中等专业学校的校名。2000年9月29日，广州铁路职业技术学院宣布成立。

2. 学院移交转制

2004年9月1日，广州铁路（集团）公司与广州市人民政府正式签订《广州市境内铁路教育机构移交广州市人民政府管理协议书》，广州铁路职业技术学院正式移交广州市人民政府管理。学校移交后，纳入接收地事业单位编制和政府财政预算，执行当地政府的相关政策。

3.“迎评促建创示范”

2004年，广东省教育厅下发了《关于全面开展我省高职高专院校人才培养工作水平评估工作的通知》，通知要求2004年前成立及新办高职高专院校要在2004—2009年间接受评估。2006年10月，学校开始启动评建工作。全院教职工齐心协力，抢抓机遇，发扬敢打硬仗的精神，经过3年多的艰苦奋战，于2009年6月以优良成绩圆满通过人才培养工作评估。校企合作、人才培养、教学改革等方面取得了显著的成效，办学实力、办学水平跃上新台阶，为之后创建国家骨干高职院校奠定了坚实的基础。

4. 成为“国家骨干高职院校”

2010年11月，《教育部财政部关于确定“国家示范性高等职业院校建设计划”骨干高职院校立项建设单位通知）》（教高函〔2010〕27号）正式确定学校为2011年启动建设的国家骨干高职院校；2011年6月，根据教育部办公厅、财政部办公厅下发的教职成厅函〔2011〕44号文件要求，启动项目建设；2012年2月，《广州铁路职业技术学院国家骨干高职院校项目建设方案》与《广州铁路职业技术学院国家骨干高职院校项目任务书》通过教育部、财政部批复，学校全面启动各项工作；2014—2015年，根据验收专家组的整改意见，学校迅速成立整改工作组，针对存在的问题与不足，全面推进整改工作；2016年2月，两部下发《教育部财政部关于公布“国家示范性高等职业院校建设计划”骨干高职院校建设项目2015年验收结果的通知》（教职成函〔2016〕1号），学校顺利通过二次验收，成为“国家示范性高等职业院校建设计划”骨干高职院校。

三、第三阶段（2016—2020 年）：在跨越中突破

从紧扣新时代国家职教发展规划、对接粤港澳大湾区建设到服务“一带一路”倡议、助力中

国高铁“走出去”战略；从创强校、争一流到国家优质专科高职院校认定，立项成为省一流高职院校、国家“双高计划”建设单位。

1.“创新强校工程”

学校自2014年起已连续实施3轮“创新强校工程”。学校以习近平新时代中国特色社会主义思想为指导，全面贯彻落实全国教育大会精神，深入贯彻落实《国家职业教育改革实施方案》和《广东省职业教育“扩容、提质、强服务”三年行动计划（2019—2021年）》，按照广州市委市政府以及教育主管部门的决策部署，加强党对教育事业的全面领导，加强系统谋划、统筹推进，对标《“创新强校工程”建设规划》建设目标任务，成立领导小组，出台《广州铁路职业技术学院“创新强校工程”管理办法》《广州铁路职业技术学院“创新强校工程”资金管理办法》等制度文件，聚焦体制机制改革、省一流校和品牌专业、教育教学改革、基础能力提升、学校治理水平提升、科研与社会服务、对外交流与合作、创新创业教育等八大重点领域，挂图作战，攻坚克难，锐意进取，精益求精，高质量完成了年度建设目标和建设任务。2018年，我校“创新强校工程”考核取得全省A类第7名、市属高职院校第1名的佳绩。

2. 立项“广东省一流高职院校”

根据《广东省教育厅广东省财政厅关于实施广东省一流高职院校建设计划的通知》（粤教高函〔2016〕155号）要求，学校高度重视，组建“广东省一流高职院校”申报工作小组，积极组织申报工作。2016年9月，学校被广东省教育厅确定为广东省一流高职院校建设计划立项建设单位。

3. 被认定为“全国优质专科高等职业院校”

2019年7月，根据教育部《高等职业教育创新发展行动计划（2015—2018年）》项目认定名单，学校成功入选国家优质专科高等职业院校。此次全国入选“国家优质校”的高职院校共200所，广东省共入选14所。

4. 入选国家“双高计划”建设单位

2019年12月10日，教育部、财政部联合发布《教育部财政部关于公布中国特色高水平高职学校和专业建设计划建设单位名单的通知》，广州铁路职业技术学院成功入选国家“双高计划”建设单位，成为高职院校的“双一流”。这是学校植根于轨道交通产业集群，主动对接“一带一路”、高铁“走出去”和粤港澳大湾区经济社会发展，始终坚持做优做强轨道交通特色专业群，坚持德技兼修，坚持内涵式发展，坚持以教学为中心，坚持产教融合，锐意改革，开拓进取的体现，是学校继国家骨干高职院校、省一流高职院校、国家优质高职院校建设后的重大跨越和又一重大发展机遇。

四、第四阶段（2020—2035年）：在突破中引领

以“职教20条”为牵引，从单一中国特色高水平高职专业群建设到多个中国特色高水平高职专业群建设，乃至中国特色高水平高职学校建设；从面向中国职教现代化2035到打造中国特色、世界一流高职学校，输出高职教育领域的“中国标杆”“中国方案”。

1. 喜迁科教城新校区

2022年10月9日，学校作为第一批入驻广州科教城的龙头高职院校，科教城新校区正式投入使用。这是学校发展史上具有里程碑意义的大事，长期制约学校发展的瓶颈得以突破，学校迈向新一轮高质量新征程。

2. 教育质量持续攀升

2023年1月3日，教育部发布《关于中国特色高水平高职学校和专业建设计划中期绩效评价结果的公示》，学校“双高计划”中期绩效评价获得优秀等级；2023年8月16日，广东省教育厅发布《关于2023年度高等职业教育“创新强校工程”考核结果的公示》，学校2023年度“创强工程”考核位列全省高职院校A类规划院校第2名，取得历史性好成绩。

3. 产教融合竞争力位居全国前列

学校入选首个国家重大行业产教融合共同体暨国家轨道交通装备行业产教融合共同体成员单位。根据《2023中国高职院校产教融合竞争力排名评价报告白皮书》，学校以全国排名第6位入选“2023中国高职院校产教融合竞争力榜单50强”。学校入选首个国家重大行业产教融合共同体暨国家轨道交通装备行业产教融合共同体成员单位。根据《2023中国高职院校产教融合竞争力排名评价报告白皮书》，学校以全国排名第6位入选“2023中国高职院校产教融合竞争力榜单50强”。

学校在半个世纪的奋斗历程中，形成了特色鲜明的办学风格，积淀了勤勉耕耘、奋发拼搏的铁职文化，铸就了不甘人后、止于至善的铁职精神。50年来，学校历经沧桑，砥砺前行，长期形成的“精益求精”的校风在一代代铁职院人身上薪火相传、历久弥新。依靠这种励学敦行的文化和精神，铁职院人恪守“创新每一天”的校训，以勇于改革的胆略、善于标新的谋划、精于探索的智慧和敢为人先的气魄，开创了一个又一个的新局面：从建设教师工作室、“双师”工作室到合作学院、产教融合共同体；从创建花都工学结合基地到成立广州工业交通职教集团、学院理事会；从行业办学到政校行企共建……一个又一个改革举措的果断谋划、大胆探索和精准实施，无不引领和推动着学校朝着“轨道交通特色鲜明、行业领先、国内一流的高职院校”的发展目标阔步迈进。

岁月峥嵘，初心如磐；修史明志，烛照未来。

张竹筠

2024年3月18日于广州科教城

春风化雨篇

2000年10月26日，广州铁路职业技术学院成立暨揭牌仪式

2010年5月11日，广东省教育厅副厅长魏中林来我校基地检查指导工作

2012年11月14日，广州市教育局局长屈哨兵参观花都工学结合基地

2013年4月26日，广州市市长陈建华来我校视察

2013年9月22日，教育部国际合作与交流司巡视员刘宝利来我校视察工作

2016年，教育部关工委主任、教育部原副部长李卫红认真听取学校党委书记雷忠良对学校“工匠精神”的阐述

2018年5月17日，中央新疆工作协调小组办公室副主任、教育部原副部长鲁昕莅临学校调研

2018年5月18日，中央新疆工作协调小组办公室副主任、教育部原副部长鲁昕出席华南“一带一路”轨道交通产教融合联盟成立大会

2020年12月4日，教育部中外人文交流中心副主任夏娟出席广东省“一带一路”职业教育联盟暨华南“一带一路”轨道交通产教融合联盟2020年度活动

2023年5月18日，广东省人民政府参事、省教育厅原厅长罗伟其教授来访我校

2023年5月29日，老挝人民民主共和国琅勃拉邦省教育和体育厅厅长翁撒·乌段力来访我校

2023年10月31日，广东省教育厅厅长朱孔军、广州市教育局局长陈爽来我校调研

1995年，广州铁路职业技术学院举办二十周年校庆活动

2007年9月，"抓评估创示范"骨干培训班

2008年，广州铁路职业技术学院召开庆祝"中国共产党成立87周年暨表彰大会"

2008年12月，春运社会实践启动仪式（广东省教育厅思政处处长王自成讲话）

2008年12月，广州市委常委、宣传部部长王晓玲与我校春运工作者合影

2012年3月15日，德国雷姆塞德职业教育培训中心来花都工学结合示范园参观

2013年11月16日，广州工业交通职业教育集团在我校挂牌

2015年9月16日，国家骨干高职院校验收会议

2016年12月2日，学校承办了教育部首批现代学徒制试点工作经验交流活动

2017年10月24日，马来西亚拉曼大学学院代表团来校访问交流

2018年5月18日，华南“一带一路”轨道交通产教融合联盟成立大会，三方签署合作办学协议

2018年12月20日，学校党委书记雷忠良带队开展精准扶贫专题调研

2019年5月11日，学校校长马仁听出席
广州职业教育论坛

2019年6月，学校党委书记张竹筠调研梅州市
五华县岐岭镇黄塔村百香果种植基地

2019年11月11日，学校党委书记张竹筠为我校对口
帮扶黄塔村的扶贫工作坊授牌

2019年11月21日，“广州铁职院-白俄罗斯
国立交通大学合作办学”项目启动仪式及推介会

2020年7月18日，中国共产党广州铁路职业技术学院
第一次代表大会

2022年10月9日，学校科教城新校区举行入驻仪式

2022年12月11日，中华人民共和国国家发展和改革委员会“十四五”时期教育强国推进工程——广州铁职院轨道交通产教融合实训基地举行开工仪式

2023年10月18日，院士专家工作站联合研究工作室签约暨揭牌仪式

2023年12月29日，副校长乔西铭主持广州市新能源汽车智能制造产教联合体成立大会

师生风采篇

2016年12月5日，“五十年相濡以沫”金婚庆典活动

2018年5月，马来西亚拉曼大学学院学生到我校进行短期交流

2018年5月12日，学校国旗护卫队参加广东省学校国旗护卫队交流展示活动

2018年11月，学校教师在中国技能大赛城市轨道交通领域职业技能大赛第十届全国交通运输行业"捷安杯"全国总决赛中勇摘桂冠

2018年11月26日，学校教师在全国职业院校技能大赛中获奖

2019年1月，学校春运志愿者护送重点旅客上车

2019年9月，王亚妮名教师工作室启动仪式暨2019年度第一期研修班

2019年11月18日，学校教师党员赴广东省档案馆参观"不忘初心、牢记使命"主题教育档案文献展

2021年5月22日，学校国旗护卫队赛场英姿

2021年6月25日，“光荣在党50年”纪念章颁发仪式暨庆祝建党100周年老党员代表座谈会

2022年6月23日，我校田径代表队喜获广东省十一届大学生运动会金牌

校园风光篇

广州铁路机械学校时期（2000年以前）

实验楼

行政办公楼

图书馆

学生宿舍

广州铁路职业技术学院成立后（2000—2022年）

教学楼

校内实训基地

校园一角

图书馆

广州铁路职业技术学院科教城校区
（2022年以后）

校园全景

校园南门

教学楼

操场

图书馆

学生宿舍

校园夜景

轨道交通产教融合实训基地

目录

第五章　攀登：登高逐新立潮头

第六章　跨越：守正创新敢为先

第七章　使命：用行动诠释担当

附　录

第一章

开创
筚路蓝缕启山林

第一节

广州铁路司机学校筹备建立

中华人民共和国成立后，国家铁路建设克服种种困难，取得了突飞猛进的发展——铁路里程大大增加，铁路技术不断完善，铁路运输能力不断加强。但随着国民经济不断发展，人们对铁路运输的要求越来越高，传统的蒸汽机车已无法满足客运的需求。

1972 年，为了满足旅客列车牵引动力内燃化的需要，大连机车车辆厂在东风型机车的基础上设计制造了客运机车。东风 3 型客运机车投入批量生产，并配属到某些急需机车的客运机务段。广州铁路局长沙机务段是首个配属东风 3 型机车的机务段，担当京广铁路郴州—长沙—岳阳的旅客列车牵引任务，代替老旧的胜利 3 型和胜利 6 型蒸汽机车。

如果按照传统火车司机的培养途径，一名司机要培养 10 年以上才能驾驶火车，这并不利于我国铁路事业的持续、快速发展。因此，国家需要优化培养途径，缩短培养时间，提升铁路司机的文化水平和专业技能。在这样的时代背景下，原中华人民共和国铁道部决定要在全国成立三所学校，培养专门的内燃机车司机。广州作为我国南方最重要的综合交通枢纽，自然也就成为学校选址之一。

1974 年 4 月，铁道部、教育部批准筹备广州铁路司机学校。铁道部成立的三所司机学校分别是大连铁路司机学校、（浙江）金华铁路司机学校、广州铁路司机学校。广州铁路司机学校主要学习的便是东风系东风 3 型内燃机车。建校初期，学校教师不仅要承担校内的日常教学任务，还要承担在不同的机务段对蒸汽机车司机进行现场培训的任务，帮助他们实现从蒸汽机车司机向内燃机车司机的转变。

从无到有，勤俭建校

1974 年 5 月 22 日，广州铁路局革命委员会《关于成立广州铁路司机学校的通知》（〔1974〕95 号）批示，为了适应交通运输事业发展对技术力量的需要，决定成立广州铁路司机学校。该校属技工性质，校址设在广州石门，办 800 人的规模，于 1975 年秋开始招生。为了做好建校工作，兹决定立即抽调人员组成筹建小组，由 5 人组成，负责编制建校经费预算计划、筹备教学设备、教材等工作。在筹建的过程中以党的基本路线为纲，加强领导，坚持勤俭办学方针，抓紧建校，为培养又红又专的无产阶级革命事业接班人做出贡献。

1974 年下半年，广州市铁路局正式开始筹办广州铁路司机学校，抽调了袁寒松、罗容舟、邵文保、尹明春、罗玉良等人到铁路局人事劳动处的职工教育科从事筹备工作。其中，袁寒松是主要负责人；

罗容舟和邵文保负责基建工作；尹明春负责总务工作；罗玉良负责采购工作，采购办学所需的各种用品。

1975年1月，胡琛同志被任命为铁路司机学校副校长，到校上任，负责学校筹办的具体工作。3个月后，胡琛同志升任校长。

广州铁路司机学校建校选址在广州石门。“石门返照”是广州古老的“羊城八景”之一，创办广州铁路司机学校之前，此地便有办学。20世纪50年代末，全国兴起大办学校的风潮，广州铁路局在石门办了广州铁道学院和一所疗养院，但由于我国当时经济情况很差，在办学3年之后便撤销了。广州铁路司机学校就是在原有的广州铁道学院和石门疗养院的旧址上兴办的。

根据中华人民共和国交通部1975年5月（74）交计字1124号文件《关于广州铁路司机学校设计任务书的批复》显示，为适应铁路运输发展的需要，加速培训机车乘务、检修人员，同意利用原广州铁道学院扩建成广州铁路司机学校；本着勤俭办学精神，应充分利用原广州铁道学院的校舍，不足部分作适当补充；扩建面积核定为6500平方米，其中单身宿舍3600平方米，实习工厂1000平方米，食堂500平方米，住宅1400平方米。建设投入资金60万元。

虽然有了交通部批复的文件，但胡琛校长与其他筹建人员到石门考察时发现，原有的广州铁道学院和石门疗养院停办之后，办学、疗养设备基本上都被当地村民搬空了；广州铁路局最初为广州铁道学院和疗养院购买的300亩地，也因为“文化大革命”初期的命令，被当地农民收回了约150亩，篮球场和校办工厂的所在地被当地农民种上了水稻。并且，当时石门的社会治安情况相当差，人员流动较混杂，这些都给学校办学造成一定困扰。

相关筹建人员留下来清点了广州铁道学院与疗养院遗留下来的建筑，有一栋4层的教学大楼，20个教室，还有阶梯教室、教师办公室，以及一个简易饭堂兼礼堂。还有十几间比较破烂的平房，可以当作教工家属宿舍用。原疗养院大部分被划为教师办公和住宿区，一栋20世纪50年代苏联建筑模式的薄壳结构的四层楼房被用作学生集体宿舍。经过和当地农民友好沟通，学校成功收回土地。于是，班子成员做了两手准备，一方面向铁路局申请资金，一方面在学校外加建围墙，固定校界。

然而，对于办校来说，仅仅有这些建筑显然是不够的。于是，教师在教学的同时，还组织学生挖土方、建宿舍、建实习工厂等。当时建造的建筑大多拆掉了，至今唯一留下的只有小礼堂——这是学校历史上最悠久的建筑。

胡琛校长在任期间，相继建成了5层的教师办公大楼、可作礼堂用的饭堂、两栋学生宿舍（在两栋学生宿舍改作他用后，又另建了三栋）、家属宿舍、实验大楼、图书馆、校办工厂等。此外，在广北机务段旁边，学校还开辟了一处有3栋大楼的教学点作为实习基地。

1976年，唐山发生大地震。此次地震之后，全国各地对防震工作都重视起来。学校也于该年被告知原先广州铁道学院遗留下来的教学大楼属于危楼，须拆除重建。这栋四层建筑，由于在建造之时缺乏钢铁，采用了竹筋（把毛竹劈开做成的）代替，危险系数很高，必须马上拆除修建新楼。新楼竣工之后，胡琛校长也调离了学校。

在石门办学初期，学校遇到的困难主要有三个：路不通、水不通、电不通。何为“路不通”？

20世纪70年代，广州的交通相对落后，当时从广州到石门是没有通汽车的，要从广州过去石门，必须到西场坐船过去。如果想走陆路，必须绕道从其他地方走，耗时很多。一直到1977年，学校才配了一辆吉普车供党委书记使用。“水不通、电不通”就比较好理解了。当时学校并没有通自来水，在供电方面也存在一些问题，因而学校自己出资购买了抽水机、发电机，以保证学校日常的用水用电需求。

后来，学校与周边农民进行互助合作，由附近两个生产队每天按时按量供应新鲜蔬菜到学校食堂，师生经常去帮助农民维修拖拉机等机械。逢年过节聚餐，学校都会邀请农民前来一同用餐。办学初期的困难，都让师生们迎难而上解决了。

广州铁路司机学校教学楼

广州铁路司机学校学生食堂

招揽教师，壮大队伍

建校之初，党委书记由赵家瑞同志担任，校长由胡琛同志出任，副校长为袁寒松、汪其达。在没有可参考经验的情况下，这届班子无异于拓荒牛，只能“摸着石头过河”，边干边积累经验。学校有了，教师从哪里来？

当时，国家铁路方面的中专学校有株洲技校、衡阳工程学校等，广州铁路司机学校的班子就瞄准了这些学校，从里面招收了一批优秀的应届毕业生。1975 年，学校迎来了第一批优秀的青年教师，共 30 多人。他们来到广州铁路司机学校后，一个个干劲十足。胡琛校长在年轻教师到岗之际就很注重培养、锻炼，采取了各种方式方法，使得年轻教师们迅速成长，成为能够独当一面的教师。

时逢“文化大革命”末期，社会上要求正确对待知识分子这一呼声越来越高，广东人的家乡观念较之其他地方更浓，所以大批在外省的知识分子听闻广州要兴办铁路司机学校之后，便积极与学校取得联系，希望能够借任教的机会返回家乡。凭借此次知识分子回流的契机，学校在创校初期招揽到了一批有经验、有水平的教师。

以上两类来源的教师相会于石门，学校短期之内的师资力量得以不断壮大，师资水平也不断提升。1975 年，学校本部和校办工厂共有教职工 88 名，到了 1979 年，学校教职工人数扩充到 167 人。后来，学校还遴选出优秀的毕业生，送到大学再深造，之后返校任教，继续充实教职工队伍。

筹备就绪，正式开学

广州铁路司机学校是属于“部办局管”的技工学校。所谓“部办”，就是原铁道部办学，由原铁道部出台每年的招生计划，负责毕业生的分配，划拨办学经费。这里的经费包括教职工的工资和学生们的助学金，当时学生上学都是国家提供助学金的，不用学生自己出钱。而“局管”，则是广州铁路局管理，除办学经费外的资金外，都由铁路局负责提供。

起初学校的招生，并不是由本校决定的。当时的环境下，学生都是由农民推荐、公社批准的，学校只负责录取工作。招录的对象主要是 30 岁以下的农村知识青年和工农兵。改革开放之后，学校才逐渐开始面向社会招生。

1975 年 9 月 4 日，广州铁路局党委批准同意由陈金池、胡琛、袁寒松、黄清四位同志组成广州铁路司机学校党的核心小组，由胡琛同志任组长。10 月 4 日，广州铁路司机学校筹备就绪，于 25 日正式开学。第一届招生仅开设内燃机车一个专业，共招收学生 309 人。1976 年，第二届招生 194 人，除内燃机车专业外，学校开始增设企业供电、铁道运输专业，以适应铁路对专业技术人才的紧急需求。由此，学校有了内燃机车、企业供电、铁道运输 3 个专业。

1976 年 10 月 27 日，经广州铁路局党委常委研究决定，广州铁路司机学校党的核心小组改设为党委，全称“中国共产党广州铁路局广州铁路司机学校委员会”。

1977 年，广州铁路司机学校成立学生科，加强了对学生的管理。过去毕业生的分配都是有指标的，原铁道部将指标给到各个铁路局。学校的毕业生基本分配在广州铁路局，再由广州铁路局分配到各个基层单位。早期的学生人才辈出，很多都成为铁路局的骨干。

开门办学，实现生产

因广州铁路司机学校早期招收的学生并不由学校决定，各个公社推荐过来的学员文化水平参差不齐，导致教学上出现不同的困难。因此，学校在办好专业课程之外，还专门开设了配套的文化课程，旨在为基础较差的学生补课，为后面的教学工作打好文化基础。学校因此形成了文化课、技术基础课和专业课三个门类较为完整的课程体系。文化课程包括语文、数学、英语、政治、物理、化学等；技术基础课包括力学、制图、电工学、铁道概论等；专业课包括柴油机、电传动、制动机等专业知识学习。每门课程都设有专门的教研组。该课程体系中，文化课和技术基础课是为专业课服务的，排课遵循“以技术基础课、专业课为主，文化课为辅”的原则。

当时广州铁路司机学校并没有科研任务，教师的日常工作主要是教学。为了更好地教学，学校各教研组在每次实习前或利用出差机会多做现场调研，积累教学资料。教师们经常需要向兄弟院校学习取经，补自身的教学短板。在教学中，学校提倡“要给学生一杯水，教师要有一桶水”的做法，要求教师们要认真备好课，在课堂上针对学生理解程度，结合现场工作经验，采取启发式教学。在学生没下现场的情况下，多举实际例子进行启发。

但是，缺乏实践锻炼的机会，学生就无法真正地深刻理解理论知识。为填补校内有限的学习资源，学校实施了“开门办学”的教学模式，这一模式也在持续的实践中取得喜人成效。“开门办学”，也就是师生走出校门，到校外“大课堂”去学习、去办学，并请工农兵走上“讲台”。

在广州铁路司机学校的教学计划中，每一届学生除了要完成校内的理论课学习外，还需要进入校外工厂和工人一起劳动一段时间，参与生产工作。“开门办学”的教学模式让学生在实际中运用所学知识、锻炼动手能力的同时，获得一笔小小的收入。从学生的实践效果来看，此模式收效甚好。

第二节 广州铁路技术学校应势而生

1975 年 12 月 14 日，广州铁路局革命委员会未雨绸缪，向铁道部呈递了一份《关于将广州铁路司机学校改为广州铁路技术学校的报告》。报告提及，预计明年学校规模将达到 800 人。为迅速解决广州铁路局技术力量不足，以及提高在职职工的技术业务水平，拟自 1976 年开始再增设铁道运输和供电两个专业。为加强党对学校领导，培养“又红又专”的技术人才，拟申请将广州铁路司机学校改为广州铁路技术学校，机构设置和干部配备拟按中等专业学校办理。

1979 年 4 月，铁道部下发《关于撤销、调整部分中专、技工学校的决定》文件，同意调整为广州铁路技术学校。1979 年 6 月 8 日，广州铁路司机学校正式改为中等专业学校，校名改为广州铁路技术学校，办学规模为 800 人，设内燃机车、铁道企业供电等专业。1983 年 9 月 17 日，铁道部下发《关于批准成立职工中等专业学校的通知》，批准广州铁路局职工中等专业学校成立。

一套班子，两块牌子

将广州铁路司机学校改名为广州铁路技术学校的初衷，是升级扩大生源，使得学校办学质量再上一个平台。原先广州铁路司机学校的性质是技工学校，升级为广州铁路技术学校后，就属于中专院校。学校更名之后可以扩大招生，由单一的司机专业变得更加多元化。此外，学校的级别也提升了，原来广州铁路司机学校是科级单位，改名后则成了副处级单位。但是更名之后，广州铁路司机学校并未撤除，仍作为学校的一个分支一直存在，与后面的广州铁路技术学校、广州铁路机械学校并存。1983 年，广州铁路技术学校更名为广州铁路机械学校，广州铁路局职工中等专业学校正式成立。

广州铁路司机学校与广州铁路机械学校是一套班子、两块牌子。广州铁路司机学校是技工学校，业务由广州市劳动局管理；广州铁路机械学校是中专学校，业务划归广东省教育厅中专处管理。司机班、乘务班都隶属于广州铁路司机学校，由广州市劳动局下发招生指标。可以说，更名后的学校既办中专，也办技工学校。

1981—1983 年，广州铁路局陆续收回被学校用作教学办公大楼的疗养院等建筑，并马上通过了学校修建新楼的经费申请。在胡琛校长主持学校工作的 11 年中，学校的基建工作几乎没有停过。吴川的建筑工程队常年驻扎在学校。新建的教学楼为此后扩大招生提供了强有力的保障。

1979—1983 年，学校新招生源 570 名，具体招生情况见下表。

1979—1983年学校招生概况

年 份	招生人数	专业设置			
		内燃机车	企业供电	铁道运输	护 士
1979 年	120 人	40 人	80 人	—	—
1980 年	120 人	40 人	80 人	—	—
1981 年	80 人	—	80 人	—	—
1982 年	130 人	40 人	90 人	—	—
1983 年	120 人	40 人	80 人	—	—

从表 1-1 可知，铁道部专业调整后，从 1979 年开始便停止了铁道运输专业的招生，虽然 5 年间铁道运输专业和护士专业没有再新招生源，但这 2 个专业在读和毕业的生源都有。1979—1983 年运输专业毕业生达 238 人，护士专业毕业生有 40 人，为社会输送了一批专业后备人才。

自办学以来（1975—1983年），学校共招收学生1485人（其中中专生689人），毕业生共1154人（其中中专生360人）。另举办培训班（每期一年）两期共218人；干部文化班两期共66人；师资班一期26人。举办校外短训班多期。学校培养的毕业生普遍受到用工单位的欢迎和好评，不少人成长为铁路事业的骨干力量。

推贤让能，班子调整

1983年8月，铁道部在大连铁道学院召开一个全路的学校工作会议，所有铁路学校校长均出席。此次会议制定了今后铁路学校发展的规划。会上提出，技术学校要更名为机械学校，以进一步扩大规模，学校的等级也因此提升，由副处级上升为正处级。同时，会上还宣布了一条规定，要求今后中专以上的学校，校长一定要是本科大学毕业生。

学校校长胡琛同志出席了此次会议。自其归来之后，便着手学校的更名工作。与此同时，胡琛校长也积极配合铁道部制定的规定，以自己学历过低为由，向广州铁路局递交辞呈，希望铁路局任命更有文化的同志来担任学校校长，以引领学校获得更好的发展。

铁路局党委经过再三考虑，最终同意了胡琛同志的意见，批准其辞呈的同时，又任命其担任职工中专学校党委书记，去兴办职工中专学校，负责在职员工的教育，提升他们的文化水平。胡琛离开学校时百感交集，他对学校的一草一木都有深厚的感情，“让贤”也是一种思想高度。在新形势之下，胡琛同志开始了他的第三次办校之旅。

在1982—1983年期间，广州铁路技术学校领导班子陆续发生调整。第一任党委书记赵家瑞任职时间由1979年4月到1982年10月，胡琛校长任职时间为1979年4月至1983年11月，担任副校长的有周复元（1979年9月至1981年12月）、宋肇仁（1979年10月至1983年10月）、佟恺之（1981年7月至1983年7月）、卓中隐（1982年11月至1983年11月）。后林茂祥担任第二任党委书记，在职时间为1983年3月至1983年11月。

第二章

波折：根植石门迎难上

第一节 石门培训中心的筹建和解散

1985 年始，广州铁路局为了推进职业教育发展决定成立一个培训中心。培训中心是一个管理系统，计划将职工大学、职工中等专业学校和机械学校合并到一起，统一管理广州铁路局旗下的各个学校。但在这个统一的框架下，各个学校还是实行自主管理的机制。所谓统一管理，就是统一教学管理和学生管理，将原先的学校划分成职大部（职工大学）、成人部（成人中专）、中专部（机械学校）。

机构重组，三校合并

1986 年 8 月 13 日，中共铁道部广州铁路局委员会和铁道部广州铁路局批复的《关于成立广州铁路局石门培训中心的通知》指出：为了集中人力、物力、财力，更快更好地培养铁路专门人才，以适应铁路运输生产和现代化建设的需要，根据铁路教育体制改革决定的精神，决定成立广州铁路局石门培训中心。石门培训中心由职工大学、职工中等专业学校、广州铁路机械学校组成。1986 年 8 月，职工中等专业学校先搬迁到石门培训中心，职工大学待后搬迁。

培训中心成立后，三所学校的校名不变，并相应保持教学管理、学籍管理及教学人员比例的系统性。石门培训中心为铁路局直属单位，行政、业务上受局教育处指导。培训中心统一领导和管理职工大学、职工中等专业学校、广州铁路机械学校，但职工大学在未搬至石门前，其现行管理体制、领导关系及机构暂不变动。石门培训中心的内部机构设“六部”（职工大学部、职工中专部、普通中专部、教务部、学生工作部、后勤部）、“两室”（培训中心办公室、党委办公室）。

石门培训中心的架构如下：

石门培训中心
- 广州铁路局职工大学
- 广州铁路局职工中等专业学校
- 广州铁路机械学校（含广州铁路司机学校）

1987 年 1 月 15 日，广州铁路局职工大学由东山迁入石门，正式与广州铁路机械学校、职工中等专业学校合并，组成广州铁路局石门培训中心（简称“培训中心”）。广州铁路局党委副书记、政治部主任杨义云兼任培训中心党委书记；广州铁路局党委常委、副局长石达成兼任培训中心主任。之后，将同属广州铁路局的株洲铁路机械学校校长李启元调任至培训中心，任培训中心常务副主任。因杨义云和石达成都属铁路局领导在此挂职，基本不参与培训中心的日常工作，所以培训中心日常事务处理及管理基本都交由常务副主任李启元同志负责。

培训中心领导框架如下：

党委书记：杨义云（1986 年 8 月—1988 年 7 月）

副 书 记：邬立瀑（1986 年 8 月—1987 年 11 月）

刘彦圭（1986 年 9 月—1988 年 7 月）

主　　任：石达成（1986 年 8 月—1988 年 7 月）

副 主 任：杨友涯（1986 年 9 月—1988 年 7 月）

张仕家（1986 年 9 月—1987 年 9 月）

方雅明（1986 年 9 月—1988 年 7 月）

李启元（1987 年 7 月—1988 年 7 月，第一副主任）

在办学方面，培训中心在三校合并之后，教职工共约 300 人。这些教职工的日常工作并没有集中在石门校区之内，而是分散在各个教学点。广州铁路机械学校所在的石门校区为主校区，职工大学和职工中等专业学校原校址成为培训中心分校区，这些学校当时仍有在原址继续办学。

管理艰难，中心解散

广州铁路局决定成立石门培训中心，初衷是想充分利用三所学校的教育资源。这三所学校在日常教学工作中，或多或少都会遇到师资力量不足、教育经费不足等问题，这些限制了学校的进一步发展。成立石门培训中心，就是为了整合资源、集中力量办教育。虽然这种管理体制上的试验出发点是好的，但是受制于当时的环境，在具体操作的过程中仍有许多问题无法解决。

首先，实际的管理工作难度大。培训中心并不属于教育层次之列，更像原先广州铁路局负责管理这几所学校的“教育处”，仅是铁路局从管理角度考虑而成立的，相当于是铁路局在教育管理方面的一个尝试，但培训中心仍设有中专处、成人教务处。所以，培训中心这个机构在教育层次中无法与某个单位对口。各个学校虽然名义上合并，但是与培训中心并存。招生计划仍是以学校的名义上报；国家的教育经费仍是划拨到各个学校；学生毕业证上盖的章仍然是各个学校的章，而不是培训中心的章。当时的培训中心相当于是一套班子、五块牌子，管理起来非常困难。

其次，由于管理体制复杂，教育层次不统一，教职工在福利政策、奖金待遇、工资待遇等利益方面存在差异。例如，当时国家曾有过中等教育学校教师工资提升 10% 的政策，然而这个政策的对象只是中等教育层次的教师，职工大学的教师并不在此列。因此，培训中心无法基于政策给职工大学的教师提升工资标准。但是，职工大学的教师资源会被调用到其他学校进行授课，这导致了教师们工作繁多的同时工资福利等无法匹配的情况，教师的归属感和幸福感不足。

最后，改革开放初期，各个学校受到市场经济浪潮的影响，各自有合作对象，有自己的经济效益。并入培训中心之后，管理者考虑将各个学校的利益均衡化，平等办学，然而这样的做法会影响部分学校原有的管理机制。同时，学校在具体利益的分配中存在很多的政策界限，无法做到统一。这阻碍了统一管理的进程。

广州铁路局考虑到培训中心这一机构不仅难以调动员工积极性，还会引发各校在利益方面的其他麻烦，1988 年 7 月 14 日出台《关于调整部分教育机构的通知》（广劳〔1988〕376 号文件），明确撤销广州铁路局石门培训中心，将广州铁路局职工大学、中共铁路局党校合并；职工中等专业学校、广州铁路机械学校合并，实行一套机构定员、两块牌子，重新组建党、政领导班子，全面领导教学行政等工作，直属铁路局领导。学校规模暂定学生 1600 人，教职工总定员 317 人。学校党政领导成员设党委书记、纪委书记、工会主席各 1 人，校长 1 人，副校长 3 人，团委书记 1 人。学校内部机构设办公室、教育科、总务基建科、综合科、保卫科、膳食科及图书馆、实验馆、实习工厂、广州北分部、执信南分部。1988 年，职工大学撤出培训中心；1989 年，职工中等专业学校从石门迁出，恢复到原先的办学模式。培训中心正式宣告解散。

第二节
广州铁路机械学校破茧成蝶

学校自创办以来，在上级党委的领导和关怀下，全校师生团结奋斗，各方面有了很大发展，成为一所初具规模的铁路工科中等专业学校。但是，学校创办于“文化大革命”时期，筹建过程虽然学习贯彻了中共中央（75）9 号文件，却也受到了“左”的思想的干扰影响，“先上马后备鞍”，导致师资力量、设备条件不足，使专业和学制不够稳定，教学大纲、教材变动大的后果。

在《广州铁路机械学校 1981—1990 年发展规划》文件中，写下了当时的管理者对学校未来发展的期许：“新时期中专教育必须与经济建设和科学技术的发展相适应，四化建设不仅需要大量高级专业人才，也需要数量更多的中等专业人才，以提高职工队伍中技术、管理人才的比重，中专毕业生也是各行各业特别是基层领导干部的重要来源，整个铁路教育在发展，质量不断提高，数量日益发展……全面贯彻党的教育方针、政策，坚持为铁路物质文明和精神文明建设服务，坚持为铁路职工队伍的建设服务，为铁路事业源源不断地输送德、智、体全面发展的中等专业人才……”随着改革开放拉开序幕，管理者迫切地想让学校加快发展，培养符合社会需求的人才。

1983 年 8 月，铁道部在大连铁道学院召开的全路学校工作会议指示，技术学校要更名为机械学校，以进一步扩大规模。同年 11 月 12 日，铁道部广州铁路局下发《关于“广州铁路技术学校”改为“广州铁路机械学校”的通知》文件，文件提及，为加强对铁路中等专业学校的管理，使学校名称能更好地反映学校及所办专业的性质，经铁道部教育局批准，将“广州铁路技术学校”改为“广州铁路机械学校”，新校名即日起启用。至此，广州铁路机械学校迎来重要的历史发展契机，在新的征程上，学校的担子更重、责任更大。

名师引路，试水改革

1984年起，广州铁路机械学校尝试与广东教育学院联合办学，借助良好的师资举办本科班。当时的本科班跟现在的全日制本科教育内涵不一样，当时的本科班是全国师资的培训班，相当于为进一步提升教师业务水平，集中师资搭建一个培训平台，以便教师更好地从事教学工作。20世纪80年代，几乎全国的教师都是中专层次，在这样的环境下，广州铁路机械学校如火如荼地开设本科班受到了广大教师的欢迎。

20世纪80年代，广东乘着改革开放的春风走在全国前列，教育呈现蓬勃发展的势头。国家教委党组书记、副主任何东昌授命广州铁路机械学校成立一个全国制图协会，任命学校严肃老师为全国制图协会制图组组长，负责办制图专业的本科班。这个本科班在学校连续办了两年，共为国家培养了160名学生，严肃老师成为全国中专学校制图课程的"王牌"。之后，广州铁路机械学校在这种"本科班"模式之下继续摸索教学培训。例如，1993年，学校与海军舰艇学院共建文明单位；1997年开始，由校长唐山樵牵头，学校与西南交通大学联合办学，在学校成立了一个西南交通大学网络学院，并一直延续至今。

严肃老师

值得一提的是，广州铁路机械学校对学生实行半军事化管理的模式也成为当时学校办学的一大特色。当时，新中国的铁路建设基本沿袭苏联模式——半军事化管理，车辆必须保证安全，时间必须准确。因此，学校办学也沿袭了铁路的作风，从创建之初就组织学生参加军训，开启我国中专学校对学生进行半军事化管理的先河。当时学校提出"高、大、半"的办学精神，"高"即高速度、高质量，代表铁路性质；"大"即大规模，铁路连通全国，是全国的动脉；"半"则是指半军事化。学校以"打造长 × 宽 × 高优秀人才"为培养学生的宗旨，长即专业特长，宽即知识面宽，高即高素质。学校还提出"五心教育"：忠心献给祖国、爱心献给社会、关心献给他人、孝心献给父母、信心留给自己。从当时的办学理念来看，学校既有对学生严格要求的一面，也有人性化教育的一面，春风化雨。

学生在这样的环境中茁壮成长，颇受用人单位好评。

广州铁路机械学校的敢想敢干作风，背后有着一批敢为人先的管理者和教师队伍。历任领导班子（如下表）为学校阶段性的方向指明道路。

广州铁路机械学校历任领导班子（1983—2000年）

职务	姓名	任职年限
党委书记	林茂祥	1983 年 11 月 —1986 年 8 月
	刘彦圭	1988 年 7 月 —1989 年 12 月
	刘冬成	1991 年 6 月 —1993 年 7 月
	廖金榜	1995 年 7 月 —2000 年 8 月
党委副书记	齐志良	1985 年 1 月 —1986 年 4 月
	蔡庆立	1988 年 7 月 —1991 年 6 月
	廖金榜	1993 年 3 月 —1995 年 7 月
校长	胡 琛	1983 年 11 月 —1983 年 12 月
	方雅明	1983 年 12 月 —1987 年 7 月
	李启元	1987 年 7 月 —1997 年 4 月
	唐山樵	1997 年 4 月 —2000 年 6 月

学校教师德才兼备，深受学子欢迎。供电专业有翟兆良、钱海祺、杨耀灿、沈尔健等教师；电力机车学科带头人、获电工研究奖的有李瑛琦；制图专业的“王牌”则是严肃。学校领导爱校如家，亲自作词谱写校歌《前进！广铁机校人》。

在全体教师的共同努力下，1994 年，学校成为广东省省属重点中专，评估进入全省前五名（1993 年参与评估，1994 年正式获奖）。广东省人民政府对学校寄予厚望：“切实把学校办好，发挥其骨干示范作用；推进我省普通中等专业学校教育体制改革和发展，更好地为现代化建设服务。”除此之外，学校还获得铁道部优秀专业奖，多次被评为广铁集团公司先进单位。“团结勤奋，求实创新”的学校校风得到最佳诠释。

单独建制，计划培养

1987 年，李启元就任广州铁路机械学校校长。为实现入选省级重点中专的目标，达到省级重点学校办学的硬件要求，李启元校长在任期间大力开展基建工作，相继主持修建了教学大楼主体楼、实验主楼、400 米运动场，更新了实验设备，翻新了学生宿舍等。其中，400 米运动场的建设是李校长力排众议，在项目最初未被批准立项的情况下，整合多方面资源，攻克一个个难关之后努力建成的。这些基建工作都为后来学校申报省级重点中专，以及成立广州铁路职业技术学院打下了坚实的硬件基础。

1990 年 1 月，中共铁道部广州铁路局委员会和铁道部广州铁路局联合下发《关于调整部分教育机构的通知》（广劳〔1990〕2 号文件），该通知明确提出：“广州铁路机械学校单独建制，重新组建党、政领导班子，实行校长负责制，属局直属单位，业务上受局教育处指导……学校规模暂定1200人，校址仍设在广州市石门，学校总定员286名（含技工部），其中教员143名……成立中国共产党广州铁路机械学校委员会，由局党委直接领导。”

广州铁路机械学校单独建制，这是个千载难逢的好机会，意味着学校招生办学更自主。从20世纪90年代起，广州铁路机械学校办学规模逐步扩大，学生最多时达到2000人。当时学校的招生分为计划招生和委培生：计划招生的人才输送对象是铁路局，由铁路局与学校商定招生规模、数量；委培生主要是为地方企业培养、输送人才，由地方企业与学校共同商定招生规模及数量。虽然分为计划招生和委培生，但是在就业方面大同小异，实际上都是计划培养的人才，用通俗的话说就是“包分配”。因此在那个年代，读中专是有含金量的，意味着学生毕业以后能去到一个“铁饭碗”单位。

1991年4月，铁道部广州铁路局下发《关于恢复广州铁路司机学校的通知》（广铁劳〔1991〕205号文件），初衷是加强机车乘务人员的培训，以适应铁路运输生产发展的需要。该通知指出：“撤销广州铁路机械学校技工部，成立广州铁路司机学校。学校办学规模为400人，开设内燃机车乘务和电力机车乘务两个专业；广州铁路司机学校与广州铁路机械学校实行两块牌子、一套机构……”

从1991年开始，学校可以招到20多个班，生源质量更优。当时学校不仅在本校办学，还在校外设有七八个分校点，如湖南株洲、广东梅州、广东韶关、广东潮阳。随着生源扩招，学校的配套设施逐渐紧张，1995年10月，广州市城市规划局下达《关于广铁机械学校平面规划的批复函》，学校规划用地面积约98 532平方米，总建筑面积46 508平方米，东面实习区实习用房由4幢改为2幢，层数由2层改为4层；规划新的实验楼，保持与现有实验楼平行；学生和教工宿舍区中最南面的一幢学生宿舍改为教工宿舍，北面的教工宿舍改为学生宿舍，使得教工宿舍区和学生宿舍区相对完整独立……要求配套一个幼儿班（含托儿班），建筑面积不少于800平方米，室外活动场地不少于1000平方米。学校基建工程项目越来越多，学校的办学条件和职工安置得到全面改善。

校企办学，合作办班

随着改革开放的推动，我国经济政策逐渐转变，在市场经济条件下，企业对人才的需求大大增加。广州铁路机械学校地处改革开放前沿城市，办学机制较为灵活，学校要适应这种形势来办学，办学模式也就开始冲击传统的计划经济，由单一的计划培养固定模式，转向计划培养、扩招、委培等模式并存。学校领导审时度势，制定了“走出去”办学的培养模式。“走出去”办学，即与企业密切合作，开设众多的委培班。广州铁路机械学校可能是广东最早进行校企合作的学校之一。

开设委培班还有一个好处，就是学校可以扩大办学经费的来源。当时，学校仅为铁路局培养人才，铁路局定下的招生计划中，需要招多少学生就划拨多少经费给学校。当学校开始办委培班之后，学校就有了其他的经费来源，这些经费可作为学校的教学保障。然而，从国家层面来讲，只要将委培班列入其招生计划，国家财政也会在这方面拨款。这样就出现了一个问题，国家要按照招生计划给学校经费，而委培的学生自己也要交学费，学校相当于收两份钱。这时上级主管部门广州铁路局心存疑虑：一是担心这种办学做法是否合适；二是担心学校办委培班会分散精力，影响到原来的铁路人才培养成果。因此对委培班不置可否，态度不明朗。

校长李启元再三考量，坚定认为委培班的办学模式对学校利大于弊。为打消广州铁路局的疑虑，他多次找铁路局领导汇报工作，以大学办学收费为例说服领导。铁路局同时明确表示，铁路人才培养才是学校的中心任务，学校培养铁路基层生产骨干力量的工作重心不会改变。之后，学校利用委培班的经费来源，改善了教职工的福利待遇，直接提高了学校在吸引人才方面的竞争力。

在委培方面，学校主要的合作对象有三茂铁路总公司、广梅汕铁路总公司等一些地方上的铁路公司。学校向教育厅上报招生计划之前，先由三茂、广梅汕等铁路总公司通知学校各专业需要委培的人数。学校在收到这些公司的招生计划之后，在此基础上适量增加人数，再上报给教育厅。

委培生包括两种：一种是既定的委培生，一种是根据地区实际情况后增加的委培生。学校考虑到有些县市地区虽然也需要这方面的人才（如地方上的水电站），但是无法准确地上报招生计划。而学校适量增加委培生之后，这些学生毕业了能满足那些无法准确上报招生计划地区的需要。比如阳江许多小型水电站的站长，都是当年广州铁路机械学校的毕业生。

随着时代发展，广州铁路机械学校不再局限于为铁路部门输送专业人才。1993 年，广州市市长黎子流牵头兴建广州地铁。地铁建设虽然还没有正式开始，但需要大量储备人才。于是，广州地铁总公司人劳部领导来到广州铁路机械学校洽谈合作，要学校成立地铁方面的委培班，为广州地铁输送人才。学校十分重视，当年便和地铁公司合办了地铁信号专业大专班，后来又办了地铁车辆专业的大专班，设置了包括地铁供电、地铁运输等在内的地铁相关专业。广州地铁总公司对这方面人才的培养十分重视，经常派人来学校给学生上课，并为学生提供学习经费支持。1997 年 6 月，广州地铁一号线首段正式通车，可以说当时广州地铁总公司大部分员工是由广州铁路机械学校培养输送的。在此之后，学校还和香港地铁的负责公司合作办班，输送人才。

注重实践，双线并行

广州铁路机械学校向来较为重视学生的动手能力和社会综合能力的培养，以实践为切入点，实行生产实践和社会实践并行的实践育人模式。

对于生产实践，学校从办学之初就鼓励学生到校办工厂实践操作，让学生充分接触生产实践和社会实践，把技能优势施展出来，成为技术水平高、思想觉悟高的技能型人才。为了保证生产实践的顺利进行，学校与许多企业建立了长期良好的校企合作关系，加之这些企业的许多骨干是学校培养出来的，因而学生进行生产实践比较顺利。

对于社会实践，从人才培养的角度来说，学校不但要求学生要有生产实践的能力，还要和国家提倡的热爱祖国、热爱人民的思想教育挂钩起来。学校的社会实践活动主要分为两个项目：一是组织学生在春运期间大量参加车站的春运服务，学以致用送温暖，此举多次受到广州铁路局的赞扬；二是设立扶贫点，组织学生去贫困山区开展扶贫活动。

第三章

新生

学校改制踏新程

第一节
广州铁路职业技术学院成立

基于学校原址是广州铁道学院的历史背景，以及学校拥有本科班、大专班的办学经历，从1998年开始，学校领导萌生了扩大学校规模、筹办铁路学院的想法。为此，当时的领导撰写了一份成立铁路学院的可行性报告。

这次学校改制是历史发展的必然。1999年3月17日，中共中央政治局原委员、广东省委原书记李长春听取广州铁路（集团）公司（简称“广铁集团”）主要领导汇报工作时指出：“广东地理位置特殊，毗邻港澳，是祖国的南大门、改革开放的前沿。铁路既是重要的基础设施，也是服务窗口，要面向市场，改善服务，整个体制、机制、作风都要适应市场，提高竞争力。”广东地区经济的繁荣为铁路大发展提供了历史性的机遇，这对人才培养提出了更高的要求。广铁集团是国家当时120家大型国有企业改革试点企业之一，多年来运输生产得到了健康、稳步的发展，1998年运输换算周转量为1330亿吨千米，旅客发送量达9400万人，货物发送量达8500万吨，运输收入为78.1亿元。随着国民经济的发展，广铁集团的客货运输量持续呈现大幅度的增长。

当时，广铁集团广泛采用以提速、铁道电气化和计算机技术为代表的新技术，继1994年在广州至深圳开行时速160千米准高速列车后，1998年又开行了时速200千米的“新时速”列车，成为我国铁路首先开行高速列车的路段。京广线提速后，又实现了全线电气化，新型机车、车辆、道岔的运用与维护，铁路管理信息系统建成使用，列车运行的微机联锁、客货服务的微机网络化，安全保障体系等都对铁路员工的技能提出了更高的要求。从未来发展考虑，三茂线等地方铁路的运营，广珠线、梅坎线，海南通道、海南环形线，广州、深圳地下铁路的兴建和开通，以及广东经济的大发展，均急需大批熟练掌握职业技能的高职人才。基于此，学校改制势在必行。

决意筹备，凝力前行

1998年，广州铁路机械学校独自将可行性报告上交给广东省教育厅。第二年，广东省教育厅组织调研组对学校办学条件进行评估。然而，学校这一举动埋下了隐患。当时广铁集团的领导认为，学校“先斩后奏”，越过集团领导去找广东省教育厅申请筹办铁路学院的行为是想要从广铁集团独立出去。这个不小的误会对筹备进程形成阻碍，想要推进铁路学院的筹建工作，就要先解决这一误会。于是，学校领导班子与集团领导班子进行深入沟通、探讨，为培养更多优质人才，达成一致方向，消除了误会。

1999年6月22日，广铁集团与中共广铁集团委员会联合发布《关于成立广州铁路职业技术学院筹备工作领导小组的通知》，指出“根据中央关于发展高等职业教育的精神，结合我集团公司的实际，为优化资源配置，培养高级应用型人才，以适应铁路生产经营和广东经济发展的需要，拟将广州铁路运输职工大学改制为广州铁路职业技术学院，同时将广州铁路机械学校、广州铁路成人中专学校并入职业技术学院。为保证建院的顺利进行，集团公司决定成立广州铁路职业技术学院筹备工作领导小组。”至此，以张正清为组长，李科烈、谷鸿溪、潘濬源为副组长，林保球、李铁清、孙任坤、林本硕、邝汉林、赵根荣、李新民、吴候辉、陈进森、徐万水、孔庆玉、唐山樵、廖金榜、黄志、卢宗耀为成员的筹备工作领导小组成立。学校改制如火如荼地进行。

三校合并，改制论证

广铁集团认为，把广州铁路运输职工大学、广州铁路机械学校、广州铁路成人中专学校合并改制为广州铁路职业技术学院，在办学条件、办学经验方面是具备可行性的。

第一，三所学校均具有良好的领导班子、基础设施、师资队伍、实践教学设施、图书馆及藏书、经费来源等办学条件。

领导班子：广州铁路运输职工大学、广州铁路机械学校、广州铁路成人中专学校三校的领导班子团结进取、勤奋务实，富于开拓精神，具有年轻化、知识化、专业化的特点。领导干部中具有研究生学历 1 人、本科生学历 12 人，本科以上学历占 86.6%；具有高级职称 5 人、中级职称 9 人，中级及以上占 93.3%。三校的行政领导均是铁路职业教育干部（教师）出身。广州铁路运输职工大学、广州铁路成人中专学校的领导班子均被集团公司评为“五好”领导班子，改制合并为职业技术学院后，在原来的基础上一定可以新组建一个好的领导班子。

基础设施：三所学校合并后占地 171 亩（不含教职工宿舍用地），校舍总建筑面积 59 249 平方米，其中教室面积 14 265 平方米、学生宿舍面积 17 413 平方米，标准运动场和室内体育馆各 1 个。校内的教学、生活设施配套可满足 3000 名在校生教学、生活、运动等方面的需要。

师资队伍：三校有专职教师 171 人，其中研究生学历 8 人（含送培 6 人），本科学历 159 人，本科以上学历占教师总数 97.6%；高级职称 26 人，占教师总数的 15.2%，中级职称 92 人，占教师总数 53.8%；50 岁及以上教师 27 人，35 岁 103 人，35—50 岁 41 人，中青年教师占教师总数 84.2%；教师平均年龄 39.6 岁，平均教龄 14.8 年；专业课教师 62 人，其中双师型教师 33 人，占专业课教师 53.2%。教师中一部分来自高校，不少来自科研单位和运输生产一线，具有较强实践教学能力，已基本形成了一支结构合理的师资队伍。

实践教学设施：三校有各类实验室、演练场馆 28 个，其用房总面积 8875 平方米；教学专用计算机房 7 个，计算机共 332 台，教学设备资产总值为 1289.423 万元。实验开出率占三校现有教学计划中规定的实验、实习课的 96% 以上，发展高职有良好的基础。由于以企业为依托，基层站段为学校提供了充足的实习演练条件，三校通过联合办学，在本集团公司管内的基层站段建立了 9 个技能演练基地，如广州机务段、广州车辆段、广州机械保温车辆段、广深车辆段、广州工务段、广州供电段、广州电务段、广北车站、韶关机务段等，每个专业都拥有相应的技能演练和模拟操作场所。

图书馆及藏书：三校图书馆总面积为 2918 平方米，藏书 23.06 万册，能满足教师学生的教学、学习的需要。图书管理均采用网络化的图书计算机管理系统。

经费来源：成立职业技术学院后，其办学经费除按规定收取学生的学费及政府财政拨款外，其余均由广铁集团负责。因此，学校的经费有稳定的来源和切实的保证。

第二，三所学校具有试办高职班的基础条件。

广州铁路运输职工大学于 1996 年经铁道部批准试办成人高职班，开设了铁道供电、铁道工程、铁道车辆、电力机车检修 4 个专业，在校生 207 人。在开办高职班试点的过程中，该校进一步明确了办学方向，建立了与高等职业教育相适应的教育机制；建立了一批骨干专业和一批重点实验室、实习基地；培养了一批骨干教师和专业带头人；编制了具有高等职业教育特色的教学计划；积极开展课程改革，鲜明地体现了高等职业教育的特色；积极开展教学研究，并取得了一定的成果。广州铁路运输职工大学经铁道部鉴定的有《铁路区间通过能力计算方法》《提高鹰厦、外福两线输送能力途径的研究》《电力机车车体转向架计算机辅助设计系统》《正确认识交通市场，积极开展铁路营销》《铁路企业实施股份制改造政策指导意见》等，完成论文写作 300 余篇；编写并出版高职教材 21 本。为扩大办学能力，强化教学的实践环节，“九五”期间的前三年，广铁集团对三校的基本建设、更新改造、实习设备等项目共投资 3806.4 万元。试办高职班的 3 年来，三校各方面的工作有了长足的进步，并积累了一定的经验，受到铁道部主管部门的肯定。基于办学情况反馈和发展前景，有理由相信，三校成立职业技术学院后，在省政府和铁道部的直接领导下，其高等职业教育将会办得更好。

规划先行，谋定启动

2000 年 2 月 14 日，教育部下发《关于吉林铁路运输职工大学等学校由原铁道部继续举办和管理的通知》（教发〔2000〕13 号），全国 120 所学校继续由铁道部举办和管理，广州铁路运输职工大学、广州铁路机械学校、广州铁路成人中专学校在列。这意味着广州铁路局拥有直接管理学校的权限，对于三校的合并具有主导权。

此时广东省人民政府的批文未出，未来的办学之路该怎么走？筹备工作领导小组对三校合并的广州铁路职业技术学院给出了答案。

在办学规划中，广州铁路运输职工大学改制为广州铁路职业技术学院后，广州铁路机械学校、广州铁路成人中专并入职业技术学院，实行“三校合并、一套班子、一个实体”的办学领导管理体制，保留原先普通中专、技工、成人大中专招生权。至 2005 年以前，学校前期规模的高职在校生为 2000 人，中专生 1000 人；2005 年以后，学校远期规模的高职班在校生为 3400 人，中专生为 1600 人。三校合并改制为职业技术学院后，设置三个系，开设 12 个专业：① 运输管理系：铁路运输管理专业、运输经济专业、市场营销专业、会计电算化专业、现代文秘专业；② 机电工程系：机车乘务专业、机车和机电检修专业、空调制冷专业、铁道供电专业、企业供电专业；③ 电讯工程系：铁道信号专业、计算机运用与管理专业。上述 12 个专业中，4 个专业是铁路特有的专业，其余 8 个专业面向铁路和社会招生。

招生和办学模式有：① 参加新机制招生，招收普通高中毕业生、中等职业学校毕业生，学制三年，毕业后具有大专（高职）学历；② 招收具有高中及同等学力的在职人员，学制为脱产 2~3 年，半脱产为 3~4 年，毕业后具有大专（高职）学历；③ 招收初中毕业生，学制 5 年，毕业后具有大专（高职）学历；④ 招收初中毕业生，学制 4 年，毕业后具有中专学历；⑤ 招收初中毕业生或具有初中毕业的在职职工，分别为脱产、半脱产，学制均 3 年，毕业后具有成人中专学历；⑥ 招收初中毕业生，学制 3 年，毕业后具有中技学历；⑦ 招收在职人员，进行继续教育和短期高等、中等职业技术培训。

规划先行，万事俱备，只欠东风，所有人都信心十足地等待广东省人民政府的批复。

批准转制，众望所归

2000 年 6 月 22 日，三所学校迎来改制的春天。广东省人民政府粤府函〔2000〕356 号文件批复，同意广州铁路运输职工大学、广州铁路机械学校、广州铁路成人中等专业学校三校合并转制为广州铁路职业技术学院，同时撤销广州铁路运输职工大学、广州铁路成人中等专业学校的校名。在理顺广州铁路机械学校的经费渠道之前，暂保留广州铁路机械学校的校名。新成立的学校从 2000 年起以新校名招生，学校原主管部门及经费渠道不变，教学管理统一归口广东省教育厅。

随后，广铁集团正式发出《集团公司、集团公司党委关于成立广州铁路职业技术学院的通知》，通知如下：

一、将广州铁路运输职工大学、广州铁路机械学校、广州铁路成人中等专业学校（简称三校）合并，转制建为广州铁路职业技术学院，同时撤销广州铁路运输职工大学、广州铁路成人中等专业学校，保留广州铁路机械学校的校名。

二、广州铁路职业技术学院和中共广州铁路（集团）公司委员会党校实行一套机构、两块牌子，隶属广州铁路（集团）公司、集团公司党委领导。学院教学任务统一归广东省教育厅管理，党校教学任务仍接受上级党校指导。学院本部设在广州市石门，在广州市文化里和执信南设校区。

三、成立中国共产党广州铁路职业技术学院、广州铁路（集团）公司党校委员会；成立中国共产党广州铁路职业技术学院、广州铁路（集团）公司党校纪律检查委员会；成立中国铁路工会广州铁路职业技术学院、广州铁路（集团）公司党校委员会；成立中国共产主义青年团广州铁路职业技术学院、广州铁路（集团）公司党校委员会。分别隶属广州铁路（集团）公司党委、纪委、工会、团委领导。同时撤销广州铁路（集团）公司党校职大、广州铁路机械学校、广州铁路成人中等专业学校党委、纪委、工会、团委。

四、广州铁路职业技术学院、党校办学规模暂定 3600 人，原三校核定的总定员编制数暂不改变。学院、党校党政领导职数设 8 名，其中院长、校长、党委书记由集团公司领导兼任，副院长、院长 5

名（其中1名任常务副院长）、副书记2名（其中1名任常务副书记，1名兼纪委书记）、工会主席1名。学院、党校党政业务管理部门设6个，即院长办公室、党委办公室、教务处、学生处、综合处、总务处。教学与辅助部门设10个：电气工程系、机械系、运输管理系、电子与信息工程系、干部教育（成人大专）部、成人中专部、普通中专部、科技开发中心、实验演练中心、图书馆情报中心。

五、学院、党校的内部机构编制由学院、党校党委按照中华人民共和国教育部、广东省教育厅和集团公司、集团公司党委的有关规定，从实际出发，本着精简高效的原则，自行编制，报集团公司、集团公司党委核备。学院、党校领导班子成员及副处职及以上干部由集团公司、集团公司党委任免和管理，其他人员由学院、党校任免和管理。

六、学院、党校的办学经费（含工资），按《关于公布广州铁路（集团）公司运输业分离分立方案及有关意见的通知》（广铁劳〔2000〕366号）有关直属大中专、技工学校分立包干经费基数组成的项目和规定核定。学院、党校招收学生要与社会并轨，毕业不包分配。

七、广州铁路运输职工大学、广州铁路机械学校、广州铁路成人中等专业学校合并、改制、组建广州铁路职业技术学院是集团公司适应市场和企业办学的要求，优化教育资源配置和专业结构调整，聚合优势、推进学校分立的重要举措。三校要讲政治、顾大局、识大体，认真做好教职工的思想政治工作，确保教学秩序正常进行，平稳过渡，并以此为契机，运用集团公司教育分立方案赋予学校的办学自主权，加快改革步伐，达到优化配置、聚合优势、资源共享、开拓发展的目的。

八、三校要按照统一管理的要求，认真做好有关工作，严格遵守人事、劳资、财经纪律，不准突击提干，不准突击发钱，不准转移财产。

文件方向确定、权责清晰，各校按照文件指示精神，稳步推进合并事宜。

宣布成立，班子集结

2000年9月29日，广州铁路职业技术学院宣布成立，新的领导班子诞生：江林洋任学校党委书记，潘濬源任学校校长；叶树潭任学校常务副书记；龚延祥任学校常务副校长；学校副校长中，王韶清分管教务、科研工作，廖金榜分管学生、普通中专工作，林文华分管总务、多院和成人中专部工作，李淑珍分管党务教育工作；副书记、纪委书记、团委工作是卢宗耀；工会主席是王广生。

建院初期，部分学校领导兼行政校区工作，执信南党委工作由卢宗耀负责，行政工作由林文华负责，主要做好校区内的党政工作，监管校区内部正常的资金工作，抓好校区教学及日常工作。多校区新机构没建立前，要求多校行政教学人员安排到新岗位上任，其余人员按现岗位不动；多校区人员、财务、物资设备按原办法分别管理；多校区教职员工分配按原办法执行；多校区教务、学生、管理按原办法管理。以上人员全力保证建校期间工作正常运行、平稳过渡，尽量在10月1日前完成学校工作，同时做好学校分立方案的准备工作。学校即日召开中层干部会议，要求执信南校区全体职工充分认识机构改革的重要性、必要性；执信南校区由林文华副校长分管，具体工作由史川陵负责。教职工要支持校领导、本部门校区负责人的工作，各科都要服从安排，领导继续抓好工作管理。

10月26日，是一个万众期待的日子。这天刚下过一场大雨，天空一片湛蓝，金秋的阳光照在享有“石门返照”美誉的流溪河畔的石门校区，这里将隆重举行广州铁路职业技术学院的揭牌仪式。

广东省教育厅原副厅长罗远芳，铁道部科教司原副司长许守祜，广铁集团原董事长、总经理张正清，各处室各总公司及广州地区多高等学校的领导，还有来自石门、执信南、文化里三个校区的师生员工2000多人出席了盛会。

广州铁路职业技术学院揭牌仪式

26日上午9时，鼓乐齐鸣，彩球飘舞，广东省教育厅原副厅长罗远芳、铁道部科教司原副司长许守祜致辞，对广州铁路职业技术学院的诞生表示衷心祝贺。广铁集团原董事长、总经理张正清发表了热情的讲话，他说：“广州铁路运输职工大学和广州铁路成人中等专业学校合并改制组建广州铁路职业技术学院，是集团公司企业教育的结构性调整和重组，有助于进一步优化企业教育资源配置，建立与现代企业制度相适应相匹配的现代企业教育制度的推进。这是教育分立改革的重要举措，相信新组建的学校一定能够保持和发扬原来的办学优势和特点，努力创办一流的职业技术学院，为铁路和地方经济的新一轮改革发展做出更大的贡献。”

揭牌仪式由广铁集团公司总工程师、广州铁路职业技术学院校长潘濬源主持，罗远芳、许守祜、张正清共同为新校名揭牌。历史就此定格。当天下午，执信南校区也举行了挂牌仪式，学校常务副书记叶树潭、常务副校长龚延祥、工会主席王广生，以及副校长廖金榜、林文华、李淑珍，还有各处长参加了挂牌仪式，会上龚延祥副校长讲话，教师代表、学生代表分别作发言。

广州铁路职业技术学院新的篇章就此拉开。

第二节 学校建设初期在艰难中起步

学校建设初期虽事务繁杂，但运转良好，师生们都在积极适应学校新的变化。2001 年 4 月 10 日，学校正式启用"中国共产主义青年团广州铁路职业技术学院、广铁集团党校委员会"印章，原集团公司党校职大、广铁机械学校、广铁成人中专学校团委印章作废。广东省教育厅对新组建的学校寄予厚望，提出根据广东省教育事业"十五"规划的发展目标，至 2005 年，学校全日制规模要达到 3000 人。这就意味着学校初建就要保质保量地完成争取生源的任务，"十五"期间要努力充实办学条件，提高教育质量。

2001 年是学校新组建的第一年，全校师生铆足干劲，教学成果颇丰。当年 4 月，李瑛琦老师设计的"受电弓刮弓保护装置"开始在韶关机务段运行。为了更好地督促教学任务，5 月 9 日，学校（本部）教学督导组成立，龚延祥任组长，王韶清、霍京新任副组长。9 月，由张文金、李瑞荣负责研制的 SS3B 型电力机车和 MCAI 软件通过广铁（集团）科技成果鉴定，由张文金、龙雄辉制作的 CAI 课件获广铁（集团）一等奖；同月，学校成立机电工程系和电气工程系，聘任系主任。12 月底，学校成立评估、评价工作领导小组，接受广东省教育厅组织的"普通高专、高职学校办学条件检查评估"和"高职高专教育教学工作合格学校评价"。

2002 年 5 月，学校研制的具有自主知识产权的科研成果"受电弓刮弓保护装置"通过局级鉴定。7 月初，学校成立 2002 年度专业技术职评领导机构和评审小组。年底，学校制定了《不定期一次性奖金分配系数调整方案》。

整体上，学校的一切工作都在往好的方向发展。

经费包干，效益挂钩

2001 年 10 月，广铁集团下发《关于广州铁路职业技术学院、广州铁路（集团）公司党校分立实施方案的批复》（广劳卫函〔2001〕188 号），批复同意学校上报的分立实施方案，今后面向社会办学，按地方教育行政部门规定的标准收取学费和培训费；对内服务实行经费包干，一包二年，超支不补，结余留用，自主管理。核定学校现有的办学总能力为 3600 人，其中集团公司和铁路服务的办学能力为 2600 人，包干后，学校每年必须确保完成集团公司职工培训 35 000 人次，确保完成为集团公司和铁路培养服务的学历教育计划（含成人学历教育）。除部拨事业费外，核定学校 2001 年运行总支出口径的包干经费为 1361 万元，其中工资 834 万元、工资附加费 323 万元、离休人员费用 27 万元、日常办学经费 177 万元。2002 年运输总支出口径的包干经费为 1352 万元，其中工资 834 万元、工资附加费 323 万元、离休人员费用 27 万元、日常办学经费 168 万元。

批复中出现一个词语“包干”，这个词最早出现于安徽省凤阳县小岗村的农业“大包干”改革。1980 年，邓小平同志在《关于农村政策问题》中对小岗村的“大包干”给予了肯定，后来社会开始广泛使用这一词语。“承包”与“包干”两者是有区别的，“承包”的利益分配和成本分担方法多样且较为复杂，一般由当事双方约定或法定，按比例或按项目分配。而“包干”则是预期额定的，即在建立包干关系时，由双方约定，在工作结束后，由承包人向发包人交付定额的利益，无论事后承包人盈亏与否，都应如约交付利益。从这个意义上说，从 2001 年开始，学校要像企业运转一样自负盈亏了。

学校的基建安排、计划更改都由集团公司统筹安排，集团公司投资购置、建设的机械设备及房屋建筑物大修，由集团公司安排计划并增加费用清算；运营固定资产按分类折旧率计提折旧，并全部上缴集团公司；福利费按规定比例自提自用；医药卫生费仍按原渠道上缴。

包干后中专事业费如有较大的变动，由集团公司考虑给予补充；包干后如遇国家和铁道部重大工资政策调整，较大影响分立单位教职工收入水平时，集团公司将对包干工资基数作适当调整。集团公司负担的工资基数调整后，相应修改工资附加费基数，如属集团公司正常工资调整，原则上应自行消化集团公司新增政策性支出费用。对教育设施的投入需要增加的，集团公司仍按以往投资原则给予投入，但经费包干按文件执行不能改变；日常办学经费按年递减 5% 后，集团公司给学校创造条件，依靠政策增收，以保证学校的稳定和发展。

除了经费包干外，集团公司还从 2001 年开始对学校实行工资总额与经济效益挂钩的分配方法，学校在集团公司工资总额计划的调控内享有内部分配自主权；积极推进后勤社会化改革，根据本校实际情况发展校办产业。也就是说，以往学校主要考虑的是教学成果，重组后，学校不仅承担教学任务，还拥有更大的办学自主权了。这种自主权是建立在与市场经济相适应的管理体制和运行机制上的，是学校办学模式改革的新探索。

招生难产，毕业无证

正当学校全体师生撸起袖子加油干的时候，2002 年 1 月 14 日，广铁集团向铁道部劳卫司发出《关于请求帮助广州铁路职业技术学院向教育部办理备案手续的函》（广教函〔2002〕7 号），全函内容如下：

为优化企业教育资源配置，培养高级技能型人才，以适应铁路运输安全生产和广东省经济发展的需要，1999 年 7 月，我集团公司以《关于广州铁路运输职工大学改制为广州铁路职业技术学院的请示》（广铁教〔1999〕227 号），向广东省政府请示将广州铁路职工大学改制为广州铁路职业技术学院（简称“学院”），并将广州铁路机械学校、广州铁路成人中等专业学校并入职业技术学院。2000 年 6 月 23 日，广东省政府《关于同意设置广东松山职业技术学院等五所学校的批复》（粤府函

〔2000〕356 号）：“同意广州铁路运输职工大学、广州铁路机械学校、广州铁路成人中等专业学校三校合并转制为广州铁路职业技术学院，并保留广州铁路机械学校校名。”根据这一批复，2000 年 8 月 26 日，我集团公司下发了《集团公司、集团公司党委关于成立广州铁路职业技术学院的通知》（广铁劳〔2000〕443 号），正式成立了广州铁路职业技术学院，并按教育部对高等职业技术学院的设置标准，配置了学院的机构，设立了管理框架，开办了有关专业。

学院成立一年多来，已招收普通大专生 1734 名（其中，1999 年广铁职工大学以新机制名义招生 341 人），函授教育大专生 1124 人，共计 2858 人。其教学及管理运作良好，在社会上有了一定的知名度。

由于学院未能在教育部及时备案，目前学院正面临以下问题：一是教育部从 2002 年起对学生毕业证书实行电子注册、网上查验的管理办法，学院若不能在教育部备案，2002 年 6 月即将毕业的 341 名学生，将无法颁发毕业证书；二是广东省教育厅最近明确指示，如果在 2002 年 3 月底（高校招生专业目录定稿前），学院仍未能在教育部备案，则停止以广州铁路职业技术学院名义招生，上述两个问题若不能及时解决，将给学院的工作带来极大的困难，危及学院的生存和发展，并将严重影响在校学生及其家长和教职工的稳定，给社会带来不稳定的因素。

鉴于以上情况，恳请铁道部劳卫司帮助广州铁路职业技术学院向教育部办理备案手续。

当否，请审批。

函件措辞恳切，言简意赅，严重性可见一斑。

2002 年 5 月 8 日，广东省教育厅下达一份《关于广州铁路职业技术学院招生名称的复函》（粤教规〔2002〕70 号），复函中说：广州铁路职业技术学院 2000 年经省政府批准至今未得到教育部备案。根据教育部有关规定，凡未经教育部备案的学校，不具有招生资格，学生毕业后不能办理电子注册手续。因此，本着对学生负责的精神，在得到教育部备案前，不同意学校再使用广州铁路职业技术学院的校名招生。

看来，要想名正言顺地招生，只有抓紧时间办理学校备案相关工作，争取早日获得教育部的备案。但是在教育部备案通过之前，学校还要正常运行，学校该何去何从？对学校管理者来说，这是个棘手的难题——学校不能正大光明地招生，学生毕业不能颁发毕业证，学校有名无实。当时的领导只好一方面火速求助于广铁集团，另一方面暂时重新启用“广州铁路运输职工大学”的印章，仅用于 2002 年招生、2002 届毕业生（大专）办理毕业手续及教育厅要求的事项。

挂靠证书，绝处逢生

正当师生们一筹莫展的时候，2003 年 1 月 6 日，广东省教育厅下发《有关成人高校普通班学历证书有关问题的复函》，函中的称呼使用了学校原先的名字“广州铁路运输职工大学”，就学校关于普通高等教育学生颁发学历证书有关问题做出答复。函中指出，2001 年以前，普通高等教育学历证书分为“普通高等学校本科毕业证书”“普通高等学校专科毕业证书”和“普通高等教育毕业证书”三种，此后，学校可以根据有关规定自行印制和颁发普通高等教育毕业证书。根据教育部有关学籍学历管理规定，列入普通高等教育招生的第二学士学位、成人高等教育举办的普通专科或高职班，毕业后由学校颁发普通高等教育毕（结）业证书。“普通高等教育毕业证书”和“普通高等学校专科毕业证书”同为国家承认的高等教育毕业证书，持有人享受国家规定的有关待遇。成人高校颁发的“普通高等教育毕业证书”不同于“成人高等教育毕业证书”，前者为普通高等教育证书，而后者为成人高等教育证书，在国家规定的有关待遇上也有所不同。

这也就是说，2003 届毕业生只能以广州铁路运输职工大学的名义颁发毕业证书。本校 2001、2002 年招收的普通高等教育学生按照规定也只能颁发“广州铁路运输职工大学”普通班的毕业证书。

事态如此，广东省教育厅也爱莫能助。2003 年 3 月 27 日，眼看学生面临毕业，学校和广东省教育厅经过再三权衡，决定向教育部高校学生司打报告，作出《关于广州铁路运输职工大学普通高等教育学生挂靠广东交通职业技术学院颁发学历证书的请示》（粤教高〔2003〕30 号文件），情急之下，唯有“挂靠”办法了。

这份请示文件提及：“广州铁路运输职工大学系铁道部下属成人高校，1999 年经广东省同意承担普通高等教育招生计划和教学任务，并于 1999 年开始在普通高考中招生。2000 年年初，学校向省政府申请转制为普通高等职业技术学院——广州铁路职业技术学院，经省上高等学校设置委员会评审后，由广东省政府批复同意其转制申请（粤府函〔2000〕356 号），并于当年向教育部申请备案。在申报过程中，2000—2001 年该校以“广州铁路职业技术学院”名义在普通高考中录取学生共 1387 名。因学校非广东省属院校，教育部发展规划司要求由铁道部评审和申请备案，铁道部由于行业学校整体规划等原因未能在短期内完成评审工作。因此，学校 2001 年、2002 年招收普通高等教育学生按规定只能颁发“广州铁路运输职工大学”普通班毕业证书。为做好稳定工作，同时考虑该校办学性质、专业设置等因素，广州铁路运输职工大学申请把原以“广州铁路职业技术学院”名义招收的 2000 级和 2001 级学生挂靠广东交通职业技术学院管理并颁发学历证书，广东省教育厅拟同意学校申请。

2003 年 5 月 13 日，学校终于盼来了教育部司局《关于广州铁路职业技术学院学生颁发毕业证书问题的函》（教学司函〔2003〕29 号）。函件回复：“2000 年广东省人民政府批准成立的广州铁路职业技术学院，因不符合国务院办公厅《关于国务院授权省、自治区、直辖市人民政府审批设立高等职业学校有关问题的通知》（国办发〔2000〕3 号）要求，教育部未予备案。该学院在不具有高职招生资格的情况下，于 2000 年、2001 年、2002 年已招收高职学生 1800 余名，这种做法不妥，2003 年应停止招生。鉴于该学院所招学生为省级招办审核录取，为妥善解决毕业生学历证书问题，经商铁道部有关部门，建议你厅协调在你省内办学类型相近的高等职业技术学院为该院 2000 年至 2002 年入学的三届毕业生代发毕业证书，并做好有关学生的工作……”

教育部终于有了明确答复，此事得到妥善解决，学校第一届 492 名毕业生的毕业证以广东交通职业技术学院的名义颁发。这次事件是学校急于转型带来的阵痛，也留给后来的管理者深深的思考，将此事作为前车之鉴，以完善学校管理工作。

第三节 学校从集团移交给地方政府

2002 年，国家经贸委、财政部等六部委出台《关于进一步推进国有企业分离办社会职能工作的意见》（国经贸企改〔2002〕267 号），社会反响热烈。党的十五届四中全会明确提出，要分离企业办社会的职能，切实减轻国有企业的社会负担。文件要求逐步将企业所办的普通中小学校、医院等公益性机构以及后勤服务等福利性机构与企业的生产经营主体相分离，切实减轻企业办社会的负担。也就是说，由企业管理的学校、医院等要整体移交给当地政府了。

广铁集团根据上述文件精神，为加快推进铁路企业改革的步伐，实现铁路跨越式发展的战略目标，拟将广东省境内铁路教育、卫生机构成建制整体移交当地政府管理，于是向广东省人民政府呈送了《关于广东省境内铁路教育卫生机构移交当地政府管理的请示》（广铁办〔2003〕135 号），并将《广州市境内铁路教育卫生机构移交当地政府管理方案》附在请示后面。

学校移交给政府这一举措，将给教职工带来哪些影响？给学校未来发展带来什么？对于即将发生的变化，全校师生既忐忑又期待。

方案确立，厉兵秣马

经过梳理，广铁集团的下属学校数量较多，仅铁路中小学校就有 25 所（中学 16 所）。这些学校分布在广东省内，其中广州市中学有 7 所、小学 6 所；深圳市中、小学各 1 所；韶关市中学 4 所、小学 2 所；清远市、惠州市、茂名市、湛江市中学各 1 所。学校在职教职工共计 1772 人，其中教师 1346 人；离退休职工有 788 人，其中退休 765 人；在校学生数达到 25 944 人，其中铁路子弟有 12 576 人，占 48.47%，非铁路子弟 13 368 人，占 51.53%。下属铁路职业学院有 1 所，即广州铁路职业技术学院，在职教职工 352 人，其中教师 147 人，退休职工 173 人。在校学生人数达 3117 人，其中高职生 1104 人，占 35.4%；中专铁路定向生 200 人，占 5.4%；中专非铁路定向生 1813 人，占 58.2%。铁路幼儿园有 13 个，其中广州市 9 个；深圳市、韶关市、河源市、惠州市各 1 个……学校数量和师生人数都相当多。

广铁集团关于教育机构的初步方案是，铁路中小学、幼儿园移交当地政府管理后，其日常办学经费以 3 年为过渡期，采取企业与当地政府共同分担、逐年过渡的办法解决。比如，以移交前三年的年平均数为基数，逐年递减，3 年内，广铁集团逐年负担日常办学经费的比例分别是 75%、50%、

25%，其余经费由当地政府承担，3年后由地方政府全额承担。学校移交省政府后，国家下拨的办学经费由铁道部商财政部直接拨付给广东省政府，由省政府下拨给学校。企业拨给的日常办学经费以3年为过渡期，采取企业与省政府共同负担，逐年过渡的办法解决，以移交前三年年平均数为基数，逐年递减。3年内，集团公司逐年负担日常办学经费的比例分别是75%、50%、25%，不足部分由省政府承担，3年后办学经费由地方政府全额承担。铁路企业与学校签订职工培训协议，铁路员工的培训在同等条件下优先选择该校。

移交方案还需要广东省政府解决的实际问题有：铁路所属学校、幼儿园、卫生机构移交后的性质为事业单位，由当地政府主管部门纳入区域规划，实行统一管理；铁路教育、卫生管理机构的行管人员按一定比例移交政府教育、卫生管理部门；所有移交单位的人员（含离退休人员），从移交之日起，执行当地政府的相关政策。工资制度、退休养老、医疗保险、住房公积金等社会保障制度及福利待遇按照当地同类同级别人员的标准执行，如低于原待遇标准，原待遇予以保留；移交单位人员的技术职称，当地政府有关部门予以确认，并享受地方相应职称的同等待遇，党、工、团组织关系同时移交给地方政府相关部门管理；铁路中小学、幼儿园移交后，在过渡期内，铁路职工子女上学、上幼儿园享受的优惠政策保持不变，过渡期结束后，铁路职工子女应享受当地生源同等待遇；在铁路部门承担部分经费的过渡期内，学校按移交前企业规定完成的职工培训人天数，无偿完成铁路职工培训工作；等等。这些问题关乎教育长远大计，关乎教职工切身利益，在移交前一并捋顺，将使移交工作进展顺利。

方案初成，为做好移交工作，2003年10月30日，学校发布通知成立移交地方政府管理领导小组，潘濬源任组长，龚延祥、叶树潭任常务副组长，王韶清、廖金榜、卢宗耀、王广生任副组长；小组成员有潘穗、黄世荣、包琪龙、张胜红、霍京新、傅浪波、丘维远、史川陵、石新建；领导小组下设办公室，办公室主任是廖金榜。

厘清细节，规范操作

2003年12月23日，新年的钟声即将敲响，广铁集团赶在年内向广东省教育厅报送《关于广州铁路职业技术学院移交广东省政府管理的函》（广教函〔2003〕583号），并将已成形的《广州铁路职业技术学院移交广东省政府管理实施方案》（以下简称《实施方案》）一并送上。

《实施方案》条理、执行步骤更清晰，始终坚持一次性整体移交原则，将学校的业务、资产、人员按现状成建制整体移交广东省人民政府，学校的产权关系、行政隶属关系和员工的组织人事关系全部移交。执行地方同等待遇标准原则是为教职工争取最大利益，留住人才才是办院之本。经济责任共担原则，则需要在过渡时期内分担省政府一定的经济责任。依法规范操作，确保稳定原则是防止国有资产流失，确保企业和社会稳定。

移交时期学校有教职工352人，其中教师195人、退休人员173人；在校学生数3117人，其中高职生1104人、中专铁路定向生200人、中专非铁路定向生1813人。所有移交人员以2003年9月

30 日在册人数为基准。移交之日起，所有移交人员执行国家规定的事业单位工资制度，退休养老、医疗保险、住房公积金等社会保障制度及福利待遇标准按照事业单位同类人员的标准执行……从福利来看，移交后教师待遇会更好，所以教师对移交工作非常配合。

当时，学校占地面积达 103 715 平方米，建筑面积 45 994 平方米，总资产 8343 万元，其中负债 975 万元、权益 7368 万元。学校资产（含土地使用权、房屋产权及配套设备、设施等）按现状整体无偿划转给省政府管理。

移交后的办学经费，仍和初方案报送的一致。也就是说，国家下拨的办学经费由铁道部商财政部直接拨付给广东省政府，由省政府下拨给学校。广铁集团拨给的日常办学经费以 3 年为过渡期，由广铁集团与省政府共同分担，3 年内广铁集团逐年负担日常办学经费的比例分别为 75%、50%、25%，省政府逐年负担的比例为 25%、50%、75%。过渡期后，由省政府全额承担。

学校移交还有几件大事情要处理，捋清权责。例如，学校移交后的性质为事业单位，由省政府纳入教育规划，实行统一管理；广铁集团和省政府共同努力解决学校在教育部的备案问题，这是最迫切要解决的问题，如果不尽快解决，学校的招生和学生毕业都会面临尴尬；移交之日起学校的招生及毕业生就业工作由省政府管理，2004 年毕业的铁路定向生的就业工作由广铁集团负责管理。移交后，学校的服务以广东省为主，兼顾中南地区有关省市，招生和就业保持原来的范围。

这次移交工作的本质是学校从企业向事业单位转变，政府和学校既谨慎对待，又扶持包容。一滴露珠能够反映出太阳的光辉，今天来看，学校移交地方政府是时代变革的一个缩影，真实而具有历史意义。

政府同意，一切就绪

分离铁路企业办学等社会职能，是贯彻落实党的十六大、十六届三中全会精神，深化铁路企业改革，促进广东经济和社会事业全面发展的一件大事。铁路企业移交工作涉及面广（涵盖广州、深圳、韶关、河源、惠州、清远、湛江、茂名、肇庆各地市），时间紧、任务重，需要精心组织才能确保移交工作有条不紊。

2004 年 2 月 25 日，学校正式启用“中国共产党广州铁路职业技术学院委员会”印章，原“中共广州铁路职业技术学院、广铁集团公司党校委员会”印章作废。同年 8 月 9 日，广东省人民政府办公厅正式批复《广东省境内铁路企业所办教育医疗机构移交地方政府管理实施方案》（粤府办〔2004〕79 号），为铁路企业移交地方工作指明了方向。

广东省境内铁路企业所办学校一次性全部移交地方政府管理，教育机构的移交如下：

1. 广州铁路职业技术学院移交广州市政府管理。

2. 三茂铁路运输技工学校移交肇庆市政府管理。

3. 广铁集团所辖铁路中小学校 25 所（中学 16 所）按属地化原则移交所在地地方政府。位于广州市的 13 所铁路中小学校移交广州市政府；深圳铁路中学、铁路小学移交深圳市政府；位于韶关市的 4 所铁路中小学校移交韶关市政府；乐昌、坪石铁路中学移交乐昌市政府；英德铁路中学移交英德市政府；惠州铁路中学移交惠州市政府；肇庆铁路中学移交肇庆市政府；三茂实业公司茂名铁路中学移交茂名市政府。

4. 柳州铁路局所辖 2 所中学（茂名、湛江铁路中学）分别移交茂名、湛江市政府。

……

移交地方政府管理的学校的日常办学经费以及离退休教师的费用缺口，按照 2003 年企业实际补助金额，从 2004 年起，3 年内继续由铁路企业承担；对移交地方政府管理后，人员工资标准和离退休人员养老金低于当地政府规定同类人员标准的，按当地政府规定的标准计算，所产生的差额由铁路企业补贴 3 年。3 年后的有关费用，按十届 41 次省政府常务会议的要求，争取中央财政给予补助。如中央财政补助无法落实，3 年后的有关费用由省和有关市共同承担，具体办法另行制定。广州铁路职业技术学院移交广州市政府后，原由国家下拨的办学经费由广铁集团向铁道部汇报，由铁道部商财政部继续下拨。

……

在铁路企业支付补贴费用期间，广州铁路职业技术学院按移交前规定的培训项目要求完成职工培训，铁路企业按移交前一年的培训价格标准支付培训费用。过渡期后，按市场机制支付培训费用。在同等条件下铁路职工的培训优先选择技术学院。

……

省政府批复的实施方案中，其他方面的移交措施与之前报送方案中所述的基本一致，不再赘述。工作进度要求 2004 年 8 月底前完成移交工作，时间紧迫，任务艰巨，学校移交地方政府管理领导小组里没有一个人敢懈怠。

随后，铁道部向教育部发出《关于我部所属武汉铁路运输学校等五所职业学校移交地方政府管理的函》，特别告知学校向地方移交，学校所在地政府已发文同意接收。

正式移交，尘埃落定

2004 年 9 月 1 日，这是一个值得纪念的日子。广铁集团与广州市人民政府正式签订《广州市境内铁路教育机构移交广州市人民政府管理协议书》，学校正式移交广州市人民政府管理。学校移交后，纳入接收地事业单位编制和政府财政预算，执行当地政府的相关政策。

12 月 3 日，根据广铁集团吴总经济师的批示，集团公司教育培训中心召集房地产处、石门休养院、中心计量所、广铁警察训练学校、房地产开发公司和广州铁路职业技术学院等单位，对学校土地、房屋有关权属移交问题再次进行协商，会议达成以下共识：

一、广州铁路职业技术学院在石门、执信南和广北三个校区独立使用的土地和房屋整体分割土地使用权和房屋所有权同时划转移交。

二、对土地和房屋权属确定与划分按照以下原则办理：1. 石门疗养院建在广州铁路职业技术学院内的油库、配电房和单身宿舍移交广州铁路职业技术学院；石门疗养院地下管线穿越广州铁路职业技术学院，今后维修如需占用场地，广州铁路职业技术学院应予以支持配合。2. 广州铁路职业技术学院在广铁警察训练学校教学楼使用的第五、六层教室及一层车库移交广铁警察训练学校；广州铁路职业技术学院铁路台账广建81、广建82两栋宿舍周边土地的分割按以下原则划分：三面有围墙部分以围墙为界分割，靠公安学校宿舍一面，以广铁警察训练学校宿舍外墙边为起点，向职业技术学院宿舍外墙平移3米分割土地面积；职业技术学院的房屋出入通道，可继续使用现通道（零租金）。3. 集团公司中心计量所3年内从执信南迁出，其办公房和执信南校区内的一配电房一并移交职业技术学院。3年内未迁出前，原房产由中心计量所无偿使用；配电房移交后，广州铁路职业技术学院应保证周边铁路住房的用电。4. 房地产开发公司按照与广州铁路职业技术学院签订的协议，将广州铁路职业技术学院在广州“天兴大厦”购置的房产归还广州铁路职业技术学院，并负责办理好房屋产权证。

……

这段时间，教育、医疗机构移交地方政府成为广铁集团工作的重心，而学校的移交又是重中之重，做好房地产权属变更工作意味着国有资产要平稳移交给国家，因此集团从上至下都全力配合，确保学校的移交工作顺利进行。

2004年12月22日，为贯彻落实《广州市境内铁路教育机构移交广州市人民政府管理协议书》和《广州市境内铁路教育机构移交广州市人民政府管理补充协议书》的有关事项，广铁集团与接收方广州市教育局经过友好协商，达成以下协议：

一、人员移交。人员移交以广州铁路职业技术学院2003年12月31日在职户籍人员340人为依据，符合有关职（执）业资格条件的，经双方进行资格、条件等核定后，从2004年9月1日起移交广州市教育局管理。学院在编不在职人员6人由广州市教育局接收，广州铁路（集团）公司给予经济补偿……广州铁路职业技术学院的离退休教师，经双方核实确定身份后，从2004年9月1日起随同学院一并移交给广州市教育局。其中，2003年9月广铁党校与广州铁路职业技术学院分离前办理离退休手续的教师由广州市教育局接收，分离后的离退休人员由广州铁路（集团）公司妥善安排……

二、资产移交。广州铁路（集团）公司将广州铁路职业技术学院的所有资产（含土地使用权、房屋产权及配套设施、设备等）以2003年9月30日为基准日的清产核资结果为依据，不再进行资产核资，按现状整体无偿划转给广州市教育局。广州铁路职业技术学院现有土地103715平方米，房屋、建筑面积45994平方米和资产8343万元，经双方核实后，由广州铁路（集团）公司据实移交给广州市教育局。广州铁路（集团）公司所属其他单位在广州铁路职业技术学院范围内使用的房屋产权归广州铁路职业技术学院……广州铁路（集团）公司于2004年底前负责办理完相关资产划转和产权变更手续……

三、债权债务处理。广州铁路职业技术学院移交前与铁路企业内部往来结算中形成的债权债务由铁路企业负责清理，移交前已发生的债务不移交广州市教育局，仍由广州铁路（集团）公司承担。

四、费用补偿。1. 广州铁路职业技术学院移交广州市人民政府后，原由国家财政拨付的办学经费（2004年预算指标为723.6万元），由广州铁路（集团）公司向铁道部汇报，广州市财政局向省财政厅汇报，铁道部和省财政厅分别向财政部申请，以划转国家财政转移方式，经省、市财政全额拨给广州铁路职业技术学院。2. 移交后的广州铁路职业技术学院的日常办学经费和人员经费，按照广州铁路（集团）公司2003年实际补助金额约1048万元，从2004年起，三年内继续由广州铁路（集团）公司承担，3年合计广州铁路（集团）公司共应支付3144万元。广州市教育局接收在编不在职人员6人，广州铁路（集团）公司按人均60万元的标准给予经济补偿，共应支付360万元，另为支持广州铁路职业技术学院的发展，广州铁路（集团）公司一次性补助3300万元，上述三项共计约6804万元，由广州铁路（集团）公司一次性拨付到广州市人民政府指定的专用账户，全部用于广州铁路职业技术学院日常费用。3. 移交在职人员的工资按广州市规定的同类人员标准进行套改后，低于广州市规定同类人员标准的，所产生的差额由广州铁路（集团）公司承担，该差额3年共计约4162.8万元，由广州铁路（集团）公司据实支付。4. 3年内，移交的离退休教师的离退休金共约3038万元，由广州铁路（集团）公司据实支付。3年过渡期内，如广东省政府有新的规定，则按新规定办理。5. 广州铁路职业技术学院移交后的在职人员及离退休教师公费医疗费用，参照广州市公费医疗干部医疗标准6455.92元/（人·年）计算，3年过渡期内的公费医疗费用约1121.4万元由广州铁路（集团）公司负责承担。其中，在职人员3年过渡期内的公费医疗费用共计约674万元，离退休教师3年过渡期内的公费医疗费用共计约447.4万元，以上款项由广州铁路（集团）公司据实支付给广州市教育局。6. 移交人员的养老保险关系按省市的有关规定处理，移交前欠缴的社会保险费由广州铁路（集团）公司负责缴清。

五、其他约定。1. 在广州铁路（集团）公司支付补贴费用期间，广州铁路职业技术学院按移交前规定的培训项目要求完成职工培训，企业按移交前一年的培训价格标准支付培训费用。过渡期后，按市场机制支付培训费用。在同等条件下铁路职工的培训优先选择广州铁路职业技术学院。2. 广州铁路职业技术学院及其教职工的用水用电供应和物业管理渠道不变，按铁路内部单位收费标准执行。3. 被移交人员的住房面积未达标的补贴，移交前及3年过渡期内货币补贴，由广州铁路（集团）公司按有关文件的规定处理和承担……

这份协议书进一步明确了双方的权责，理顺了财务关系。表面上看，广铁集团将教育、医疗机构移交给了地方政府，资源流失，资产缩水，但从国家大计来看，利国利民，教育、医疗机构关乎民生，保障民权。行业需要规范，需要专业部门及人才管理，地方政府有魄力也有能力做好掌舵者。

学校移交给政府管理后，在体制和机制上迎来了活力和生机：一是引入了市场机制，办学效益与教职工分配挂钩；二是专业得到拓展，人才培养要服务于广州经济和社会发展，发展定位更清晰：做优轨道交通类专业，做强先进制造类专业，做实现代服务类专业；三是办学主体明确，学校按照政府的要求和人才培养的规律，面向市场需求自主办学。学校移交转制综合了行业办学和政府管理的双重优势，促使学校步入了省市先进高职院校跨越发展的快车道。

回顾2004年学校移交政府这一大事件，经历过的教师们仍然记忆犹新，顺应时代改革，胸怀大局，学校迎来了大发展。

第四章

发展：
踔厉奋发拓新局

第一节 强化规范管理促进学校崛起

2005年8月22日，中共广州市委组织部《廖惠卿等同志任职的通知》(穗组干〔2005〕307号)同意成立中共广州铁路职业技术学院临时委员会，廖惠卿同志任书记，刘国生同志任副书记；同时广州市人民政府决定，刘国生同志任广州铁路职业技术学院校长。8月底廖惠卿书记、刘国生校长到任，纪委副书记为廖金榜，副校长为龚延祥、王韶清、林姚。2006年9月，彭铁英被任命为学校党委副书记兼纪委书记。至此，学校领导班子配齐到位。新班子亮相，新征程起航。

学校备案，独立办学

学校向广州市政府完成移交后，亟须解决的便是学校在教育部备案一事。早在2004年9月24日，广东省教育厅就向教育部报送《关于请给予广州铁路职业技术学院备案的函》，将学校的基本情况列表上报，如下表所示。

学校基本情况

学校名称		广州铁路职业技术学院
建校基础名称		广州铁路运输职工大学、广州铁路机械学校、广州铁路成人中专学校
占地面积/亩		157
校舍面积/万平方米		5.6
教学仪器设备/万元		1559
图书/万册		16
师资	专任教师/人	147
	正高职/人	0
	副高职/人	20
	高职比/%	13.6
专业数/个		6
主管部门		广州市政府

经过半年多的审查，学校终于等到好消息！2005年4月1日，教育部下发《教育部关于公布备案的56所高等职业学校名单的通知》(教发函〔2005〕46号)，正式批准学校备案。当年的毕业生(2002年以广州铁路运输职工大学名义招生)开始以广州铁路职业技术学院之名颁发毕业证书。2005年8月11日，广州市机构编制委员会印发《广州铁路职业技术学院机构编制方案》的通知，通知对学校的主要任务、内设机构、人员编制和经费来源等问题作出明确指示，内容如下：

一、主要任务。广州铁路职业技术学院为市局级事业单位，归口市教育局管理。主要任务有承担高等、中等职业技术教育和成人学历教育；承担铁路、地铁、城际轨道交通的继续教育、函授教育和员工培训、职业技能培训任务；开展轨道交通运输等方面的科学研究、技术开发和技术服务；开展国内外校际教育合作和学术交流。

二、内设任务。学院内设9个管理机构、8个教学机构、3个教辅机构。

管理机构下设党委办公室（负责党组织建设、干部考察和党员教育管理工作；负责教职工思想政治工作和宣传、统战、侨务、民主党派建设工作；承担学院党委日常工作）、院长办公室（综合协调学院日常管理，负责文秘、会务、督办、保密、信访、接待、外事、机要通讯及综合档案管理等工作。负责执信南校区、广北校区的管理和协调工作）、人事处（负责机构编制、人事、社保、职称评聘、教职工培训考核、计划生育、离退休人员管理和师资队伍建设等工作）、教务处（负责教学管理、学籍管理、学科和课程建设工作；组织教学评估和教学质量监督，开展教学研究；协调各系、各校区教学工作）、学生工作处（与招生就业处合署，负责学生思想教育和日常管理；承担招生及毕业生就业指导工作；负责管理学生档案；承担学生奖贷学金、勤工俭学、学生辅导员的指导和培训工作）、财务处（编制学院年度经费预决算，负责学院财务管理工作；承担学费收缴、教职工工资与酬金发放等工作）、后勤管理处（负责学院后勤保障、后勤服务的管理，监督指导后勤服务实体的工作；承担学院建设规划、基建工程管理及维修、校产管理等工作）、保卫处（与武装部合署，负责校园综合治理、安全保卫、消防和户籍管理工作；组织实施学生军训、征兵、国防教育等）、纪委办公室（与监察审计室合署，负责纪检、监察、审计工作。承担对学院财务收支、基建维修、物资采购、干部任期及经济责任的审计工作），工会、团委按有关章程设置。

教学机构下设交通运输系（负责本系各专业的教学、科研和管理）、机械工程系（负责本系各专业的教学、科研和管理）、经济管理系（负责本系各专业的教学、科研和管理）、电子与信息工程系（负责本系各专业的教学、科研和管理）、电气工程系（负责本系各专业的教学、科研和管理）、机车车辆系（负责本系各专业的教学、科研和管理）、公共基础部（负责全院公共基础课的教学、科研和管理）、继续教育部（负责成人教育、继续教育、函授教育和各类职业培训的教学与管理，协调各教学单位实施有关的教学工作）。

教辅机构下设实验演练中心（与技能鉴定站合署，负责学生实验、实验训练和实习的组织实施工作；负责实习基地、实训室的建设和管理；维护管理中心的设备）、图书馆（负责学院图书资料信息的建设和管理）、科技开发中心（负责科研、技术开发与服务工作；负责学院信息网络的建设和管理；承担学报和校刊的编辑出版工作）。

三、人员编制和经费来源。广州铁路职业技术学院配事业编446名，其中，党委书记、院长各1名，副书记兼纪委书记1名，副院长4名；管理机构正副处长（主任）20名。经费由市财政核拨；学院内设教学机构设立党总支的，可配专职党总支书记或副书记1名，级别待遇与管理机构的处长或副处长相同；学院附属后勤人员编制50名，人员经费自给。

四、其他。根据粤府函〔2000〕356号文精神，在理顺广州铁路机械学校的经费渠道之前，暂保留广州铁路机械学校的校名。

2005 年 9 月 28 日，广州市人事局下发《关于同意广州铁路职业技术学院开设人事户头的复函》（穗人函〔2005〕433 号），同意学校开设人事工作户头，凡是涉及有关人事工作方面的业务，直接向广州市人事局相关处室申报办理即可。这就意味着学校引进高级人才无须再绕弯路，程序简化。

2005 年 12 月 14 日，学校根据上述文件精神，结合目前发展的实际进行了内部调整，经党委会讨论决定，最终确定学校内设机构设置如下：① 管理机构——党委办公室、院长办公室、教务处、人事处、学生处（学生工作部，与招生就业办合署）、财务处、后勤管理处、纪委办公室（与监察审计室合署）；② 教学机构——轨道交通系、机电工程系、电气工程系、经济管理系、基础课部、成教部（继续教育学院）、中专部（广州铁路机械学校）；③ 教辅机构——实训中心（与技能鉴定站合署）、图书馆。

学校对人员聘用有了更严格的要求，制定出较高的人才准入门槛。学校对教师岗位的严格把关，促使教师队伍建设工作取得了明显成效，基本满足技能型和实践型教学的要求，仅 2005 年学校产学研工作就有了新突破：申报了 7 项省、市高等教育教学改革项目，19 项广东省高校“十一五”规划教材的选题，3 个市级示范专业，3 门精品课程；获得第五届广东省高等教育省级教学成果二等奖 1 项，第七届全国大学生电子设计竞赛广东省赛区三等奖 1 项，广州市多媒体教育软件评比二等奖 1 项，广东省 2005 年高职高专院校大学生 CAD/CAM 软件应用竞赛团体第 6 名、2 人获得单项一等奖；2 个课件分别获广东省计算机教育软件评审一等奖、三等奖；广东省第七届物理实验设计大赛中，学校是进入总决赛的唯一一支高职院校队，参赛作品获得二等奖；学校被铁道部确定为铁路机车司机培训基地，成为华南地区唯一一所具有铁路机车司机培训基地资质的学校；学校技能鉴定所通过省技能鉴定指导中心的评估，评定等级为优秀……第二年，广州市教育局确定学校城市轨道交通车辆专业被遴选为广州市属高等学校第一批示范性建设高职高专专业，这是学校第一个被上级主管部门认定的示范性建设高职高专专业；广州市教育局公布广州市高等学校第六届优秀教学成果获奖项目，刘国生教授主持或参与研究的“高职教育教学质量监控与评价体系的研究与实践”获得一等奖，“现代远程开放教育多种媒体教学资源建设和应用的研究”和“远程开放大学‘职业拓展’人才培养模式的探索与实践”获得二等奖；机电工程系青年教师罗武制作的多媒体软件——“机械制图及 CAD”课程大作业网络交互平台，获 2006 年广州市多媒体教育软件评奖活动高教组一等奖。

2005 年，学校输送的大专毕业生有 599 名，就业率达 98.66%，处于全省高校的前列；输送的中专毕业生有 656 名，就业率为 95%。其中，为广州地铁公司、广州东风本田公司等知名企业输送了 370 名毕业生。秋季开学，学校招生情况良好，实际报到的大专生有 897 人，报到率为 80.6%，名列全省高职高专院校的前 10 名。2006 年，学校共录取大专学生 2406 人，超过原计划 17.4%，是学校成立以来招录人数创纪录的一年。

举步维艰，勇破瓶颈

2005 年，学校新班子上任后审时度势，以不甘人后的劲头和迎难而上、止于至善的精神，坚持有所为有所不为，正确处理战略目标与实现过程、规模与质量、全面提高与重点突破、硬件建设与软件管理、改革发展与和谐稳定等“五大关系”，努力实现学校与社会之宏观层面、内部组织之中观层面及教职员工之微观层面的“三个和谐”，在艰难中起步，在适应中引领，在创新中发展。经过全校教职工的努力拼搏，实现了从中职到高职、从计划到市场、从行业主管到政府主办的快速转型与跨越式发展。由一所闭滞倦怠、基础薄弱的行业高职院校，发展成目标明确、生机勃勃、精干高效、实力雄厚的地方高职院校，以卓越的人才培养效益回答了“办什么样的学校，怎样办好学校”和“培养什么样的人，怎样培养人”这两大命题。

然而，现实中的一个个办学困境制约着学校的发展。要想让学校走向更远的未来，唯有突破瓶颈，困境中求生，才能在攻坚中崛起。

刘国生校长上任前，陪同广州市委组织部余耀胜副部长等领导到学校现场考察，当时校门前连一条像样的路也没有，校园中破棚旧屋、杂草丛生。在余耀胜副部长的精心协调下，市建委、市教育局、庆丰经济联社和学校四方共建，花了差不多两年的时间才将校门前的道路全线贯通。刘校长回忆道：“这条仅 100 米长的路，建设过程经历了太多的谋划、太多的周折、太多的苦头，蕴含了太多的期盼，牵动了太多的领导，得到了太多的支持。正是这样，因为各级领导的大力支持，学校上下一心并付出卓绝的努力，学校才能有今天。”这六个“太多”，真实地反映了这条 100 米路的来之不易。

学校领导班子陪同发改委、教育局的领导在校园里巡视，看到第十栋学生宿舍破烂不堪。领导们在晚上特地到学生宿舍走访，看到眼前的景象：尽管已是冬季的晚上 8 点多，但是学生们仍在开水棚排长队艰难地等待打开水、取热水。校园里，周边物品乱堆乱放、道路破损，种种情景让学校领导感到心里难受。刘国生校长带领学校相关负责人到顺德职业技术学院开会，发现广州铁路职业技术学院各方面的条件与之相比差距非常大，本校的实训设施设备太陈旧、太落后，与学校的人才培养目标和专业定位确实相差太远。

更让人无奈的是，连周边村民也看不起这所学校，学校的办学拓展寸步难行。当时，学生宿舍连通教学区一路之隔的村校共用道路坑洼杂乱、垃圾遍地，学校里有些事情需同村里协商处理，有些性情直爽的村民则直接说：“又是这所学校出了事。”正因为如此，学校与村民的交往困难重重、止步不前。校门前不足 100 米长的大道，停停、改改、建建，费时两年，这仅是其中一例。之外还有 2006 年学校为扩招新建第八栋学生宿舍正常施工打桩时，周边村民认为影响到他们的房屋而阻碍施工近半年，并索要高额赔偿。虽然经多次协调得到了解决，但是当年新生进校入住的宿舍却成了泡影。修路、建房危难之际，学校依靠广大教职工锲而不舍的努力，上下求助解“路结”，多管齐下保“入住”，既动员青年教师腾出宿舍，又压缩实训室、教室突击改建临时宿舍，才勉强解决了 2000 余名新生的入住。

学校移交广州市政府管理之初，新领导班子面对在校生只有 1391 人，坚守在岗位上的在编职工 334 人，可用教学仪器设备不到 1000 万元，教学系部和机关职能部门分别挤在大教室办公备课，破棚旧屋随处可见，曲径坡道弯来绕去，学生提壶拿桶踩着小道到油炉棚屋打水……加上毕业生初次就业率名列全省高职院校末位，教师的硕士比例不达标，生师比全国罕见低而新学期要开的课却无人上，等等，刘国生校长感受到的只有与全国大多数高职院校如日中天的规模、质量和内涵发展形成的强烈反差和竞争压力。

举步维艰之时，2005 年下半年还发生了四件难事：一是 10 月公布毕业生初次就业率为 64.77%，排在全省倒数第六位（后经学生处下大力气实行包干，全年总体就业率才得以快速提升，此后达到了 98.66% 的高就业率，进入全省前列）。二是 11 月按照教育部办学条件监测指标，省教育厅核查称学校硕士学历教师比例不达标（当时全校 145 名教师，硕士学历 4 名，仅占 2.8%，而监测指标不亮牌的最低要求是 8%）。三是 12 月安排 2006 学年上学期教学任务，全校 1391 名学生，教师 145 人，生师比不到 10 ∶ 1，导致很多课没有教师上。究其原因是工作量定额低和分配大锅饭、干多干少一个样（这既是直接促使学校率先大刀阔斧改革分配制度的成因，也是 2006 年上学期 50 多位教师成批量下企业实践的动因与助力）。四是针对校园第一个破棚拆除的非议。当时，进校门右侧的铁棚棚顶千疮百孔，与大学校园高雅氛围很不协调，拆除理所应当，却引来部分人的“不舍”（后来这个破棚的拆除拉开了校园环境大整治的序幕）。

如何既有利又有力地加快推动学校的发展？这是摆在学校新领导班子面前必须解决的问题。领导班子一致认为，结合学校的实际和兄弟高校的改革经验，只有发展才是解决各种困难和矛盾的“金钥匙”。市委领导来学校宣布新领导班子时就很有针对性地指出：“大发展，大出路；小发展，小出路；不发展，没出路。”之后，经过深入调研和思考，学校领导认为学校的发展应该要下大力气抓好“四项工程”：一是以改善办学条件、美化校园环境为切入点的学校形象工程；二是以实施人才强校战略为目的、以人事分配制度改革为切入点的校内管理改革工程；三是以产学研结合、提升核心竞争力为切入点的教学质量工程；四是以力争建设新校区为切入点的示范性高职院校的评建创优工程。

办学条件、校园环境既是人才培养的基本要素，也是学校在社会上的外在形象。为此，改善基本的办学条件、美化校园环境是学校的当务之急，这是学校办学和发展的基础。另外，学校还需改革人事分配制度，进行分配机制的创新。

学校移交给广州市政府管理，实际上就已经置身于市场竞争环境中，市委领导说这是“机遇大于挑战、希望大于困难”。学校移交后出现两个新的情况：一是拨款的机制已彻底改变，不多招生不行；二是广州市对人员经费实行比例控制，工资由市里拨付，课酬津贴等要自筹，且最多只能用学费的 50%，超过这个比例就是违规。习惯与创新、计划与市场，理念的碰撞、机制的创新，都涉及利益的调整；生存的压力、发展的困难，迫使学校必须闯出一条新路。

学校不实行改革就无法存活下去。第一，学校当下分配和收入的增长是沾了移交的光，是靠“供血”来维持的，是建立在沙堆上的，3 年过渡期马上就要结束。如果校内分配只能拿学费的 50%，那么第二年人员经费要减少 400 多万元，人均可供分配的资金要减少 1 万多元。人均收入减少，高层次的人才必然稳不住。第二，学校发展需要人才，而现有人才队伍并不适应发展的要求，表现在人员结构上，一是专任教师与行管、后勤人员的比例严重倒挂，教师只占教职工总数的 40.9%；二是教师中具有高级职称的仅占 15.9%（且有多名还是高级讲师），比例偏低，按照教育部评估的要求，要达到“合格”必须是 20% 以上，评“优”则要达到 30%，现状是差将近一半；三是硕士学位学历的教师比例更低，仅为2.8%，合格是15%，优秀是35%，差距甚远。仅此三项指标，学校评估就不可能通过。改变这现状，要稳住现有人才，多一些讲师提升为副教授、副教授提升为教授，多一些本科学历的教师拿到硕士学位。加之引进高级人才，即高职称、高学历、高技能的“双师型”人才。吸引人才要靠感情，更要靠待遇和事业，而待遇提高和事业发展都得需要资金。第三，如果仍然维持学校现状，继续吃大锅饭，结局不堪设想。学校原归属铁路部门管理，市场经济条件下的企业改革，提升了一批企业，搞活了一批企业，也垮掉了一批企业。兴旺、发达的企业都得益于改革起步比较早，垮掉的企业大多是因为守旧、不改革、不创新。学校既然已经进入市场、进入广州市属高校同一个发展平台，继续按照原来的模式进行运作已无法适应生存和发展的步伐。学校领导冷静、客观地分析上述三个方面的情况，提出发展的出路和答案只能是也必须是改革。通过改革增添活力，通过“造血”建立分配长效机制。所以，学校不改革不行。

那么，改革从哪里做起？新一届领导班子自2005年8月上任以来，主抓的工作可以归纳为：确定一个目标、推进两项改革、抓了三件大事。

一个目标：办学上规模、育人上质量、管理上水平。按照这个目标，学校对“十一五”规划进行了调整提升：在办学定位方面，提出要立足铁路和交通运输行业，面向机械制造等工业企业，为广州经济社会发展培养高素质的应用型人才，力争建设新校区，创造条件突破10 000人；在规模方面，确定了2006年学校招生计划为2600名大学生，力争在校大学生达到3500人，2007年达到5000人，2008年争取再进一步增长，使在校生规模达到8000人左右。

两项改革：第一项改革是干部的聘任改革，实行处级干部竞争上岗、公开竞聘。第二项改革是学校分配制度的改革，分配制度改革也是全校教职工高度关注、广泛参与、积极献计献策开展的专项工作，收到了预期的效果。学校着力推行这项改革的目的，是要激励大家多想事、多干事、干好自己的事，以推动学校的发展。改革在各个部门特别是在教师中收到很好的效果，提高了广大教师推动学校发展和教书育人的积极性。教师是学校的主体，主体队伍的精神面貌、工作积极性在很大程度上决定了学校发展的前景。骨干教师队伍的积极性被激发、调动起来了，学校今后的发展就大有希望了。

学校改革的任务主要有三项：第一是定编、定岗、定员，实行竞争上岗、全员聘任，分流人员、引进人才。全员聘任先从处级干部竞聘开始。第二是贯彻人事部、教育部有关政策规定，加大分配改革的力度，建立向高层次人才和重点岗位倾斜的分配激励机制。为此就要做大“蛋糕”，集合全校之力做大实力增长点：① 每年确保2000名以上新生进校，明年在校生达到3500人，后年达到5000人，实现办学上规模。② 争取市政府投入和政策倾斜，特别是近几年内能对学费50%的上限给以关照。③ 要变消费点为增长点，包括节流、开源。节流就是要精打细算、减少不必要的开支。开源就是分流一部分人员，减少开支，学校给政策。例如，实习工厂的加工能力很强，可以利用学校的设备，把今后学校的加工任务交由工厂带着学生来做。这样既节省了一部分资金，又让学生得到真实的训练。重新切好“蛋糕”，即按照按岗定薪、按绩效分配的原则，津贴向业绩突出、高层次人才和重点岗位倾斜。这涉及利益调整问题，需要全校教职工的理解、支持、认同。第三，要把校内所有名义的分配都归口为一个即校内岗位津贴。教师的津贴按教学任务核算，与课时挂钩；行政人员按岗位职责考核，与出勤挂钩。教师按课时发放津贴，即实行课时津贴加超课时酬金两部分。只要教师完成基本教学工作量，教师的收入就不会降低，有的还会有所提高。实行新的分配制度后，教师不上课肯定就不行了。讲的课越多，酬金也越多，这就体现了多劳多得、按劳分配的原则。

学校改革的初衷，是不让一个愿意尽心尽责为学校发展努力工作的人掉队，并形成一种你追我赶的团队攻关的态势，即通过改革，实行技术创新、机制创新、管理创新，实现团队合作共赢。特别是教学人员与行政人员发挥各自的优势，改变相互攀比、观望守成的现象，形成优势互补、共同进步的景象。总的原则是以改革增活力，以特色求发展，以质量创品牌，在全校教职工的团结进取下，通过深化分配改革，力推“四项工程”，用较短的时间实现学校办学上规模、育人上质量、管理上水平的阶段目标。力争 3 到 5 年，在办学水平、教学质量、打造品牌方面追赶优秀兄弟学校，在观念转变、办学效益、教职工待遇等方面走在市属高校前列。

三件大事：第一件大事，是抓了移交协议的兑现工作。在学校原党政领导的努力下，移交争取了比较多的利益。新一届领导班子到位后，毫不迟疑地把协议的兑现工作作为一件大事来抓，不遗余力地争取兑现广铁集团承诺的事项。为此，学校向广州市教育局做了专题请示，各有关部门也通过各种渠道请求上级有关部门帮助落实。广州市教育局领导带领局有关处室、学校领导及相关部门负责人，与广州铁路集团就移交协议兑现问题进行了很好的协商。广州铁路集团领导答应已承诺的条款一定兑现。同时也强调，广州铁路集团的培训任务不再另搞一套人员、不另设培训中心，原来给学校的各种技能培训任务继续交给学校来完成，确保“不断奶”。

第二件大事，是确立了教学工作的中心地位，把教学作为学校的一项主要工作来抓。这包括六个方面的工作：一是筹备召开学校教学工作会议。召开教学工作会议的主要目的是进一步确立教学工作在学校的中心地位，进一步确立教师在学校的主体地位，把教书育人工作做得更好，尽快实现学校由中专到大学的转型。二是制定了学校实验、实训室调整的方案。提升现有的 1 万多平方米的空间资源利用率，在按照高职教学规律整合好现有的实践教学基地、实验室的同时，开发和新建一批具有较高水平和较好条件的新的实验实训室。三是启动了教师参加企业实践的工作。随着学校企业实践动员大会的召开，教师参加企业实践的积极性、主动性进一步增强了，当时已有 34 名教师自愿报名参加并制定了比较完善的企业实践方案，借助社会、企业来提升自己的实践能力，开辟新的专业、拓展新的市场。四是抓好春运工作，服务铁路行业。学校要求将学生参加春运作为社会实践的选修课纳入教学计划，按照教学的要求来组织好、实施好。学生处、教务处按照这一要求做了大量的工作，并从学校的标志和着装上进行了创新，把参加春运作为学校密切与广铁集团关系的切入点，并着力将其做成一个亮点。五是下大力气抓大学生的就业工作。就业率是衡量一所大学办学水平的重要依据，决定学校今后能否发展、能否扩大招生的关键性指标。学校 2005 年应届大学毕业生的全年就业率达到 98.66%，这是学生处、招生就业办及相关部门的教师辛勤努力的结果。六是抓教学方面的闪光点。2005 年下半年以来，学校专业建设和课程建设出现了新局面，组织申报了市级示范专业 3 个、精品课程 3 门、广州市高等教育教学改革项目 5 项；

申报了 19 门广东省高校“十一五”规划教材的选题。获得了广东省计算机教育软件评审一等奖、三等奖各一项，全国大学生电子设计竞赛广东省赛区三等奖一项，广州市多媒体教育软件评比获二等奖一项。特别是获得广东省 2005 年高职高专院校大学生 CAD/CAM 软件应用竞赛团体第六名，2 人获得单项一等奖（全省共 13 名）。

第三件大事，是抓校园环境整治，改善办学条件。主要体现在四个方面：一是动员全校师生参与到整治脏、乱、差的行动中，校园的面貌得到初步改善。组织开展了一次全校师生参与的卫生大扫除活动，组织学生开展为期一周的“告别脏乱差、提高自我素质”的教育活动，总务处组织了对田径场周边等场地的整治、清理。二是进行了校区规划的调整。有不少教职工提出了合理化的建议。三是拉直了校门道路、打通学生宿舍与食堂之间的通道。这项工作的完成，首先是上级领导的重视、支持，其次是全校教职工的关注、参与。四是争取广州市首拨专项资金 430 余万元，为学校实实在在办了几件大事：① 彻底改善了十栋学生宿舍破旧的状况；② 完成学生宿舍太阳能热水系统工程，从根本上解决了多年来学生没有热水洗澡的问题；③ 新建了 2 个计算机房，新添置了 1 辆大客车，改善了教职工上下班的交通条件；④ 电路的改造进行中，启动了几项道路绿化和临时停车场的改造项目。

刘国生校长对“以人才培养为本”的内涵建设格外用心。他遵循高职教育的规律，在教学、科研、人事、财务、后勤、设备和学生管理等方面不断创新，推出了不少改革举措，取得了前所未有的成效。例如：一是召开教学工作会议，出台《加强教学工作提高教学质量的若干意见》，进一步明确培养目标，切实增强质量立校意识；二是以调整课时标准为切入点改革人事分配制度，实行多劳多得、竞争上岗，广大教师教学积极性高涨；三是实行年度绩效考核与津贴发放挂钩，践行绩效优先、优劳优酬，广大教职工出勤更出力，授课重育人；四是出台教科研奖励办法，发动教师搞应用技术研究，攻专利申报，论文、课题、项目和专利呈突飞猛进之势。

从 2005 年到 2009 年的 5 年时间里，学校实现了从计划到市场，从封闭到开放，从行业主管到政府主办的快速转型与跨越式发展，教学设施渐齐，“双师”快速成长，校园焕然一新，特色亮点纷呈，多项办学指标和成果实现零的突破，有的还成十倍的增长。有轨道交通、机电工程等 8 个教学系部。全日制高职在校学生 7060 人，增长 4 倍多。在编在岗教职工 360 余人，校外兼职兼课教师 200 余人。28 个专业中有广州市示范性专业 9 个、院级重点建设专业 9 个；国家精品课程 1 门、省市精品课程 12 门。建有校内实训基地 16 个（校内实训室 95 个）。实践教学场所面积 60 736.74 平方米，教学行政用房面积 115 085.75 平方米。教学科研设备仪器总值 7981 万元。纸质图书共 43.97 万册。毕业生首次就业率 2007 届、2008 届、2009 届分别达 93.12%、97.41%、96.95%，总体就业率分别达 99.59%、99.66% 和 99.10%，就业对口率高达 85% 及以上，轨道交通类专业毕业生就业对口率达到 95% 及以上，均居全省前列。学校先后获全国德育管理先进学校、广州市春运先进单位、广州志愿服务先进集体等荣誉称号。

2009 年 6 月，学校以优异的成绩通过了教育部高职院校人才培养工作评估，学校移交以来的办学成果被载入《2009 广州教育新发展》。

校长信箱，奖励来信

为密切校领导与广大师生的联系，及时倾听师生员工的呼声，解决师生在工作、学习和生活中的存在问题，促进学校的管理和发展，广泛听取培养单位关于学校教育工作的意见与建议，2005 年 10 月，学校下达文件通知实行校领导接待日和设立校长信箱，欢迎大家就学校研究教育工作积极建言献策。

校领导接待日的接待对象是全体教职工和学生，接待时间一般在每周三下午（寒暑假、节假日除外），涉及学校发展、建设、改革、稳定的重大问题和教学、科研、管理及师生工作、学习、生活等方面的意见、建议。接待的领导并非坐着倾听安慰教职工，而是要当场实际解决问题的；如果不能当场解决，则会耐心做好解释工作，及时研究，一般一周内会给出处理意见。

此外，学校设立了“校长信箱”。信箱设在综合楼栋附楼一楼楼梯口，位置显眼，便于往来师生看到，这是师生员工反映有关情况很好的一个途径。院办定期对来信进行整理归纳，呈送校长审阅后，分发有关领导，并责成相关部门办理，及时将处理结果回复本人。

以上举措一经实施就受到广大师生的欢迎，校长不再是高高在上不可接近。虽然这样的做法让学校处理问题的工作量日渐增多，但是及时解决问题能很好地促进学校的发展，因此学校非常重视与师生的及时沟通。这项制度颁布的时间比较早，在当时还引起不少学校的关注。

经过几年的积淀，校长信箱已然成为学校校园文化的组成部分。2010 年 11 月 1 日，学校开通了“校长网络信箱”，大大方便了师生们建言献策。仅是 2010 年 11 月至 2011 年 12 月间，“校长网络信箱”就收到来信 126 封，对解决校园具体问题，改善服务质量，提高管理水平，维护校园工作生活秩序起到了重要作用。

为进一步增强学生的主人翁精神，鼓励学生积极参与学校管理，2011 年 12 月 26 日，学校在西阶梯教室召开了“校长信箱”学生来信总结表彰大会。刘国生校长、龚延祥副校长、王韶清副校长出席会议，林姚副校长主持大会。有关部门负责人，院系总支书记、辅导员，学生来信先进个人代表，学生会、团总支学生代表等 100 余人参加会议。

王韶清副校长宣读学校表彰决定，对“校长信箱”学生来信先进个人方术池等 30 名同学予以表彰，并颁发证书和奖金。其中，一等奖 300 元，二等奖 200 元，三等奖 100 元，获优秀奖的同学每人奖励花都工学结合示范园制作的 U 盘。王副校长希望受到表彰的同学戒骄戒躁、再接再厉，积极参与学校的建设与管理。全校学生要向受到表彰的先进个人学习，进一步增强责任感和使命感，勤学善思，砺能笃行。会上，院办负责人对“校长信箱”学生来信办理情况及先进个人评选等作了介绍；教务处、后勤处、设备科等相关负责人分别就本单位处理学生来信情况进行了说明；轨道系方术池同学代表获奖同学结合自身实际谈了给“校长信箱”写信的感受和体会。

刘国生校长与参会同学进行交流。一是向获奖的同学表示祝贺并通过他们向全校所有关心学校改革、建设与发展的同学表示衷心感谢。二是解析了开通“校长网络信箱”的目的，是倾听学生对学校工作的意见，了解学生所思、所想、所需等真实情况；接受全体师生的监督，有针对性地改进学校的工作；为学生参与学校管理提供平台，有助于大家增长社会阅历和实践能力。三是说明了此次总结表彰的意义，是对学生来信与落实反馈情况进行年度盘点总结，以发扬成绩，纠正不足；提供一个职能部门与学生面对面沟通的机会，使学生更多地了解学校教学、后勤、设备等方面的情况；最重要的是形成一种导向，表明学校鼓励和支持学生大胆提出意见和建议的态度，以亲身的体验更好地帮助学校查找问题，改进工作。四是向相关职能部门和同学们提出要求。希望与“校长信箱”相关的职能部门，既要认真总结“校长信箱”来信办理的经验和不足，形成年度总结表彰的长效机制，使渠道更通畅，回复更快捷，承诺更到位；又要加强工作的预见性，将学生想到、看到、听到的问题提前想到、看到、听到，提前解决好。希望写信的学生进一步增强责任心、爱心和包容心。责任心就是要从有利于改进工作，促进学校发展的角度负责地表达诉求；爱心就是要将维护广大师生的利益，爱护学校作为表达意见和诉求的出发点，促使各方面的工作做得更好；包容心就是要换位思考，将自己作为明天的管理者，学会用一种别人所乐意接受的方式，来改变别人已习以为常的方式，扩大所提意见的影响力。

林姚副校长最后总结，希望参会的学生代表要把会议的精神向广大同学进行广泛宣传，让广大同学充分利用“校长信箱”反映合理诉求。

几经波折，路修通了

2007 年 6 月 30 日，学校召开第一次党员大会，作为向党员大会献礼的工程——学校门前大道亦全线贯通。在这双喜临门的日子，刘国生校长陪同前来参加大会的市委领导从路口走向学校，这是市建委、市教育局、庆丰经济联社和学校四方共建的友谊路，是几经曲折牵动各方领导过问终于柳暗花明的挑战路，是全校师生员工关注、预示着走向光明灿烂的“出路”。

时光倒回到 2005 年 8 月 19 日下午，当天市委领导带刘国生到学校考察，返程路上的漫谈中，刘国生不经意地发出一句观感，大意是这个学校出门竟然都没有一条直路。当时两位领导都认同，并说校园确实要好好整治一下才行，但对于这条路没有具体回话。真可谓说者无意，听者有心。第二天，市委领导打电话告诉刘国生，关于学校门口这条路，已和市建委联系好了，由负责广清高速公路的施工单位给学校来修，投资由市建委负责，征地的钱由市教育局负责，此事也与市教育局领导商量好了。这个电话确实让刘国生感动了一番，尽管两位领导当时没就路的问题表态，却将这么一件不属于职责内的事，不仅放在了心上，而且主动出面与相关单位联系。他们体察民情、务实认真、以人为本的作风，可见一斑。

2005 年 8 月 26 日，市建委领导主动来学校现场办公，确定将校前道路工程作为连接广清高速的附属工程，由广州市中心区交通项目领导小组办公室（简称“市项目办”）组织实施。市领导为学校牵线搭桥指导，具体实施按程序规范来办。刘国生校长到任不久，立即与廖惠清书记商定此事，确定由学校后勤处相关负责人负责办理，并正式致函市建委请求支持建设。接着，市建委复函批示同意支持立项出资为学校施工建设校前大道。9 月中旬，市建委项目办项目负责人第二工程部部长带领设计人员多次察看现场，落实道路修建方案，确定学校征地范围。9 月 21 日，市财政局文教处和市教育局计财处领导应邀来学校，专题调研广铁集团补差经费协议兑现等问题时，刘国生领着他们察看第十栋学生宿舍楼破旧状况时，专门就校前大道的修建、2005年市财政经费追加、2006年市财政专项拨款预算等，特别是拨付校前大道的征地款等情况做了反映。10月26日，受市教育局领导的委托，计财处3位处领导又来到学校，现场考察以校前大道修建征地等需追加经费解决的项目，并当场答复修路征地款及时到位。在基本确定道路立项、征地拨款等事宜后，10月31日，学校有关负责同志到项目办商谈征地等事宜。11月8日，刘国生与学校有关负责同志到庆丰经济发展总公司与联社领导协商校前大道占地规划与地价等，双方一拍即合，此事得到了庆丰经济联社的大力支持。11月9日，学校后勤处与庆丰经济联社签订《关于征用学院正门前土地共建文明大道的协议》，完成征地工作。至此，校前大道的立项、建设资金和征地款及征地手续等基本落实。

2005年11月17日，学校后勤处完成道路施工设计，并在市项目办的组织下完成该项目的施工招标工作。12月18日，市建委施工队正式进场施工，一个月后，修至与庆隆路大道连接水道处。2006年1月18日，在工程仅余下排洪涵洞（道路约30米）的情况下，因庆丰变电所电线横穿道路上空，且有电杆立于道路占地内，施工队担心用吊车安装管涵的安全问题而不得不停工。面对电杆移位方案不一，再加上不久前学校为方便学生出入食堂将连通学生宿舍高土墙拆除等问题，后勤处与有关单位经过几轮商谈未果，市建委施工队只好转移至其他工程。至此，该修路工程一直拖至2007年5月。

停工期间，在2006年4月石井街人大会议上，街道人大代表就该路的修建向街道党政领导反映。不久，石井街有关负责人与学校党政领导交换有关情况，街道领导到现场察看协调；5月11日，市委领导来学校视察，关切地问起校前大道修建情况，并叮嘱华同旭局长转请白云区政府给予支持，尽快协调处理好有关问题；7月，市建委领导询问工程进展情况，并委派督办处领导多次到修路现场察看协调。经几方协调，市建委、白云区政府均表示电线杆迁移各方都分担一部分资金。直至8月18日，市建委施工队才得以再次进场施工，9月3日在安装好管涵后，因水道过水管是圆形管涵还是方形管涵等问题，工程不得不再次停工。

在2007年1月22日广州市第十三届人民代表大会第一次会议期间，市委领导见到刘国生校长的第一句话就是问校前大道修建情况，并当场找来白云区政府领导叮嘱支持学校协调各方尽快修通该路。区政府领导向刘国生了解相关详情后，即安排白云区市政和建设分局领导负责协调。此外，市委领导在得悉相关情况后表示再与市建委领导联系，克服困难将好事办好办完。在庆丰经济联社领导的关心下，4月20日，学校后勤处与庆丰变电所顺利达成将变电线路迁移改为电杆移位、电线升高的方案，并于4月22日完成电线杆移位等工程。在市建委项目办的协调下，设计院于5月28日按照庆丰村的意见完成圆形管涵改为方形管涵图纸的变更后，经学校相关负责同志与施工队多次磋商施工方案，市建委施工队于5月16日第三次进场。经过二十几天的日夜奋战，一条全长98米、宽14米的学校门前大道终于在6月30日修通了。

路修通了，学校5000多名师生员工多年的期盼终于实现了。这一条学校的新“出路”，是友谊之路、挑战之路。它的通车，是市委领导同志和组织部、教育局领导关怀的结果，是市建委、白云区政府、白云区建设局、石井街道工委和庆丰经济联社党委支持的结果，也是学校后勤处相关同志辛勤工作和广大师生员工关注、理解、支持的结果。

党员大会，观往知来

2007年6月30日，中国共产党广州铁路职业技术学院第一次党员大会在礼堂隆重召开。这次会议既是总结过往学校的工作和成绩的重要大会，也是选举学校新一届党委、纪委班子的关键大会。学校自2000年6月成立到2007年，由于相当一段时间在教育部未备案、办学定位不明等，导致一直未能召开党员大会。自移交广州市政府管理后，于2005年8月组建了临时党委至今已有1年多。“十一五”期间是学校改革发展的关键时期，在此新形势下，学校需要召开第一次党员大会，进一步加强和改善党的领导，充分发挥党委的政治核心和领导核心作用，认真总结学校建设发展的经验，以科学发展观统筹工作全局，并研究制定新五年发展目标，推动学校快速、稳定、协调、全面地发展。因此，此次大会对于学校未来发展有着举足轻重的历史意义和现实作用。

中国共产党广州铁路职业技术学院第一次党员大会

大会从当日上午8点30分开始到下午3点40分结束，主要包括第一次全体党员会议（大会开幕式）、第二次全体党员会议（大会选举）、第三次全体党员会议（大会闭幕式）等3个重要环节。大会开幕式由刘国生校长主持。

会上，广州市委组织部副部长余耀胜、广州市教育局党委副书记王小强、广州铁路（集团）公司总经济师吴侯辉分别发表了讲话。余副部长肯定了学院在人才培养、专业建设、产学研结合以及加强党的建设和思想政治工作方面的成绩，并对学院新一届党委领导班子提出了希望：进一步贯彻落实好党委领导下的校长负责制，模范地执行民主集中制；班子成员要树立正确的权力观，立党为公、勤政为民；要坚持按党性原则办事，善于看主流、看全局、看未来；要加强和改进作风建设，巩固和扩大先进性教育的成果；要高度重视抓好学校的党风廉政建设等。针对学校的发展，王副书记指出，要“全面深入学习贯彻省第十次党代会和市第九次党代会精神，统一思想，凝聚力量，坚持科学发展，构建和谐校园”，要“根据广州区域经济建设和发展需要，把握广州市大力发展职业教育的机遇，进一步解放思想，更新办学理念，在保持自身办学传统、资源条件和专业优势的同时，加强专业建设，突出办学特色，创新人才培养模式，提升办学质量。”总经济师吴侯辉说，希望学校加强校企合作，加强职业技能培训，在为广州市经济社会发展培养高技能人才的同时，多为铁路输送和培训人才，为铁路的跨越式发展做贡献。

总结是为了更好地出发，观往而知来。学校党委书记廖惠卿代表学校临时党委作了题为“坚持科学发展，构建和谐校园，为建设具有工业交通鲜明特色的省级先进高职院校而努力奋斗”的工作报告。廖惠卿书记从党组织建设、人事分配制度改革、教学工作、师生政治思想教育、校园建设综合治理、构建和谐校园等方面作了详细的阐述，并总结出“六个必须坚持”：必须坚持加强学校党的建设与领导，必须坚持不断解放思想、更新观念，必须坚持育人为本、德育为先的原则，必须坚持把发展作为学校工作的第一要务，必须坚持人才强校的战略，必须坚持秉承传统、继往开来。

党委副书记兼纪委书记彭铁英代表学校纪律检查临时委员会作了题为“铸造优良作风为学校跨越与和谐发展提供坚强纪律保证”的工作报告。彭铁英书记从学校的反腐倡廉教育、领导干部廉洁自律专项治理工作、学校监督检查力度、机制和制度创新工作、信访举报和案件查办工作、落实党风廉政建设责任制、加强纪检监察队伍自身建设工作等方面总结了学校纪委的工作情况。并提出，对新形势下的纪检监察工作必须紧跟学校改革发展的形势，以“三个代表”重要思想为指导，以落实党风廉政建设责任制为龙头，以建立健全教育、制度、监督并重的惩治和预防腐败体系为主线，以领导干部廉洁自律、查办案件、纠正行业不正之风等反腐败工作为重点，为创建特色鲜明的高水平职业学院提供坚强的政治保证。

经过大会选举，王韶清、刘国生、林姚、龚延祥、彭铁英、廖金榜、廖惠卿等 7 位同志当选为中国共产党广州铁路职业技术学院第一届委员会委员；丘维远、包琪龙、张胜红、彭铁英、廖金榜等 5 位同志当选为中国共产党广州铁路职业技术学院纪律检查委员会第一届委员会委员。

学校移交地方政府办学以来，在学校党委的正确领导下，学校教职工围绕学校中心工作，全面加强内涵条件建设，教职工的思想观念得到较大转变，党的先进性建设成果得到巩固发展，改革创新形成了新优势，构建和谐校园展现了新风貌，学校各项工作取得了新成绩。面向未来，学校面临“机遇与挑战并存，希望与困难同在”的形势，新的五年是推进学校事业快速发展的重要机遇年，在召开党员大会的新历史节点上，“十一五”规划宏伟蓝图已绘制，学校必将有新的作为、新的飞跃。

第二节
树人有方荣膺政府嘉奖认可

2008年11月，刘国生校长在《广州日报》上看到部分人大代表和政协委员专题座谈会召开，为加快推进学校科学发展，得到市政府主要领导的关注和支持，11月10日，刘国生校长以人大代表和学校校长双重身份致信市领导，汇报学校自2004年9月移交广州市政府管理转制发展3年多来取得的办学成绩，主要表现在办学规模和条件实现跨越发展、招生就业率稳居全省高校前列、校企合作育人成效突出、社会培训和服务不断拓展等方面，并重点汇报了加快推进新校区建设、组建广州工业交通职业教育集团、建设广州地区轨道交通企业培训中心等学校谋求新发展的举措。

当时，位于白云区石井街的学校占地面积达157亩，有教职工453人，各类学生10451人，其中全日制学生6475人，开设轨道交通、物流管理、集装箱运输管理、电气化铁道技术、数控技术、机电一体化技术、汽车检测与维修等27个专业，设有国家级和省级职业技能鉴定所，具有57个工种中高级工、技师和高级技师的培训、鉴定资质，建有地铁车辆模拟驾驶中心、数控加工中心、电气化铁道技术培训基地等校内实习实训室49个，广州市地下铁道总公司、广州火车站、广州本田汽车有限公司等校外实习、实训基地51个。

学校新领导班子到任即紧紧抓住转制这一发展良机，团结带领全校教职工，按照“办学上规模，育人上质量，管理上水平”的发展目标，全力推进管理创新和教育教学改革，学校办学规模、基本条件、校园环境发生了翻天覆地的变化，实现了与省级先进高职院校同步并轨跨越式发展。

2008年11月16日，时任广州市政府主要领导作出批示，要求广州市教育局主动向有关部门积极支持和协助指导学校谋求新发展的三项举措，尤其是新校区建设。收到市政府领导的批示后，市教育局领导亲自听取学校评建创工作专题汇报，表示将从政府层面上给予学校更加有力的支持和指导。

在学校“迎评促建创示范”的关键时刻，在广州市大力发展现代服务业、先进制造业和城市轨道交通的背景下，广州市政府主要领导的批示，不仅是实践科学发展观、高度重视职业教育的具体体现，而且是对加快破解学校科学发展的难题给予的最大支持和激励，既是对学校转制跨越发展3年多办学实践的充分肯定，又赋予全校教职工一份加快科学发展的沉甸甸的责任。

学校积极组织落实市领导的批示，举全校之力加快建设和发展。全校师生员工继续发扬不甘人后的拼劲，以迎难而上、止于至善的精神，努力实践科学发展，不辜负广州市委、市政府重托，全力打造广州高等职业教育品牌，为广州市建成全省“首善之区”和珠三角“一小时城市圈”核心做出积极贡献。

实干笃行，硕果殷实

3年多来，学校转制办学牵动着广州市政府领导的心，师生们铆足干劲，为学校增光添彩。2008年，学校全日制高职学生从2005年的1391人扩大到6475人，增长4.66倍；教学仪器设备总值达5065多万元，增长319%；多媒体教室座位数达到5167个，增长5.5倍，信息化教学水平和能力进入市属高职院校前列；建有省市示范性建设实训基地（中心）5个，实习实训场地面积增大142%；硕士以上的教师由3%增至36%，副高以上职称由17.42%增至28%；教科研实现多项零的突破性增长，获国家、省、市各类教学科研成果奖32项，主持承担国家、省、市级课题23项等。

学校继2006年、2007年成为广东省高考5所热门高职院校之一，2008年第一志愿报考上线人数达到16516人，与招生计划之比高达8.5 ∶ 1，文科投档线高居全省高职院校第二，理科投档线位居全省第三。毕业生就业率于2005年达98.66%，2007年达99.59%（2006年无毕业生），2008年毕业生初次就业率为97.41%，均居全省高校前列。至2008年10月底，广州地铁、广铁集团、深圳地铁、香港地铁（深圳）公司等知名企业已预订2009年、2010年的毕业生达1105人。

学校精心构筑校企合作平台，逐步形成多种校企合作模式：与上百家企业组建了22个专业指导委员会；与广州多迪网络科技有限公司联建校内SMT自动化生产线；与广州地铁开展“订单式”人才培养；成立广州市京龙汽车服务有限公司广铁职院分公司，合作进行人才培训、项目研发和生产等。广州地铁1号线17个车站中有14个由学校毕业生担任站长。学生在国家、省、市级比赛中获奖50多项次，其中，全国职业院校技能大赛广东选拔赛获团体最高奖，第三届全国数控技能大赛广东选拔赛获数控车工组第一名，第五届“高教杯”全国高职高专英语口语大赛广东赛区决赛获特等奖（最高奖），并分别代表广东省参加全国比赛等。

近年来，学校为广州地铁等行业企业培训各类人员平均超万人次。企业培训师通过率在广东省名列前茅；为青藏铁路等举行的“列车红十字救护员”培训，中央电视台、人民日报等几十家媒体予以报道，成为全国铁路“红十字救护员”培训基地；继2007年评为广州市春运先进单位后，学校在2008年又组织近3000名师生，持续55天时间，累计106 960人次服务于春运，省、市及中央新闻媒体都纷纷予以报道，学校再次荣获广州市春运先进单位。

正因为广州市政府领导的殷切期望，学校发展一路向上。正所谓“念念不忘，必有回响”，学校以实际行动向关心学校发展的领导们展现“蝶变”历程。

服务春运，现场练兵

春运即春节运输，是中国特有的在农历春节前后发生的一种大规模的高交通运输压力的现象。铁路春运一直是社会关注的焦点，每年春运期间，广州火车站的运载难度超过常人想象，记者必少不了到广州火车站踩点直播。在铁路企业现有职工超负荷工作的情况下，春运服务者仍然难以满足旅客需求，急需大量具有专业技能和素质的人才支援春运。

2008年年初，适逢一年一度“全民大迁徙”的春节前夕，一场突如其来的雨雪冰冻灾害席卷南方：在第一场雪还没有完全融化的时候，第二次暴雪再次降临，从1月18日开始，第二次冷空气自西向东推进，这与往年相比显得十分反常。从1月25日至2月2日，第三次、第四次暴雪接踵而来……一时间城乡交通、电力、通信等遭受重创，贵州全省、湖南大部、江西大部，甚至到广西北部都出现大范围冻雨天气，电网崩溃，山区的电力设备基本被大雪摧毁，其危害之大50年来从未有过。

几次暴风雪的连续袭击，造成高速铁路、公路、民航受阻，旅客大量滞留，生活和生产物资运输中断，公路险情不断。在湖南郴州南部古镇白石渡倒塌的电塔下方，是京广电气化铁路的输电接触网，10万伏的高压线搭在2.5万伏的铁路输电线上，运输供电瞬间中断。中华人民共和国成立以来从未有过的因灾害造成的铁路大拥堵由此开始，2008年1月26日晚上，仅京广线上就有136列客车晚点，约4万名旅客滞留在湖南境内。

在京广铁路的最南端的广州火车站，绝大多数等待上车的旅客还不知道回家的路上已经发生的一切。直到第二天，在越来越拥挤的人群中，等待回家的人们才意识到铁路中断了，但是依然有人不断涌入车站……

1月26日，广州火车站滞留旅客超过10万，27日达到15万，有超过5万多名旅客办理退票。28日滞留旅客已经逼近60万。1月30日，整个广州地区的滞留旅客接近80万。从广州火车站警岗俯瞰广场外围，一片黑压压的人流，看不到尽头。至2月3日，广州火车站还有近100万旅客等待出发。

学校自2001年以来，连续十几年组织几千名在校学生参加支援铁路春运的工作，是国内同级别院校中参与服务春运时间最早、人数最多、覆盖面最广、程度最深、社会知名度极高的学校。按理说，学校组织春运服务已有一定经验，应临危不乱，然而2008年突发性事件频发，让学校应接不暇。当年春运，学校前后组织近3000名师生，持续55天，累计106 960人次服务于广州火车站、票务中心等春运一线。

学生的工作职责之一，就是要在成千上万的旅客人群中建起一堵人墙，快速疏散旅客，使旅客分批安全高效地坐上火车回家。一些不理解的旅客会一直往前挤，要求开放口子，面对这种情况，学生只能耐心劝导，维持秩序。虽说志愿服务过程中有苦有累甚至有委屈，但可以学以致用，让更多的旅客更快、更安全地踏上回家之路，这一切都是值得的；还有一些学生走上站务、票务、乘务等岗位，登上通往外省的列车，进行乘务服务的工作。学生们出色的表现在社会上引起强烈的反响。这不仅满足了铁路春运的需求，而且为缓解交通压力、保证春运安全有序、提高服务质量、构建和谐春运和促进社会安定等做出了积极贡献。

学校把春运服务与教学实践结合在一起，把课堂直接搬到春运现场，几千名学生在春运各个岗位上现场练兵。学校以服务社会和育人为核心，在服务中不断开发、利用和整合实践过程中的校内外资源，将德育、思想政治教育、志愿服务、顶岗实习、勤工助学和社会实践融于服务春运之中，并制订了春运教学大纲和实施计划，按学分制管理，保证服务春运成为有组织、有目的、有指导、有考核的校企合作、工学结合的教育教学活动，在服务中提升学生素质，促进学校建设和发展，提高学校服务区域经济和社会发展的能力，构建了特色鲜明的服务春运实践育人模式。

服务春运实践受到企业的欢迎，得到社会各界以及《中国教育报》、广东电视台、广东电台等主流媒体的认可和支持。广东省、广州市有关领导多次视察学校春运工作，对这一模式给予了充分肯定。2008 年 3 月 27 日下午，“广州市春运和抗灾救灾表彰大会”在市委礼堂举行，学校获得 2008 年“广州市春运和抗灾救灾工作先进集体”荣誉称号，林姚副校长代表学校到会并领取了奖牌。此后，学校又获得“广州十大杰出志愿服务集体”“广州春运志愿服务先进集体”“广州志愿服务优秀项目”等多项荣誉称号，春运育人成果获得两项全国优秀学术与育人成果。

4 月 14 日下午，2008 年春运实践表彰大会在学校礼堂举行，大会总结学校 2008 年春运工作，表彰做出突出贡献的优秀指导教师和“春运实践标兵”。学校领导廖惠卿、刘国生、林姚、王韶清和近 400 名春运师生代表出席大会，林姚副校长主持会议。刘国生校长宣读了学校的表彰，谢璇等 20 名老师获春运优秀指导老师，程松金等 500 余名学生被评为“春运实践标兵”。春运优秀老师代表曾险峰，学生代表程松金、曾仲坤、刘丹汇报了参与春运实践的体会和感人事迹。

广州市教育局相关领导高度评价学校春运师生在 2008 年春运特殊时期的出色表现，赞扬学生们“特别能吃苦、特别认真负责、特别有爱心”，是服务区域经济和社会发展，实现政府、企业、学校、学生多赢的办学模式的成功实践，与其他高校相比具有显著特色，在市属高校中独树一帜，起到了示范引领作用。

廖惠卿书记代表学校领导和全体师生衷心感谢省、市教育主管部门，团省委、团市委、广州火车站、广州火车东站、社会各大媒体对学校春运工作的关注与支持，对在春运中付出辛勤劳动的师生表示诚挚的感谢。同时，他就春运工作提出三点意见：以社会实践活动为载体，深入推进大学生素质拓展计划；提升高度、创新机制，推进学生社会实践活动全面深入发展；丰富内涵、整合资源，推进春运实践活动品牌化运作。

会上播放了学校制作的春运纪实小短片，师生们重温 2008 年春运实践的艰辛与不平凡，倍感春运实践的社会意义与责任。学生对春运归家的人路上的艰辛多了理解和包容，也更愿意伸出援手倾力相助那些需要帮忙的人。

学校党委书记廖惠卿向广东电视台记者介绍学校春运实践情况

原广州市委常委、组织部部长方璇看望我校春运志愿者

第三节 “迎评促建创示范”的始末

早在2004年，广东省教育厅就下发了《关于全面开展我省高职高专院校人才培养工作水平评估工作的通知》，通知要求2004年前成立及新办高职高专院校要在2004—2009年间接受评估。2006年，学校向广州市教育局主动上报《关于我院2008年接受人才培养工作水平评估的请示》，希望能尽快接受评估，争取让学校上一个新台阶。

2007年4月，广州市教育局经研究并请示广东省教育厅，作出函复。函中回复，广州市教育局支持广州铁路职业技术学院根据发展需要，提早进行迎接教育部高职高专院校人才培养工作水平评估的各项准备工作；广州铁路职业技术学院自2005年正式成立后，各方面工作都取得了明显成效，但是由于历史的原因，学校整体建设情况在较短时间内还难以达到教育部评估的基本要求。为此，广州市教育局根据全国和省职业教育工作会议精神，在实施广州市“十一五”期间职业教育发展总体规划过程中，按照“一校一案”达到教育部高职高专院校人才培养工作水平评估指标的要求，正在与广州市发展和改革委员会、广州市财政局等部门紧密配合市属各高职院校做好规划方案，其中也正在为学校达到教育部评估要求积极创造条件。基于此，广州市教育局建议学校继续加强内涵建设，做好各项准备工作，可在2009年及以后报请教育部进行高职高专院校人才培养工作水平评估。这个回复意味着，学校只能赶“末班车”了。为应对这一变化，学校对实施的“84321”（即办学规模达到全日制在校生 8000 人；建设 40 个专业及方向；抓好示范性专业、精品课程和信息化教学 3 个重点；提高“双高”“双师”教师 2 个比例；实现毕业生就业率处于全省前列的目标，将学校建设成为工业交通运输特色鲜明的省级重点高等职业技术学院）的“十一五”目标，顺势而为地进行了以“321”促“84”的战略调整，以确保 2009 年人才培养水平评估通过，申报省级示范成功。

学校为什么要竭尽全力赶创建“省级示范性高职院校”与学校人才培养评估这趟“末班车”呢？原因有三点：一是学校移交市政府管理以来，学校改革、建设和发展都取得了很大的成绩，广州市委、市政府发文决定易地重建新校区，这是上级对学校工作最大的肯定，使广大教职工体会到有为有位的道理，看到了学校更好、更快发展的希望。借此良机，学校审时度势地提出创建省级示范性高职院校，是要用实际行动回报市委、市政府的关爱，为广州创建教育强市争光。二是学校“十一五”发展规划提出的目标是要创建省级重点高职院校，即广东省教育厅提出的省级示范性高职院校，这个目标是崇高的，任务是艰巨的。实现这个目标，完成这项任务，也是全校教职工求生存、谋发展的重大利好和机遇。三是创建省级示范性高职院校，关系到学校更好、更快地发展，关系到教职工的长远利益，全校上下必须齐心协力，既抓好人才培养水平评估工作，又同步抓好省级示范院校建设项目申报的各项条件准备。可以说，抓评估是创示范的基础，创示范是抓评估的目标，两者相辅相成，缺一不可。

要赶上省里创示范的“末班车”，学校只有争分夺秒、背水一战，没有别的选择。抓评估、创示范两副重担肩挑，力争进入广东省内 18 所示范性高职院校建设行列，这是 2007 年到 2009 年学校的核心任务，所有工作都要围绕这一任务来进行，并全力推进、全面展开。

“抓评估创示范”骨干培训班合影

理清思路，瞄准目标

为找准学校存在的问题，理清工作思路，2008 年 4 月 9 日上午，学校评建工作领导小组召开会议，对照学校现状，研究确定下阶段重点工作内容，迫切需要落实的工作有：一是结合学校实际，抓紧制定并实施数据库平台建设工作方案，明确建设目标、责任、措施和要求；二是部署迎接考察访谈工作，制定好抓落实的方案措施，安排好 3~5 次院内测试，以知识竞赛、模拟答辩等形式多样的活动推动教育观念的研讨、更新；三是对照评审专家意见和新指标的要求，列出相关问题清单，制定整改措施，认真抓好落实，避免类似问题再现；四是评建办、职能部门和系部之间要多沟通、多包容、多支持，环环紧扣、步调一致地抓好评建创各项重点工作。

虽然学校评建工作已经起步一段时间，有了一定的成绩，但仍存在差距、问题，在剩下的一年时间里，学校评建工作领导小组要求全体人员不仅要在思想上重视，更要落实在行动上，步调一致地开展工作。这是一场耗时耗力的战役，但必须上下同心打赢这场仗。“思路决定出路”，思路正确打胜仗，思路错误打败仗，没有思路就打乱仗，因此学校领导开会再三强调必须理清思路。

2008 年 6 月 23 日，刘国生校长在学校评建工作整改动员暨签订责任状大会上发表讲话，提出三点意见：一是以高度的责任感，完美展示自身的能力与价值。有的领导对评建工作重视度不够，有的教职工责任感缺失，能力提升有限，全校上下要进一步强化责任意识，提高责任的力量。二是以鲜明的特色，全面提升人才培养质量。要强化人才培养目标特色，强化人才培养模式特色，强化人才培养条件特色，强化人才培养师资特色。三是以顽强的精神，全力抓好整改促建工作。认真做好校园增色添彩工程，以现代化校园的眼界，按照较高标准营造好校园的环境。

11 月 18 日，学校举行人才培养数据分析暨内涵建设论证会，这次会议开了整整一天半，主要体现一是基本形成了强化专业团队建设的共识，二是找到了人才培养方面的差距，三是明确了整改建设的任务和措施。刘国生校长仔细聆听了与会人员讲到的“0”和“1”，即人才培养数据库反映出的薄弱现象，其中，数据空白的称为“0”，数据较少的称为“1”。他提到消除“0”和“1”现象，要实行分类指导，根据学校实际情况可以从根源分类、专业分类、现象分类等方面进行分类。

方向既定，一切工作都在有条不紊地推进。为进一步得到广东省教育厅领导对市属高职院校人才培养评估工作的关注和指导，11 月 27 日上午，广州市教育局召集学校相关人员就 2009 年参加人才培养评估自评迎评工作进行汇报。广东省教育厅高教处处长胡振敏、教育发展研究与评估中心主任杨军、副主任王书汉，市教育局副局长雷忠良、高教处处长黄树生出席会议，并分别作了重要讲话。学校刘国生校长、王韶清副校长等校领导参加了汇报会。

会上，王韶清副校长就学校人才培养工作，从学校概况、办学成效、专业特色、评建进展和存在的问题与下一步建设思路等方面进行了汇报。省教育厅高教处胡振敏处长认为，学校办学成效比较显著，特色鲜明，理念先进，校企合作、工学结合取得了较突出成效，在冲刺省级示范性高职院校的同时，要抢抓机遇，高起点谋划建设，积极争创国家特色骨干院校。胡处长就高职院校搞好人才培养工作发表了重要讲话，指出：一是全省高职院校要进一步深化改革，规范管理，使评估更好地服务于人才培养，更好地巩固教学的中心地位、教改的核心地位，优先保证教学发展需要，做到政府、社会、学生和人民都满意；二是学校作为评估的主体，改善办学条件要充分发挥各个层面的积极性；三是要进一步探讨评估的机制，统筹实施评估，简化评估，强化监督指导职能；四是要抓住契机解决 1~2 个问题，比如校区问题、实训条件问题等；五是要积极争创国家特色骨干院校；六是对不同高职院校要进行分类指导。胡处长强调，在操作层面上，评估的主体——学校要从顶层设计、中观层面、微观层面分别把握。评估主体的顶层设计要做好，要把发展、改革、评估、示范结合起来，要实事求是，不要拔高；中观层面要有目标，抓住重点，培育一批亮点与示范点，开拓一批增长点；微观层面要确定切合实际的办学模式、课程模式，规范发展，提升内涵，培育特色，突出品牌。

有了领导、专家的把关指点，学校“迎评促建创示范”工作方向更加明朗了，即紧紧抓住国家建设特色骨干院校的机遇，进一步优化好争创国家特色骨干院校的顶层设计，确定好中观层面抓重点、攻难点、创亮点的目标，明确好微观层面的创模式、强管理、育特色、建品牌等项目和任务，做强做优工科特色。

刘国生校长要大家继续发扬“不甘落后、勇于吃苦、迎难而上、止于至善”的精神，为确保学校以优异成绩通过评估，努力争取进入省级示范性高职院校建设行列，顽强拼搏、再创辉煌。

实地考察，推进落实

2008 年 12 月 1 日上午，广州市教育局评估专家组一行七人实地考察学校参加广州市高职高专示范性建设专业遴选与验收的专业建设情况。当年，学校应用电子技术、城市轨道交通运营管理、计算机应用技术等 3 个专业参加广州市高职高专示范性建设专业遴选，城市轨道交通车辆专业参加示范性专业验收。专家组依序听取了 4 个专业的专业建设概况、专业建设成效与特色、下一步的专业建设目标与建设思路等内容汇报，并核查 4 个专业的佐证材料，考察它们的校内实习实训基地，重点参观了电气工程系应用电子技术专业的 SMT 生产实训车间和 SMT 设备安装车间。专家组对该专业前校后厂、半工半读的人才培养模式，尤其是其在真实环境中依托企业的真实设备进行真实任务的实践教学模式印象深刻。同时，专家组对学校本次出色的组织准备工作，对汇报专业的材料组织工作给予了肯定与认可。

本次现场实地考察，是继评审专家完成专业网上评审后的第二个环节。为确保实地考察顺利通过，学校领导专门召开多次会议研究部署有关的准备工作，要求各部门和相关系齐心协力、精心准备，认真做好迎接专家实地考察的相关工作。同时希望以此为契机，深化学校的专业建设与改革，提升内涵建设的水平，为学校的迎评估、创示范工作奠定良好基础。

当日下午，学校即召开推进、落实市领导批示专题会议。会议就推进学校谋取新发展的三大举措进行专题研讨。各部门相关负责人先后汇报介绍组建工业交通职业教育集团、轨道交通企业培训中心的方案和加快推进新校区建设的具体措施。与会人员围绕三项重点工作，分别从学校与政府部门的角度，畅所欲言，建言献策。彭铁英副书记认为学校应在为提升广州市城市中心地位方面下功夫，在发挥政府部门的决定性作用方面做文章；王韶清副校长从专业培训服务方面强调要认真做好建设规划、人才需求调研、培训项目论证与研发合作等基础工作。廖惠卿书记指出，做好这三项重点工作，是学校迫在眉睫的任务，也是破解学校科学发展难题的具体实践，“善于把握弯道超越的机遇”，努力实现学校又好又快发展。

刘国生校长就推进三项举措和落实市政府主要领导批示提出了三点要求：第一，振奋精神，志存高远。市级示范性专业评选专家的评价和省市教育主管部门对学校人才培养工作的肯定表明，教职工 3 年多来的艰苦奋斗已见成效，“84321”的发展目标取得了突破性进展。2009 年学校中心工作要围绕三个方面开展，一是要以优异成绩通过教育部人才培养评估，二是跻身省级示范性高职院校建设行列，三是要为争创国家特色骨干高职院校继续加压、鼓劲。当务之急要着力组建好工业交通职业教育集团、成立轨道交通企业培训中心、加快推进新校区建设，打造成学校改革、发展、建设的三大亮点，落实好市委市政府 2007 年职业教育会议的决定，不辜负市领导的期望。第二，理清思路，背水一战。广州市政府主要领导对学校谋求新发展的批示，既是对学校工作的肯定，更是对当代广铁人赋予的责任，可以说是挑战与机遇并存。当前关键的是要搭好台、唱好戏，一步一个脚印朝前迈。新校区建设工作思路已比较明确，好戏已经开了头。组建职教集团就是搭台，建立起一个校企合作的平台，成立轨道交通企业培训中心既是搭台的一部分，更是要唱好的第一台戏。在推进的过程中，除了成立轨道交通企业培训中心以外，还有 22 个专业指导委员会和相继要建立的其他专业委员会，上百家合作企业的资源，正在筹备中的校友会的资源，可以推出第二台、第三台，甚至更多台精彩好看的戏，关键要看如何去策划、去导演、去落实。第三，组建团队，各个击破。新校区办、校企办、轨道系和职成部作为三大任务的牵头单位要集思广益，不但要做好学校层面的工作方案，还要理出哪些工作非得请市教育局等政府部门帮助解决的项目清单，并站在教育局的角度从政府层面如何推进提出建议方案。作为学校层面，组建工业交通职教集团，要明确工作任务、制订推进计划、确定完成期限、实行责任制等，成立政府层面组、企业院校组、校友组、宣传信息组等四个团队，挑选强有力人员担任组长，四个小组要分工合作，目标一致，互相促进，特别是政府层面这个组要与新校区办联手攻关，做到你中有我、我中有你，使攻坚克难相互同步，更切实际，更有针对性。刘国生校长还强调，2009 年 6 月评估专家进校前，工业交通职业教育集团和轨道交通企业培训中心作为学校品牌和特色亮点，一定要挂牌亮相，提升学校核心竞争力。

迎评在即，全体动员

2009 年 3 月 2 日新学期一开学，刘国生校长、王韶清副校长等领导就带领教务处、院办、督导室和六系一部主要负责人对开学第一天的第一节课和第三节课的教学情况进行了巡查。师生们精神状态饱满，课前准备充分，都以崭新的面貌迎接新学期。开学第一天全校教学运行正常，教学秩序井然，新学期的教学工作已显示出一个良好的开端。

2009 年 3 月 6 日至 7 日，迎评就要进入冲刺阶段，学校召开了 2009 年工作会议，提出了以科学发展观为指导，以评建创工作为中心，以精细化质量管理为抓手，以新一轮三定一聘为动力，以花都工学结合基地建设为重点，以招生就业稳居全省前列为目标，全面加强内涵建设，努力提高人才培养质量的任务与目标。

3月9日下午，学校图书馆召开全体职工会议，陈雅沙馆长传达了学校2009年工作会议精神，安排部署下段评估工作。她强调全馆员工必须把学校利益放在第一位，发扬艰苦奋斗的精神，全力以赴，打好硬仗，加班加点，一定要在评估前完成学校交付的任务。并明确了从现在开始到评估结束，图书馆的每一位员工每个星期必须有2个晚上加班至9点，每个周六轮流加班。做到“每一个环节都要精细，每一项工作都是精品”，以精细化质量管理为着力点，用精细、高效的工作态度完成评估任务。图书馆迎评促建动起了真格。

3月30日下午，学校召开迎评工作动员暨2008年度总结表彰大会，对迎评工作进行全体动员，对2008年工作进行总结表彰，部署安排2009年工作。会上，刘国生校长作2008年度工作总结，并以评建工作为主线部署安排2009年的工作，对迎评工作进行动员。刘国生校长指出，2008年学校在市委市政府的重视关心和有关部门的支持指导下，在教职工的共同努力下，以科学发展观为引领，事业发展明显加快；以评建创为抓手，质量效益明显提高；以人的发展为本，素质能力明显提升；以全面协调为原则，和谐校园建设明显增强。全校教职工以“人一之，我十之；人十之，我百之”的精神，破难点、攻重点、创亮点，较好地完成了全年工作任务，并针对学校造血能力，管理、效能，中层以上干部执行能力和服务意识，评建创工作状态及教职工的素质能力等方面存在的问题，提出了评估重要性的认识要再提高，实现评估目标的坚定性要再动员，迎评估工作的推进要更严密，评估工作绩效考核要更严格的要求。

为做好学校2009年各项工作，特别是迎评促建工作，刘国生校长要求全校各单位和教职工：一要以评建创为中心，确保以优良成绩通过评估；二要突出重点，探索实践工学结合新模式；三要进一步加强专业教学改革；四要内培外引，努力建设高水平“双师”队伍；五要服务社会，进一步拓展培训和服务功能；六要强化责任，确保招生就业稳居全省高职院校前列；七要整体推进，实现学校全面协调发展；八要头脑清醒，转变作风，增强危机感、历史使命感、领导干部责任感，增强发展动力。为实现学校“十一五”发展目标，确保以优良成绩通过人才培养工作评估，努力跻身省级示范性建设高职院校建设行列，全力争创国家特色骨干高职院校做出应有的贡献。

随后，王韶清副校长宣读了《关于表彰2008年教学内涵建设优秀团队及个人的决定》《关于表彰“三主动”活动先进集体和先进个人的决定》《关于表彰先进评创党支部、党员评创示范岗的决定》；表彰王巧莲等19人为各级精品课程、示范性专业、实训基地、院级一类专业等为先进个人；实训中心等6个单位为“三主动”示范单位和先进单位；张文金等50人为“三主动”工作标兵及先进个人；实训中心等3个支部为先进评创党总支（支部），廖金榜等10人为党员评创示范岗。会上，为获得2008年度团队代表、支部、个人颁奖。

廖惠卿书记在会上作了题为《精神·责任·和谐》的讲话。她指出，学校当前面临的重大任务就是迎接2009年教育部高职教育人才培养工作水平评估。这既是学校面临发展壮大的良好机遇，也是学校面对的严峻挑战和竞争。一要有良好的精神状态。评建工作关系到学校生存与发展的头等大事，关系到师生员工的切身利益，各项评建工作不是包袱，而是争取学校更好、更快发展的重大契机；不是烦琐，而是规范学校各项工作的过程，也是进一步创建省级示范院校的坚实基础。希望大家能以迎难而上、奋发有为的精神状态，脚踏实地，真抓实干，永不停留，永不懈怠，群策群力谋发展，同心同德搞建设。二要有强烈的责任意识。评建工作事关重大，容不得半点马虎和闪失，需要全体干部职工强化责任意识。如果说评建工作是一艘航船，那么每一个师生员工就是这艘航船上的一位光荣的水手。要树立“学校兴衰，人人有责；评建工作，个个有份”的责任意识，以高度的责任感对待自己所负责的工作，确保自己所完成的工作是优秀的、完美的。三要和谐环境氛围，营造相互理解、关心、支持、帮助的心齐气顺的良好氛围，要讲共性个性的和谐共处，讲刚柔相济的和谐统一，讲党政工作的和谐配合，讲各种要素全面、协调、自由和谐发展。

学校2009年的工作目标与任务明确，会议要求全校各单位、全体教职工要按照“不动摇，不懈怠，不折腾”的要求，精诚团结，形成合力，不等不靠，主动作为，心往一处想，劲往一处使，为学校发展上水平，师生员工得实惠，实现又好又快发展而共同奋斗。

全力冲刺，全面安排

为了进一步扎实做好迎评促建工作，确保以优秀成绩通过人才培养工作评估，2009年5月7日上午，学校召开行政工作例会，专题研究安排迎评阶段的工作。

会议首先听取了评建办、教务处、后勤处、花都工学结合基地等13个部门负责人关于前段工作的小结与5、6月份重点工作安排的发言。王韶清副校长通报了全校前段评建工作情况，对党办、职成部等部门优质高效完成评估任务给予了表扬，指出了全校评建工作存在的四点不足，布置了下一阶段必须完成的评估工作六大任务，要求策划、落实好十个迎评工作方案。彭铁英副书记对花都工学结合基地的建设情况作了总结，强调要充分理解建设工学结合基地的意义，进一步强化当家作主、共同创业的精神，从三个方面做好14项重点工作。

刘国生校长在会上做了总结讲话，强调下一阶段要切实抓好迎评和花都基地建设，各系部、各职能部门要按照时限要求扎实推进迎评各项工作。花都基地作为以评促建的亮点，当前要确保三个到位：一是实践教学管理要到位。教务处要尽快出台实践教学的管理改革方案，鼓励教师进行一体化教学改革。二是生活安全保障要到位。要客观实事求是地解决存在的问题，不能因水、电、伙食等生活问题影响基地的正常运行。三是课外活动组织要到位。要积极推进学分制、半工半读、分阶段完成学业的弹性学习制度，以技能竞赛和健康向上的文体活动为平台，策划、安排好课外活动，营造生龙活虎、生机盎然的校园氛围。要以备考、赶考的心态和劲头迎接评估，切实做到全体动员、全力以赴、全程控制。

眼看迎评倒计时只剩下50来天，校园里洋溢着一股紧张的气息。5月9日，院办负责人主持召开院长办公室迎评动员会。院办负责人就贯彻会议精神、落实迎评工作任务强调：评估的结果是3

年多来一切努力的最好检验，评估的成败事关每一位职工的荣辱和切身利益，一定要排除一切杂念和干扰，克服一切困难，以高昂的斗志，全面高质量地完成迎评各项工作任务。

为进一步统一思想，提高认识，以最好的状态迎接评估，6 月 13 日上午，全校教职工在礼堂参加迎评动员大会。广州市教育局副局长雷忠良、高教处处长邵国良及学校领导刘国生、彭铁英、林姚、王韶清出席会议。党委书记廖惠卿主持会议。

会上，王韶清副校长对各系、部、中心和教学管理部门自评工作进行小结。5 月 25 日至 6 月 8 日，院内 20 位专家对教务处、各系部等单位进行自评检查。检查组对照教育部评估指标采取以评促改，查找不足，提出整改意见的形式，通过听、看、问、察、馈、感等方式，逐单位进行认真评估，并提出整改意见。

刘国生校长在会上做了迎评动员，要求全校广大教职工在这“99 + 1 = 100”“99 - 1 = 0”的重要时刻，要人人行动齐“+ 1”，坚决反对和消除可能造成“- 1”的不良现象，确保评估工作有百分之百的把握，讲了三点意见：一是抢抓转制和评建的机遇，学校基本实现跨越发展。2006 年 1 月启动自评工作，3 年多来，学校取得了令人瞩目的成绩，完成了广东省教育厅基本办学条件核查，基本实现转制转型后的跨越发展。二是面对先行先试的要求，打造一流高职教育品牌。作为市属高校先行申报教育部评估的院校，评估后要举全校之力，要对接《规划纲要》带来的产业发展，扎实建设好现代服务类专业，加大投入强力推进先进制造类专业，尽全力做优轨道交通类专业。下力气组建好广州工业交通职业教育集团，建设成为广州地区轨道交通教育培训中心。三是毫不松懈，确保评建高效整改到位。希望全校教职工发扬成绩，纠正不足，切实按照学校的安排和要求，以饱满的精神状态和优秀的成绩迎接省专家组的到来。

雷忠良副局长代表市教育局在会上做了讲话：一是希望学校上下进一步提高认识，统一思想。以这次评估为契机，完善办学条件，凝炼办学特色，提高办学质量和水平，为建设南方重要的职业技术教育基地做更大贡献。二是凝聚力量，坚定信心，扎实做好迎评最后阶段的各项工作。广州市委、市政府、市教育局非常重视学校的迎评工作和发展工作，学校要坚持走特色立校、质量强校、优势兴校之路，在各方面都取得了好的成绩、大的发展的基础上，以更饱满的精神状态迎接评估。

廖惠卿书记在总结中指出，期待已久的专家到校评估的时间马上就要到了，学校经历了 3 年的拼搏、3 年的追赶、3 年的创新，取得了一定的提高、进步和发展，希望广大教职工以饱满的精神、兴奋的状态、有序的工作、严格的纪律、优良的作风，最真实、最全面地汇报人才培养工作的情况，交上一份让领导满意、让师生满意、让自己满意的答卷。廖书记代表党委提出具体要求：学校领导要起引领作用，要做好决策规划统筹，率先垂范，身先士卒，与大家共同战斗在一起；中层干部要起带领作用，提高执行力，主动协调，确保各项工作到位，带领本单位人员共同完成任务；全体党员要起榜样作用，吃苦拼搏在前，带头克服疲倦状态，坚决丢弃盲目乐观，以自己的言行影响团结师生员工，真正体现党旗在评建创中飘扬，以优异成绩向建党 88 周年献礼；全体师生员工要起和谐合力作用，统一思想，同心同德，步调一致，营造评估的和谐氛围，确保评估的稳定环境。

学生动员，团结一心

学生工作是学校工作的重中之重，2009 年 5 月 25 日下午，学校召开学生工作迎评估动员大会，学生处负责人在会上做了迎评工作部署，介绍了学生行为规范训练实施方案和学生评估手册，并就有关工作进行周密安排。系书记代表廖锦春副书记作了轨道交通系迎评工作发言，班主任代表作了迎评班级管理发言。

廖惠卿书记在会上作了重要讲话，她充分肯定了近年来学生工作所取得的成绩，并指出目前学生工作与评估要求仍有一定的差距，主要体现在四个方面：一是院系两级学生管理体制还没有完全理顺，二是学风建设治标但还没治本，三是班级管理不到位，四是辅导员工作能力有待进一步提高。廖惠卿书记对学生工作人员提出了殷切的希望和要求：一要统一思想，提高认识，以积极的态度迎接评估。学生是评估工作的最终体现者和受益者，全体学生工作人员要善于教育、引导、团结全校学生共同打好评建创的攻坚战。二要采取积极有效的措施，认真做好迎评学生教育管理工作的部署，建立健全学生工作迎接评估组织机构，各项工作专人负责，逐级落实，工作做到有计划、有检查、有记录、有总结。三要将日常学生工作与迎评促建工作有机结合。当前，要以评建创为契机、以践行“一训三风”为抓手，以大学生行为准则为内容，从基础的文明教育入手，促进学校学生综合素质全面提高。四要加强对学生的教育引导，从思想深处解决学生对评估存在的各种模糊认识，使学生明确评估的意义和要求，形成“广铁是我家，评建靠大家”的爱校氛围，促使学生将爱校之情化为实际行动，认真学习评估知识，倡文明之风，践文明之行，以实际行动为学校增光添彩。五要重点加强学生学风和行为规范的督导工作，着重抓好“四查”。查课堂，严格执行考勤制度，确保课堂纪律良好；查宿舍，督促学生按时熄灯就寝，搞好宿舍卫生，确保宿舍整洁有序；查晚归，严格执行晚归管理规定，促使学生按时返校，确保学生安全稳定；查风纪，严禁带白色饭盒、白色塑料袋进校园，穿拖鞋、背心进课室，确保校园秩序良好。廖书记最后号召全体学生工作人员继续发扬学生工作队伍“讲团结、善协作、肯吃苦、甘奉献”的优良传统，统一思想，振奋精神，以高度的责任心和使命感，全力以赴，打好评建创的攻坚战。

齐心协力，全面准备

2008 年以来，学校按照广州市政府领导提出的“通过迎评工作，要提升教学水平、改善学校环境，软件和硬件都要有较大的改善”的指示和广州市教育局领导提出的“办学条件核查确保合格，人才培养工作评估达到优秀”的要求，学校领导班子团结带领全校教职工，对照指标找差距、认真评建抓整改、自我加压谋发展、全力以赴创优势。在极其困难的情况下，勇敢面对，毫不退缩，于 2009 年 2 月下旬顺利通过教育部人才培养工作评估基本办学条件核查，并根据专家组核查意见抓紧进行了相关整改与建设，做好了专家组进校评估的全部工作。

在面对校园占地面积不足等先天性劣势时，学校毫不气馁，在面向市场办学的过程中，按照教育规律和市场准则先行先试，以发展之实积极谋求政府支持，以政府支持大胆改革，谋求更大的发展。通过“改、建、扩”三管齐下，拓展办学场地和教学实训用房，努力适应社会需求，扩大办学规模，确保人才质量。3 年多来，学校一边抓紧新校区选址调研，一边不等不靠，就地调整校园规划布局，对校舍房产进行全面清理，利用空坪隙地挖潜办学，按高职要求改造教室、实训室，扩建了图书馆、宿舍楼，新建了第八、第九栋学生宿舍和饭堂。

2007 年 12 月，为保证实训教学顺利进行，学校想方设法与邻近朝阳村石门工业区合作，将实训中心整体搬迁进入，在 6411 平方米厂房中建成高级电工等 7 个实训室，设备使用率按工时折算达到 150% 及以上；2008 年 6 月，为保证 2000 名新生的住宿和教学条件，经充分论证与羊城专修学校合作，租赁校舍解决了 1000 余名学生的教学和住宿条件；2009 年年初，为确保教育部人才培养评估办学基本条件核查达标，经多处考察、反复论证，征得省、市教育行政部门同意与支持，学校与花都粤宝丽工业园合作办学，在园区内建设近 4 万平方米的工学结合基地。至此，学校前后 3 次通过与相关学校、企业合作等租赁用地 132 亩、教学实训用房 54 500 平方米，达到了办学条件核查合格的要求。同时，为开创一条从“订单培养”到“教学工厂”高职人才培养新路子，学校在“订单培养”启动早、规模大、绩效好的基础上，努力探索校内生产性实训基地建设校企组合新模式，积极引企入校，共享社会资源。同时，学校成立了校企合作办公室，积极联系广铁集团、广州地铁等名优企业和毕业校友，抓紧组建工业交通教育集团和轨道交通企业培训中心，与广州地铁总公司商定合作成立“广州轨道交通企业培训中心”已拟定协议框架，着力探索建立校企合作、工学结合的长效机制。

学校 3 年多的跨越式发展，既是广州市委、市政府和教育局领导重视支持的结果，也是学校教职工迎难而上、不甘落后、拼搏进取的成果，就是凭这种难能可贵的拼搏进取精神和务实作风，攻克了一个又一个难关，打造了一个又一个亮点。3 年多来转型跨越式发展的实践，最大的收获是规模的扩大、条件的改善、设施的完备、特色的建树、质量的提升；最值得一提的是，历练了一支又一支教学团队，磨炼了一支又一支管理团队和服务团队，整体上造就了一支精干高效、拼搏进取、乐于奉献、精于管理的教职工骨干团队。

为了确保基本办学条件核查合格，力争评估优秀，学校倡导教职工发扬连续作战的精神，做到 3 个“少一点”：少一点娱乐、少一点亲朋聚会、少一点休息。广大教职工发扬铁路行业半军事化管理的优良传统，“6 + 1”“白加黑”逐渐成为教学管理和后勤服务骨干的习惯。特别是在花都工学结合基地上班、上课的干部教师，每周有 3~5 天要住在基地。凭着这种拼劲和毅力，大家在工作中历练成长，在成长中体现人生价值，学校提出培育一批“‘三育人’典型、优秀教科研成果、正副教授、高技能人才和评估管理专家”的队伍建设目标已初步实现。

为迎接广东省教育厅评估专家组进校，学校在抓好人才培养数据平台建设、专业建设、课程建设、学风建设、实训基地建设等重点工作的基础上，又精心制定了实践教学训练、学生行为规范、专业剖析与说课、环境美化提升等 10 个迎评具体方案，组织了教学管理和行政后勤两个督导组分项督办抓落实。

全校上下已做好了“大考”的全面准备。

迎评考察，厚积薄发

2009年6月，酷暑湿热天气降临。尽管暑热难耐，但学校全体师生对迎评工作丝毫不敢懈怠。

评估工作是在教育部统一领导下，由高教司和省级教育行政部门统一组织，学校主管部门、学校和专家组织按照各自的职责任务分工合作实施。专家组成员为教育部或省级教育行政部门委派，既要对国家负责，又要对被评学校负责。自始至终要维护评估的独立性和公正性，坚决排除来自任何方面的干扰，坚持讲客观证据，不凭感觉、感情、印象用事。注重了解实际情况，不能停留在学校提供的文件和口头讲话上面。专家现场评估时间一般不超过4天。评估工作的具体内容和方法包括：听取学校领导自评报告、参观教学基础设施和实验实训条件、查阅资料、实地观察、问卷调查、听课、座谈会、专题研讨会、个别访谈、技能测试、专业剖析等。所有评估指标都有标准，必须要客观、准确、公正、针对性强、重点突出，要真正反映参评学校的实际情况和特点。

为了保证考察评估的质量，专家组必须进行科学而又合理的分工。对于办学指导思想、8个重要指标、特色或创新项目，专家组全体成员都要尽量获取直接相关的主要信息，并按规定赋分给出等级，对特色与创新项目提出是否确认的意见。但为了全面了解情况，专家组成员又要相对进行适当分工。专业剖析由3位相关专家全面负责，目的在于通过对两个专业的纵深剖析，对各指标项目的实际状况与现实水平有更为深入、客观的了解，从而做出更加科学、准确的判断。另4位专家分成2个小组，重点负责学校总体层面主要信息的获取与判断。基本技能和职业技能测试、学生专题研讨会各由2位专家组织实施。

6月24日上午，广东省教育厅人才培养评估专家组一行11人进入学校，正式对学校开始为期3天的人才培养工作评估。上午8点30分，专家组听取了刘国生校长关于学校人才培养工作的自评汇报。省教育厅高教处副处长吴念香、市教育局相关领导、学校党政领导廖惠卿、刘国生、彭铁英、龚延祥、王韶清及各单位主要负责同志出席汇报会，廖惠卿书记在汇报会前向大家介绍了专家组成员。

刘国生校长在自评报告中介绍学校以移交转制为契机，以教育部教高〔2006〕16号文精神为指引，以转变教育思想观念为先导，以评估工作为抓手，以省、市先进高职院校为标杆，充分发挥积淀多年的行业特色与转制后政府重视支持的双重优势，从学校概况与评建绩效、办学定位与发展思路、人才培养与社会服务、存在不足与努力方向等四个方面，介绍了学校在深化教学改革、创新运行机制、改善办学条件、整治校园环境、提高人才培养质量等的举措与成就。其中，重点介绍了“订单培养”到“教学工厂”的发展路子，践行“工学结合、联企发展”的校企组合新模式，轨道交通类专业培养特色人才的成效。

专家组组长赞赏刘校长的报告思路清晰、内容翔实，经验总结得很好，专家组成员很受鼓舞。学校短短3年多时间有了很大的变化，下了很大的功夫，做了很多艰苦的工作，不容易、不简单。受教育厅的委托，评估专家组在3天时间内完成对学校的评估工作，对教育厅负责，对铁路职院的领导班子负责，对全体师生员工负责。专家进校评估主要是帮助学校以评促建、总结经验、查找问题，并提出解决措施与意见，以促进学校尽快实现预期的目标，实现健康快速的发展。

广东省教育厅高教处吴念香副处长在会上说明了2009年评估在上报材料、评估程序和专家与被评单位中层干部互动环节等方面的变动，并对做好专家组进校评估工作提出了具体意见与要求。

专家组主要开展以下环节的评估考察任务：

1. 听取学校自评报告。

2. 实地考察，参观考察学校校园环境、基础设施、实验室和实训基地等。除此之外，根据要求有针对性地对校园文化、秩序、教风、学风、校风、教师教研和学生课内外学习活动等方面进行观察，以获得相关信息。

3. 查阅资料。除继续查阅学校上报的自评报告和相关材料外，主要查阅学校提供的各项主要信息（侧重对原始材料的审阅）。

4. 教师、学生问卷调查统计与分析；由评估委员会秘书处拟定教师、学生问卷调查题库，由专家组根据学校的情况从中选定问卷调查提纲。

5. 听课。按学校提供的当日课表随机选择，听课的课程类型应包括基础课、专业课、实验课、实训课等。每位专家听课不少于2节次。专家听课过程中要做简要记录，对上课的评价不向教师与学生公布，听课后可与教师学生就所要了解的情况进行交谈，听课获取的信息和对课程教学活动的评价向专家组全体会议汇报。

6. 个别访谈。查阅学校提供的主要信息中如有不足或遇到疑点，可约请学校领导、中层管理干部、学生、教职工进行个别访谈，以便准确掌握学校的实际情况，学校的师生员工也可向专家反映情况或意见。每位专家的访谈对象为4人左右，尽可能与分工相一致。

7. 召开专题座谈会。根据需要，对学校申报的特色项目或有关问题召开专题座谈会，会前列出座谈内容提纲，通知与会人员。每次座谈会的参加人数以10人左右为宜，时间不超过2小时。

8. 基本技能和职业技能测试。职业技能的测试由专家组命题，原则上从学校建立的职业技能库中随机抽取，由专家组成员会同学校教师监考评定成绩，一般可选重点剖析专业3年级的若干名学生参加测试。将测试结果的统计分析报告分发专家组全体成员。

9. 学生专题研讨会。由专家组确定专题研讨的题目，随机抽取两个专业两个班级30名左右学生参加研讨，提前一天将研讨题目及要求通知与会学生做准备。研讨会中可现场随机提问。通过专题研讨，考察学生采集与处理信息、综合分析、表达交流、探索创新等方面的能力与素质。

10. 专业剖析。由专家组抽取学校的1个主体专业和1个新建专业（一般不选取试点专业），进行重点剖析，以增加考察的深度和可信度。

11. 专家组全体会议，在各小组汇报基础上，经过民主讨论，由各位专家分别赋分，综合汇总确定各项指标的得分并评估等级，投票确认特色或创新项目，形成专家组对学校的考察评估反馈意见和评估结论建议。

12. 专家组工作小结，并安排评估材料上报及归档工作。

13. 召开考察评估情况通报会，由专家组长代表专家组向学校及其主管部门领导反馈考察评估意见，各位专家发表个人的意见和建议，并听取学校和主管部门的意见（不宣布评估结论建议）。

在专家组充分讨论的基础上，根据各位专家投票赋分综合统计确定的各二级指标等级和特色或创新项目状况，对照评估结论标准，确定学校人才培养工作水平等级，形成向评估委员会提交的评估结论建议。根据各位专家意见，形成向评估委员会提交的考察评估工作报告，其主要内容一般可包括以下五个组成部分：

1. 考察评估工作概况：被评学校、专家组人数、评估起讫日期、考察方式和主要工作过程，说明评估的完整性。

2. 对学校评估工作的总体印象：简要描述学校的发展状况，着重反映学校对评估的重视程度，评估工作的指导思想，对评估的态度，边评边改、评建结合的情况和成果。

3. 学校人才培养工作的主要成绩：要肯定学校改革和建设等方面所取得的成绩，指出学校办学的主要特点。但不要停留在一般的赞扬和肯定的水平上，应该具有很强的促进学校继续保持和发扬长处的激励作用和针对性，防止或避免成为形式主义的官样文章。

4. 学校人才培养工作存在的主要问题和改进工作的建议：要准确抓住影响学校改革建设发展及提高人才培养质量方面存在的突出问题，进行必要的分析，防止与避免成为表面现象的罗列，改进建议要有较强的针对性，并对学校的整改工作具有指导作用。

5. 评估结论建议：对评估结论的形成要持慎重的态度，在对学校人才培养工作的整体状态、成果、问题进行综合评估的基础上，根据专家评分结果做出评估结论建议。

评估结束，喜获肯定

广东省教育厅组织的高职评估专家组经过为期 3 天的专业剖析、深度访谈、查阅资料、实地考察等环节后，于 2009 年 6 月 26 日下午，在学校召开人才培养工作评估情况通报会。专家组组长叶小明宣读专家组反馈意见。

叶小明组长对学校的总体印象和人才培养工作两个方面进行了评估反馈，认为学校党政领导班子抓住移交转制和人才培养工作评估的契机，团结协作、迎难而上、奋勇拼搏，3 年多时间里学校发生巨大变化，给评估专家组留下深刻印象，在充分肯定成绩的基础上，并指出了存在的主要问题，提出了改进的建议。

魏中林副厅长在讲话中认为专家组的评估意见相当细致、客观准确，对学校励精图治、上下求索、挖空心思谋发展所取得的成绩感到欣喜，并结合学校今后的发展提出了要求：一是要珍惜专家的每一条意见，确保评估效益的最大化和持续化；二是要按科学发展观要求，在进一步谋求发展的过程中，认真把握好珠三角改革发展规划纲要、国家和广东省中长期教育改革发展规划纲要的要求；三是认真贯彻教育部教高〔2006〕16 号文，紧扣高职教育核心、关键理念开展教育教学改革和人才培养，特别要利用现有优势加强校企合作，做好校园建设规划、专业建设规划和师资队伍建设规划等三个规划，再上新的台阶。

徐志彪副市长表示专家组对学校评价非常客观，认为评估看似一个结果，实质是省教育厅组织专家对学校进行全面剖析，为学校的进一步发展把脉。学校领导班子、中层干部要珍惜这难得机遇，认真思考专家组的评估意见，着力解决问题。并对学校提了三点要求：一是抓好整改，整改要见成效，一定不能出现花架子，专家评估意见印发到教研室主任，责任到人，限时完成。二是办好特色，进一步提高广州铁职院水平。在国家、广东发展轨道交通的关键时期，学校要全面了解铁路、轻轨人才的需要，通过特色提升教学水平，开创品牌。三是做好规划，立足省教育厅评估专家的建议，结合珠三角规划纲要，做好教育发展相关规划，统一学校发展理念，实现更大发展。

最后，刘国生校长代表学校领导班子对专家组的反馈意见作表态讲话。他指出，专家组的考察评估意见、魏副厅长和徐副市长的指示，给学校深化改革，加快建设指明了方向，提供了动力；表示学校定会以本次专家评估为新的起点，认真制定落实好整改建设方案，确保评估效益的最大化，特别要按照“建用结合、以用为主”的原则下大力气抓好人才培养工作状态数据采集平台的建设与应用，实现人才培养工作自评、自控的常态化，以人才培养的高质量和学校发展的高绩效回报各位专家与领导的关爱与支持，再上新的台阶。

在学校领导的重视之下，此次迎评工作获得了专家组的肯定，学校有了更足的前进动力。

教师表彰，整改动员

2009 年 9 月初，学校在礼堂召开 2009 年教师节表彰暨评估整改动员大会。会议主要是总结经验，巩固成果，表彰先进，部署任务，落实评估整改工作，争创省级示范院校，推动学校人才培养和各项事业全面发展。

刘国生校长就评估整改工作作了动员讲话。他指出，从 2006 年 10 月 23 日启动评建工作以来的这 1400 多个日日夜夜里，全校师生员工以高度的责任感和使命感圆满地完成了迎评工作的各项任务，达到了预期的目标。并着重就本学期评估整改工作谈三点意见和要求：一是整改的意义，也就是抓整改为什么要坚定不移。指出抓好整改工作是评估工作的应有之义，是学校创省级示范院校的基本要求。二是整改工作的方针与重点，也就是如何抓整改。整改工作的方针是“巩固、深化、提升、发展”，出发点和落脚点是人才质量，工作理念和要求是“一训三风”，工作重点和内容是人才培养模式创新，着重要加强师资团队、专业建设、课程改革、综合管理等四个方面的工作。三是整改工作要确保整改到位。创示范必须强化四个意识，即团队意识，攻坚意识，质量意识，精品意识。提高认识，加强领导，全员参与。要进一步健全制度，责任分明，确保实效。

彭铁英副书记宣读优秀教师、优秀教育工作者和评估先进集体、迎评工作先进个人表彰决定。随后，学校领导为先进集体和优秀教师颁奖，对获得国家级精品课程的陈泽宇老师及他的团队给予 30 000 元奖励。

2009 年 10 月 10 日上午，学校落实评估整改方案会在教学楼四楼会议室召开，这是一次务实的会议。六系一部一中心一基地主要负责人分别从专业建设、课程改革、实践教学、人才培养、师资队伍建设等方面作了整改发言，示建办、校企合作办、教务处等主要关联部门也就各自的评估整改工作思路作了简短汇报。教学副校长、示范校建设办公室负责人就落实评估整改方案工作与争创省级示范校的关系、争创省级示范校的有利条件与不足，落实整改方案与争创省级示范建设几项重要工作等三大问题进行了阐述。校长刘国生就抓好评估整改工作谈了两点意见和要求：一是要树立信心，整改工作作为评估的重要组成部分是非抓不可，不抓不行的，因此，全校教职工必须坚定不移，一鼓作气，一抓到底，并付诸打硬仗、打大仗的实际行动；二是要正视差距，努力将不可能变成可能，再创新业绩。为此，对抓好评估整改当前工作提出三点要求：一是各单位要对照学校整改方案，做好本单位整改工作细则；二是在充实完善细则的同时，各系部要进行再动员，校领导要包干式地会同系部做好整改工作；三是希望全校教职工拿出创朝阳、花都基地的精神，吃大苦、流大汗、耐大劳，解决好专家两次评估提出的问题，确保以评估整改的新绩效迎接省厅专家回访。

廖惠卿书记就落实评估整改工作会议精神对全校教职工提了三点要求：一是要统一认识。从源头上引导，统一思想，解决教职工的思想认识问题。二是要坚定信心。在评估整改工作问题上不能松、不能等、不能靠，只能靠自己。三是要狠抓落实。学校领导要带头做好调查研究，做好整改创示范规范的顶层设计；所有中层干部要以更加主动的精神去落实整改工作任务，要有所作为，有所担当，而且要动员、带领全体教师以务实的作风，按照学校提出的工作任务一一落实到位。廖书记希望全校教职工共同努力，通过真抓实干的整改，较大程度地提升学校的办学实力，增强团队的合力。并在“创新每一天”校训精神的指引下，在实际工作中超常规、大胆地摸索，走出自己的新路。会上，学校其他党政领导也就分管工作提出了具体要求。

11 月 26 日至 12 月 3 日，由学校示建办、督导室、校企合作办、人事处、教务处、学生处、设备科组成的评估整改中期检查小组，在刘国生校长、王韶清副校长带队下，通过实地看材料、听汇报、提问题、共研讨的方式，对人事处、教务处、学生处和六系一部的评估整改工作进行了中期检查。检查组肯定了各单位的整改工作成效，指出了存在的问题，并针对各单位的具体问题提出了针对性建议和整改措施。12 月 9 日下午，为进一步总结交流经验，学校召开了评估整改中期检查总结汇报会。会议由王韶清副校长主持。党政领导廖惠卿、刘国生、彭铁英、林姚出席了会议。各系部及职能部门负责人、评估整改中期检查组成员参加了会议。

会上，六系一部、人事处、教务处分别汇报了本单位前阶段的整改工作进展，分析了存在的问题，就下一阶段的评估整改工作提出了建设性、针对性的解决措施；示范校建设办公室（以下简称“示建办”）根据中期检查情况从各单位评估整改工作完成情况、主要问题与问题反馈，下一阶段的工作计划和要求进行了汇报。本次中期检查总结了学校整改工作的阶段成绩，分析了存在的问题和不足，明确了继续整改的方向与标准，为省教育厅人才培养工作评估整改验收回访奠定了扎实的基础。

争创示范，同舟共济

2009 年 12 月 15 至 16 日，学校在清远召开了省级示范性高等职业院校申报材料论证审核会。会议对学校建设方案的 7 大建设项目及其他申报材料进行了第一轮评审。在审核会上，各项目负责人依次就项目建设的目标、思路、内容等进行了简短、精炼的汇报，全体与会人员重点围绕存在的问题和提升的策略进行了研讨，提出了修改、完善意见。

清远会议之后，学校各单位都以更大的热忱投入建设省级示范高等职业技术院校的最后筹备工作中。教务处作为学校教学的中心部门对此格外重视，为落实审核会上团队攻关，精心论证，全力推进，确保实效的要求，在处领导的带领下，教务处的一切工作都以创示范为中心，以确保创示范的顺利进行。12 月 17 日早上 8 点 20 分，教务处负责人主持并召开了创示范任务布置会议，教务处全体人员参加了此次会议。会议指出，目前的示范已经进入最后的冲刺阶段，这是一个相当关键的阶段，必须将示范申报的所有材料收集，整理到位。在这关键阶段，各部门必须积极调整工作状态，齐心协力，用迎接评估工作热情来为创示范添砖加瓦。他还强调，教务处作为教学工作的主要职能部门，要在保证正常教学工作的前提下，发扬只争朝夕的拼搏精神，认真完成创示范所需要完成的工作，以保证创示范工作的顺利进行。

为全力做好广东省示范性高等职业院校申报工作，12 月 21 日，学校召开了评估整改与争创示范工作布置会。王韶清副校长介绍了近期学校组织召开的广东省示范性高等职业院校申报材料论证与审核会议基本情况，分析了目前学校申报省示范院校面临的形势，指出了存在的差距和不足，并对进一步完善申报材料做了安排。林姚副校长就分管工作提出了具体要求，并表示要带领团队同舟共济创示范，竭尽全力抓整改。示建办人员分别就申报材料中存在的问题进行了汇报，对下一阶段工作推进做了布置。

刘国生校长结合申报标准条件，分析了学校申报省示范性院校工作的重要性与可行性，并就如何进一步抓落实提出两点要求：一是两手抓，两手都要硬。要全体动员，全体行动，既把整改工作做实、做好，又要组织团队攻关，顽强拼搏，加班加点，优化提升示范项目申报材料。二是抓重点，重点抓质量。要集中精力，下大力气抓好申报材料的各项准备工作。要实行行政一把手责任制，教务处、人事处、财务处、学生处、设备科等职能部门既要积极完成各自负责的申报材料，又要以“抓整改、创示范”为中心，创造性做好服务、宣传和发动工作，形成全体动员，全面行动，全力以赴的良好氛围。相信全校教职工齐心协力，抢抓机遇，发扬敢打硬仗的精神，就一定能掀起一个新的局面和高潮，达到预定的目标。

廖惠卿书记充分肯定了各建设项目的成绩，并对各单位下一步有效推进示范校申报工作提出了三点意见：一是端正认识。要处理好突击性工作与常规性工作的关系，以“创”促建，进一步从根本上端正“评创”的指导思想。二是正视问题。要对目前学校存在的问题引起足够的重视。三是振奋精神。要迅速传达会议精神，进行再动员、再学习、再统一思想，使全校教职工焕发出评估期间的精神面貌。

由此，学校申报省示范性院校工作已进入攻坚阶段，当前一段时间内全校一切工作都是服从、服务于申报工作。

2011 年 6 月 18 日，学校在中山召开了国家骨干高职院校与省示范高职院校建设项目（下称“两大”建设任务）责任人专题会议，刘国生校长、王韶清副校长出席了会议，“两大”建设任务项目责任人和各院、系、部及相关工作组负责人参加了会议。

会上，刘国生校长围绕“两大”建设任务，从实操层面就项目团队建设的顶层设计、团队组成的原则、团队建设的要求和团队建设特殊问题的应对措施等四个方面作了主题讲话：第一，项目的顶层设计。“两大”建设任务中 14 个建设项目作为一级项目，要分解为若干个二、三级建设项目，在明确各级项目具体任务要求的基础上，选好、选准责任人。一级项目责任人由学校审定，确定的原则是既要对各自负责的项目心中有数、能力先行，又要与本人所在部门职责和本人岗位职责有机结合，形成一体，做到在其位、谋其政、主其事。第二，三级项目的团队成员原则上由一级项目责任人共同商定，重点要把握四条原则：首先，要依据具体任务和建设要求选人定岗；其次，重点专业项目要有群内专业责任人，其他项目要有所辖子项目的人员；再次，团队成员要有能力、有热情、有责任心；最后，要个人申报与指定相结合，实行竞争上岗。第三，团队建设的要求。一是要进一步明确目标，以有利于一级项目目标的实现为组团选队的最大利益，组建“8+6+5+N”的大团队，其中“N”的力量不可小视，既包括一级项目之下的二、三级项目的团队，也包括提供保障和支撑的学校各部门、各专业，甚至包括学生社团直至每个师生员工，要把全校师生员工都凝聚到“两大”建设任务中去；二是要进一步明确任务，做好团队工作计划，关键是进一步确定二级、三级项目的任务和工作内容，并形成文稿，张挂上墙，入脑入心，人人皆知；三是要进一步明确团队及成员的责、权、利，一级项目的责、权、利由示建办提出、学校确定，二、三级项目的责、权、利由一级项目责任人提出、示建办确定；四是要实行二、三级项目团队成员任务主导和动态管理，做到优胜劣汰，永葆活力；五是一级项目的责任人要统揽全局、协同攻关，要以较强的组织能力、协调力和执行力把团队组织好、调动好、管理好，把每个成员的积极性都发挥好。第四，团队建设特殊问题的应对措施。一是“两大”建设任务中七个综合项目要统筹协调七大专业项目，各专业项目也要主动对接各综合项目，做到水有源、流到头；二是专业项目责任人中要有人分管群内其他专业的建设与发展；三是专业群跨系专业较多的、群内专业带头人又是系负责人的，可列为该专业项目的并列第二责任人，统筹群内专业，实现一体化运作；四是对于没有列为一级项目负责人的院、系、部负责人，可作为内涵建设项目的并列第二责任人，以确保学校院、系、部的统一部署和行动。

王韶清副校长针对“两大”建设任务，就项目推进工作的设想从推进的五个阶段、推进路径、建设方案与实施方案的关系、推进措施等方面作了主题讲话，对下一阶段工作从宏观层面提出了设想和展望，从微观层面做了具体布置并提出了明确要求。

示范校建设办公室（简称“示建办”）负责人介绍了骨干校与示范校建设的管理制度和建设方案修订指南，并对本学期期末前及假期示建工作做了安排。14 个一级建设项目的第一责任人围绕团队组建、任务安排等方面作了重点发言，对“两大”建设任务的团队组织、常规管理、推进策略等方面提出了许多宝贵的建议与意见。随后，示建办按要求对重点发言进行了测评。

刘国生校长对各责任人的主题发言作了点评，认为各位责任人能把握主题，任务明确，思路清晰，各有精彩，各有所长。同时，他要求各团队责任人认真学习鲁昕副部长在高等职业教育引领职业教育科学发展战略研讨班上的讲话精神，将教育部新的要求、新的思路与理念融入各大项目的建设方案中，融入学校改革建设发展的实践中，把人才培养好，把建设任务推进好。

整改验收，评估回访

为全面盘点前阶段整改工作的成效，深入查找问题与不足，有效解决评估专家组提出的主要问题，2009—2010 学年第一学期末，学校组织校内专家对 16 个院属单位（六系一部九个职能部门）的评估整改情况进行了学期检查验收，重点针对各单位整改期间各项整改工作的佐证材料进行了实地检查。2010 年 3 月 17 日，学校召开了学期评估整改验收工作总结汇报暨下一步工作布置会。

示建办负责人全面总结了前阶段评估整改工作推进情况，以学校〔2009〕55 号文中的 55 项具体任务为依据，分析了 38 个具体任务整改前后数据或内涵的变化情况，指出了整改工作中存在的问题与不足，并对本学期评估整改推进工作做了具体安排及要求。

彭铁英副书记针对评估整改过程中容易忽视的问题，要求各院属单位通盘考虑各项工作，关注各项工作间的关联性和支撑性。王韶清副校长做了总结。他首先简要回顾了学校评估整改工作的过程，充分肯定了整改工作的成效，并对下一步整改工作提出了六点具体要求：一是数据要准确，二是材料要充实，三是亮点要提炼，四是弱点要整改，五是制度要健全，六是重点项目在 5 月份要有整改实效。王韶清副校长还要求各系继续加强兼职教师队伍建设，加大企业兼职教师承担实践教学任务的比例；继续坚持整改工作情况两周一上报制度。全校教职工要在事情多、任务重的情况下，继续发扬评建时期的工作劲头，加班加点，保质保量地完成所有工作，顺利通过省评估专家的验收回访。

为加强评估整改重点项目的落实力度，加快建设进程，2010 年 3 月 22 日上午 9 点，王韶清副校长在办公楼三楼会议室主持召开了评估整改重点项目论证会。人事处、后勤管理处等部门主要负责人，分别就目前学校师资队伍、校园面积等方面存在的问题作了原因分析，提出了拟解决的初步思路和办法。各参会人员纷纷献计献策。学校领导分别作了指示，要求各单位在抓紧落实学校 55 号文列出的 55 项整改任务的同时，有重点整改项目的涉及单位要高度重视，采取有效措施，重点突破，确保成效。学校领导将于 4 月中旬现场察看项目的进展情况，对项目开展不力的单位或个人将实行一把手问责制。会后，相关单位快速反应，积极行动。领导殷切希望在各单位的共同努力下，学校评估整改工作能达到预期目标，画上圆满的句号。

根据广东省教育厅安排，学校评估回访定于 2011 年 1 月 12 日下午与 13 日上午进行。为统筹协调好各项准备工作，2010 年 12 月 31 日下午，学校召开了评估整改回访工作会，各院（系）和各相关职能部门负责人参加了会议。

示建办相关负责人首先通报了 2010 年 12 月 27 日至 28 日对 6 个院属单位评估整改工作的抽查情况，指出了抽查中发现的问题，并对各单位进一步抓好整改工作进行了安排；其次介绍了评估回访工作要求和专家进校日程安排。随后，王韶清副校长结合整改回访工作任务，确定了各部门的分工，并对回访工作提出了具体要求。

2011 年 1 月 12 日，学校迎来以广东轻工职业技术学院副校长林润惠为组长的广东省教育厅评估回访专家组一行 5 人，对学校进行人才培养工作评估回访。

根据《关于开展 2010 年广东省高职院校人才培养评估回访工作的通知》（粤教高函〔2010〕155 号）

文件精神，专家在查阅学校提交的《评估整改期间学校进展一览表》《人才培养评估整改方案》《人才培养评估整改自评报告》和《人才培养状态数据对比分析报告》等材料，实地考察校内部分新建实训室之后，在学校召开了评估整改工作汇报会。学校党委书记廖惠卿致欢迎辞，代表全校师生对专家组一行的到来表示热烈欢迎，刘国生校长作了题为《求真务实抓整改，攻坚克难谋发展，努力创建高水平国家骨干高等职业院校》的整改工作报告，从整改过程回顾、整改工作举措与成效、建设目标与努力方向等三个方面向专家进行了详细汇报。汇报会后，专家分别与学校领导、部分职能部门与教学系部负责人进行了深入访谈，查阅了人事处、教务处等部门的佐证材料，全面、深入了解学校评估整改工作的成效。

12 日下午，专家组召开了评估回访意见反馈会。林润惠组长代表专家组向学校反馈了回访意见，高度肯定了学校评估以后的整改工作和取得的成效。专家组认为自 2009 年 6 月学校通过现场实地考察评估以来，认真学习教育部《关于全面提高高等职业教育教学质量的若干意见》的文件精神，制定了详尽具体、切实可行的评估整改方案，并真抓实干，坚定不移地将评估整改落实于教学改革与工作当中，不断加强内涵建设，在校企合作、人才培养、教学改革等方面取得了显著的成效，办学实力、办学水平跃上新台阶。同时，按照国家骨干高等职业院校的建设标准，专家组就进一步巩固评估整改成果，高标准、高质量建设国家骨干高等职业院校提出了希望与建议。

刘国生校长代表学校向专家组的辛勤工作致以诚挚感谢，他表示，学校将深入研究与落实各位专家提出的意见和建议，不断提升人才培养质量与综合办学实力，并以此为新起点，全面贯彻落实科学发展观，继续解放思想，加强内涵建设，不断增强品牌意识，努力建成高水平的省示范高等职业院校和国家骨干高等职业院校，在校企合作体制机制建设、人才培养模式改革、综合管理水平、社会服务能力建设等方面发挥示范推动作用。

至此，学校的人才培养评估工作画上圆满的句号。

第四节 打响建设国家骨干校攻坚战

“国家示范性高等职业院校建设计划”最早是从 2006 年开始实施，教育部、财政部第一批遴选了 100 所“国家示范性高等职业院校”。2010 年，教育部、财政部决定新增第二批 100 所国家骨干高职院校。与第一批 100 所“国家示范高职院校”着重解决办学实力、教学质量、管理水平、办学效益和辐射能力等问题不同，第二批 100 所“国家骨干校”建设，重点在于解决办学体制机制、地方政府政策支持、专业建设与人才培养模式、双师素质和社会服务能力等问题。

学校国家骨干高职院校申报工作，总体来说，是谋划早、行动快，力度大、有成效。2009 年 6 月，以优异成绩通过了教育部人才培养工作评估后，学校就确立了“坚定不移抓整改，齐心协力创示范”的工作方针，坚持评估整改和争创示范两手抓、两手硬。2010 年 5 月初，广东省教育厅下发了申报省级示范性高职院校的通知，学校立即组织团队，夜以继日地编写材料，6 月月初完成了省级示范性高职院校的申报工作。6 月中旬，按照广东省教育厅的要求，紧锣密鼓地着手申报国家骨干高职院校。在广州市委、市政府的正确领导和省、市教育部门的大力支持下，全校上下励精图治，全面铺开材料申报工作，于 2010 年 8 月 13 日正式向教育部提交申报材料。9 月 17 日，教育部、财政部公示学校为全国第二批国家骨干高职院校建设单位。11 月 30 日，教育部、财政部联合下文正式确定学校为“国家示范性高等职业院校建设计划”骨干高职院校立项建设单位。

回顾省级示范性高职院校和国家骨干高职院校两大申报创建工作前后 3 个多月的时间里，学校领导全程坐镇一线，策划关键环节，倾力推进主要工作，动笔撰写重要文稿；项目团队夜以继日，紧密配合；全校教职工齐心协力，热情高涨，全力支持。一个个思路提出来，又一个个被推倒重来；一个个模式萌发雏形，又一个个被否定再创；一个个方案拟定成文，又一个个被“批”再“改”。推倒了重来，否定后再创，“批改”中前行，在反复修改中不断提升，在碰撞中凝聚共识，国家骨干高职院校终获立项，学校成功步入全国先进高职院校建设行列。

国家骨干高职院校的申报成功是迈出了建设高水平高职院校的第一步。3 年建设期内八大项目的验收，看的是成效，比的是成果，拼的是精神加实力。因此，新的历史起点，需要全校教职工齐心协力、共同努力，确保八大项目都能有成果、创品牌、出精品，高质量地完成申报方案确定的各项建设任务。

广东省共有 7 所高职院校入选，广州铁路职业技术学院是其中唯一一所广州市属的高职院校。从 2010 年 11 月获得立项，通过 3 年建设，学校完成了骨干高职院校建设要求的项目任务和指标体系，形成了政企共建学校模式与紧密型的校企合作办学体制机制，深化了人才培养模式改革，提升了师资队伍的水平，增强了服务社会的能力，提高了办学实力与办学声誉。学校于 2014 年 3 月接受验收，2015 年经过二次验收后顺利通过。

调研论证，举力建设

2010 年，一份《广州铁路职业技术学院国家骨干高职院校建设可行性研究报告》（下文简称《报告》）摆在校领导的办公桌面前。该报告全方位、充分地论证学校建设骨干高职院校的方法和措施，从社会需求等方面论述学校建设骨干高职院校的必要性和迫切性。

广州铁路职业技术学院是广东省唯一一所以培养轨道交通类高素质高级技能型专门人才为主的高职院校。广铁集团 75% 的机车司机与铁道供电技术骨干，武广高铁、广州地铁 50% 的高速动车组司机均由广州铁路职业技术学院培养。学校对接轨道交通产业链和珠三角区域经济发展需要建有六大专业群，当年有全日制高职学生 7060 人。建有国内领先的轨道交通车辆驾驶、电气化铁道接触网等 16 个校内实训基地（含 95 个校内实训室），教学设备仪器达 8185 万元。有中央财政支持的高职教育实训基地 2 个，省级高职教育实训基地 1 个，广州市职业教育示范性实训中心 4 个，广州市示范性专业 9 个，市级以上精品课程 13 门，国家、省、市级教学成果奖 13 项。学生获国家、省级各类技能竞赛奖 57 项。

学校是广东省唯一具有 43 个铁路特有工种鉴定权，设有铁路特有工种职业技能鉴定站、国家职业技能鉴定所、广东省特种作业人员安全技术培训点的高等职业院校，是全国德育管理先进学校、广州市春运先进单位、广州志愿服务先进集体、广州市十大杰出志愿服务集体、广州春运及抗灾救灾先进集体，广东省春运服务唯一定点高等职业院校。

在这样的硬件条件下，学校申请国家骨干高职院校还需要筹集大量的经费。《报告》中特别申请中央财政投入专项建设资金 2000 万元，市财政重点支持专项建设资金 6900 万元，行业企业投入 500 万元和学校自筹资金 500 万元，项目总投入需 9900 万元。

当时，学校的发展势头蓬勃，招生喜人，为了再上一步台阶，学校必须凭借申报建设国家骨干高职院校的东风，让自己壮大起来。学校再次集全校之力建设国家骨干高职院校，是经过充分调研和论证的。

首先，这是区域社会经济快速发展的客观需要。

第一，珠三角城市轨道交通大发展。以广州为中心，连通珠三角 9 个城市和港澳地区的“一小时生活圈”正在形成，珠三角城际轨道交通发展进入高峰期。2008 年 7 月，广东省政府拟定的《珠江三角洲地区城际轨道交通同城化规划初步方案构想》提出“以广州为中心在珠三角地区形成‘三环八射’的轨道交通网络构架，珠三角城际轨道交通规划线路 20 条，线路总长度接近 2000 千米，基本覆盖所有县级以上城市，比原规模增加了 2.5 倍，以广州为中心，1 小时内 9 个城市可以互相通达。”在 2010 年举办广州亚运会前，广州地铁运营里程将达 221.6 千米，2020 年达到 666.8 千米；深圳、佛山、东莞、惠州等城市正在抓紧实施城市轨道交通建设规划，到 2020 年全省规划新建地铁线路 1094 千米。同时，珠三角地区确定 2020 年以广州、深圳、珠海为中心建设城际轨道交通网 1593 千米的规划。按城轨交通企业现行定员标准测算，未来 10 年，广州及珠三角地铁、城际轨道行业年均需要高素质高级技能型专门人才 10 000 人以上。

第二，以广州为中心的高速铁路发展前景广阔。2009 年年底，时速 350 千米的武广高速铁路开通运营，标志着中国的高铁技术世界领先。根据《中长期铁路网规划（2008 年调整）》，预计到 2020 年，中国 200 千米及以上时速的高速铁路建设里程将超过 18000 千米，占世界高速铁路总里程的一半以上，中国正飞速进入高铁时代。以广州为中心的泛珠三角高速铁路建设已进入高潮，广深港、厦深线等高速铁路陆续开工，到 2020 年，泛珠三角区域内新建铁路 7596 千米，其中广东省境内新增 1866 千米，年均需要高素质高级技能型人才近 3000 人。

第三，轨道装备制造业发展势头迅猛。珠三角轨道交通的快速发展带动了轨道交通装备制造业的发展，由铁道部与中国南车集团、广州交通投资集团共同投资建设的“和谐型”大功率机车广州检修基地计划 2011 年建成投入使用。该基地具备年新造 200 台、大修 700 台“和谐型”大功率电力机车的生产能力，年直接产值约120亿元，完善产业链配套后年产值超过300亿元。同时，《珠江三角洲地区改革发展规划纲要（2008—2020年）》提出打造“世界先进制造业基地”的目标，为以数控技术（大功率机车制造方向）为重点的先进制造类专业带来了前所未有的机遇。

广州铁路职业技术学院是广东省唯一一所具有轨道交通行业背景的高职院校，在为广州、深圳、香港及珠三角地区培养轨道交通类高素质高级技能型专门人才方面发挥了举足轻重的作用。把学校建设成为国家骨干高等职业院校，对促进广东省经济尤其是珠三角轨道交通产业的发展，对《珠江三角洲地区改革发展规划纲要（2008—2020年）》提出的把广州建设成为“国家中心城市”“综合性门户城市”和“国际大都市”具有重要的战略意义。

其次，这是广东、广州高职教育全面协调发展的需要。

广东省当时有高职高专院校75所，高职教育已经成为广东省高等教育体系的重要组成部分，在广东经济发展中扮演着十分重要的角色。目前，广东正在转变经济发展方式，实现产业结构的优化升级，急需高素质高级技能型专门人才为区域产业结构升级提供智力支持。随着经济的快速增长，广州市的高职教育得到快速提升，但相对于整个城市的综合实力和发展战略定位，广州市在全国具有影响力的高职院校仍然偏少。

近年来，学校办学立足广州，面向珠三角，辐射华南和港澳，服务轨道交通行业与广州地区中小企业，坚持特色取胜、错位竞争、差异发展的办学思路，实现了办学规模、人才培养质量的跨越式提升，发展速度和发展后劲在全省同类院校中名列前茅。市场人才需求旺盛，学校专业设置紧贴轨道交通产业链，与广东省的轨道交通及其辐射的装备制造、现代物流业人才需求高度对接。因此，将学校建设成为国家骨干高等职业院校，有利于广州乃至广东高职教育全面协调发展，能为广州创建教育强市、广东创建教育强省做出更大贡献。

最后，增强学校办学综合实力的内在需要。

学校按照科学发展观的要求，积极探索高职教育的发展规律和内在特点，创新校企合作体制机制，主动适应区域产业结构升级需要调整专业结构，深化订单培养、工学交替等多样化的人才培养模式改革，校企联动培养“双师型”专业教师队伍，狠抓教育教学改革和教学质量的提高，突出课程体系和教学内容改革、实验实训条件建设及社会服务能力建设等，行业特色鲜明，规模、结构、质量和效益全面协调发展，探索出具有鲜明行业特色的办学路子。

在“十一五”期间，学校通过多形式、多模式、多渠道办学，为适应广东转变经济发展方式的需要，不断拓展办学内涵，主动服务区域经济的发展；以重点专业建设为抓手，带动专业群建设水平的提高；整合校内外优质资源，形成“政、校、企”联动的长效合作机制，探索“产教一体、寓学于工”人才培养模式；创新管理机制改革，提高教育管理水平；实现高素质高级技能型人才培养目标，全面提升学校办学水平和整体实力，成为培养轨道交通类高级技能型人才的摇篮和中国高职教育综合改革的试验点。

教育部、财政部推进的国家骨干高等职业院校建设项目，是学校圆满实现“十二五”发展目标的契机，必将为学校进一步创新办学思路、增强办学实力和提升办学竞争力起到重要的促进作用。

擘画蓝图，锚定航向

学校建设国家骨干高职院校是以科学发展观为指导，全面贯彻落实《国家中长期教育改革和发展规划纲要（2010—2020年）》《珠江三角洲地区改革发展规划纲要（2008—2020年）》《教育部财政部关于进一步推进“国家示范性高等职业院校建设计划”实施工作的通知》（教高〔2010〕8号）等文件精神，深刻解读国家骨干高等职业院校建设项目的丰富内涵，提出“立足广州、面向全国、辐射华南与港澳轨道交通行业企业，坚持高等职业教育办学方向，以体制机制建设为突破口，以合作发展为主线，以专业建设、课程改革、人才培养模式改革、生产性实训基地建设、‘双师型’专业教师队伍建设为关键，以政府在资金与政策方面的支持为保障，突出重点、系统推进、整合资源、保障投入，校企共同实施国家骨干院校各项建设任务，建立校企互利双赢、共同发展的紧密型合作办学体制机制，形成政校企合作办学的发展环境，合力培养品德高尚、技能精湛、创新奋进的高素质高级技能型专门人才，整体提升综合办学实力和社会服务能力。”

此指导思想充分发挥了学校培育轨道交通类及相关行业人才的独特优势，紧贴广东省、广州市转变经济发展方式的需要，依托珠三角城市轨道交通、高速铁路、先进制造业大发展趋势和高素质高级技能型人才紧缺的现状，探索“政、校、企”多方联动，校企一体发展中国轨道交通特色高职教育的新路子，为珠三角一体化建设和广州建设国家中心城市提供人才与智力支撑。

学校建设国家骨干高职院校要在政府的支持下，形成紧密型校企合作办学体制机制，探索建立董事会管理体制，校企共建机车司机学院、铁道电气化学院、现代运输学院、机械与电子学院等4个合作学院；优化专业结构，着力发展轨道交通与先进制造类专业，重点建设城市轨道交通车辆等4个重点专业与专业群，建成4个国家级重点专业；组建广州轨道交通职业教育集团，搭建校企合作发展平台，探索“双主体”培养高技能人才新机制；打造成为珠三角地区轨道交通（含高速动车）专门人才培养培训基地、珠三角现代运输与物流人才培养培训基地、广东省大功率机车制造与检修人才培养培训基地。全面提高服务经济社会发展的能力，建成华南地区轨道交通职业技能培训与鉴定中心、广州地区中小企业技术服务中心、广东省轨道交通职业教育资源共享中心，成为国家级高技能人才培训基地与继续教育示范基地，把学校建成轨道交通特色鲜明、行业领先的国家骨干高职院校。

学校国家骨干高职院校建设包含4个重点建设专业（群）项目、4个综合建设项目。4个重点建设专业（群）项目分别是城市轨道交通车辆专业（群）、电气化铁道技术专业（群）、城市轨道交通运营管理专业（群）、数控技术（大功率机车制造方向）专业（群）；4个综合建设项目分别是校企合作体制机制建设项目、花都工学结合示范园建设项目、“双师型”专业教师队伍建设项目、社会服务能力建设项目——产学研培“三中心、三平台”服务体系建设。

项目建设目标是通过国家骨干高职院校建设，学校在办学体制机制创新上取得重大突破，组建职教集团，局区校联手打造花都工学结合示范园，校企合作建成3个合作学院，形成紧密型校企合作办学体制机制；以城市轨道交通车辆、电气化铁道技术、城市轨道交通运营管理、数控技术（大功率机车制造方向）4个专业为重点建成四大特色专业群，建成4个国家重点专业，形成校企“双主体”育人机制；建成产学研培“三中心（四技服务与专利开发中心、广州轨道交通教育培训中心、成人学历提升中心）、三平台（志愿服务平台、对口支援平台、国际交流平台）”服务体系，全面提高服务经济社会发展的能力，成为珠三角轨道交通类高素质技术技能型人才培养培训基地；综合推进教师津贴分配、学校与教学院系（部）两级管理等校内管理制度改革，教师工作量的 30% 为教师社会服务工作量，建成 30 个“双师”工作室、16 个专业教师企业工作站，形成教师主动服务企业和社会的长效机制、适应工学结合人才培养模式改革的校内管理体制机制；在办学体制机制创新、校企双主体育人、轨道交通类与先进制造类专业人才培养模式创新、社会服务能力与成效等方面发挥辐射、示范作用，把学校建成轨道交通特色鲜明、行业领先的国家骨干高等职业院校。

建设的具体目标为：

第一，改革办学体制机制，形成政校企合作办学新模式。按照董事会管理机制，围绕城市轨道交通车辆、电气化铁道技术、城市轨道交通运营管理、数控技术（大功率机车制造方向）等 4 个重点建设专业群，校企合作建成机车司机学院、铁道电气化学院、现代运输学院、机械与电子学院等 4 个合作学院，实施董事会领导下的院长负责制，带动其他专业与企业建立紧密型校企合作办学体制机制；采取理事会制建好广州轨道交通职业教育集团，成为紧密型校企合作办学的平台，集团内合作企业达 120 家；撬动政府对学校的支持，建立支撑校企合作办学的管理体制与运行机制，形成地方政府与行业企业共建高职院校的新模式。

第二，互派共育“双师型”专业教师队伍，明显增强学校基础能力。在岗专业教师未具备双师素质的，每年安排 30% 到企业锻炼实践，将教师服务企业工作量纳入教师教学工作量，并占总工作量的 30%，新进专业教师都有 2 年以上企业工作经历；组建一支相对稳定的、300 人的兼职教师队伍，建立一个 1000 人左右的兼职教师库，从行业企业引进 26 名有影响力的专家作为专业带头人，各专业都有专业双带头人（学校教师 + 企业兼职教师），与行业企业合作共建 30 个教师工作室，形成教师主动服务企业的运行机制，建立专兼职教师从引入、准入到考核的系列评价体系。另外，校企合作新建校内生产性实训室或生产车间 18 个，合作共建省级以上生产性实训基地 3 个，建成国家级校企合作示范基地 1~2 个。新建“厂校一体”校外实习实训基地 12 个。

第三，校企合作实现互利共赢，显著提升服务经济社会的能力。一是建强“三个基地”，即珠三角地区轨道交通（含高速动车）专门人才培养培训基地、珠三角现代运输与物流人才培养培训基地、广东省大功率机车制造与检修人才培养培训基地。校企合作建成城市轨道交通车辆等 4 个国家级重点建设专业，辐射带动群内 10 个专业及其他专业的发展，全面提升专业建设的整体水平。按国家精品课程标准建成 74 门优质专业核心课程、118 门网络课程。二是建好“三个中心”（即华南地区轨道交通职业技能培训与鉴定中心、广州地区中小企业技术服务中心、广东省轨道交通职业教育资源共享中心），多形式为区域内行业企业提供技术服务共 100 项，完成培训与鉴定 4 万人次。三是建优“三个平台（即志愿服务平台、对口支援平台、国际交流平台）”，大学生参加各类志愿服务达 2.42 万人次以上，新开辟 16 个志愿服务新基地，在海南、新疆新增 2 所高职院校开展对口交流与合作，与国外 2 所职业技术学院建立合作关系，招收 60 名以上海外人员来校学习或进修，在服务新农村建设、解决广州春运难题、创建海南“国际旅游岛”服务国家西部大开发战略中做出突出贡献。

学校根据《教育部 财政部关于进一步推进"国家示范性高等职业院校建设计划"实施工作的通知》（教高〔2010〕8号）精神，结合广东省经济社会发展需求和城市轨道交通大发展的有利时机，在分析学校当前面临的机遇与挑战的基础上制订建设方案，思路清晰、目标明确、任务具体、措施得当、保障有力，具有前瞻性、针对性、建设性和可操作性。

多方聚能，助推建设

广东省委、省政府把大力发展职业教育作为一项重要的实施战略。《珠江三角洲地区改革发展规划纲要（2008—2020年）》明确指出："要大力发展职业教育，推进校企合作，建设集约化职业教育培训基地，面向更大区域配置职业技术教育资源，把珠江三角洲地区建设成为我国南方重要的职业技术教育基地。"

一方面，广东省、广州市政府给予学校大力支持。学校发展已被纳入广州地区经济社会发展规划与广州地区教育发展规划，得到广州市政府的高度关注。一是办学经费足额到位：2007—2009年，广州市政府除每年保证生均1.8万的经费投入外，专项投入累计达1.27亿元，办学条件改善快，轨道交通类、先进制造类实训设施达到全国同类院校先进水平。二是有力推进学校新校区建设：广州市委、市政府下文明确学校易地建设新校区。广东省常务副省长朱小丹等领导高度关注并批示支持学校建设新校区，省教育厅已确定学校入驻广东省现代职教基地建设新校区。三是政策支持与经费保障学校争创国家骨干高职院校：市财政承诺投入专项资金支持学校建设国家骨干高职院校，并在生均拨款、基础能力建设等方面给予资金、政策方面的倾斜与扶持。

具体扶持政策如下：

第一，将学校国家骨干高职院校建设列入地区经济社会发展规划。广东省与广州市均明确职业教育发展的战略地位，将职业教育发展纳入经济社会发展总目标来统筹规划，营造职业教育发展的良好社会舆论环境，发展职业教育并支持国家骨干高职院校项目建设，已成为广东省、广州市两级政府的重要任务，并提高到战略发展高度。

第二，制定吸引企业参与院校人才培养的鼓励政策。广东省与广州市都制定了一系列鼓励企业参与职业院校人才培养的政策，明确提出支持职业院校面向社会、职业教育先进国家聘请优秀专业人才，全面支持校企开展合作办学、共同培养技能人才、合作推进内涵建设、共同建设实验实训基地、共同建立实习就业基地、共同开展技术研发等举措。

第三，进一步改革地方税收优惠政策，增强企业参与校企合作的积极性。广东省和广州市两级政府出台了系列优惠政策，一定程度减免合作企业的税收，减免学校办学的行政事业性收费，同时，有关建设工程审批程序得到简化，重点建设项目得到大力支持，增强了企业参与校企合作的积极性，加大了学校骨干高职院校的推进力度。

第四，完善学生实习、实训耗损补贴、工伤保险等制度．广东省与广州市均建立了学生实习及毕业生见习相关制度，实训耗损补贴、工伤保险等制度，规定实习实训安全责任分担、学生顶岗实习工伤保险补贴及实施办法等系列内容。通过加强对教育教学活动的管理和安全风险分析评估，制定切实可靠的安全防范预案，提高安全管理意识和安全风险防控工作水平，大力推进职业院校学生实习责任保险工作。

第五，健全职业院校教师评聘制度和评价机制。广东省教育厅改革职业院校教师职称评聘制度，突出职业院校教师校企合作能力、社会服务能力、实训基地建设、实践技能等方面的评价，重视兼职教师队伍建设和高层次人才引进。建设期，省市两级每年分批组织高职院校骨干教师培训工作；自 2014 年起，省厅开展了高等职业院校高层次技能型兼职教师认定，并拨培养经费等，全面优化国家骨干高职院校发展环境。在省市两级政府的大力支持下，自 2011 年起，学校进行单独自主招生、三二分段等招生考试制度改革，并提前到 3A 批次招生。

广东省出台“加快建立省属高等职业院校生均综合定额拨款制度”等支持政策，落实国务院关于大力发展职业教育的决定中关于教育附加费、职工工资总额的比例提取等要求。广州市政府加快落实高职院校生均综合定额拨款制度，逐年增加学校的教育事业拨款，保证国家骨干高职院校建设项目经费按时、足额到位。广州市财政按中央财政投入 1700 万元的 4 倍，提供配套资金 6900 万元，保证建设项目如期进行。

此外，广州市政府《关于印发广州教育城建设工作方案的通知》（穗府函〔2012〕1136 号）、广州市政府常务会议纪要《广州教育城一期入驻院校方案》（穗府 14 届 88 次〔2013〕139 号）等资料中，均明确了就学校何时入驻教育城、新校区面积、新校区条件等内容。按照反映岭南文化、轨道职业教育特色，体现现代大学理念的建设思路，在广州市政府全力支持下，学校易地建设新校区，并作为第一批进驻龙头学校入驻广州教育城。新校区首期规划面积 800 余亩。入驻新校区后，学校办学条件将全面改善，师生学习、工作与生活环境将更加舒适，办学基础能力将显著提升。

另一方面，行业背景根基深厚，校企合作优势明显。学校原隶属广州铁路（集团）公司，具有 30 年企业举办职业教育的历史，初步形成了学校发展与轨道交通建设同步、办学与轨道交通企业深度融合、人才培养与轨道交通行业一体、就业与轨道交通类职业岗位群紧密关联的校企合作格局。学校校企合作办学经验丰富，依托行业企业合作育人得天独厚。2004 年 9 月移交转制以来，学校坚持“分家”不“分离”，继续坚持服务轨道交通产业链的方向不动摇，坚持校企合作、开放办学的道路不动摇，不断整合与拓展行业资源、企业资源、校友资源，并于 2008 年着手牵头筹建广州轨道交通职业教育集团和广州轨道交通教育培训中心，签约加盟企业超过 90 家，初步搭建了稳定的校企合作平台，合作育人、合作发展初见成效、前景广阔。2008—2010 年，年均为铁路、轨道交通等行业企业开展岗位培训、技能鉴定等超 10000 人次。

学校坚持实行全方位、深层次、紧密型的校企合作，走轨道交通特色产学研结合发展之路，把教学、生产、科研扭成一股绳，打造了一个富有特色的、较为成熟的“优势互补、资源共享”校企联动平台。学校与企业合作办学、合作育人、合作就业、共谋发展，主要表现在以下 4 个方面：

第一，联企发展，合作办学有成效。广铁集团投入 4000 万元支持学校建设；学校与中铁建电气化局集团第四工程有限公司（捐赠价值 78 万元 DA8 型电气化轨道作业车）、广州火车站等合作共建中央财政支持高职教育实训基地 2 个，与广州机务段在学校广北校区共建机车司机等 10 个生产性实训基地；政校企联动在花都经济技术开发区与粤宝丽工业园合作共建工学结合基地，初步探索校中建厂、厂中建校、政校企紧密结合的办学体制机制。国内著名职教专家、兄弟院校和省、市教育主管部门领导考察认为，花都工学结合基地建设是对"校企合作、工学结合"一个很好的、全面的、系统的、创造性实践，学校已经做的和想要做的，都体现了目标明确，定位准确，方向正确。目前，广州萝岗区政府、花都中小企业局等政府部门主导下的校企合作办学框架已初步形成，政校企合作办学、合作育人初见端倪。

第二，携手企业，订单育人高绩效。与广铁集团、广州地铁、广东铁路建设投资集团有限公司（简称"省铁投"）等企业签订订单培养协议，组建了广铁集团、广州地铁、深圳地铁、香港地铁、省铁投、海南粤海铁路、远成物流、东方标准信息有限公司等 8 个企业冠名订单班，形成依订单招生、按需求培养，以"人才共育、过程共管、成果共享、责任共担"为特征的订单培养模式。近三年培养订单学生 3270 人，占毕业生总数的 64.8%。订单毕业生中，90% 成为铁路机车司机、动车组司机和机车检修等轨道交通技术骨干，部分学生成为车间主任等中层技术干部和管理干部，培养出广州地铁首席司机龙威、广铁集团第一位"和谐号"高速动车组司机陈炳根、毕业一年即晋升为港铁轨道交通（深圳）公司站务主任的许曼玲等一批优秀毕业生。学校现已成为珠三角地区、港澳高速铁路、城际轨道、城市地铁等行业企业高素质高级技能型专门人才的定点培养单位。

第三，搭建平台，全程合作助就业。初步建立了用人单位定期回访、毕业生跟踪调查、实习实训企业评价等制度，组成了一支主要由用人单位与专职教师组成的职业指导教师队伍，与合作企业初步建立了用人单位就业信息查询库，搭建毕业生专场招聘会等，校企全方位合作共促学生高质量就业。2008—2010 年，毕业生初次就业率分别达 93.12%、97.41%、96.95%，总体就业率分别达 99.59%、99.66% 和 99.10%，相继名列全省同类院校第七、第四、第十。城市轨道交通车辆、电气化铁道技术、城市轨道交通运营管理等轨道交通类专业毕业生就业对口率达 90% 及以上。

第四，管理改革，机制保证促双赢。学校打破常规，成立以教师个人命名和负责，集校企合作、实践教学、技术研发及大赛培育于一体的"教师工作室"，将教师联系企业与工作职责、服务企业与个人业绩，成果转化与个人收入相结合，政策导向教师主动服务企业开展技术研发，以小发明、小创造为抓手促进校企合作。以"张茂贵"工作室为主体的团队，成立不到半年就为中小企业研发产品 5 项，为企业开展技术服务 20 多项，校企双方实现了互利共赢。

学校积极创新校企合作办学体制，大力推进合作办学、合作育人、合作就业、合作发展的机制，增强办学活力，实现与行业企业相互促进、互惠双赢，积极为区域经济社会的和谐发展做出贡献。

为切实做好国家骨干高职院校建设项目的管理工作，保证项目建设的有序进行和建设目标的顺利实现，学校参照《教育部 财政部关于印发〈国家示范性高等职业院校建设计划管理暂行办法〉的通知》（教高〔2007〕12 号）等文件要求，成立了国家骨干高职院校建设项目领导机构，并在现有各项规章制度的基础上，建立一套科学有效的专项管理制度，同时根据"产教一体、寓学于工"人才培养模式改革的需要，重点建设与完善校企合作管理、教学管理和人事管理制度等，确保项目建设保质保量按期完成。

（1）政策保障。广东省委、省政府把职业技术教育列为全省“十项民心工程”之一，要求各级政府加大财政投入，《广东省大力发展职业技术教育实施纲要（2006—2020年）的通知》（粤府〔2007〕11号）明确指出，2010年前，启动建设8所国家级示范性高等职业技术学院。广东省教育厅《关于进一步提高广东省高等职业教育教学质量的意见》（粤教高〔2007〕102号）明确提出要选择20所左右办学理念新、办学条件好、特色鲜明、改革成效大、教育质量高、社会认可程度高、毕业生就业率高的职业技术学院作为省级示范性建设职业技术学院，力争有8~10所学校进入国家示范性高等职业院校行列。从2006年起连续5年，省财政每年将安排1亿元作为高等职业技术教育专项经费，用于高等职业技术学院建设。

广州市政府高度关注和关心该校的发展，在《广州市人民政府关于印发广州市职业技术教育发展总体规划（2006—2020年）的通知》（穗府〔2007〕33号）中明确提出要将学校“建设成为轨道交通特色鲜明的高等职业技术学院”。为了支持学校进一步加强内涵建设，争创省示范院校与国家骨干高职院校，从经费投入及政策保障等各方面加大力度。

广州市教育局、财政局大力支持该校探索校企合作机制体制建设和工学结合人才培养模式改革，于2009年1月投入资金支持学校在广州市花都区新华工业区建设“工学结合示范园”项目。广州市主管教学的副市长、教育局领导先后多次视察该校工学结合示范园，对该项目的建设做出重要部署和规划指导。广东省教育厅主管高等教育的领导也亲临工学结合示范园指导工作，认为该项目的建设“目标明确、定位准确、方向正确”，学校探索实践的“产教一体、寓学于工”人才培养模式是对校企合作、工学结合的理念的具体化和可操作化。

学校坚持高等职业教育办学定位，强化办学特色，重视内涵建设。在探索依托轨道交通行业办学模式，实践工学结合人才培养模式、专业结构调整和专业建设、课程体系改革和特色教材建设、实训实习基地以及“双师型”专业教师队伍建设等方面制（修）订相关配套政策，并在后勤保障与服务等方面制订了具体保障措施。

（2）办学条件保障。《珠江三角洲地区改革发展规划纲要（2008—2010年）》中提出，建设我国南方重要的职业技术教育基地，广东省确定在广州中新知识城建设广东省现代职业技术教育基地。经过考核筛选，学校成功获选进驻省现代职业技术教育基地广州市萝岗区。省政府常务副省长、原广州市委书记朱小丹等领导分别就学校新校区问题都作过专题批示。广州市委、市政府（穗字〔2007〕4号、穗府〔2007〕33号）对学校作出“易地建设广州铁路职业技术学院”的决定。学校新校区建设项目被列入广东省重点建设项目（粤发改社〔2009〕540号），为学校完成国家骨干高职院校的各项建设任务提供了办学条件方面的保障。

（3）组织保障。广州市成立由政府分管领导任组长，市发改委、教育局、财政局、人事局领导同志参与的广州市国家骨干高等职业院校建设领导小组，负责领导和协调辖区内“国家骨干高等职业院校”建设工作。为保障国家骨干高职院校建设项目的组织协调和管理，学校成立了以校长为组长的建设项目执行领导小组，下设办公室负责建设项目的全面策划部署、组织管理和日常事务；成立了以党委书记为组长的建设项目监督小组，监控项目的实施和资金使用；成立了由校长为组长的建设项目资金管理保障小组，各工作组职责明确，领导和管理规范、科学，能有效保证建设目标的实现，提高建设效益。

（4）制度保障。为切实做好国家骨干高等职业院校建设项目的管理工作，保证项目建设的规范、有序进行，学校在现有各项规章制度的基础上，建立一套科学有效的专项管理制度，同时根据工学结合人才培养模式改革的需要，重点建设与完善教学管理和人事管理制度，确保项目建设保质保量按期完成。同时，根据工学结合人才培养模式改革的需要，重点建设与完善教学管理、人事管理、校企合作管理等方面的系列制度文件，促进学校日常管理的规范化、制度化，健全和完善国家骨干高职院校建设的制度保障体系。

① 校企合作管理制度。为健全校企合作机制，加大校企合作力度，拓展教育资源，促进教育发展、人才培养、职业培训、合作生产、科技研发等各项工作的顺利进行，制定《合作学院建设与管理办法》《合作学院董事会章程》《广州轨道交通职业教育集团章程》《企业兼职教师政府津贴管理与发放办法》和《订单班管理办法》等一系列校企合作管理制度，规范学校与行业企业的合作，保障校企合作的顺利实施。

② 专项管理制度。制定《国家骨干高职院校建设项目实施管理办法》，明确各管理机构职责，实施项目责任制、项目建设情况定期报告制度，落实考核、奖惩制度，确保建设目标的实现。

按建设项目专项单独核算、专款专用、动态实时管理的原则，制定《国家骨干高等职业院校建设项目专项资金管理办法》，建立专项资金使用制度及资金使用审计监察制度，确保专项资金使用的严肃性、规范性和合理性。

为科学评价骨干高职院校建设项目进展情况与绩效，制定《国家骨干高职院校建设项目评价与考核办法》，建立项目建设工作目标责任制，制定工作目标管理及年度绩效考核办法，责任到位，落实到人。

在设备采购以及管理方面制定《国家骨干高等职业院校建设项目仪器设备管理规定》，修订《采购货物服务和工程招标管理办法》《大型精密贵重仪器设备年度效益评价管理办法》等规章制度，做到严格论证、依法采购、专款专用、规范管理、保证质量，发挥资金的最大效益。

③ 教学管理制度。为适应校企合作、工学结合人才培养模式改革的要求，修订完善《顶岗实习管理办法》《校外实训基地建设与管理办法》《校外实训基地实习学生管理细则》和《课程教学模式改革的实施意见》等一系列教学管理制度，确保学生职业技能培养质量，提高学生的就业、创业能力和岗位适应能力。

④ 人事管理制度。为打造“双师型”专业教师队伍，提高专业教学团队水平，制定《双师型专业教师队伍建设规划》《教师实行与企业互派挂职交流办法》《教师联系企业制度》《教师持双证书上岗管理意见》和《教师职业能力考核细则》等文件，建立以突出实践操作能力和技术应用能力为考核指标的双师素质教师的评价标准和考核制度，确保专兼结合的专业教学团队适应工学结合人才培养要求。

深化干部人事制度改革，按照干部“四化”方针和德才兼备的原则，积极推进干部制度改革，进一步加大对后备干部的选拔培养力度，积极引入竞争机制，全面落实“三定一聘”全员聘用（聘任）制，破除专业技术职务和干部职务终身制；深化分配制度改革，坚持“效率优先，兼顾公平”的原则，建立人员能进能出、职务能上能下、待遇能高能低的激励机制；全面推行岗位设置管理，实现从“身份管理”向“岗位管理”的转变，调动全员参与骨干高职院校项目建设的积极性和责任感。与此同时，制度建设充分融入校园文化建设，充分体现广州铁路职业技术学院的人文精神，通过激励与约束机制，确保国家骨干高职院校建设项目的顺利实施。

⑤ 资金保障。学校创建建设国家骨干高职院校所需专项资金，以中央财政引导，省、市两级地方政府投入为主、行业企业投入及该院自筹的方式为补充，加以落实。

⑥ 全程监控，保障项目绩效。学校在加强制度建设的同时，注重制度落实，建立监控与考核评价体系，对各个项目采取信息收集、监控检查、进展公告等措施，实施全面跟踪和监控，加强对项目运行过程的管理。完善质量信息反馈体系，及时地收集社会、上级主管部门、行业企业评价等外部信息及该校内部教学督导、各部门的检查与考核、学生评教、教师互评等内部教学质量监控等信息，加强对问题的跟踪、反馈、纠正与预防的措施落实，确保学校教学质量不断提高。

分阶谋划，动员部署

根据教育部、财政部批复的建设方案和《任务书》，教育部要对项目的实施情况进行考核，其中 2012 年为中期检查，2013 年进行终期考核验收。为此，学校将国家骨干高职院校建设进度分为三个阶段，

第一阶段：筹备与启动阶段（2011 年度）。认真学习教育部、财政部有关国家骨干高等职业院校建设的文件，全面领会文件精神，充分调动广大师生积极性，全员参与建设工作。全面启动项目建设，召开专家论证会，对建设方案进行可行性研究和论证，编制建设方案，确定各项目的具体实施建设计划，落实各建设任务的具体建设内容。成立项目建设领导小组，制定项目管理的保证体系和相关制度，分阶段分解项目的建设任务与建设目标，负责项目的组织、建设、检查、监督。成立项目工作组，明确各建设项目责任单位与责任人。启动部分建设项目的前期准备工作，包括部分实训条件建设的招标、校企合作体制机制建设、师资队伍建设、课程体系建设及教学内容改革等。

第二阶段：全面建设与中期评估阶段（2012 年度）。从 2012 年开始，以重点专业建设为核心，重点进行实训条件建设、课程建设、教学团队建设，推进人才培养模式改革与创新等，全面进入项目实施阶段，实现规划的各项建设目标。建设期间，将根据绩效管理和滚动实施的原则，强化激励机制，加强过程管理。计划年底对各项目的建设进展进行中期评估，并根据中期评估情况适当调整建设计划和投资安排，以确保项目整体效益和建设目标的实现。

第三阶段：完善、总结与验收阶段（2013 年度）。完善所有建设项目，并于 2013 年 12 月由学校对各项目建设工作进行总结和初步验收，写出自查自评报告。学校国家骨干职业技术学院建设领导小组对各建设项目进行检查评估，总结经验，查找不足和问题，并进行整改。起草《国家骨干高

等职业技术学院建设项目自评报告》，呈报上级部门，接受评估验收。在2013年年底前提请教育部、广东省有关部门对学校国家骨干高职院校建设项目进行检查验收。

按照《教育部办公厅 财政部办公厅关于启动2011年度“国家示范性高等职业院校建设计划”骨干高职院校项目建设工作的通知》（教职成厅函〔2011〕44号）的要求，2011年8月31日，广东省教育厅、财政厅在广州组织召开了2011年国家骨干高职院校立项建设单位建设方案与项目经费预算论证会。

专家组在审阅材料的基础上，听取了刘国生校长和电气化铁道技术专业项目负责人王亚妮主任的汇报，并就建设目标、内容、经费预算与可监测指标等问题进行了询问与论证。与会专家组认为学校的《国家骨干高职院校立项建设单位建设方案》（以下简称《方案》）符合“教育部财政部关于进一步推进‘国家示范性高等职业院校建设计划’实施工作的通知（教高〔2010〕8号）”文件的要求，建设目标明确、思路清晰、任务具体，具有可操作性和可监测性。学校在创新办学体制机制、政校企行联手打造工学结合示范园、共建合作学院、互派共育“双师结构”的教学团队等方面具有比较鲜明的特色，地方政府和学校举办方对项目建设支持力度较大，承诺明确，项目建设经费配置合理，符合“教育部财政部关于印发《国家示范性高等职业院校建设计划管理暂行办法》的通知”要求，一致同意通过论证。

2011年9月26日下午，学校在礼堂召开国家骨干高职院校申报总结表彰暨建设动员大会。国家骨干高职院校建设动员大会的召开，不仅标志着学校国家骨干高职院校建设工作的正式启动，而且意味着全校上下围绕国家骨干高职院校建设这个中心工作和重大项目，吹响了建设国家高水平骨干高职院校的集结号。

初次验收，深化整改

根据《教育部办公厅、财政部办公厅关于做好“国家示范性高等职业院校建设计划”骨干高职院校建设项目2014年验收工作的通知》（教职成厅函〔2014〕13号）要求，学校对照教育部、财政部批复的《国家骨干高职院校立项建设单位建设方案》和《国家骨干高职院校立项建设单位建设方案任务书》（以下简称《任务书》），全面盘点项目建设3年来的任务完成情况及建设成效，校企合作共同总结并撰写了《项目总结报告》，接受了广东省教育厅、财政厅委托的第三方审计，提交了省级验收申请。

2014年3月21日，广东省教育厅组织专家一行9人，对学校国家骨干高职院校建设项目进行现场验收，并获通过。

2014年6月9日至10日，教育部、财政部组织专家一行5人，对学校国家骨干高职院校建设项目进行现场核查与验收。现场核查专家组以《建设方案》《任务书》《项目总结报告》《项目建设情况进展表》和审计报告等为依据，通过听取汇报、核对材料、组织座谈、现场核查等环节完成了现场核查验收。

2014年7月10日，教育部、财政部下发《教育部 财政部关于公布“国家示范性高等职业院校建设计划”骨干高职院校建设项目2014年验收结果的通知》（教职成函〔2014〕111号），对学校国家骨干校建设项目3年来的任务完成情况及成效形成如下评议意见：学校在3年建设中，认真执行《建设方案》，基本完成了《任务书》规定的建设任务，地方政府与院校举办方承诺落实，通过了省级验收。学校由广铁集团与广州市政府共建，广州市教育局、花都区政府与学校共建花都工学结合示范园；牵头组建广州工业交通职业教育集团，实施理事会管理，完善了校企合作制度；重点建设专业紧贴行业产业发展需求，结合轨道交通人才特点，推动了“产教一体、寓学于工”的人才培养模式改革；社会服务能力不断增强，学校通过搭建产学研培“三中心、三平台”、成立区域科技决策与服务中心等措施，积极为区域中小企业科技创新服务；近三年毕业生就业率及对口率明显提高，人才培养质量得到行业认可。

验收专家组指出了存在的问题与不足，并提出了整改意见：建议学校加强师资队伍建设，特别要增加专任教师数量，提高专任教师双师素质比例。同时，也希望学校进一步重视和加强内控和财务管理工作，并进一步自查自纠。

学校高度重视教育部、财政部验收专家组的评议意见，第一时间在全校教职工大会上通报国家骨干校建设项目验收情况，迅速成立整改工作组，深刻反思骨干校项目建设与验收中存在的问题与不足，确定了“全面盘点、重点突出、扎实整改”的推进思路，形成了全员、全力、全面投入骨干高职院校项目整改的工作氛围。学校结合广东省教育厅、广州市政府的指导意见，以全面盘点骨干校项目建设任务为抓手，进一步梳理问题和不足，并深入剖析问题产生根源，找准整改方向，明确整改任务。

学校党政迅速召开中层干部会议，校长雷忠良结合全国职业教育会议精神，全面总结、分析了国家骨干高职院校项目建设与验收工作，针对存在的问题与不足提出了“精、准、实”的整改工作要求，问题导向、作风引领、补齐短板、带动整体。党委书记陈爽做了题为“肯定成绩正视现实形成共识共谋发展”的讲话，引导教职工深刻反思工作中存在的不足，聚焦问题，查找原因，务实整改。

第一，以作风建设为引领，统筹部署整改工作。学校始终把作风建设放在整改工作首位，通过“三严三实”专题教育，引导处级以上领导干部解放思想、实事求是，提高党性修养，加强责任担当，真正把“三严三实”作为修身做人、用权律己的基本遵循，作为干事创业的行为准则；通过召开以“纪律教育”“理想信念教育”为主题的专题学习会，以及以“锻造优良作风”为主题的系列教育实践活动，扎实开展教职工作风建设教育，学校树立起“通过整改展现成果、变整改压力为发展动力”的良好氛围。在“求真务实、真抓实干”的作风引领下，学校按照“精、准、实”整改工作要求，全面统筹部署整改工作，做到整改有规划、有思路、有措施、有保障。

第二，以聚焦问题为导向，突破瓶颈补齐短板。对照教育部、财政部验收专家提出的整改意见，学校以直面问题的勇气迅速启动自查自纠活动，以“严”字当头、从“细”处较真、到“实”处用功，坚持问题导向，将查摆的问题具体化为五个专项整改任务，重点突破师资队伍建设、内控控制和财务管理中存在的瓶颈，坚决补齐短板，蹄疾步稳狠抓落实，建立起发现问题、直面问题、剖析问题、整改问题、问题回访的长效机制。

第三，以制度建设为保障，构建长效运行机制。学校把制度建设作为解决问题的治本之策，通过大力开展制度建设年活动，以严谨的态度、严明的纪律狠抓落实，带动解决制约学校科学发展的其他问题，构建长效运行机制。通过认真梳理已有制度，做好“废、改、立”工作，建立健全管理制度和科学民主决策机制，完善干部选拔任用和考核评价体系，规范各类会议、文件、简报、评比表彰和达标活动、调查研究等方面的制度规定，完善党员干部直接联系群众制度和畅通群众诉求反映渠道制度。同时，加大制度执行力度，进一步畅通监督渠道，把贯彻党的群众路线制度执行情况纳入领导班子和领导干部年度考核、党风廉政建设责任制考核的重要内容。通过制度建设，全面增强干部责任感、事业心和服务意识，提高办事效率与服务水平，构建长效运行机制。

通过大力整改，学校取得了一系列标志性成果：获得系列国家现代学徒制研究与实践突破；获得 2 项国家级教学成果奖；获得三大协同育人平台，完善校企协同机制体制；新增 3 个广东省优秀教学团队；新增 5 个广东省重点建设专业、5 门精品资源共享课，培养了一批突出贡献优秀毕业生。

二次验收，实现目标

2014 年 9 月 12 日，学校党委书记陈爽、校长雷忠良带领示建办人员，就国家骨干高职院校整改验收推进工作向广东省教育厅高教处郑文处长、王魏锋副处长汇报，并提交学校整改推进方案。

2014 年 10 月 14 日，党委会专题研究整改工作，决定进一步加强示范校建设办公室力量，办公室主任由校长雷忠良兼任。

2014 年 10 月 15 日，雷忠良校长主持召开骨干校整改验收工作专项会议，要求各职能部门做好 2014 年整改推进计划，明确 2014 年的整改主体是各职能部门，并要求各职能部门全面盘点、梳理问题、理清思路、明确方向，制定部门整改方案并加以落实。

2014 年 11 月 22 日，召开“创新强校工程”启动大会，党委书记陈爽作《抢抓机遇锐意　进取谋求广州铁职院新发展》讲话，提出以“骨干校整改验收提升工程”为首的三大提升工程建设任务。

2015 年 3 月 18 日，党委会听取国家骨干高职院校整改工作专题汇报，再次强调国家骨干高职院校验收工作是 2015 年工作的头等大事，是全年工作的重中之重，要求突出抓好作风建设，认真研究制定整改工作推进方案和推进时间表，抓紧抓实各项工作。

2015 年 3 月 19 日，印发《广州铁路职业技术学院国家骨干院校建设整改验收推进方案（2015 年）》。

2015 年 3 月 24 日，召开国家骨干高职院校建设工作 2014 年总结及 2015 年整改安排会，落实 2015 年的重点整改任务及推进表，要求各单位召开部门整改动员会，制订整改验收推进计划，各个项目组要对照骨干高职院校建设任务书，全面核查建设任务完成情况，严格按照时间表推进整改工作。

2015 年 5 月 26 日，学校确定“一周一专题、一周一例会”制度，全力推进国家骨干高职院校整改工作。

2015 年 6 月 10 日，学校党委会研究确定骨干高职院校整改验收时间节点，正式启动整改验收倒计时，要求严格按照教育部、财政部、省级验收时间节点实行倒逼机制，做好顶层设计和任务分解，加强统筹协调，抓紧、抓实、抓好各项整改工作。

经过深入大改，学校在 2015 年再次迎来大考。根据《教育部财政部关于进一步推进“国家示范性高等职业院校建设计划“实施工作的通知》（教高〔2010〕8 号）《教育部办公厅财政部办公厅关于做好“国家示范性高等职业院校建设计划”骨干高职院校建设项目 2015 年验收工作的通知》（教职成厅函〔2015〕1 号）要求，教育部、财政部对 2012 年度启动建设的 30 所国家骨干高职院校和 2010 年度启动建设的云南机电职业技术学院建设项目组织了验收；对 2011 年度启动建设 2014 年验收未获结论的广州铁路职业技术学院组织了二次验收。

验收工作以教育部、财政部批复的项目学校《建设方案》《任务书》《项目总结报告》《项目建设情况进展表》《审计报告》等为依据，聚焦项目学校在校企合作体制机制创新、人才培养模式改革与课程开发、实训条件与师资队伍建设、就业质量与社会贡献等方面的建设情况，地方政府和院校举办方承诺落实情况，项目预算执行情况，资金使用与管理情况，示范建设成果辐射效果与社会认可度等。

在综合考虑省级验收结果、现场考察情况和教育部、财政部验收专家组意见基础上，经研究，同意学校二次验收通过，学校在大考中交出了满意答卷。

学校国家骨干高职院校的建设成果受到广泛关注。中国教育报、广东电视台、南方电视台等主流媒体、网站多次报道花都工学结合示范园、办学体制机制改革、人才培养模式改革、社会服务能力提升等方面的成效与经验。建设期满，学校已初步建成轨道交通特色鲜明、行业领先的国家骨干高职院校，实现了预期建设总目标。

国家骨干高职院校验收会议

骨干建校，综合提升

从建设骨干高职院校以来，学校通过政企共建创新办学体制机制、优化专业结构与人才培养模式、提高教师“双师”素质、提升社会服务能力，完成了从 2005 年移交广州市时一个基础薄弱的高职院校，到广州教育城交通运输组团“龙头”的华丽转身；实现了从广铁集团创办的一所中专学校，到华南地区最有影响力的轨道交通高职院校的蝶变。

办学体制机制创新是国家骨干高职院校建设的重中之重。国家骨干高职院校建设要求地方政府与行业企业共建高职院校，探索建立高职院校董事会或理事会，以调动政府、企业的积极性，共享政府、企业在产业规划、经费筹措、技术研发、兼职教师、实习实训基地和学生就业等方面的资源优势，促进校企深度合作，增强办学活力。学校积极探索建立“政、校、行、企”多方参与的合作办学体制机制，构建“人才共育、过程共管、责任共担、成果共享”的人才培养模式，打出了“123”组合拳：牵头组建一个职教集团、着力推进两个共建、全力建设三个合作学院。

一个集团：2013 年 11 月 16 日，学校牵头组建的广州工业交通职业教育集团正式挂牌。集团实行理事会管理体制，职教集团成员单位（企业和院校）达 220 余家。广铁集团、广州地铁等都在其中。

两个共建：2013 年 12 月 6 日，广州市政府和广铁集团签署协议共建广州铁路职业技术学院，当时广州市分管教育的副市长与广铁集团总会计师代表双方在共建协议上签字。广州市教育局、花都区政府、广州铁职院三方共建“花都工学结合示范园”，于 2013 年 9 月 17 日在花都正式签约并挂牌。

三个合作学院：2013 年 12 月 6 日，由广铁集团机务段、供电段、车辆段，广州地铁、广州火车站等和广州铁职院共建的机车司机、电气化和现代运输 3 个合作学院正式挂牌，实现了与铁路企业“分家”不分离。

创新办学体制机制的核心，是政府、企业共同参与学校的人才培养，学校可以共享政府、企业的资源优势，企业通过与学校共同制定人才培养方案，全程参与教学与管理，学校、企业“双主体”育人，实现资源和权利的重新配置。学校按照政府主导的产业结构调整和企业实际的用人需求变化培养人才，政府和企业对学校的人才培养开辟“绿色通道”。

为了改善办学条件、扩大办学场地，市政府决定广州铁路职业技术学院 2015 年 9 月首批迁入位于增城朱村的广州教育城，学校的占地面积将由 300 多亩变成 800 亩以上。

自 2011 年起，学校被广东省教育厅列入广东省单独招生、自主招生试点院校，招生形式由单一普高统招转变为普高统招、自主招生、中高职三二分段招生并举。自 2011 年起，学校自主招生试点专业由城市轨道交通车辆等 6 个扩大到 10 个。

在广东省教育厅、广州市教育局的支持下，学校自 2011 年起逐步扩大跨省招生计划，2013 年扩大到在 15 个省（区）招生。自 2011 年起，广州铁职院面向西部省份招生比例由 9% 提高到 15.14%。跨省招生与向西部招生，提高了学校国家骨干高职院校建设的辐射带动能力、示范效应和影响力。

建设骨干高职院校期内，学校共组建广铁集团、广州地铁等企业冠名订单班 97 个（2011—2013 届），培养订单毕业生 4000 多人，占毕业生总数的 64.9%。4 个重点建设专业重构了课程体系，形成了专业人才培养方案，提高了人才培养质量及学生的就业竞争力，毕业生总体就业率连续 8 年达 99% 及以上，位居全省同类院校前列，被评为“广东省普通高校毕业生就业工作先进集体”。2013 届毕业生平均起薪创历史新高，增至 3243 元 / 月。4 个重点建设专业毕业生的就业对口率达到 90% 及以上。

国家骨干高职院校建设项目对内要求与企业联合培养专业教师，对外要大量引进企业专业人才和能工巧匠担任兼职教师承担 50% 的专业课。学校对内通过实施“2 + 1”校企交替工作制度（专业教师 2 年在学校教学，1 年下企业实践），推行“8 + 4”教学工作量改革（教师每周 12 个课时，8 个在校内课堂讲授，4 个在校外提供社会服务），鼓励专业教师用 1/3 的时间深入现场一线，服务企业生产与技术研发，大大提升了专业教师的实践能力，“双师”素质专业教师达 90% 及以上。对外加强兼职教师教学能力培训，校企 1 ∶ 1 混编组建教学团队，结对互助、合作教学，促进校企教师实践技能和教学能力双提升，兼职教师授课比例达 50%。建成市级创新学术团队 4 支，市级教学团队 3 支；校内专业带头人 59 名，骨干教师 140 名；培养省市级“教学名师”、羊城学者 5 名，广东省高等学校“千百十”工程培养对象 11 人。

“双师”工作室是学校管理机制体制的创新，既事关育人模式改革，又与教师能力提升紧密相连。学校集政校企之合力，逐步将“双师”工作室打造成集实践教学、大赛培育、技术研发、师资提升等四大功能于一体的大师工作室，并力争能有 1~2 个纳入广州市大师工作室，将学校“双师”工作室建成全省乃至全国的精品、亮点，为广州新型城市化发展贡献力量，添光添彩。

学校还以内部分配制度改革为抓手，推行院系二级目标管理，实行了院系二级经费包干管理和办学绩效综合考评，调动二级教学单位和广大教师联企借力、合作办学的主动性与积极性，盘活学校现有的人力、物力等资源。

通过 3 年国家骨干高职院校建设，学校形成了政企共建学校模式与紧密型的校企合作办学体制机制，深化了人才培养模式改革，提升了师资队伍的水平，增强了服务社会的能力，提高了办学实力与办学声誉。

第一，校企合作体制机制彰显活力。按照董事会管理机制校企建成机车司机等 4 个合作学院，依托 4 个合作学院及广州轨道交通职业教育集团，学校所有专业尤其是 4 个重点专业及专业群，均建立学校主体、政府主导、行业指导、企业参与的办学体制与育人机制，形成以政府办学为主导、多方参与的“1+N”（N 代表企业数）校企合作办学模式。同时，撬动政府出台系列激励企业参与高职院校办学及高职院校自主办学的管理制度或政策，形成优越的发展环境。促进学校内部管理体制机制的改革，建立系列规范成熟，助推校企紧密合作的制度、方案与实施细则，形成运行良好的合作动力机制、制约机制、双赢利益驱动机制、保障机制，逐步建立项目部、教师工作室等教学实训一体化机构，形成校企合作、政府支持、社会支持与监督学校发展的长效机制，从而进一步提升学校资源整合能力，增强学校办学活力。

第二，轨道交通专业特色更为鲜明。建立科学的专业建设质量诊断和预警指标体系框架，形成定期与灵活相结合的专业调整方式，建成以市场需求为导向的动态调整新机制，始终形成与区域产业结构发展相一致的专业结构，及以轨道交通类专业为特色，多类专业并存的专业体系，轨道交通类专业办学规模在现有基础上达到 3000 人左右。对接轨道交通产业链打造的 7 个重点专业与专业群，尤其是国家骨干高职院校建设中重点打造的 4 大专业群，形成人才培养与轨道交通行业企业紧密结合，教师队伍与轨道交通行业企业合作共育，教学过程与轨道交通行业企业合作实施，教学科研与技术服务紧贴轨道交通行业企业需求，就业与轨道交通类职业岗位群紧密对接的办学特色。依托学校轨道交通方面的办学优势，建成轨道交通类高素质高级技能型专门人才培养培训基地，轨道交通职业教育资源共享中心，学校建成轨道交通特色鲜明，行业领先的国家骨干高职院校。

第三，人才培养模式改革实现突破。以校企合作发展为主线，依托4个合作学院与广州轨道交通职业教育集团，学校专业尤其是4个重点专业与专业群，花都工学结合示范园，全面推进与实施校企“双主体”培养高技能人才新机制，实现合作办学、合作育人、合作就业、合作发展，形成人才共育、过程共管、成果共享、责任共担。利用校企合作形成的紧密型办学体制机制，以人才培养模式为主线的教育教学改革全面推进，专业教师下企业、兼职教师进课堂的激励机制与考核机制形成，“厂校一体”生产性实训基地建设规范化，并建立起制度化的引入、准入、考核机制。建立起以学生学习能力、职业能力和综合素质为主要维度的学生学业考核与评价体系，健全以企业满意度、毕业生就业率、就业质量为核心指标的教学质量保障体系，有效引导教师教学观、学生学习质量观、教学质量观的改变，把教育教学改革覆盖到人才培养过程的各个环节，使所有在校学生、合作行业企业受益。

第四，社会服务辐射能力全面提升。建成4个专业教学资源库与100门网络课程培训资源包，建成并用好继续教育网络平台与技术服务网络平台，成为广州市企事业单位员工晋升职称的继续教育基地、轨道交通行业企业员工终身教育基地、广州地区“双转移”培训基地。依托4个重点建设专业与专业群及其他专业，建成珠三角地区轨道交通与高速动车组高素质高级技能型专门人才培养培训基地、广东省大功率机车制造与检修人才培养培训基地、珠三角地区现代运输与物流高级技能型专门人才培养培训基地。建成高效运作、成效突出的广州地区中小型企业技术服务中心、华南地区轨道交通职业技能培训与鉴定中心、广东省轨道交通职教资源共享中心等3个中心，为社会开展各类培训40 000人次。对粤西3所高职院校的对口支援工作成效突出，在新疆、海南地区建立2所对口支援院校，派出交流支援教师100人次以上，科研课题或精品课建设指导44项（门）以上。最终成为社会影响力大、辐射带动作用明显的国家骨干高职院校，为建设海南“国际旅游岛”及实施西部大开发战略做出贡献。

学校完成国家骨干高职院校建设任务后，进一步扩大国家骨干高职院校建设成果的共享度、辐射面，在服务区域经济发展、建设有中国特色的职业教育方面接续奋斗。

工学结合，频获赞誉

根据广州市经济社会发展的需要，结合《珠江三角洲地区改革发展规划纲要（2008—2020年）》，对接广州市花都区产业结构优化升级，深入进行校企合作、工学结合综合问题的研究，2009年，经反复论证，在广州市政府的支持下，学校按照互利共赢的原则，通过校企合作，在广州市花都区“粤宝丽工业园”共建工学结合基地，紧密联系毗邻基地的广州铁道车辆厂，开展先进制造业和应用电子技术高素质技能型专门人才培养培训。

为进一步创新办学体制机制，学校将花都工学结合基地建成融教学、生产、研发、生活于一体的工学结合示范园，推动“产教一体、寓学于工”人才培养模式改革，形成校企“人才共育、过程共管、成果共享、责任共担”的良好局面，提高人才培养质量和办学水平，更好地为区域经济建设和社会发展服务。2009 年 5 月 4 日下午 4 时许，经过教职人员 2 个多月的驻场备战，花都工学结合基地正式启用了。欢迎仪式在广场隆重举行，晴空万里、彩旗飘飘，到处洋溢着喜庆的气氛，这是一个值得载入学校史册的一刻。学校的二级学院机械与电子学院分三批整体迁入花都粤宝丽工业区，探索构建了“厂中校”“校中厂”办学模式，借助地方政府提供的市场资源这把“金钥匙”，为打开学校故步自封的“脚镣”进行了探索与实践。

花都工学结合基地是学校认真贯彻落实教育部《关于全面提高高等职业教育教学质量的若干意见》文件精神的重要举措，是工学结合人才培养模式的创新。为精心打造具有学校特色的实践教学基地，学校成立了专门机构，投入近两千万元，建设数控车床、SMT、机加工、电工实训、普通车床等实训实习车间等 20 个和多媒体教室 22 间，安装中国电信网络，改造宿舍 454 间，配置组合床，配套建设师生食堂、篮球场、羽毛球场、休闲中心广场等，并已交付使用。在学生进驻之后，学校党政领导和各职能部门负责人都非常关心同学们的学习和生活，纷纷来到基地指导工作，深入学生宿舍，与同学们亲切交谈。

学校规划建设花都工学结合基地（花都校区），这不仅是一件大事，更是学校的一次极具发展意义的改革，这次改革将会直接关系到工科学生的就业前途和学校的发展前景。当时社会处于金融危机就业困难时期，学校毕业生就业要想处于不败之地，就必须练就钢一般的高强度技能。而真正高技能的练就靠的就是要勤于实践。花都工学结合基地就是学生最好的技能实训地方，它周边工业、企业的特色分布，有助于学生更好地进行工学实践。

在准备建设花都工学结合基地的前几年，学校领导为了提高人才培养质量、实现教育模式创新，几个假期都没休息，到各地去考察，为学校的发展呕心沥血，做了大量的工作。在基地建设的过程中，学校后勤管理处全体人员为确保基地按期投入使用，在相关系部的大力支持和配合下，以高度的责任感，充分发挥“三主动”工作精神，全力投入基地改造建设工程中。虽然涉及近 20 个改造项目，任务量非常大，但为确保工程质量，后勤处从改造项目立项招标资料入手，对每一项工程改造尺寸、工程量清单、使用材料和工程质量等都做了明确的要求，防止出现漏洞，协助纪检监察室精心挑选施工队伍承担建设任务。

基地改造开工以来，校长助理、后勤处负责人带领工程人员坚持蹲守在建设工地，对施工所使用的水泥标号、电线尺寸等施工材料，对地板厚度、防水工程等施工质量进行严格检查；按照科学规律督促施工队伍日夜加班加点，确保工程进度。在监管人员的严格把关之下，基地改造各项工程均如期顺利进行，第一期工程的球场建设、数控车床车间等项目在 3 月份就基本完工了。经过工程质量检查，所有项目的主要材料、隐蔽工程检查结果全部合格。

花都工学结合基地的改造任务能够顺利完成，离不开后勤处的精心组织、科学调度。为了确保基地按期投入使用，尽早发挥效益，为师生员工创造一个良好的工作、学习和生活环境，后勤处每一个人都放弃了节假日休息，高标准、高效率地完成各种协调工作。在他们敬业的监管执行之下，花都工学结合基地得以按时投入使用。

花都工学结合基地以校中厂作为校企联姻的基础，以教学教改作为校企合作的核心，以科研作为校企融合的提升，真正实现校企深度融合，互利共赢，增强办学活力。基地架构如下图。

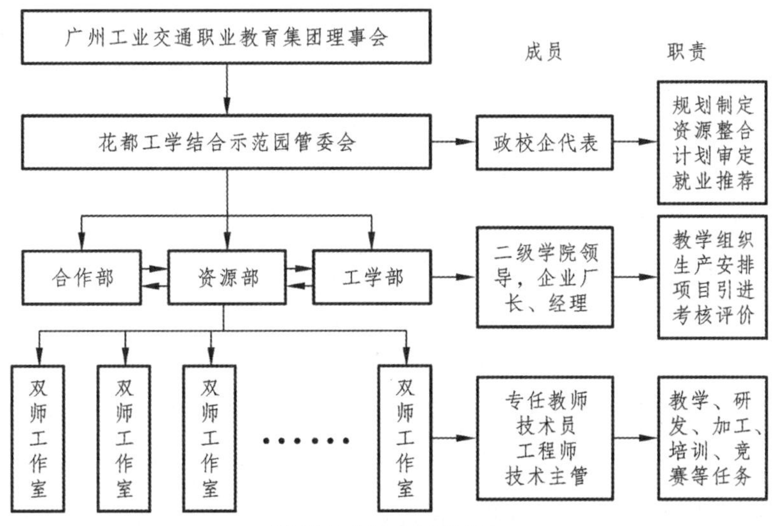

花都工学结合基地架构

组织机构建设：

第一，成立“花都工学结合示范园管委会”，统筹协调示范园发展。

成立由学校、花都区政府、花都区中小企业管理局和广州铁道车辆厂等企业组成的“花都工学结合示范园管委会”，政校企共同制定《花都工学结合示范园管委会章程》，宏观指导工学结合示范园的建设与发展，整合政校企资源，筹措建设资金，协调政校企三方在校企合作、工学结合中碰到的问题，发挥政府的产业政策和信息优势，示范园的师资、场地、设备和人才优势，企业的项目、技术、设备优势，形成互利共赢的紧密型合作办学体制机制。

第二，组建 3 个项目部，组织保障示范园规范、有序、高效运转。

建立工学结合示范园的内部管理机构，为工学结合的具体实施创造条件。管委会下设合作部、资源部、工学部 3 个项目部。

（1）合作部：负责引进企业、引进项目、就业推荐和园区发展。实施示范园企业准入、协商、评价和退出等管理办法，规范管理；根据示范园内专业人才培养需要，引进对口企业，签订校企合作协议，校企研讨，开展校企项目合作；根据区域产业升级需求，制定园区发展规划并上报示范园管委会审定。

（2）资源部：负责资源建设、调配和开发，以及资产管理和效益评价。师资队伍建设，负责聘请园内的企业技术人员、能工巧匠、管理人才作为兼职教师，安排专任教师到园内企业锻炼及考核；示范园生产性实训场地设备建设，以及示范园内资源的开发、协调和管理；评估涉及校企双方资源使用效益，对使用的资源签订合同或协议并进行清算；对校企双方的固定资产进行造册登记和监管。

（3）工学部：负责教学组织、计划安排和考核评价。根据区域先进制造产业链和中小企业产业升级的发展需要，由管委会组织示范园内企业和学校专业人员进行人才需求情况调研，修订人才培养方案，改革人才评价体系；将教学、生产、科研、培训和技能竞赛以项目形式等下达到各教学团队或“双师”工作室；对各项目实行项目责任制管理，并协助教务部门按照有关文件精神考核评价。

第三，建设 12 个“双师”工作室，完成产学研等各项工作任务。

“双师”工作室的主要功能是按项目部提出的各种项目计划，组织团队，承接教学、产品开发及生产，专利研发、培育学生技术创新和参加各级技能大赛、企业员工培训等各项工作任务。

示范园内各专业将教学活动与企业的生产过程有机融合，把学生的学习过程变成企业产品的生产过程，适应“校中厂”企业生产；结合专业和课程特点，采取专业课程分段集中安排、分班轮流顶岗、现场操练等形式，工学交替培养学生，真学真做，共管共育，全面提高学生的职业技能，全方位培养学生的职业素养，逐步实现 1/3 的专业课教学任务在企业完成，50% 的专业课学时由企业兼职教师完成。

实训基地是学生培养专业能力，养成良好的职业习惯，培养企业需要的高技能专门人才的平台，没有实训环节学生就很难把知识转换成技能，没有实训就很难锻炼团队精神，协作能力，沟通能力等职业素质。除了传统的校内实训基地，校企合作实训基地外，学校方还主动开拓工作室，对外服务部，校办企业，系办公司等新形式的实训场所，以适合不同经济条件的学校开展实训教学。

花都工学结合基地刚投入运行，即与广州玺明机械有限公司合作，承接第一批工厂订单生产任务——封口机配件。这批配件共有 8 张图纸，数量 2170 件，生产时间为 15 天。基地领导对基地成立后的第一批生产订单非常重视，王青副主任组织机加工车间、数控加工车间教师对加工图纸进行仔细研究，根据图纸的加工要求，制定生产工艺、落实需要添置的设备等。决定由张永坤、刘灏霖、刘怡飞老师担任生产主管，以全省职业院校大赛中获奖的叶健强、麦杨鑫、覃钰东等同学为生产骨干，组织基地学生迅速投入生产。学生除上理论课以外，其他时间都到车间投入生产。数控和机加工车间每晚都是灯火通明，经过一周的日夜奋战，同学们顺利完成生产任务，2009 年 5 月 15 日如期交货。这次的生产任务初步体现了花都工学结合基地“工学结合”的优越性，学校在这次任务的基础上总结经验，探索出一条更具有鲜明特色的工学结合之路。同学们对这种真实工厂生产环境的实训非常感兴趣，纷纷踊跃报名参加，虽然干得很累，但大家都觉得学到了很多东西，再苦再累也值得。

生产性实训教学资源主要包含行业企业标准、产品技术资料、生产性实训教学设备以及生产性实训课程。依托广州冠通机械设备实业有限公司、广州市鸿辉电工机械有限公司、大通（广州）机械有限公司等园内企业的技术优势和行业积累，收集电工机械行业、包装机械等行业企业技术标准、产品标准、制造工艺流程、作业规范，供师生阅读和参考。收集整理包装机、绞线机、汽车模具等园区企业产品的技术图纸、产品说明书、技术手册，按照产品制造工艺流程和园区 8 个专业的教学需要，开发产品设计素材库、产品制造工艺素材库、机电液气控制素材库、设备维修素材库等教学资源，供教师教学和学生学习参考。收集整理新技术新工艺应用案例，为“双师”工作室的技术研发提供技术支撑。根据市场需求，联合园内企业研制自动包装生产线、绞线机，为园内专业开展生产性实训教学和企业的产品展览、员工及企业客户培训服务。

基于岗位能力培养的教学活动要以适应岗位为目标，以“项目导向，任务驱动”的教学模式为主旨，使用一体化教学环境，通过典型项目，在“教、学、做”一体化的教学活动中，培养学生的专业技能，在课堂、实训、实习三位一体的教学环节培养学生的职业能力和职业素养。

2009 年 11 月初，学校要求各单位组织教职工开展“体验花都、感动广铁”的活动，得到了广大教职工的积极响应，各职能部门和教学系部都认真组织教职工前往基地体验学习、考察调研。围绕学校提出的“为花都基地改革、建设和发展提一条合理化建议，或办一件好事、实事，或引进一个工学结合项目，或推荐一家校企合作企业”的要求，以具体行动切切实实为推进花都基地工作办实事、办好事。

2009 年 11 月 25 日上午，刘国生校长带领了院办、党办、学生处、督导室、科研办、设备科等部门赴花都基地开展学习调研考察活动。在基地领导的陪同下，刘国生校长和大家一起到车间、宿舍、教室、实训室和食堂参观体验，听取花都基地建设历程的介绍，亲身体验和感受了花都基地教学、工作和生活的苦与乐。刘校长每到一地都亲切地与现场人员交谈，了解情况，并鼓励花都基地的相关人员要再接再厉，再创佳绩，并且要求院办会同相关部门汇集大家的建议和意见，以花都基地建设一周年为契机，配合组建职教集团；将“体验花都、感动广铁”的活动系列化，并对具体思路作了指导。参观的同志们也纷纷表示：要好好学习花都基地的拼搏精神，学赶帮超，积极投身到学校的创示范工作中去，为学校的腾飞再立新功。“体验花都、感动广铁”学习活动开展以来，全校教职工通过现场考察、座谈和亲身体验，对花都基地的建设成果给予了高度的评价，同时对高等职业教育的内涵建设有了更深层次的认识，增强了创建省级示范院校的信心和决心。学校各单位心系花都，快速反应，为师生排忧解难的举措，赢得了花都基地广大师生的一致好评。

2010 年 3 月 29 日上午 10 点，花都工学结合基地与广州南联实业有限公司举行简单而隆重的校企合作签约仪式，标志着“广州南联实业有限公司（广铁职院）研发中心 / 生产基地”和“广州南联实业有限公司人才培养基地”落户花都工学结合基地。参加了签约仪式的有南联公司吴柏毅董事长、黄佐鸿总经理及公司员工一行 10 多人和王韶清副校长、校企办、花都工学结合基地、机电工程系、科研办、团委等相关负责人，以及基地部分师生。

此举是南联公司派研发技术人员和机加工师傅进入花都工学结合基地，利用发挥花都工学结合基地机床设备和机电实训室精密测量仪器优势，与机电工程系和花都工学结合基地教师分别组成产品研发组和生产组，共同组织产品研发和生产，达到校企合作、工学结合、互利双赢的目的。此次合作实践了“教学工厂”理念，加强了校企深度融合，创新“花都人才培养模式”，为“创示范”写上了亮丽的一笔。

从 2011 年起，广铁集团湖南联创技术发展中心与学校开展互派互聘，一方面该中心技术骨干到学校担任专业课兼职教师；另一方面学校教师到该中心开展企业实践，提升专业技能，并发挥本身教学科研、技术攻关等方面的优势，帮助企业解决实际问题。通过互派互聘，筑牢了深度融合的可持续校企合作平台，形成了互利共赢的好局面。该中心把示范园作为员工培训基地，大规模派出员工到示范园培训，并每年招收该校毕业生，用该中心总经理常公平的话说，广州铁路职业技术学院的学生素质高、实践技能好、能吃苦，脑筋活，为联创中心的“稳定、发展、提高”提供了坚实的人才保障；学校为联创培训员工，使他们学以致用，提升了专业技能，获得了广铁集团领导的肯定与赞赏。

花都工学结合基地建设是对“校企合作、工学结合”一个很好的、全面的、系统的、创造性的实践，不但探索出了一些基本的形式，更把它们落实到具体的育人之中。引入企业建设的生产车间供学生实习，让学生真正参与产品的生产过程；学校自建的实训室也努力往“生产性”上靠，在体制和管理上勇于创新，当中最值得一说的便是“张茂贵工作室”。

张茂贵工作室打破了多数高职院校完全是本科模板的复制品，渗透出学校管理方面的创新理念，把学校的能人和带头人用具体方式放到受人尊重和重视的位置。2010 年 5 月 5 日下午，学校首个教师工作室——张茂贵工作室挂牌仪式在花都工学结合基地隆重举行。校领导刘国生、彭铁英、王韶清出席了仪式。教务处、人事处、学生处、设备科的负责人、花都工学结合基地全体教师以及学校专业带头人、骨干教师参加了此次仪式。

仪式上，彭铁英副书记宣读了学校《关于成立“张茂贵工作室”的决定》。王韶清副校长作了讲话，指出张茂贵老师敬业、技术研发专长和不计较个人得失的三大优点值得全校教职员工学习；介绍了张茂贵工作室的定位和管理；最后提出了两点希望：一是希望全校教师积极投入工作室的建设中，二是希望全校教师爱岗敬业、钻研业务，为打造花都模式的亮点、为示范校的成功申报出一份力。

张茂贵老师介绍了对工作室的认识和体会，阐述了工作室的工作规划，表示要继续深化校企合作、产学研结合，继续加强竞赛组织培训工作，继续实践“教学做”一体化教学的改革。学生代表谢瑾的发言赞扬了张茂贵老师的教学方法和工作态度，表达了敬佩之情，并号召其他同学积极参与到工作室的学习和实践当中，提高技能和素质。电气工程系、机电工程系、花都工学结合基地等相关负责人分别在会上作了精彩的发言。

刘国生校长作了总结讲话，他指出这次挂牌仪式不仅仅是停留在一个挂牌的形式上，从某种意义上，还展示了学校移交转制这五年来教师们走过的不平凡的历程，甚至可以延伸到学校 2000 年组建以来教师从艰辛走向成功的历程。刘校长还对全校师生员工提出了四点要求：一是希望张茂贵老师继续努力，在技术研发、实践教学和大赛培育等各方面取得新的成绩；二是要求学校各职能部门，特别是花都基地和机电系要继续关心和支持张茂贵工作室的工作开展；三是希望学校其他教师，特别是专业带头人和骨干教师，要以张茂贵工作室挂牌为示范，在年内尽快组建自己的工作室；四是希望同学们能够主动参与到工作室、实训室来进行理论的学习和技能的提高。

张茂贵工作室的成立不仅明确了当前摆在学校教师面前的任务，而且为学校校企合作开展教学实训指明了方向。工作室的建立将会全面提高教学质量，为教师专业成长和发展提供不竭动力，为学生的技能培养奠定良好的基础，对实现“产教一体、寓学于工”人才培养模式具有重要的实践意义。

2010 年 9 月 11 日至 12 日，学校召开花都工学结合示范园项目建设启动工作会议，机械与电子学院领导、各教研室主任、专业带头人、骨干教师参加会议，并邀请人事处、教务处、科研办、职成部、督导室等职能部门领导及六系一部的负责人、重点专业带头人出席。

会议上机械与电子学院研讨了各专业建设工作计划与人才培养模式改革方案，刘国生校长充分肯定了机械与电子学院先行先试的工作精神，并鼓励大家努力完成花都工学结合示范园建设三大任务，即“产教一体、寓学于工”人才培养模式的提升和完善，“厂中校”“校中厂”实训基地建设和“管委会、项目部、工作室”三级管理模式的建立和创新，要求将“产教一体、寓学于工”人才培养模式的理念贯穿到人才培养方案中，深入每一门课程、每一个教学环节，使基地的专业实践性课程学时率先达到 60% 及以上，专业实践课程中生产性实训达到 70%，有条件的争取达到 80%；在修订人才培养方案、调整课程设置、整合教学内容的过程中，要牢牢把握“双高”的要求，既不可冒进，又要坚决反对保守。并以清华紫光诚聘英才的资格条件作为结语，勉励广大教师率先垂范，同时贯穿到人才培养方案之中。这次会议为“花都工学基地”转型为“花都工学结合示范园”深化改革指明了方向，与会的专家评委认真进行点评，零距离为改革思路把脉，提出合理化意见和建议。学校对示范园的建设列出了三大任务：一是“产教一体、寓学于工”人才培养模式的改革深化；二是“校中厂”“厂中校”生产性实训基地的建设；三是管委会、项目部、教师工作室三级管理体制的创新与实践。

2011 年 5 月 17 日，全国高职高专校长联席会议秘书处传来喜讯，学校题为“校企共建‘校中厂’‘厂中校’工学结合基地”的案例成功入围教育部组织的“职业教育改革发展交流会暨国家示范高职院校建设四周年成果展示会”职业教育改革创新图文展（校企合作成果专栏），本次校企合作专栏教育部总共遴选 8 个案例，学校申报的花都工学结合基地项目从全国数百所高职院校中脱颖而出。

花都项目的成功遴选，把学校在积极探索“校中厂”“厂中校”“工学结合”育人新机制，以及校企共建实训基地等教育改革的新思路、新举措、新办法呈现在全国的高职院校面前，进一步扩大学校的影响力和知名度，也带着学校的品牌特色参加教育部组织的职业教育改革发展暨国家示范高职院校建设四周年成果展示会。

花都工学结合示范园设有对接新华工业区产业链的制造、汽车、电子类专业 8 个，引进了对接专业人才培养需求的广州大森机械有限公司等 7 家企业，校企共建了 7 个生产性实训车间，用于开展生产性实训教学。花都工学结合示范园建设以来，机电一体化、机械制造与自动化等专业，将原来以旧机床拆装为主要实训项目的“机械拆装实训”课程改为安排在基地内企业的车间顶岗实践，进行机械装配工作；模具设计与制造、机械制造与自动化等专业以“工学交替”形式参与了基地内企业生产，分组轮流安排在基地内企业车间进行模具设计、制造、非标件生产等顶岗实践；数控加工实训、电子产品制造工艺等 5 门课程以企业真实项目实施“教、学、做”一体化改革；各专业核心主干课程实施了以企业评价为主体、以职业素养和产品质量为依据的课程考核改革。学生以“工学交替”形式参与企业生产任务，为合作企业生产了 3 万个零配件，涉及 400 多个品种。各专业从教学内容、教学组织、教学实施和考核评价等方面进行探索，初步形成了“产教一体，寓学于工”人才培养模式。示范园先后开展应用技术研究、新工艺开发等为主要内容的“四技服务”有 65 项，技术发明、技术革新与各种专利 129 项；教师与企业合作开发新产品 12 项，生产总值过亿元。“机电一体化专业企业顶岗培训”“机电设备类专业企业顶岗培训”“数控技术专业企业顶岗培训”及“工业机器人应用技术培训”等项目，2013 年被立项为“高等职业学校骨干教师国家培训项目”。

上海市教育科学研究院副院长马树超教授专程前往花都工学结合基地考察，并给予高度评价，认为花都工学结合基地的模式走出了一条中国高职教育发展的新路子，成为中国高职教育培养模式中的一个新的亮点，值得研究和借鉴。广东省教育厅副厅长魏中林、高教处副处长胡振敏、广州市政府副市长徐志彪、广州市教育局副局长雷忠良等省市领导先后来花都工学结合基地调研，对基地的改革与建设成效给予了充分肯定和赞誉，一致认同基地的建设在广东省乃至全国高职院校中都独具特色。花都工学结合示范园建设得到了广东省教育部门的充分肯定。广东省教育厅副厅长魏中林考察花都工学结合基地时描述，广州铁职院是“上下求索，戴着脚镣在跳舞；励精图治，挖空心思谋发展”。各兄弟院校、行业协会和企业纷纷来花都工学结合基地考察进行了很好的交流，他们对基地的建设成效都给予了高度评价，赢得了广泛赞誉。示范园的建设成果得到《人民日报》《中国教育报》《中国青年报》、新华网、中国高职高专网、《南方日报》、广东电视台等多家权威媒体的广泛报道，受到社会好评。

2013 年 9 月 17 日，为加快推进广州市政府主持的国家教育体制改革试点项目“地方政府促进高等职业教育发展综合改革试点”，为花都区现代产业发展培养一大批高端技能型人才，实现“政、校、行、企”办学资源的优化配置，构建起合作各方互利共赢的紧密型发展共同体与运行机制，广州市教育局、花都区政府和广州铁职院研究决定三方共建花都工学结合示范园。学校以此次共建为契机，进一步创新校企合作体制机制，深化专业课程改革，提升社会服务能力水平，联合花都区相关企业、中职学校，深化人才培养模式改革，打造全国具有示范引领作用的校企深度融合的试验区。在广州市教育局、花都区政府的大力支持下，“局、区、校”三方合作发展的领域将会得到更好拓展，合作育人的内容将会更加丰富，共建共享的方式必将多姿多彩，合作办学的收获必定硕果累累。

第五节 从订单培养升级到教学工厂

2008—2010 年，受国际金融危机影响，我国毕业生就业形势呈严峻的态势。然而，学校就业工作在党政领导的高度重视和各单位的共同努力下，毕业生的就业率逆势上扬。这三年，学校初次就业率连续高出全省平均水平 5 个以上百分点，总体就业率分别高达 99.66%、99.10%、99.26%。

2011 年，广东省教育厅印发《关于通报表扬广东省高校毕业生就业工作先进集体和先进个人的通知》（粤教毕函〔2011〕7 号）文件，对为促进毕业生充分就业做出积极贡献的集体、个人进行通报表扬。学校荣列其中，被评为“广东省普通高校毕业生就业工作先进集体”。这一荣誉是对学校近年就业工作的高度肯定。

学校一些专业的毕业生有多抢手呢？学生还没毕业，大企业就来“抢订一空”。广东省政府投入千亿元建设20条、近2000千米、基本覆盖珠三角所有城市的城际轨道交通，实现同城化的战略构想披露后，学校轨道交通相关专业毕业生成为香饽饽。广州地铁总公司、广铁集团、深圳市地铁总公司、香港地铁（深圳）公司、深圳市地铁三号线投资有限公司一起到学校提前抢聘2009届、2010届轨道交通相关专业毕业生共901人；深圳市地铁总公司并与学校签订2011年80名毕业生的定向培养委托协议。香港地铁（深圳）公司人力资源部门负责人表示，“珠三角的地铁人才竞争很激烈，光深圳就有三家地铁公司，广州铁职院毕业生正成为该地区众多地铁公司争抢的对象。”

在当时的就业环境下，这样的就业成绩得益于学校采取的系列措施保障学生就业。毕业生就业率高的原因：一是学校积极推行人才培养模式的改革与创新，加强校企合作，实行订单式培养，专业设置符合市场需求，教学质量过硬，毕业生的职业素质和技能不断提高；二是学校党政领导高度重视推荐就业工作，明确就业工作领导小组、招生就业办及各系部在就业工作中的责权利，融教育、管理、就业指导、服务于一体，为毕业生推荐就业工作提供良好的工作环境和运行机制；三是实行系部目标责任制，系主任为各系毕业生就业工作目标责任第一责任人，系党总支副书记为第二责任人，工作实绩将作为考核的重要内容，并与四系负责人签订了责任书；四是加强毕业生就业观教育，积极拓展就业渠道。在毕业生中先后组织就业形势与转变就业观念的讲座，开展就业简历制作及面试技巧的专题辅导，举办就业专题的校友座谈会等活动。组织学生参加校园招聘，积极为学生提供人才招聘会和企业招聘的相关信息，组织学生参加省就业指导中心组织举办的大型人才供需见面会。每月公布就业率，提高各系的就业工作积极性。利用校友网络平台开展推荐就业工作，取得良好的效果。

学校所做的诸多工作以及学生的高就业率，无不体现了学校管理者的用心管理。可以说，从学生走进校门那一步，学校就已经想到学生将来的出路。因此，在教学过程中教师格外注重学生的实践动手能力培养，根据市场需求及时调整专业结构和专业内容，培养适销对路的人才，这样的举措深受用人单位的欢迎。

开辟基地，培养专才

实训基地是学校特别重视的一部分，既有和企事业单位合作共同开辟的基地，也有学校自己设立的基地，基地的合作模式多种多样，对学生的目的只有一个：加强学生的动手实操能力，加强学生整体素质，为企业更好地输送标准专业人才。以下5个基地是学校当时很重视的基地。

第一，供用电技术（电气化铁道技术）实训基地。

2008年4月3日，应中铁建电气化局第四工程有限公司（简称“四公司”）肖勇董事长之约，刘国生校长、王韶清副校长和相关负责人赴长沙进行实地调研，与四公司签订校企共建实训基地协议。刘校长和肖董事长就在学校内共同建立供用电技术、电气化铁道技术实训基地签订了协议，同时双方就如何培养轨道交通急需的高技能型人才进行了交流。

供用电技术（电气化铁道技术）实训基地创建于1975年，是广东省高等职业教育实训基地。基地建设秉承“共建、共存、共享”的理念，与企业建立了长期合作的关系，为培养特有人才发挥了重要作用，是学校的重点实训基地。四公司是众多合作企业中的一员，双方合作分2期进行，其中第1期的接触网实训中心已经完成。第二期的高电压测试中心，双方共同建成能完成220 kV等级及以下的高电压设备测试，集教学、科研、工程、培训、技能鉴定等多种功能于一体的技术与工程中心。

电气系整合供用电技术专业教学团队，发挥轨道交通的专业特色，提炼供用电技术专业多年来校企合作“三共”（共建、共享、共赢）的亮点和优势，校企总投入965万元（其中企业资金200多万元）优化实训设施设备，建成“三五一多”（五个实训中心、实现五个面向、完成五个层次职业训练、服务多个行业）实训基地，同时依托实训基地大力开展企业员工培训和订单培养、学生和员工技能培训和鉴定、教师科研、学生科技和工程实践活动，把基地打造成企业和社会共享的公共实训服务平台，近四年创造经济效益170余万元。

供用电技术教学团队在全校师生的倾力支持下，将基地建成集教学、培训、科研、职业技能鉴定和技术服务于一体的，在广东乃至全国起到示范辐射作用的基地。

第二，广东铁青旅实习基地。

2008年5月28日下午，经济管理系涉外旅游专业广东铁青国际旅行社有限公司实习基地揭牌仪式在广东铁青会议室举行。广东铁青总经理张学克、学校副校长林姚、王韶清，相关部门负责人以及涉外旅游专业教师和部分学生参加揭牌仪式。林姚副校长与张学克总经理分别发表了讲话，希望广东铁青与广州铁职院实现共建共赢。王韶清副校长代表学校向张学克总经理颁发了客座教授聘书，并和张学克总经理共同为实习基地揭牌；经济管理系负责人与该企业签订了校企合作协议。

揭牌仪式后，学校领导在张总经理的陪同下一起参观了广东铁青的各业务部门，并探望了涉外旅游专业在广东铁青实习的学生。学校有关处、系领导、专业教师等与广东铁青入境部、出境部、销售部等业务部门负责人就旅游专业人才培养方案、课程设置、职业道德等展开了交流探讨。广东铁青实习基地的建立将使经管系涉外旅游专业的专业建设迈上更高的台阶。

第三，朝阳实训基地。

学校的朝阳实训基地占地2622平方米，为加强与各系、技能鉴定所的合作，以“一切为了学生”为出发点，在原有电工利用正常上课时间培训考证的经验基础上，新增加了车工、钳工两工种“正常＋业余”的培训考证形式，使车工考证班从原来的每学期2期增加到现在的3期，钳工考证班从2期增加到现在的4期，这种考证形式既节省了学生的考证费用，又保证了学生的实训动手操作时间，学生的取证率有了很大提高，保证了全校学生基础实训和鉴定考证工作顺利进行，优势凸显，使学校基础实训教学工作上了一个新台阶。

2008年，实训基地共承担学校学生车工、电工、钳工、焊工实训正常计划班35个，共1744人；电工上岗证班9期，共469人；车工、电工、钳工中级班11期，共465人；钳工高级班2期，共179人；

正常实训和考证培训班及人数均创历史纪录。事实证明，以班级为单位的“正常＋业余”教学培训形式无论是在学生的管理上、教学质量的保证上、教师的授课难度上都有明显的好处和优点，学校将在这种形式上继续摸索和创新，以最大限度地提高考证班的数量和质量。

第四，轨道交通供电与车辆专业实训基地。

由学校电气工程系系主任王亚妮作为项目负责人申报的轨道交通供电与车辆专业实训基地，被确定为2009年度中央财政支持的高等职业教育实训基地建设项目，成为广东省2009年度获中央财政支持的4个项目之一，得到中央、广东省和广州市三级财政共450万元资金支持。随着项目的实施，表明学校实训基地建设已达到国家级水平。

基地计划建设具有“三六一多”（完善六个职业实训中心、实现六个面向、完成六个层次职业训练、服务多个专业群）特色，形成具有真实职业氛围、模拟仿真功能，体现行业“四新”（新技术、新设备、新工艺、新规章），融学历教育、技能培训、技能鉴定、技术服务于一体的，能同时容纳1000名学生的国家、省、部（铁道部）、市级专业示范性实训基地，打造我国轨道交通行业最先进的职业技术教育基地。

第五，轨道交通运营综合实训基地。

2010年7月，财政部、教育部联合发布了《关于下达2010年职业教育实训基地建设中央专项资金预算的通知》（财教〔2010〕157号），学校轨道交通系副主任朱宛平副教授作为项目负责人牵头申报的“轨道交通运营综合实训基地”被确定为2010年中央财政支持的高等职业教育实训基地建设项目，获得360万元以上的中央财政及配套资金支持。

轨道交通运营综合实训基地按照“校企共建，产教融通，五位一体，内外结合，资源共享”的基本建设思路，在优化整合现有专业实训设施设备基础上，建成客运组织实训中心、行车调度实训中心、运输设备实训中心、铁路物流实训中心等四个实训中心，满足专业实践教学、社会培训、技能鉴定、技术比武、项目研究的需要。

该项目是继轨道交通供电与车辆专业实训基地立项之后，学校获得的第2个中央财政支持的高等职业教育实训基地建设项目，是学校争创省级示范校和国家骨干高职院校的又一重大成果。

订单培养，特色办学

2009年年初，应《南方都市报》之约，刘国生校长接受报社记者的人物专访，畅谈学校办学成果与经验。专访内容整版刊登在2009年2月24日的《南方都市报》C19版上。此次专访既是学校3年多办学取得巨大变化与成果的体现，也是社会对学校3年改革发展的充分肯定。

刘国生校长从学校由行业转制地方、学校与企业深度合作、提高学生职业能力和职业素质、师资和教材建设、订单式人才培养等五个方面介绍学校的办学成果，认为学校发展整合了行业和地方院校的资源，与行业共赢，“分离不分家”，同时指出，学校与企业的深度合作要以互利促互动，学校与企业的合作应坚持服务为宗旨，要主动思考能为企业做些什么，让企业乐意与学校合作。在人才培养方面，刘国生校长强调学校的教学过程应充分体现实践性、开放性、职业性，尽力为学生创造实践环境和条件。

近几年，学校从广铁集团转制到广州市政府管理后发展迅速，成为一所办学实力强、专业特色鲜明、发展潜力大、招生受社会广泛关注、就业率较高的市属高职院校，连续两年报考人数居省同类院校前列，学生就业前景广阔，就业单位多为广州地铁、深圳地铁、港铁公司等名优企业。

刘国生校长所说的“订单式人才培养”，也叫“人才定做”。它是指学校针对单个用人单位需求人数较少、岗位较分散的实际情况，自行开发并经劳动保障部门同意后组织明确就业岗位去向的技能培训；用人单位也可向劳动保障部门提出用工需求，由劳动保障部门有计划地委托培训机构根据用人单位用工需求组织实施。订单班协议的签订既是社会、企业对我校办学实力和人才培养质量的肯定，又是对学校坚持特色办学和走内涵发展道路的肯定。

订单班合作成功的案例之一有学校与港铁轨道交通（深圳）有限公司达成人才培养协议，校企双方积极联系和沟通，对“港铁”订单班的培养工作给予了密切的关注。组建于 2008 年 11 月的“深圳地铁订单班”受到学校高度重视，副校长王韶清、各相关处室领导围绕订单班的开班、教学等问题进行了多次研究。轨道系、车辆教研室等负责人积极组织现场调研，开展教学方案论证，严格管理。为进一步紧贴企业用人需求，按照企业技术岗位要求和用人标准培养人才，处、系负责人专程赴深圳，就课程设置、组班形式、课程考核形式、教材选购、毕业生顶岗实习等问题与企业进行了详细交流，并共同探讨了针对企业的发展需求，未来的准员工在工作手段、方法、经验等方面需要注意的问题。会后，学校代表还实地走访港铁公司的有关工作部门，为学校教育教学改革提供了新的思路，为今后订单人才培养工作的有效开展提供了宝贵经验。

设立订单班为地铁公司等企业培养适用人才，是轨道系近几年办学的一大特色，亮眼之处在于，订单班实行半军事化管理。跑操是半军事化管理的其中一项，实行跑操的目的一是锻炼身体；二是希望通过跑操巩固订单班学生纪律意识，发扬学校“铁”的精神。为做好订单班同学从学生向工作岗位的衔接，使之能更早进入企业的工作氛围，轨道交通系拟定了《订单班学生管理办法补充规定》，希望通过半军事化管理，使学生从思想作风、学风建设、能力素质及精神风貌等方面尽早地进入准职工状态，实现从学生到职工岗位的零距离对接。

为了确保订单班的验收的通过率，轨道系上下为此做了充分的准备工作：一是配备了较强的师资；二是聘请经验丰富的原株洲机务段孟卫东高级工程师和广州地铁运营事业部的专业技术干部，分别担任地铁车辆运用规章课程、安全和故障分析课程教师；三是系领导的科学管理、及时指导和严格要求；四是学生平时自身努力，学生做到“像上班一样上好每一堂课”，学习上做到刻苦、认真，上课时认真听讲，课后认真复习。经过 3 个多月的培训，轨道系 08 届 3 个地铁班订单班共 173 人接受了广州地铁验收考试，总体合格率达到 94.22%，其中地铁站务班和车辆检修班通过率为 100%。地铁验收考试连续几年取得的好成绩是领导对“订单班”高度重视的结果，也是教师和学生共同努力的结果。

订单班的教学计划由学校与企业商议共同制订，学校实施教学，用人单位进行验收考试，实行教考分离。2009 年 3 月 12 日，广铁集团来学校招聘 2010 届学生，实行“2+1”订单式培养。广铁集团为了满足当前铁路的快速发展，对学校城市轨道交通车辆、铁道机车车辆、城市轨道交通运营管理、供用电技术和电气化铁道技术五个铁路特有专业学生进行挑选，经过招聘前宣讲、招聘面试等环节，录用了 144 名学生。

2010 年，学校订单人才的成功培养引来广东省铁路建设投资集团有限公司的关注。5 月 21 日下午，学校与广东省铁路建设投资集团有限公司签订订单培养协议书。刘国生校长与罗练锦总经理共同签署协议。按照广东省关于加快促进珠江三角洲城际轨道交通建设的发展战略，珠三角城际轨道交通工程建设项目正如火如荼地展开。珠江三角洲 2020 年前规划修建的城际轨道交通总里程必须达 1400 多千米，根据线路建设开工的时间，近几年城际轨道交通营运存在大量的人才需求，集团通过与学校真诚合作，实现校企双方社会效益和经济利益的双赢，为珠江三角洲城际轨道交通建设和团结发展带来前进的动力，为培养和造就优质的人力资源开辟一条充满希望的大道。集团公司将为全体订单学生提供广阔的舞台，让订单学生在城际轨道交通平台上充分展现聪明才智、开启崭新未来。

根据协议，学校将对省铁投在 2008 级学生中选录的 166 人进行订单培养，包括动车驾驶、动车组检修、供电 3 个方向。订单培养协议书的签订，标志着学校与广东省铁路建设投资集团有限公司的合作进入实质性阶段。

校友反哺，牵手合作

学校为社会输送了不少人才，许多校友又在事业有成时反哺母校，为学弟学妹们的前途点上一盏明灯。正因为有着一代又一代校友的帮扶，毕业生的出路选择越来越广。

广州港镁物流有限公司是集国际国内快递、国际国内空运、代理进出口、代理报关报检、专线快递进出口、国内外海运、国内公路运输、国内铁路运输以及仓储配送等业务于一体，实现网络化、信息化、智能化管理，具备供应链能力的综合性物流企业。公司在深圳、上海、杭州、宁波设有分公司，同时在美国等国设有办事机构。总经理张龙斌是学校 2001 级铁道运输专业毕业生，毕业一年后开始创办物流公司，他事业有成不忘母校，2007 年暑假期间，其企业接收轨道交通系 10 余名学生顶岗实习，最终与多名学生达成就业意向，2008 年又接收轨道交通系多名学生实习并就业。

2008 年 5 月 22 日下午，广州地铁运营事业总部党委书记李建辉率人力资源部培训中心、综合部负责人以及从学校毕业的优秀员工共 12 人来院就开展“企业文化进校园”活动进行交流互动，受到学校领导廖惠卿、彭铁英、林姚等热情接待，并互赠礼品，表达了双方进一步加强合作、共建校企文化的良好愿望。

李建辉书记受邀在西阶梯教室作了“共建校企文化，开启高技能人才合作直通车”的报告，四系学生共 200 多人聆听了报告。报告会后，学校与广州地铁运营总部共同组织开展了“杰出校友进校园”“校企合作论坛”活动。在“校企合作论坛”上，学校各系负责人就校企合作难点、热点问题与广州地铁运营总部成员展开热烈的讨论。地铁总部人员就校企合作怎样适应专业学科要求，如何找到学校就业率最高化与企业效益最大化的平衡点，实现院校与企业的零对接话题，认为院校应保持自身办学特色，应有系统培训，加强学生动手实践能力的培养，注重职业道德、思想作风的培养与熏陶。廖惠卿书记在会上非常感谢广州地铁运营总部多年来对学校的支持帮助，并对开展企业文化进校园活动，加强校企合作做了交流与互动，希望以后双方能团结共建校企文化开展更深入的合作，探索校企合作的新途径。

这次学校与广州地铁运营事业总部通过开展“企业文化进校园”系列活动，加强了双方的友谊和感情，展示学校地铁人才培养的雄厚实力与背景，同时也将对学校今后地铁人才的培养与就业起到良好作用。

2008 年 6 月 26 日上午，学校党委中心组举行“抢抓新机遇　迎接新挑战　全面推进校企合作”专题学习会。会上邀请广东省工商联副会长、校友李阳春同志作专题辅导报告。李阳春会长讲述了自己 30 年前在母校生活的美好回忆，表达了自己对母校的无限眷恋之情和身为母校毕业生的自豪感。用他自己的话说，他今天是以一名学生的身份回到母校，感谢母校对自己的培养。带着这样一种深情来到母校，他表示：“今后如果母校有任何需要，他都会尽自己全力，为母校的发展终身服务，并永远做母校的一名义工。”

李阳春会长说，在解放思想推动广东新一轮发展的历史阶段，高等职业院校的发展迎来了又一个春天，面临又一个极好的发展机遇。学校应从以下几个方面抢抓机遇：一是学校的就业导向要主动适应广东先进制造业和现代服务业的发展需要；二是学校要合理定位和做好专业设计；三是今后 5 年，广东城镇化水平要达到 80%，农村相应将转移出 600 万个劳动力，全部由政府出资培训，学校应抓住城镇化建设的机遇，推进培训工作的开展。

关于校企合作方面，他认为应着重解决好存在的五个问题：一是高职院校如何找准定位，确定培养什么样的学生；二是专业设计是否符合市场和企业的需求，是否对接；三是人才培养模式单一问题；四是品牌专业建设滞后，缺少知名职业院校的问题；五是在推进校企合作中如何使企业有更大的热情。

廖惠卿书记对学习会作了总结讲话，她认为李阳春会长所作的专题报告，既站在了全省发展的高度，又紧密地结合了交通运输物流行业发展的实际，借鉴了许多国内外的经验做法，为学校进一步推进校企合作，促进职业教育的发展提出了很好的建议和意见，使与会者获益良多。当前我国高职教育面临很好的发展形势，如何抢抓机遇，大力推进学校的发展，希望所有与会同志通过学习，好好地思考和研究学校发展的定位、校企合作的模式问题；专业设置方面如何整合专业、积极打造自己特色专业群问题；如何更好地让学生能够与市场接轨问题等。这次会议使不少到会同志有所启发。教研室主任纷纷把握机会，请李阳春会长就专业建设、校企合作、顶岗实习等为学校的专业建设指导与牵线搭桥。

在成功校友的带动下，学校毕业生入行顺风顺水，他们沿着师长的足迹砥砺前行，用自己的汗水和智慧，默默地为学校的荣誉再添上闪光的一笔。

第六节 深化课改助推学校内涵发展

为适应高等职业教育事业的发展和教学改革的需要，鼓励广大教师积极参与教材建设，规范教材管理，提高教材质量，保证教学工作顺利进行，根据教育部《高等学校教材工作规程（试行）》(〔88〕教材图字020号）和《关于加强高职高专教育教材建设的若干意见》（教高司〔2000〕19号）的有关规定，学校在2007年7月18日制定了《教材建设与管理条例》（广铁职院发〔2007〕76号）。

该条例指出，教材建设工作是学校的一项基本的建设工作，是学校教学水平、科研水平及其成果的重要反映，应确保具有高职特色的高水平理论课教材和实训教材进课堂。学校的教材建设和管理任务，是规划、组织本校的教材建设和教材研究工作，不断提高教材质量；做好各种教材和自编讲义的选购工作，保证按时足量供应。

早在20世纪七八十年代，学校各专业教研组就开始了编写教材的研究。以当时铁道运输专业为例，由于铁道部对教材没有提出统一的要求，学校没有统编教材，教师只能自行编写教材。基于此情况，铁道运输专业的教师们从多方收集资料，取消了部分烦琐冗杂的内容，补充许多贴近铁路现场生产的实际知识，认真选取有丰富教学经验的学校编写的教材，多次审阅、删改，并自行打字、刻写和油印，保证了学生学习使用的需求。从办学初期展现出的孜孜不倦、不怕辛劳、一心做好教学的教育精神，一直延续到现在，成为学校教师们教书育人的精神内核，给予学校在课程建设、课堂改革深耕的精神动力。

教材与课程建设是学校教学任务的重中之重。学生从学校迈入社会，带着自身的专业知识能够立即上岗的，靠的就是在学校中具体学到了什么技能。为此，学校制定教材建设规划，既要注重文字教材，又要注重电子教材或文字与电子结合的教材，把优质课件研制与出版纳入教材规划；编写新教材要有针对性，注意解决现有教材的不足，考虑学校专业的特殊要求和填补教材空白；要把重点放在本校具有优势和特色的学科专业；要把重点放在师资力量比较强，教学和科研水平比较高的专业和课程。

为加强教学质量与教学改革工程项目建设与管理，学校在2019年11月13日对《广州铁路职业技术学院教学质量与教学改革工程项目建设管理办法》（广铁职院发〔2019〕104号）进行了修订。管理办法对质量工程项目的组织管理、建设过程管理、经费管理等进行阐述，指出按照“分类指导、鼓励特色、重在改革”的原则，加强内涵建设，提升学校的教育教学质量和整体水平。

打造重点，有章可循

专业建设是高等职业教育教学的基础工作，是提高人才培养质量的重要环节。重点专业代表着学校的办学特色、专业优势和教学水平。为了有目标、有计划地搞好院级重点专业的遴选、建设工作，推动专业教学改革，形成具有学校特色的人才培养体系，提高学校综合办学水平和教学质量，2006年，广州铁路职业技术学院〔2006〕68号文件正式发布，《重点专业建设管理办法（试行）》出台，学校的重点专业建设管理从此有章可循。

学校重点专业建设的基本原则包括4个方面：一是根据社会经济发展及产业结构调整的需要和学校发展规划，坚持优化专业结构和提高专业质量相结合；二是重点建设和扶植教学质量优、师资力量强、教学基础条件好、社会适应面广、具有地方特色和社会效益的优势专业和特色专业；三是以专业人才培养模式改革为切入点，以专业课程建设为核心，以加强教学基本条件建设为保障，提高专业教学质量；四是重点专业建设工作应结合我校实际，有计划、有步骤地进行。

院级重点专业建设的总体规划、立项、评审、经费划拨、经费预算的审批、年度检查及验收等工作在学校教学工作委员会领导下进行，教务处负责具体组织及院级以上重点专业的推荐和管理。各系成立专业建设工作小组，负责本系院级重点专业建设的规划、组织申报及解决专业建设中遇到的问题；负责审批专业建设方案及专业建设子项目，审核年度经费支出预算。重点专业建设实行负责人责任制。重点专业建设项目负责人是重点专业建设的第一责任人，一般由本专业的专业带头人或具有副高级及以上职称的骨干教师担任。其职责是负责重点专业建设的申报、建设方案的制定、建设任务的分解与落实、经费使用和日常管理。

学校划定了10条重点专业的申报条件，以确保申报的严谨性，更好地推进重点专业建设。条件包括：① 专业连续招生三届以上，具有比较稳定的生源和就业需求；② 专业人才培养目标明确，形成比较切合社会发展实际的专业发展规划和特色明显的人才培养方案；③ 有完整的专业设置论证材料和系统的专业教学设计，成立了专业指导委员会；④ 教学条件基本满足教学的要求，教学文件齐全，教学档案材料完整；⑤ 师资队伍结构合理、素质优良，有稳定的、符合教学要求的校外兼职教师队伍，能较好地完成本专业的教学任务；⑥ 能够运用先进的教学手段，如多媒体教学、电化教学、计算机辅助教学等，效果明显，成绩突出；⑦ 积极开展教学改革、专业建设，教学效果较好、教学质量较高，具有一定的示范作用；⑧ 具备了学生专业技能考核鉴定的校内或校外条件；⑨ 积极开展产学研结合，并取得一定成绩；⑩ 校风学风建设取得一定成绩，无重大教学事故和学生严重违纪等现象。

重点专业一旦立项，由学校校长与重点专业所在系签订协议书。重点专业的立项建设期为2~3年。重点专业所在系要加强对重点专业建设的领导、指导和监督，配备、建立或调整好重点专业的负责人和教学组织机构，根据建设情况实行合理奖惩，为建设目标的实现提供必要的条件，保证建设资金正确合理使用。

院级重点专业立项后，学校按理工科类3万元、文科管理类2万元的标准拨划重点专业建设经费。重点专业建设经费与建设目标的实施进度挂钩，原则上按40%、50%、10%的比例分三批下拨。第一批为启动经费，在项目立项后拨给；第二批为建设经费，在年度检查后根据检查情况拨给；第三批为奖励经费，根据验收结果拨给。如被批准为省市级及以上示范专业，学校原则上按 1 ： 1 的比例（以到院净留学校经费即除去计划内的外拨经费为准）拨付配套经费。主要用于该专业的实验、实训基地建设、教材开发、师资队伍引进和“双师”队伍培训、专业调研、专业指导委员会活动等。

重点专业完成建设任务后可申请验收，验收按专业申请、系自评、专家组评审、学校教学工作委员会审定的程序进行。建设任务完成后，重点专业建设项目组提出验收申请并提交自评报告。教务处在收到自评报告后组织专家进行评审。专家根据广州铁路职业技术学院重点专业建设评估指标进行打分，经学校教学工作委员会审核、院长办公会议审批通过后，确定为院级重点专业。验收合格后，由学校授予“重点专业”称号，学校优先扶持重点专业的校内实训、实验基地建设。重点专业建成后 2 年内教务处将组织人员对重点专业进行复查，复查不合格的取消“重点专业”称号。

学校积极对接粤港澳大湾区产业转型升级，服务广东省“双十”战略性产业集群和广州八大战略性新兴产业，明确“广”字本色；主动适应轨道交通产业智慧运维发展要求，强化“铁”字特色；以培养“素质高、技术精、技能强、上手快、后劲足”，有潜力成为“能工巧匠”“大国工匠”的高素质技术技能人才为使命，坚守“职”字底色。形成了对接区域重点支柱产业、战略性新兴产业、现代商贸产业的“一引领、两带动、三支撑”的高水平专业群布局。

学校坚持把专业建在产业链上，按照“优势专业引领、特色专业与新兴专业协调发展”的学科专业布局思路，突出铁道供电技术等轨道交通类优势专业；对接新一代信息技术、智能制造等产业需求，响应国家《新能源汽车产业发展规划（2021—2035 年）》，新开办人工智能技术应用、虚拟现实技术应用、工业机器人技术、新能源汽车技术等 7 个急需特色专业；融入“云、物、大、智”技术换挡升级 32 个传统专业，保证了专业群内专业结构与产业的精准、适时对接。校企合作建成国家重点建设专业 7 个、国家产教融合试点专业 2 个、广东省重点建设专业 9 个、省一类品牌专业 8 个、一流校高水平建设专业 7 个。开发“铁道供电技术专业教学标准”等国家级专业教学标准 3 个、校级专业教学标准 35 个。

实施课改，注重特色

教材建设是学校教学基本建设之一。为全面贯彻落实《教育部关于全面提高高等职业教育教学质量的若干意见》（教高〔2006〕16 号）文件精神，学校首次开展了院级教材立项工作。2008 年 12 月 5 日，教务处组织了院级教材立项评审会议，通过各项目主持人汇报项目的完成和实施情况，评审专家以提问形式进行，最终确定立项 8 项。本次教材立项注重教材的工学结合特色，对加强具有学校专业特色的教材体系，编写出符合高职教育特点、紧密结合生产实际的教材，推动学校专业建设和提高教育教学水平具有重要意义。

学校坚持“职业能力本位、基于工作过程”的教材设计思路，依据学生认知规律，对接行业企业需求，精心选取教学内容，采用情境化、项目化、模块化教学等方式，重构知识与技能协同发展的教学组织形式，及时将新技术、新工艺、新规范、新要求纳入教材内容，将爱岗敬业、诚实守信、责任意识等职业元素融入教材。结合“1+X”证书制度，组建校企双元合作教材建设团队，打造一批与专业核心课、专业群共享课、在线开放课程的配套教材，随信息技术发展和产业升级情况每3年修订1次专业教材，积极培育国家级、省级规划教材和教材成果奖。“十四五”期间，校企共同开发新型活页式教材、工作手册式教材和云教材90部以上，国家规划教材15部。

精品课程，持续突破

精品课程建设是高等学校教学质量与教学改革工程的重要组成部分，是学校提高教学质量，推进课程体系、教学内容、教学方法和手段改革的有效途径。院级精品课程是体现高职高专教育特色和具有一流教师队伍、一流教学内容、一流教学方法和手段、一流教材、一流教学管理等特点的示范性课程。

2008年12月26日，教务处在四楼会议室组织召开了院级精品课程遴选答辩会。全校共有31门课程申报参与此次精品课程的遴选。当年的院级精品课程遴选分为工科和文科进行，首次采用了汇报答辩的形式，采取“课程负责人陈述（PPT）—评审专家提问—课程负责人答辩—专家评议投票”的方式和程序进行。各课程主持人对各自课程的定位、课程特色、建设规划、教学队伍及条件等方面进行了现场汇报，并回答了评委的有关问题，各评审专家也对各门课程提出了进一步修改和完善的意见和建议。

学校教学工作委员会成员严格按照精品课程评价标准评定各门课程，最终确定2008级院级精品建设课程20门。随后，学校举行2008年院级精品建设课程立项协议签订仪式，20门课程获得院级精品建设课程立项。

精品课程建设是学校教学建设与改革工程的重要任务之一。学校始终坚持以精品课程建设辐射带动全校专业建设与改革，充分利用网络教学平台的共享优势，真正实现“建好精品、用好精品”的课程建设宗旨，不断提高学校的整体教学水平和人才培养质量。

精品课程建设要遵循以下原则：第一，有计划、有目标、分期分批地开展精品课程建设工作，以点带面，逐步从单门课程建设发展扩大到系列课程建设；第二，精品课程建设要与学校教学改革与发展结合起来，深化教学思想、教学内容、课程体系、教学方法、教学手段的改革，加强使用信息技术手段，促进科研与教学紧密结合，讲授内容能反映最新的科学技术成果；第三，广泛依靠全校教师，充分调动教师参与精品课程建设的积极性；第四，精品课程建设的评审强调具有丰富实践经验的副高级及以上职称教师主讲课程、使用信息技术、教学资源免费开放等3个关键问题。

精品课程建设以专业（教研室）为基础，组成院、系、教研室三级精品课程建设机构。院级精品课程建设的组织机构为学校教学工作委员会（办公室设在教务处），其职责是负责全校精品课程的规划、过程管理、验收等工作。学校教学工作委员会每学期召开一次精品课程建设会议，评审院级精品课程的立项，检查、验收在建精品课程，评议推荐院级以上精品课程等。各系（部）成立精品课程建设工作小组，负责本系精品课程的规划、实施等工作。教研室以成立课程组的形式具体承担精品课程建设的任务。

精品课程的申报立项条件包括以下几点：

第一，申报院级精品课程的课程应连续开设 2 年以上，课程负责人原则上要求具有高级职称，并能够较好地承担和组织该课程的理论教学和实践教学；课程组至少有 3 名符合任课资格的教师，教师的群体结构（年龄、专业、学历、职称、学缘、能力）比较合理，教师具有较高的思想政治素质和团结协作精神，热爱教育，治学严谨，有良好的师德，教学态度认真，实训操作动手能力较强。

第二，具有明确的、切实可行的精品课程建设实施方案。应有相对稳定的适应高等职业技术教育特点的、理论教学与实训教学比例合理的教学大纲；课堂讲授、作业、实验、实训实习、设计、调查等各个教学环节都应有相应的教学指导文件，建立了比较完整的教学档案。

第三，采用内容新颖且实用的教材，教学质量良好。主教材应与高职高专的层次、学制要求相适应，内容要符合教学大纲要求的深度和广度，与实际联系密切，并有配套的教学参考资料及实践性教学环节教学大纲；教师能够很好地按照教学大纲的要求进行授课，讲解熟练、思路清楚、层次分明、重点突出、难点分散，注意运用启发式教学和因材施教，充分调动学生的积极性，注意传授知识与培养能力相结合；注重实践性教学环节，实践教学条件能够满足教学要求；教学效果受到学生、同行教师及后继课程任课教师的好评。

第四，具有一定的教学改革成果。

第五，有实践环节的课程必须相应加强实践教学环节的建设，建设好配套的实验或实训基地，配备好实验、实训师资及基地的技术人员队伍；课程主讲教师要亲自主持和设计实践教学，要大力改革实验、实训教学的形式和内容。

第六，在同等条件下，适当向具有学校特色的课程或与重点专业（示范性专业）紧密相关的课程倾斜。

学校教师针对精品课程的建设要求，在教学探索的道路上走出了一条不平凡的路。根据广东省教育厅下发的《关于公示 2008 年度广东省高等学校精品课程的通知》（粤教高〔2008〕155 号），由学校信息工程系计算机网络教研室主任王巧莲负责的“路由型与交换型网络互联技术”课程，荣获 2008 年度省级精品课程。这是学校自精品课程建设以来传出的一个喜讯。

课程是教学的基本单元，课程建设是教学基本建设的重要内容。学校加大课程建设投入，深化课程改革，开展课程评估，以精品课程建设和优质课程建设为切入点，大力推进课程体系的整体优化，吸收和应用最新的教学研究成果和科研成果，进行课程内容的提炼与更新，取得了明显成效。

2008 年学校在获得省级精品课程 1 门之外，还获得市级精品课程 3 门。2009 年度又实现 5 门市级精品课程立项。学校在此基础上进一步总结经验，加强精品课程培育，加大精品课建设力度，力争在国家级精品课程建设上有所建树。

志高存远，功夫不负有心人。2009 年，学校在国家精品课程建设上取得更大的突破。根据教育部《关于 2009 年度国家精品课程上网公示的通知》，2009 年学校机电工程系陈泽宇老师主持的“数控机床装调”课程获国家精品课程称号，实现了学校国家精品课程零的突破。

精品课程建设是高职教育“质量工程”的重要部分，是学校加强专业建设、提升教学水平、提高人才培养质量的重要途径。为实现学校国家精品课程零的突破，刘国生校长、王韶清副校长多次指导建设工作，组建强有力的建设团队，以学校教学名师、专业带头人陈泽宇高工为负责人，机电工程系、电气工程系等相关专业骨干教师为团队成员，认真根据国家精品课程建设标准，夜以继日开展课程建设。其中陈泽宇老师主要负责课程设计、教学活动设计、教学内容建设、课程资源建设、试题库建设、教学方法提炼、课程特色提升、教学效果总结及申报书的填写。龚凌云老师及其他团队成员负责网站编程开发、美术设计、视频动画制作及网络维护。建设团队历经 2 年的辛苦工作，终于迎来了成果。学校领导认为这次国家精品课程申报成功是陈泽宇老师及其团队励精图治、团结拼搏、争创一流精神的真实写照，值得全校教职工学习发扬。

以上成绩的取得是学校领导高度重视课程内涵建设的结果，是学校教师发扬敢打硬仗钻研教学的结晶，他们励精图治，为学校进阶打下良好基础。

混合教学，模式创新

高职学生的教育更倾向于动手操作，如果教师采用传统的教学方式，一味地灌输理论知识，学生被动接受记忆，那教学效果就会大打折扣。只有遵循“教、学、做”一体化教学理念，把课堂搬到校园、实训室、景点、旅行社，让教师在“做中教”，学生在“做中学”，在真实工作过程和情景的体验中学习才能够理解理论、掌握技能、学会运用。

“双高计划”建设期间，学校充分运用大数据、云计算、虚拟现实、人工智能等信息技术，借助国家教学资源库、精品在线开放课程、微课等各类在线资源，大力开展线上线下混合式教学、理实一体化教学等信息化教学模式创新。借助智慧教室、虚拟仿真实训中心、产教融合实训基地等，积极开展泛在学习、翻转课堂、混合式学习等教学改革。按照“以学生为中心、学习成果为导向、促进自主学习”的思路，合理综合运用过程导向、问题导向、情境导向、行动导向等教学方法，引导学生进行参与式、探究式、合作式学习，实现师生教学相长，促进自主泛在个性化学习，从混合式教学逐步过渡到智慧教学。学校立项省级“课堂革命”典型案例 8 个、教师团队连续 3 年获全国职业院校教师教学能力大赛一等奖。

学校构建基于大数据的学生自主学习、深度学习管理体系和线上课程考核与评价体系，注重和加大过程考核比重，将线上学习环节、线下学习研讨和考核等多个环节按比例折算计入总成绩。利用大数据实施“成果导向”的过程性考核，做好学习成果学分认定。依托学习管理系统，教师综合运用多种移动学习模式教会学生如何自主探索、多重交互、情境创设、合作学习、资源共享等新型学习方式，运用现代化信息技术全程追踪师生的教与学行为，课前、课中、课后实时采集师生教与学的过程和结果数据，通过大数据的深度挖掘，分析学生的学习动态，精准化评价教师的教学行为，实现平台管教学、过程可回溯。

课题立项，佳音频传

2009 年，中国职教学会 2008—2009 年度科研规划项目立项结果揭晓，高职院校获立 86 项，学校申报 22 项，立项 9 项。据统计分析，这些项目 80% 以上源于对院级项目的修改与提炼。

各项目主持人将按照立项要求，以立项研究为平台，以团队攻关为依托，以方案的实施进入实质性的研究，不断实践探索，为提高人才培养质量、早出多出优秀研究成果，打造更多更新的亮点。

学校教师本着科研教学做到最好的初心，在课题项目上花费大量时间精力钻研，在学术方面再攀高峰。当首批建设的广州市教育系统创新学术团队名单公示时，学校教务处处长蒋新革教授、电气工程系周力尤教授主持申报的“高职现代制造专业群建设研究与实践创新学术团队”和“节能减排（水处理）自动化技术应用研究学术创新团队”脱颖而出，赫然在列，喜获立项。

本批创新学术团队建设经过专家组评审、现场答辩，全市共立 25 项，其中，高职院校获立 5 项，学校获 2 项。根据《广州市教育系统创新学术团队建设管理办法（试行）》规定，本批团队建设周期为 4 年，广州市按 8 万元 / 年进行资助，学校也将按教科研项目管理相关规定给予配套比例资助。

佳音频传。新学年伊始，王韶清副校长、机电系陈选民主任和信息系许爱军老师主持的“以行业为主导构建高职院校‘订单式’人才培养模式的探索与实践”“高职院校依托工业园区建设工学结合基地的研究与实践”“高职特色数字化教学资源体系的构建与应用研究”3 项课题，喜获 2009—2010 年度中国职教学会教学改革与建设项目立项。3 项课题结合学校发展实际，分别以创新人才培养模式、构建特色工学结合基地及优化教学资源体系为研究领域进行选题，课题的研究将进一步深化学校内涵建设的理论与实践。

2009 年 10 月，接广东省高等职业技术教育研究会通知，学校有 6 项课题获准立项，其中刘国生校长的“高职院校以就业为导向提高人才培养质量的探索与实践”立为重点项目。本批申报全省共立项 91 项，其中重点项目 20 项，学校申报 10 项，立项 6 项。国家、省职教学会反馈学校教师的项目申报书填写规范，申报水平高。这与广大教职工潜心钻研、辛勤付出密不可分。

2021 年，学校马仁听校长牵头立项国家级职业教育教师教学创新团队、刘让雄教授牵头获评 2021 年国家级课程思政教学名师和团队。此外，学校已有省级教学团队 10 个、市级教学团队 11 个。“十四五”建设期间，学校立项省、市级教改项目超 40 余项。

网络课程，赋能教研

随着现代信息技术的发展及其在学校教学领域中的广泛应用，借助网络丰富的信息资源进行辅助教学已经成为现代教育改革的一个重要方向，网络辅助教学已逐渐成为符合信息化时代需求的教学手段。为提高学校的教学质量，逐步实现教学及管理的网络化和数字化，加强教师与学生之间的交流与互动，学校加快网络课程建设。为保证学校网络课程建设正常有序开展，结合学校课程建设有关规定，2009 年 11 月 24 日，学校特制定了《网络课程建设实施管理办法》（铁职院教〔2009〕59 号）。

学校教学工作委员会对学校网络课程建设进行宏观管理，负责网络课程建设的政策制定和评估验收；教务处负责日常管理；教育技术中心负责学校网络教学信息化平台相关网络的日常维护、教师培训、技术支持和运行监控。系（部）负责本单位网络课程建设的目标制订、具体规划与实施，对本单位网络课程进行建设初审、中期检查，指定专人负责网络课程建设的日常事务。

网络课程建设的目标是依托学校网络教学信息化平台，在2012年前，各专业建设6门以上网络课程，并实现省级网络课程的突破。建设内容：学校网络课程建设项目的重点是建设网络课程的教学内容，使用的载体是学校网络课程教学信息化平台，光盘和文字教材可以作为辅助的载体。网络课程必须具有本课程的各种教学文件资料、以工作任务为导向的开放式网络课件、能满足网上测试和课程考核需要的试题库。网络课程必须能够正常开展网上学习、讨论、作业、辅导、答疑、实验、实训、测试等各个教学环节。

《网络课程建设实施管理办法》是学校推进网络课程建设的有力保障，教师们可以积极地进行教研活动了。

2009年，由广州市教育局、广州市教育工会联合主办的广州市多媒体教育软件评奖活动揭晓。经有关专家对报送作品进行了认真评审，学校参评的教育技术网络课程和多媒体课件喜获以下奖项：信息工程系“ASP网络编程与应用”获得了高等教育组网络课程二等奖；机电工程系“JZ—7型空气制动机（中继阀）”获得高教组课件二等奖，轨道交通系“6502电气集中联锁控制台”获得三等奖。这是学校教师连续2年参加此项评奖活动以来的又一次好成绩。

多媒体课件的制作和应用是目前教学手段改革的主要方向。为了促进教育技术应用水平及多媒体课件制作与应用水平的提高，鼓励广大教师利用现代教学手段开展教学，广州市教育局开展了2009年优秀多媒体教育软件评奖活动。为组织开展好本次参评工作，教务处、工会及时制定了详细的参评方案，在总结学校历届优秀多媒体课件评审工作成功经验的基础上，提出了具体和明确要求。最终，学校推荐的3项多媒体教育软件参加评审的作品全部获奖。学校在本次评奖活动中取得良好成绩，体现了学校对网络课程建设和教学手段改革工作的重视和该项工作的扎实有效。

为深入贯彻《国家职业教育改革实施方案》《职业教育提质培优行动计划（2020—2023年）》《中国教育现代化2035》《加快推进教育现代化实施方案（2018—2022年）》等文件要求，落实立德树人根本任务，推进“双高计划”项目建设，对标“提质培优行动计划”，着力推进现代信息技术与教育教学深度融合，助推人才培养模式改革与创新，学院以打造优质课程为牵引，通过实施在线课程驱动“三教”改革专项工程，“赋能”教师、“升级”教材、“激活”教法，切实把“三教”改革贯穿教育教学全过程。第一轮双高建设期间，立项国家级精品在线开放课程8门、省级精品在线开放课程28门。

学校设立专项经费保障在线课程建设稳步推进。对在线课程建设提供资助，并根据年度考核结果实施动态管理，确保顺利实施。针对在线课程建设与应用的成果，学校可以通过优先评选精品在线开放课程或者“金课”的方式予以肯定和推广，采用优先立项的方式推动线上线下教学模式改革。鼓励各教学部门设立专项经费，保障在线课程建设有力推进。对于将此项工作做得特别突出的老师，如所建设的在线开放课程产生了极大的影响力（持续选课量大、学生评价好），或者被多所高校引进用于校内教学并受到学生的认可等，应予以相应的表彰和奖励，激发广大教师积极参与在线课程建设。

专业核心，提质增效

为确保专业核心课程建设的科学、规范、合理，建设出一批课程特色鲜明、课程改革力度大、教学效果明显的高质量的专业核心课程，以促进学校教学内涵建设，提高人才培养质量，2012 年铁职院教〔2012〕76 号文件颁布，该文件为学校的优质专业核心课程的建设和管理指明了方向。

优质专业核心课程主要是能体现深度的工学结合（校企合作或院校联动）的专业核心课程。优质专业核心课程建设是学校教学质量与教学改革工程的重要组成部分。在学校精品课程、网络课程建设的基础上，从 2012 年开始，3 年内从全校各专业人才培养方案列入的专业核心课程中遴选 100 门课程进行重点建设，使其在师资队伍、教学条件、教学内容、教学方法和手段、教学效果等各方面都能代表学校教学水平，并具有示范作用的优质专业核心课程。以优质专业核心课程建设为契机，促进各专业进一步明确专业的核心能力和技能要求，并以之为核心展开课程内容、教学方法、师资队伍、教学条件等方面的建设与改革，促进教育教学质量稳步提高，实现学校的可持续发展。

优质专业核心课程立项建设的课程原则上是专业核心课程。课程负责教师具有讲师或副高以上职称，并应承担和组织该门课程的教学。课程原则上应具有院级以上精品课程或网络课程建设基础；重点支持基于工作过程系统化和工学结合开发的课程。课程应经过连续两届以上学生使用，教学效果良好。

文件提到，优质专业核心课程的专业程序包括四步：第一步，各院（系）推荐。各院（系）组织初审，按限额推荐优质专业核心课程。第二步，形式审查。根据《广州铁路职业技术学院关于课程设置的规定》，教务处对照有关条件进行初选并组织形式审查。第三步，专家评审。依据《广州铁路职业技术学院优质专业核心课程评审指标》，专家组开展网上评审和会议评审。评审达“合格”等级以上的经认定成为“院级优质专业核心课程”，达不到“合格”标准的，给予 3 个月整改期限，整改后通过评审可以认定为“院级优质专业核心课程”。第四步，公示、公布。根据专家评审结果，经公示无异议，公布院级优质专业核心课程名单，并给予相应建设经费支持。

在优质专业核心课程的建设与管理上，学校制定了以下措施：第一，项目实行课程负责人制，课程负责人负责组织建立课程建设小组、制订建设计划、推进课程建设、课程内容更新以及确保课程网站的正常运行等。第二，教务处每年组织专家对立项的优质专业核心课程项目进行检查。项目按期完成后，项目负责人写出自评报告并上交教务处。检查不合格的课程将取消优质专业核心课程荣誉称号。对检查不合格的项目必须进行整改，整改后仍达不到学校优质专业核心课程标准的撤销立项；未按时完成建设的项目，经申请原则上最多可延长建设期 1 年，延长期内仍不能完成建设任务的撤销立项，并停止原项目经费的使用。第三，优质专业核心课程有效期为 5 年，5 年后将重新认定。在有效期内，如果出现课程网站不能正常运行和使用或重大教学事故等问题，将酌情减少或停止建设经费资助，并撤销优质专业核心课程的荣誉称号。

铁职院教〔2012〕76号文件对优质专业核心课程的申报、建设作出了十分具体的说明，学校的种种举措旨在建设本校最优质的核心专业课程，使得教师的教学任务精益求精，保障学生的理论和实践能力出类拔萃，名师带出高徒，高徒反哺社会，优质专业核心课程就是良性教学最好的示范。

为贯彻落实《国家职业教育改革实施方案》，深入推进“三教”改革，促进信息技术与教学过程融合，全面提高教学水平和教学质量，学院在2019—2023年期间打造了55门专业课“金课”。

金课要求至少经过两个学期或两个教学周期的建设和完善，取得一定的改革成效，在同类课程中具有鲜明特色和良好的教学效果。申报专业课金课须同时满足以下条件：

（1）教学理念先进。围绕立德树人、深入挖掘课程所蕴含的思政元素，坚持以学生为中心的教学理念，激发学生内在潜力和学习动力。

（2）课程教学团队教学成果显著。课程团队教学改革意识强烈、理念先进、分工合理，能够体现结构化的师资队伍建设要求。主讲教师具备良好的师德师风，具有丰富的教学经验、较高的学术造诣，积极投身教学改革，教学能力强，能够运用新技术提高教学效率、提升教学质量。

（3）课程目标有效支撑培养目标达成。课程目标符合学校办学定位和人才培养目标，强调培养学生的学习能力、信息素养以及专业精神、职业精神和工匠精神。

（4）课程教学设计合理。围绕目标达成、教学内容、组织实施和教学评价需求进行整体规划，根据项目式、案例式等教学需要，教学策略、教学方法、教学过程、教学评价等设计合理。

（5）课程内容与时俱进。课程内容契合课程目标，符合职业教育学生成长规律，科学严谨，容量适度，安排合理，衔接有序，结构清晰。依据专业前沿动态与社会发展需求动态更新教学内容，充分融入新技术、新工艺、新标准。

（6）线上教学资源丰富多样。课程网站结构完整，有配套齐全的导学资源、实训资源和考试题库。课程资源丰富、类型多样，可支持学生进行个性化学习；能够将思想政治教育与课程教学内容紧密结合，弘扬社会主义核心价值观；资源选用符合教学主题，可读性强，体现思想性、科学性与时代性。

第七节 在亚运志愿服务中熠熠闪光

2010年10月，广州亚运会（第16届亚洲运动会）即将拉开帷幕，学校亚运志愿服务工作也进入准备阶段末期。为做好亚运志愿服务工作，根据广州市委、市政府的指示，学校共派出亚运志愿者4707人，亚残运会志愿者2779人，他们将在广州市的白云区、越秀区、荔湾区开展城市志愿服务。

从志愿服务任务量、工作区域、志愿者规模等方面来看，学校组织的力量都在同类院校中名列前茅。为了出色地完成亚运志愿服务这项神圣、光荣的任务，向社会全方面展示学校管理、育人的优秀成果，2010年11月1日下午，学校在篮球场召开广州亚运会志愿者誓师签名大会。学校领导廖惠卿、刘国生、彭铁英、龚延祥、王韶清及各职能部门负责人、教师代表及全体志愿者出席誓师签名大会，林姚副校长主持大会。

仪式现场阳光明媚、彩旗飘飘，身着统一服装的志愿者们精神抖擞、斗志昂扬。刘国生校长为获得“创文迎国检”志愿者标兵代表颁发荣誉证书。廖惠卿书记作动员讲话，提出三点希望：一是希望全体志愿者充分发挥“主人翁”精神，以饱满的热情、扎实的作风，全身心投入亚运志愿者服务当中；二是希望党员同志们能够充分发挥先锋模范带头作用，创先争优，在各项服务中走在最前列，为党旗增光添彩；三是希望学校各部门和各院（系）提高认识、统一思想，关心亚运志愿者，为志愿者队伍提供坚实的卫生保健、安全保卫、生活保障等服务。科学统筹、通力协作，举全校之力确保圆满完成志愿服务工作任务。

学校领导为10支志愿者队伍佩戴志愿者徽章，并授旗。10位旗手在全体志愿者齐唱《一起来，更精彩》的歌声中绕场一周。在志愿者队旗的引领下，团旗、系旗、彩旗呼应飘扬，现场成了欢乐的海洋。

“我志愿加入广州2010亚运会志愿者行列……”现场全体志愿者铮铮誓言响彻校园。学校领导带领全体志愿者在“志愿服务一起来奉献亚运更精彩”的背景墙上签名，仪式在热烈激昂的气氛中结束。

誓师动员大会后，4000多名志愿者将奔赴白云区、荔湾区、越秀区500多个城市志愿服务岗位。对学校大多数学生来说，亚运会志愿服务的使命是他们求学生涯中光辉的一笔。

激昂誓师，竭诚以待

时间回到2010年5月初。由亚组委志愿者部、共青团广州市委、广州市青联共同主办的百万青少年“迎接亚运会、当好东道主、创造新生活”活动启动仪式在广州市蓓蕾剧院举行。广东省、广州市等相关领导出席了启动仪式，并为五四受表彰的广州各届青年代表颁奖。学校百余名亚运志愿者参加了启动仪式。

启动仪式上，学校作为广州亚运会高校志愿者参与人数最多的单位之一，代表高校亚运志愿单位派出合唱团及文明礼仪服务队共百余人服务此次活动。其中，30名礼仪志愿者服务广州杰出（十佳）青年颁奖典礼，60多名亚运合唱团志愿者向全市百万青少年志愿者献唱亚运志愿者之歌《一起来，更精彩》，充分展示了学校亚运志愿者的风采，是学校亚运志愿者一次精彩的实战演练。志愿者很好地完成了任务，他们的出色表现受到团市委领导的一致好评。

5月4日下午，学校在本校礼堂举行纪念五四运动91周年暨广州志愿者服务誓师大会。学校党委书记廖惠卿、副校长林姚、学生处处长、团委书记及各系党总支书记、副书记参加了大会。辅导员及学生近 600 人欢聚一堂，共庆“五四”青年节。

大会在雄壮的团歌中拉开帷幕。林姚副校长致开幕词，对共青团组织的工作表示了充分的肯定，并寄望团员青年们坚定理想信念、勇担社会责任、励志发奋成才。团委书记宣读表彰决定，并带领 110 名新团员，在火红的团旗下立下铮铮誓言。大会随后进行了五四表彰，广州市（及教育系统）优秀团员代表、广州市志愿服务优秀项目代表、广州市志愿服务先进个人代表、广州市优秀社团代表及院内受表彰的共青团先进集体和先进个人分别上台领奖。会上，各团总支分别向西南旱灾地区及玉树地震灾区进行了捐款，共青团组织在广大团员青年中共募得爱心捐款 26 659.9 元。

在 2010 年亚运会主题歌曲《一起来，更精彩》中，学校服务广州亚运会志愿者行动进行了誓师。学校党委书记廖惠卿为 6 支亚运志愿服务队授旗。志愿者代表带领全体志愿者在火红的团旗下庄严宣誓。

8 月 20 日下午，广州亚运城市志愿者暑期演练暨公共文明建设志愿服务誓师大会在广州市第一少年宫蓓蕾剧院举行。大会上，学校志愿者和其他高校志愿者一起观看了亚运志愿者宣传片和大拇指行动纪录片，并学习了关于志愿服务方面的知识。同时，团市委副书记安建国为 11 支亚运城市志愿者暑期演练服务队授旗。数控 09-1 班苏梓铎同学作为优秀志愿者代表发言，他用朴实的语言表达了当代大学生对志愿服务的认识、感受和收获，引起了全场志愿者的共鸣，并号召志愿者们用实际行动为广州亚运会和创建全国文明城市加油，在迎接亚运会、创造新生活中为志愿服务谱写更加绚丽的新篇章。

9 月 6 日下午，学校礼堂 400 名创文迎亚运志愿者吹响集结号，在学校领导面前许下铮铮誓言：“我志愿加入 2010 年广州‘创文迎亚运’志愿者行列。我将尽己所能，坚守岗位，服从安排……为广州创建文明城市贡献自己的力量。”

誓师大会上，学生处负责人对志愿者们提出了“十要十不要”的行为规范。林姚副校长以一名老志愿者的身份在创文迎亚运进入冲刺阶段的重要时刻，向青年志愿者朋友们发出号召：“作为生活在广州的市民，我们深爱着这里的每一寸土地，我们有责任和义务把广州建设得天更蓝、水更清、路更畅，让广州真正成为广州市民温馨的大家园，成为全国的文明之城，首善之区。”

此次誓师大会在学校全体师生心中种下了竭力服务亚运的种子，这是他们的光荣和梦想，这是时代的呼唤。

创文迎检，亚运热身

2010 年 9 月 7 日至 12 日，广州市创文工作（即创建全国文明城市）进入全面迎检阶段。创文的结果直接反映一个城市的软实力，同时视作亚运会前检验广州城风城貌的一次“大考”，因此广州市政府高度重视此次迎检工作。

学校立马按照市创建办统一部署，全面发动，党办、学生处（团委）、羊城校区及各系积极组织青年志愿者投身于“友爱车厢、文明有我”全市志愿者服务统一大行动，累计组织 4100 人次，持续时间达 9 天，为创建全国文明城市做出了积极贡献，受到团市委领导和创文办工作督导的肯定。

9 月 8 日下午 3 点 30 分，广州团市委书记王焕清在副书记安建国等领导的陪同下前往火车站看望和慰问参加志愿服务的学生，学校团委书记向王焕清书记汇报了学校创文志愿服务的情况，王焕清书记充分肯定了学生一直以来敢打硬仗的作风，尤其在春运工作中锻炼出的应对急、难、重任务的能力和素质受到许多单位的交口称赞。王焕清书记还感谢学校对广州市志愿服务事业的支持，希望学子在接下来的工作中再接再厉，展示广州志愿者优质服务的最佳形象，为广州创文迎亚运工作做出更大贡献。

9 月 10 日至 12 日，学校羊城校区组织培训后的志愿者 500 人次分赴广州火车站、罗冲围客运站展开服务行动。15 日，学校接到广州市文明办开展第二阶段志愿者服务行动的紧急通知后，团委和羊城校区、轨道交通系、经济管理系又火速组织志愿者 3600 人次，于 16 日至 21 日在全市 22 条公交线路共 588 趟公交车上开展志愿服务行动，随车为老、弱、病、残、孕妇、抱婴者及其他有困难的乘客引导让座，维持车厢秩序。秋日的公交车车厢和站场异常闷热，学生们挥汗如雨，始终站立，每天持续工作 10 小时，异常疲惫，但坚持热情、微笑地开展服务，不少学生刚跟完一趟长线车，回到总站看到有车出场，又马上跟车做好服务。学校青年志愿者的出色表现赢得了市民的广泛好评，一张张年轻的笑脸成为广州创建文明城市行动中最具活力的城市名片。

此次志愿服务活动是广州市创文迎国检工作的关键阶段，任务部署紧急，服务人数增加，服务站点众多。为支持广州市创文工作，学校领导高度重视，各相关单位密切合作：教务处紧急调整教学安排，学生处（团委）全面采取措施协调保障，广大学生积极响应，两系也在最短时间内落实分配好志愿者岗位，并安排教师带队，确保了志愿服务的顺利开展。

九月骄阳似火，志愿者们顶着烈日热情服务，积极向市民宣传倡导着一种公共文明、一种热爱生活的方式、一种市民良好的形象，为广州创文挥洒着青春汗水，奉献着自己的绵薄之力。

火炬传递，全程参与

2010 年 11 月 9 日是广州亚运火炬在广州市区传递的重大日子。学校学生凭借之前出色的志愿服务，被亚组委选择为亚运火炬传递号牌手。早在 7 日上午，亚组委庆典文化活动部火炬传递处处长胡伟京、志愿者部乔定义老师就专门来到学校培训 250 名号牌手。学校副校长林姚、学生处相关负责人及各系党总支（副）书记陪同。

这次亚运火炬传递规模大、时间长，传递时间历时一个月。11 月 9 日从广州中山纪念堂至琶洲传递路段设有 208 个亚运火炬传递交接点，上午 9 点 15 分开始传递，中午 12 点 21 分结束。学校有 250 名学生作为号牌手分为 15 个组散布在 208 个火炬传递交接点，为火炬传递点举号牌，他们将成为火炬传递点的标志。尽管号牌手只有简单几个举牌、放牌的动作，可能每位号牌手只有几十秒的工作时间，但是他们却会在火炬传递中成为一道受人关注的风景线。

林姚副校长在培训中向同学们提出“十个字”的要求：一是“任务”。亚组委将号牌手这个光荣而神圣的任务交给同学们是对学校的信任。二是“组织”。这次志愿服务是在学校总体指挥下，学生处、团委、各院系等团队协作下的一个组织行为。三是“机遇”。大家要把握广州首次举办亚运的难得历史机遇，展示形象、奉献自己。四是“行动”。注重衣着礼仪、动作规范。五是“责任”。同学们要承担起自己的责任，圆满完成号牌手任务不仅是自己的责任、学校的责任，更是肩负着广州亚运志愿者的神圣使命。

培训中，亚组委乔定义老师形象、生动地向同学们传授了号牌手岗位基本技能，他从规范动作、标准姿势、举牌放牌作出示范，同时现场邀请同学们上台示范检验。同学们较好的领悟力、标准的动作赢得亚组委领导的赞扬。

学校领导高度重视此次志愿任务，接到任务后迅速制定方案，学生处组织各系辅导员于早上5时起去各传递点踩点，了解具体位置与情况，并选取高素质的学生担任此次任务。学校的快速反应受到亚组委火炬传递中心的好评。此外，信息工程系已有几十名同学进入火炬传递运行中心提供志愿服务。

11月9日上午，广州城一片沸腾。这天，第16届亚运会火炬在广州市中心城区传递。学校250名学生志愿者有幸作为火炬传递共208个号牌手见证了这一历史时刻。

当天上午9时，广州中山纪念堂作为火炬传递起点，早已里三层外三层地围满前来观看火炬传递的市民。火炬传递开启仪式舞台周围坐满观众，音乐、鲜花、彩旗、志愿者们五彩的服装，新闻媒体的“长枪短炮”，将那里装扮得喜气洋洋。001至005号牌手静静地站在纪念堂内各自交接点，用最佳的姿态迎接火炬传递的激动时刻。仪式起，首位火炬手杨伊琳高举火炬起跑。002号牌手高举号牌，姿态优美；003、004……标准式举牌动作，在空中划下一道道优美的弧线。仪式过后，林姚副校长看望了002、003、004号牌手，他们分别是轨道交通系08、09、10级的学生，他们表示能参加这个历史性的活动非常有意义，也很高兴圆满完成了学校、亚组委交给的任务。

10时许，廖惠卿书记在学生处、各院系负责人的陪同下，专程看望位于猎德桥路段的号牌手们，为他们加油鼓劲。那里早已围满观众，而同学们也在各自位置站了四五个小时，当廖书记看到同学们在这样重大的场合个个镇定自若、精神饱满、严肃认真，向他们竖起了大拇指，代表学校感谢他们的辛苦付出，并关切地提醒同学们，在胜利完成亚运任务的同时也要注意适当休息。

12时10分，当208棒火炬选手的传递结束时，学校火炬交接点号牌手的工作也圆满画上句号。208位号牌手标准优美的动作也随着亚运火炬的传递载入广州历史，亚组委、团市委领导对学校号牌手的组织工作非常满意，非常感谢学校的积极配合，评价学校的号牌手们形象好、纪律强，是24个火炬传递区中最出色、最棒的号牌手！来自应用外语系的208号牌手何金诗同学还与霍震霆先生一道接受了多家媒体的采访。

为了出色完成此次重大亚运号牌手任务，学校高度重视，在任务重时间紧的情况下，组织学生处、各院系精干队伍，制定详尽方案，全面主动周密组织好了这次亚运号牌手任务。这次亚运号牌手任务的成功完成也体现了学校精细化管理的高效率高质量。

本校为第16届亚洲运动会火炬传递举号牌的学生

餐饮服务，争光表率

本次亚运会，学校经管系、外语系、轨道系有1000余名学生作为餐饮服务志愿者为亚运村5个餐馆提供餐饮服务。服务对象包括各国媒体、亚运官员及工作人员等。

餐饮志愿服务是亚运场馆内服务，对志愿者整体素质要求较高。作为两所提供餐饮志愿服务的高校之一，廖惠卿书记在誓师大会上表示，被亚组委选择提供意义重大的志愿服务是学校的光荣，能为亚运各国人士服务是学校的骄傲。廖书记说道，学校一方面将以志愿服务与教学实践相结合的方式组织餐饮志愿服务，使餐饮服务和课程、专业相结合，促进学生参与的积极性；另一方面组织专业教师及学生管理人员参与到项目中来，做好学生的思想工作及专业指导。同时，为保证志愿服务的圆满开展，学校在会上与亚组委就志愿服务的交通、食宿、补贴、志愿培训等事项作了沟通与协商，达成一致意见。

由于前期工作组织到位，学校的餐饮服务志愿者在各个工作岗位上表现不俗。11月8日下午4时，亚运城技术官员村餐厅总监王海艳给学校发来一封热情洋溢的表扬信，表扬了学校在亚运城技术官员村服务的部分学生。表扬信全文摘录如下——

尊敬的广州铁职院教师们：

你们好！

感谢广州铁职院培养出了这么好、这么棒（这么杰出）的同学。为我们广州亚运会增添精彩！

技术官员村餐厅营运部优秀同学名单目录：谢兰艳、黎淑晓、邓佳伟、黄梦儿、莫杰兴、张小鸽、黄中斌、万家乐、巫小燕、张圣娴、林红晶、陈惠娴、黎建茹、黄丽娜、温样玲、邱旭燕、何耀、侯云石、温健文、徐建生、钟颖妮、邝爱婵、周锦仪、王玉丽、吴健、赵智健、何丽丝、林丹萍、朱志研、庞慧婷、张颖仪、李明健、刘丽霞、张江西、邓敏、孙建潮、徐秋芳、李珠梅。

虽然感谢信只有寥寥几笔，但充分肯定了学生的工作。学校亚运志愿者的动人故事和感人事迹多次上到各区的亚运简报、手机报、亚运志愿者网站和新闻媒体中，面向社会各界多方面、多层次、多渠道展示了学校志愿者服务亚运的风采。广大志愿者纷纷表示：每位志愿者身上都有动人的故事，是亚运服务让大家读懂了什么是精神、什么叫珍惜、什么是舍得。

11 月 5 日上午，亚运城媒体村西餐厅正式开业。省、市主要领导在亚组委的陪同下，到广州亚运城媒体村餐厅视察工作。

省、市领导一行当日检查亚运城媒体村的整体工作情况，当看到学生们在媒体村忙碌时，关切地询问是哪个学校的，听说是来自广州铁路职业技术学院时，领导们亲切地询问同学们实习好不好，同学们响亮地回答“实习很开心”。随后经管系负责人向领导们汇报了学生们在亚运村实习的情况。学校师生十分激动，纷纷表示市委领导的肯定对自己来说是一股强大的精神动力，自己将以百倍的信心和动力做好亚运餐饮服务，为学校争光，为广州添彩。

校长探望，暖心关怀

11 月 10、11 日，亚运会开幕前夕，学校领导刘国生、彭铁英、林姚在党办、院办、学生处（团委）、轨道系、机电学院、电气系、外语系、信息系负责人和相关教师的陪同下，先后来到广州火车站、三元里地铁站、同德围、康王路等地看望各系亚运志愿服务的学生。校领导对学生志愿者认真到位的工作和各系周密的组织安排给予了好评。

广州火车站广场、站内每天分布着轨道系、机电学院的近百位亚运志愿者。学生们承担着咨询、引导、维持秩序等亚运志愿服务和顶岗实习工作。每到一处，见到在岗位上辛苦工作的学生，刘国生校长都关切询问他们的工作时间与生活情况，叮嘱负责教师多多关心学生的困难，让大家有个舒适的工作氛围，同时感谢学生为亚运为学校做出的无私奉献，鼓励他们在服务广州服务亚运的同时，锻炼技能增长才干，为今后就业打下坚实基础。在广州火车站、三元里地铁站内，刘校长还与广州市地铁公司团委书记罗亚平就志愿服务、顶岗实习进行交流，罗书记对我校学生的综合素质、实习表现给予较高评价，特别提到上周（11 月）地铁免费运营期间，学校志愿者们在引导客流等繁重任务面前表现出色，为地铁平安做出贡献，对学校的支持表示感谢。

随后，刘国生校长一行来到同德围文化广场，看望了在那里工作的电气系志愿者们。电气系的亚运志愿者在广场上设立亚运家电维修服务站，在站点一字排开的桌前，志愿者们正埋头为市民们维修拆装各类小家电，站点前也排了长队，市民们手拎小电器排队等候维修。看到刘国生校长等领导过来看望，有位老伯对同学们的维修服务赞不绝口，还希望同学们能为大家提供维修家电的小知识。刘国生校长对电气系开展特色亚运服务表示满意，鼓励电气系多从社会服务方面开展各类活动，提高社会服务能力与影响力。

当听说信息系残疾学生吴晓明坚持参加亚运志愿服务，刘国生校长一行又马不停蹄赶到康王路口特地看望吴晓明同学。吴晓明同学正在十字路口手举大拇指标志，指挥路人文明出行。信息系副书记介绍道，吴晓明从不因为自己的处境向教师提特殊要求，在志愿服务中，他以一位标准的志愿者要求规范自己的工作。刘国生校长见到吴晓明，连声夸赞他了不起，是学校志愿者的榜样。吴晓明同学非常谦虚地表示，能够幸运参加亚运志愿服务，能够为他人提供自己的帮助，是他的骄傲。刘校长还叮嘱信息系教师，多给晓明同学一点关照和关注。

刘国生校长在康王路看望学生志愿者吴晓明

9 月到 11 月，学校有 4000 余名学生分别参与亚运和亚残运志愿服务，分别在越秀区、荔湾区、白云区等地公交车、地铁站和亚运驿站提供城市志愿服务，此外，经管系、物流系和外语系千余学生还在亚运村餐馆参加志愿服务。各院系精心组织，为志愿服务的学生提供好后勤保障和组织工作，志愿服务成为学校同学们的一项光荣而有意义的实践。“一起来，更精彩！”正演绎着广大志愿服务师生的奉献精神。

学校致信，感谢坚守

精彩的广州亚运盛会转瞬即逝，学生再有不舍，也得依依告别他们工作过的岗位，回到学校的课堂中。为了褒奖亚运期间热心服务的学生，学校特别写了一封信感谢同学们。这封洋溢激情的致谢信，在广州亚运会结束多年之后阅读，依然能够感受到亚运志愿者的光荣与梦想，能够感受到学校学生献身亚运服务的真挚情怀。全文如下——

亲爱的学校亚运志愿者朋友们：

你们好！

举世瞩目的第16届亚运会经过16天精彩比赛后落下华彩帷幕。这场在广州成功举办的激情盛会，离不开广大志愿者的辛勤付出。我校今年有4000多人先后参加亚运会、亚残运会亚运志愿服务，在此，我们向大家致以崇高的敬意和诚挚的问候：同学们，你们辛苦啦！感谢你们为亚运挥洒的青春汗水！感谢你们阳光灿烂的笑容！感谢你们热情周到的服务！感谢你们数日如一的坚守！感谢你们给亚运带来不一样的精彩！

作为广州铁路职业技术学院最具青春活力的代表，作为广州乃至中国的形象大使，志愿者亲身见证并参与亚运盛会，接受一次庄严的洗礼，是人生中难得的宝贵经历。回想奉献亚运的难忘时光，志愿者们经过了招募、面试、培训、演练，大家成长得更加自信与成熟。亚运志愿服务全面启动后，大家早出晚归、辛勤工作，坚守岗位，微笑服务，尽己所能，播洒热情，协作求同，奉献真诚，为亚运的成功举办提供了最好的服务。此外，除了服务于白云区、越秀区、荔湾区的城市志愿者，学校还有千余名学生作为涉亚人员服务于亚运村等亚运场所，大家在尽力工作的同时，也收获着种种，有辛劳，有技能，有经验，有感悟。也许，一路走来，大家有几多辛劳、几多寂寞，但你们用真诚和热情向八方宾客展现了广州铁职院学子的精神风貌，表达了中国对亚洲各国（地区）人民的友好情谊；你们用真诚感染感动着身边每一个人，诠释了“志愿者”的最深含义。亲爱的志愿者朋友们，每每回想起来这些，你们心中是否都有一份难以平复和割舍的情怀，是否充满着幸福与感动？亚运志愿服务，何尝不是几多快乐、几多满足！当亚奥理事会主席艾哈迈德亲王在闭幕式上用中文感谢广州、感谢中国，称赞“这是一届精彩绝伦的亚运会”之时，当他代表亚洲奥林匹克大家庭对你们表示衷心感谢之时——亲爱的志愿者朋友们，你们收获了服务亚运最高的回报，也为中国赢得了第200枚“金牌”！广州亚运会赋予志愿者的可贵精神将如熊熊亚运圣火永不熄灭！历史将铭记广州亚运，铭记亚运有您！让我们共同期待同样精彩的亚残运会！

同学们，我们深信，大家一定能够在亚残运会志愿服务中继续践行和发扬广州铁职院“精益求精”的校风，用实际行动向全世界宣誓：你们是敢于担当、甘于奉献、团结奋进、大有可为的新一代中国青年！让我们以饱满的精神和昂扬的斗志投身亚残运会志愿服务工作，用微笑、热情和真诚去赢得更多尊重和赞誉！

学校为你们感到骄傲和自豪，学校感谢你们，祝福你们！让我们一起来，更精彩！

学校亚运领导小组

2010年11月30日

省委领导接见，大力赞赏

在2010年亚残运会火炬传递工作正式启动之时，为切实做好火炬传递的相关工作，亚组委志愿者部再邀学校志愿者参与这一光荣而神圣的任务，为亚残运会的胜利召开保驾护航。学校经过开会研讨、协调，计划再组织750人次的志愿者作为号牌手，在12月5日至12月11日期间全程参与亚残运火炬传递服务工作。

12月1日，广东省迎接广州2010年亚洲残疾人运动会动员大会在广州召开，在会前，中共中央政治局委员、广东省委书记汪洋和广东省省长黄华华先后接见了学校学生卜子游、开幕式微笑小姐吴怡、广州十大杰出青年李森等6名亚运会志愿者代表，学校轨道交通系学生卜子游代表亚运会50万名城市志愿者受到汪洋书记接见，汪书记并与卜子游同学进行了亲切的对话。

汪洋书记充分肯定了志愿者在亚运会期间的工作，并对志愿者的努力表示深深的感谢。同时，汪洋书记希望志愿者继续做好亚残运工作，让亚残运和亚运一样精彩，卜子游同学说："请汪书记放心，我们一定会继续加油，为亚残运出一份力！"在交谈最后，卜子游同学热情邀请汪书记来学校做客，汪洋书记笑着回答说："嗯，有机会的！"广东省委领导接见志愿者代表，既是对志愿者在亚运会志愿服务工作的充分肯定，也是对志愿者辛勤工作的最大的鼓励和鞭策！

团市委书记王焕清与学校志愿者卜子游交谈时，特别谈到前段时间他曾多次探访火车站的志愿者。王书记提到，火车站人流大，志愿者工作相当艰巨，学校志愿者的服务精神值得称赞，并且感谢志愿者为亚运会做出了巨大的贡献。与此同时，王书记也希望志愿者在亚残运会中继续努力，坚持到最后。

卜子游能作为50万名城市志愿者的代表参加此次接见，是因为亚运志愿服务工作中，学校轨道系负责的510人的越秀区城市志愿者工作做得非常精彩。其中，他们负责的世贸新生活驿站获得"站点装饰大赛"特等奖和"站点口号设计大赛"二等奖；他们负责宾馆共建站——东方宾馆获得"站点口号设计大赛"三等奖，所有岗位均获得了市民、运动员、媒体工作者等服务对象的高度评价。这支队伍以"零次通报批评，多次通报表扬"的优异表现结束了亚运会城市志愿服务工作。卜子游同学作为越秀区志愿者服务队大队长，个人语言组织和随机应变能力较强，是越秀区团区委领导心中的"醒目仔"，从亚运会前期到亚运会结束，表现都非常出色。

卜子游同学回到学校后，将详细情况向学校领导认真做了汇报。廖惠卿书记指出："这是卜子游同学个人的光荣，也是学校的光荣，更是广大亚运志愿者的光荣，并希望卜子游同学将个人的收获和喜悦向全校师生宣传，使全校师生受到教育和鼓舞，继续把亚残运志愿服务工作做好！"刘国生校长表示，轨道系志愿者获省委领导的亲切接见，同时获得驿站评比特等奖、地铁志愿服务专题宣传片，这是三喜临门！希望志愿者代表发挥亚运志愿服务精神，将亚残运工作做得更好，不辜负省委领导的期望。卜子游同学表示一定不辜负省、市领导和学校领导的期望，继续加油，把亚残运会志愿者工作做得更好。

12月5日上午，珠江新城鲜花盛开，彩旗飘扬，第16届亚残运会火炬在广州首站花城广场传递，采集自北京中华世纪坛的圣火火种在广州城市会客厅——花城广场点燃，并沿着广州母亲河——珠江岸边传递。学校党委书记廖惠卿受邀代表学校出席仪式，学校百余名亚运志愿者作为火炬传递号牌手亲历这一历史时刻。

上午9点30分，省委领导点燃火炬，交给首棒火炬手、北京残奥会射箭冠军、广东籍残疾人运动员符洪芝。符洪芝坐在轮椅上接过了象征“相互理解、友谊、团结和公平竞争”的亚残运会火炬，传递着“我们欢聚、我们分享、我们共赢”的办会理念。12 月 5 日适逢国际志愿者日，作为亚残运会志愿者形象大使，著名主持人白岩松也参加了当天的火炬传递活动。他与学校的号牌手志愿者热情握手交流，称赞志愿者工作出色，并与志愿者合影留念。

仪式结束后，廖惠卿书记在学生处、各院系负责人的陪同下，看望主会场的号牌手，为大家加油鼓劲。得知同学们克服困难，苦练号牌手基本功，在岗位上坚守 3 个多小时仍旧精神饱满、热情洋溢，廖惠卿书记向他们竖起大拇指，称赞他们形象得体，表现出色，体现了亚运志愿者的精神风貌。

12 月 6 日至 12 月 11 日，亚残运会火炬在广州进行 6 天的传递活动，仍由学校志愿者承担全部号牌手工作。

亚运荣光，华丽添彩

12 月 28 日，广州亚运会亚残会地铁志愿者表彰大会在广州市广联礼堂举行。广州市委常委组织部部长方璇、团省委副书记曾颖如、市委副秘书长冯建标、团市委书记王焕清等领导出席大会，学校林姚副校长受邀代表亚运会地铁志愿服务“十大标兵单位”出席表彰大会。

会上，广州市委常委组织部部长方璇、广州地铁总公司党委书记吴慕佳作了讲话。领导在讲话中感谢高校对地铁志愿服务的大力支持，对志愿者的突出表现给予高度评价，认为广州亚运会亚残运会期间地铁实现安全、快捷、有序的运营目标，志愿者的工作功不可没。表彰大会上，各高校志愿者奉上精彩的节目，进一步展示了志愿者的形象，学校志愿者自创、自编、自导、自演的节目《志愿者的故事》，以学校地铁志愿者傅晓明的真实事迹为蓝本，生动、真实地反映了地铁志愿者吃苦耐劳、爱岗敬业、无私奉献的敬业精神和职业素养，故事中失散旅客在志愿者帮助下找到家人、答谢志愿者的感人场景赢得全场热烈的掌声。

在广州亚运会亚残运会期间，学校各级领导高度重视地铁志愿服务工作，在学生处（团委）的统筹下，轨道交通系先后选派近 500 名志愿者，持续 3 个多月时间，在创文和亚运期间有力支持了广州地铁的顺利运营。表彰大会是广州地铁及广大市民对学校志愿服务工作的肯定和鼓励，为广大青年学子服务社会、参与学校国家骨干院校建设增添了新的动力。大会上，轨道交通系傅晓明获“广州亚运会亚残会地铁模范志愿者”荣誉称号，另有 30 名志愿者荣获“广州亚运会亚残会地铁优秀志愿者”荣誉称号。

为表彰亚运志愿服务工作，进一步在全校树立和宣传志愿服务典型，大力弘扬“奉献、友爱、互助、进步”的志愿服务精神，12 月 30 日晚，学校举行以“志愿者创造新生活　骨干校建设更精彩”为主题的广州亚运志愿者之夜颁奖暨元旦晚会。学校副校长林姚，广州地下铁道总公司团委书记马宏梁、运营总部团委书记罗亚杰，荔湾区委办公室副主任蔡梦莹，白云区团委副书记刘果以及学校纪检室、人事处、教务处、学生处、基础部、机电学院、各系领导、辅导员与 4000 多名志愿者共度难忘的志愿者之夜。

晚会在激情奔放的亚运啦啦操中拉开序幕，林姚副校长发表了热情洋溢的讲话，肯定了志愿者在亚运期间的辛勤工作和无私奉献，对全体亚运志愿者的出色表现给予高度评价和亲切的慰问。学生处负责人宣读了表彰决定，广州地下铁道总公司团委书记马宏梁代表地铁向学校团组织颁发亚运会地铁志愿服务“十大标兵单位”牌匾。随后，全体志愿者在表彰与精彩演出中度过了一个欢喜之夜，整台晚会用精彩的歌舞、舞台剧、诗朗诵等节目形式再现了志愿者服务亚运的感人情景和积极的精神面貌。

此次亚运志愿服务表彰中，学校授予“亚运火炬号牌服务队”等 7 个集体为“亚运志愿服务先进集体”荣誉称号，授予王舒雅等 14 名教师为“亚运志愿服务优秀指导教师”荣誉称号，授予吴晓明等 10 名师生为校园“亚运感动人物”称号，授予余浩等 1150 名同学“亚运志愿服务先进个人”荣誉称号。

2011 年 1 月初，广州亚运会、亚残运会志愿者工作总结表彰大会在广州市委礼堂举行，广州市副市长、广州亚（残）运会组委会常务副秘书长许瑞生主持会议。大会回顾了广州亚（残）运志愿者工作的总体情况和志愿者奉献亚运的感人时刻，并进行了广州亚（残）运会志愿服务工作的总结与表彰。林姚副校长、团委书记曹越参加了大会，并代表学校和广大志愿者接受大会的颁奖。

表彰大会上，亚组委授予学校亚运志愿服务工作最高荣誉——“广州亚运会、亚残运会志愿者工作贡献奖”；同时授予学校团委“广州亚运会、亚残运会志愿者创先争优主题实践活动先进集体”荣誉称号、授予刘国生校长“文明观众组织工作贡献奖”、授予林姚副校长等 2 人“志愿者工作贡献奖”荣誉称号。此外，还有 5 名教师获评志愿者工作先进个人，3 人获评志愿者创先争优主题实践活动先进个人，149 名师生获评志愿者先进个人。

学校获广州亚运残运会志愿者贡献奖

1月13日下午，广州亚运会、亚残运会白云区志愿者工作总结表彰大会在白云区政府会议中心召开。广州市亚组委志愿者部领导、区领导、20所亚运志愿服务对接院校和26个观众组织工作成员单位领导及获奖志愿者代表约300人参加会议。学校团委曹越书记应邀代表“广州亚运会、亚残运会白云区志愿工作先进集体”出席表彰大会。电气系王亚妮主任、石新建书记、肖芬老师、倪梓睿同学等101名师生荣获白云区志愿工作贡献奖、志愿工作先进个人、杰出志愿者、优秀志愿者称号。

2011年3月，全团青年志愿者工作会议在广州召开，学校共青团组织受邀参加大会。团中央在大会上高度肯定亚运（残）志愿服务工作，认为2010年广州亚运会、亚残运会的顺利召开，志愿者们辛勤付出，无私奉献，功不可没。学校志愿者们在亚运会、亚残运会志愿服务上的出色表现，也为亚运志愿者工作增添了光彩。学校团委再次荣获“广州亚运会、亚残运会越秀区志愿者工作先进共建单位”荣誉称号，广州火车站公交文明站点和世贸新生活驿站获评广州市团委、亚组委以及残联颁发的“爱心助残志愿服务示范岗”称号，轨道系志愿服务团队74名师生分别被评选为越秀区“优秀志愿者”和“先进工作者”。亚运（残）运志愿服务工作再结硕果。

回顾学校广州亚运、亚残运志愿者工作历程，自承接亚组委志愿者工作任务以来，学校党政高度重视，各部门通力合作，共青团扎实实践，整个亚运志愿服务工作以“参与人数多、服务范围广、志愿者表现佳，特色项目影响大，市民媒体评价好、省市领导认可高”等特点赢得了亚组委志愿者工作最高荣誉。经历了广州亚运会、亚残运会的锤炼，学校师生收获了宝贵的精神财富，在后亚运时代职业教育事业发展中，学校师生将在各项工作中进一步弘扬亚运精神，为推动学校人才培养工作、学校大发展、建设幸福广州积极作为。

第八节 以校园文化促学生全面发展

2009年12月26日至27日，由中国教育学会组织，中国教育学会教育管理分会承办的“2009年全国教育管理创新论坛”在北京召开。教育部职业教育与成人教育司、中国教育学会、中国教育管理分会的领导和来自全国32个省市普教、职教的代表500多人参加了会议。会议围绕“科学管理，创新发展，和谐校园” 的主题进行。大会表彰了2009年全国德育管理先进学校、先进个人和德育优秀成果。学校荣获“2009年全国德育管理先进学校”称号，廖惠卿书记评为“2009年全国学校德育管理先进个人”，由廖惠卿、傅浪波等人员研究的课题论文《建春运社会实践平台，创“六位一体”育人品牌》评为全国德育管理科研优秀成果奖。

学校党委坚持“育人为本、德育为先、立德树人”的办学指导方针；坚持社会主义核心价值观，大力唱响邓小平理论、“三个代表”重要思想、科学发展观宣传教育的主旋律；坚持结合学校实际，创新职业道德教育载体，开展“企业文化进校园”“春运社会实践”“暑期三下乡”“创文明城市、迎亚运盛会”青年志愿者活动”；坚持不断培育和深入实践学校“一训三风”先进校园文化理念和共同的价值取向，培养了大批高素质技能型人才，学校德育工作成效显著，特色鲜明，受到社会各界的赞扬，经过中国教育学会教育管理分会的材料评选推荐和专家组评审，从全国600多所参评学校中脱颖而出，进入本次评出的60所先进学校行列。

学校重视德育培养，也重视校园文化的搭建。校园文化是学校特有的一种文化现象，是以校园为地理环境圈、以社会文化为背景、以学校管理者和全体师生员工组成的校园人为主体、以群体价值观念为核心的一种文化。

在校园文化建设中，为了丰富、活跃校园文化生活，开辟第二课堂，培养学生综合素质，学校成立了职业指导协会、数控、模具、书画、舞蹈、舞狮、爱心二号团等40多个专业类、兴趣类、理论类及公益类社团，使得校园活动丰富多彩，满足学生在校期间得到全面发展的需求。不少学生在各个领域中脱颖而出，斩获奖项，为学弟学妹们树立了榜样。

近几年，学校在中共广州市委、市政府领导下，围绕中心抓党建，抓好党建促发展，深入学习实践科学发展观，在党的建设、校园文化建设等方面取得了显著成绩，形成了“依托行业，适应社会，适应学生，适应政府”的先进办学理念和校企合作、工学结合的特色鲜明人才培养模式，为社会输送了一大批“品德高尚、技能精湛、创新发展”的高素质技能人才，树立了良好的社会形象。

爱国爱校，基地揭牌

2008年9月22日，学校2008级新生军训开营典礼暨爱国主义教育基地揭牌仪式在广州黄埔军校举行。学校廖惠卿书记、彭铁英副书记、林姚副校长、黄埔军校青少年训练基地西林副校长以及相关单位负责人、教师和全体新生参加了大会。

鲜艳的五星红旗伴随着庄严的国歌冉冉升起，2282名新学子用整齐响亮的语言宣读自己热爱祖国、全心全意为人民服务、发扬优良传统、弘扬黄埔精神的誓词。伴着飘扬的军校旗帜，安玉平处长和西林副校长在爱国主义教育基地协议书上签字，廖惠卿书记和西林副校长为“广州铁路职业技术学院爱国主义教育基地”揭牌。随着红绸被徐徐拉开，金光闪闪的牌匾在阳光的照射下分外夺目。

林姚副校长在大会上作了讲话，对黄埔军校这一学校爱国主义教育基地的建立表示热烈的祝贺，向一直以来对学校军训工作给予大力支持的黄埔军校青少年训练基地的首长和教官们表示衷心的感谢。她指出，在黄埔军校举行的爱国教育基地揭牌仪式是学生思想政治工作的一件大事，也是加强学生素质教育的一项基础性工程。爱国主义教育基地是大学生“受教育、长才干、做贡献”的重要载体和平台。她希望同学们以良好的精神状态，积极投入军训，以军人的姿态要求自己，不怕苦，不怕累，充分展示大学生的良好精神面貌。服从命令，听从指挥，严守纪律，服从管理。严格训练，勤学苦练，坚决完成各项任务，力争取得好成绩。

石门讲坛，文化盛宴

2010 年 6 月 12 日，由学校党办、思政部、学生处主办，轨道交通系承办的“石门讲坛”第一讲于当天下午 2 点 30 分在西阶梯教室隆重拉开帷幕。第一讲特别邀请了学校党委书记廖惠卿为师生们作报告，主题是“解读两会热点——就业问题分析”。轨道系党总支书记张东桥、思政部杨燕老师、伍文彬老师、轨道系辅导员和学校 6 系 200 多名学生代表参加了此次讲座。

廖惠卿书记通过解读“用工荒”现象、就业的结构性矛盾、就业供需矛盾的解决等方面，深刻分析了当前就业“用工荒”与“就业难”并存的悖论；通过引用数据、事例讲解了 2009 年我国政府就业制度创新所带来的突破性进展；国家积极出台全力推动 2010 年高校毕业生就业的“全方位动员，积极探讨解决就业压力的对策与措施”。报告中廖书记还就同学们提出的系列问题，如高职院校人才培养目标定位、就业方面与本科院校的同专业竞争等方面与同学们相互间进行了积极的互动，鼓励多学习、努力深造，为提升自身能力与实力多做努力。廖书记还向同学们提出三点建议：一是调整择业心态，二是树立职业目标，三是提高核心竞争力。引导同学们深刻认识高职教育的立足点是培养高素质、高技能的应用型人才，只要自己有高尚的职业素养和精湛的职业技能就一定能在就业市场上大展拳脚，永不落空。廖书记的妙语和鼓励赢得了同学们的阵阵掌声。同学们通过廖书记生动、幽默且深刻的讲解，不仅在宏观层面了解了当前就业严峻形势、政府指导政策与帮扶措施，而且在提升自身竞争力方面有了非常明晰的方向与思路。

“石门讲坛”的开讲旨在提升校园文化品位，不断提高学校高职学生的思想文化素质，拓宽学生知识视野，优化知识结构的讲堂，是加强学生对国际国内形势的了解的重要平台，是学校学生生活中浓墨重彩的一道风景，在繁荣校园文化、活跃学术气氛、鼓励理论学习和思想创新方面将起良好的作用。

当年，“石门讲坛”共安排 6 讲，主要讲题包括两会热点解读、中国国防安全与国际关系、高职大学生成人成才与核心竞争力培养、我国轨道交通发展趋势及展望、当前我国房价的现状与展望等，分别邀请校内外领导、专家为师生开讲座，名家站台，“石门讲坛”开办得更丰富、更精彩。

以赛促教，献礼学校

2009 年第九届全国大学生电子设计竞赛广东赛区评奖结果揭晓，在来自全省本专科院校的多达 509 支参赛队伍中，学校电气工程系师生通过积极备战、沉着应战，取得优异成绩和新的突破。参加竞赛的 8 支队伍共取得 1 个一等奖、1 个二等奖、1 个三等奖和 4 个成功参赛奖的可喜成绩。其中电子专业李彬、谢瑾、梁玉莲等同学参赛的队伍获一等奖，电子专业陈锦文、姚嘉宝、王志诚等同学参赛的队伍获二等奖，自动化专业刘韶龙、陈科伟、邓本领等同学参赛的队伍获三等奖。获一等奖的队伍还被广东省推荐参加在湖北武汉举行的全国竞赛。

学校领导对此次竞赛高度重视，不仅在人力、物力上给予大力支持，赛前还亲临花都工学结合基地，为竞赛选手鼓劲加油。电气工程系以“以赛促教、以赛促学、以赛促改”的理念，早准备、早谋划，从百忙之中选拔24名各专业优秀学生组成8支代表队，暑假期间指派15名有经验、高水平、责任心强的教师参与训练指导，参加队数和参赛人数均超过以往各届比赛，在广东省高职院校名列第三。大赛从9月2日早上8点参赛选手拿到题目到5日晚上8点封存作品运送到广东工业大学后结束，竞赛期间，参赛队员在花都工学结合基地实训室里吃盒饭、熬通宵、同心协力，不断调整思路、编制程序、调试作品，9月9日以最佳的效果、最好的状态参加了广东工业大学的答辩和测试演示作品。经过两个多月的精心备战，以及持续四天三夜的奋力拼搏，电气工程系用实际行动诠释了学校的“一训三风”，最终以优异的成绩为学校“创示范争特色”献礼。

在2009年9月29日结束的NEC杯2009年全国大学生电子设计竞赛决赛地武汉传来捷报，由电子专业2007级学生李彬、谢瑾、梁玉莲等组成的参赛队，继在广东赛区取得一等奖后，再次过关斩将，凭借稳定的发挥和较强的理论技能功底，荣获全国一等奖的好成绩。这是学校参加该项赛事6年来取得的最好成绩，也填补了学校学生在国家级重大赛事最高奖项方面的空白。

此次参赛是电气系规模最大、学生参与和教师指导最多的一次，备赛和参赛过程中得到了学校领导的高度关心，得到了花都工学结合基地各位领导和教师的大力支持。虽然最终获国家级奖项的只有一支队伍，但全体指导教师在整个组织过程中带领学生友爱互助、资源共享、同心协力、不畏艰难，荣誉不只属于获奖队伍，属于参赛师生，更属于所有关心支持和帮助过这项赛事的全体师生。

全国大学生电子设计竞赛是教育部倡导的影响力最大的四大学科竞赛之一，从1994年开始，每2年举办一次，规模和影响力逐年增大，今年参赛学生近3万人，该竞赛与课程体系和课程内容的改革紧密结合，注重考查学生的实践操作技能和创造性思维能力等综合素质，参赛学生要完成课题设计、实物制作调试、报告撰写等工作，比赛的难度和挑战性大，能综合反映学校的教学质量。

学校从2003年开始，由电子专业张茂贵等教师牵头，始终以“以赛促教、以赛促学、以赛促改”理念作指导，4次参加全国大学生电子设计竞赛，从最初借电脑“游击战”参赛到今年3个专业8支队大规模“攻坚战”参赛，学生技能竞赛已在电气系蔚然成风，有力推进了电气系的专业建设、师资建设和教学改革，提高了教学质量。

回首走过的艰辛历程，此次突破真可谓是“六年磨一剑，万仞梅花开”。

体训科学，频传捷报

学校体育是实现立德树人根本任务、提升学生综合素质的基础性工程。2020年10月，中共中央办公厅、国务院办公厅印发《关于全面加强和改进新时代学校体育工作的意见》，将体育工作摆在了更加突出位置。一直以来，我校注重校园体育的建设和发展，通过体育教学和实践培养学生的爱国主义、集体主义、社会主义精神和奋发向上、顽强拼搏的意志品质，促进校纪校风和校园精神文明建设，为学生成长成才奠定基础。

学校设有军事与体育教研室，除了承担体育课教学外，也承担军事理论与国防教育课程授课。

军事与体育教研室致力于服务专业，强化素质，为培养高质量人才提供了有力的支撑与保障。

2005 年，学校进行体育课程改革，将体育课教学综合课模式调整为模块式教学；2022 年始，再次将模块课课程改革到“1 + 2 + 1 + 2”的教学模式，军事与体育教研室为学校的体育事业发展做出了不可磨灭的贡献。特别是学校近年来在省级比赛乃至全国性的体育比赛中获得了骄人的成绩，学生体质健康水平不断提升，学校体育校园文化不断充实。

军事与体育教研室近 10 年取得的代表性（历史性突破）成绩包括：

2014 年广东省大学生男子足球联赛团体第五名。

2015 年广东省第九届大学生运动会羽毛球团体第四名。

2015 年广东省第九届大学生运动会羽毛球男子双打第二名。

2015 年广东省第九届大学生运动会乒乓球男子双打第五名。

2016 年广东省“省长杯”大学生足球联赛团体第六名。

2017 年广东省传统龙狮、麒麟锦标赛一等奖。

2018 年广东省大学生女子三人篮球赛团体第三名。

2018 年广东省大学生“五人制”足球比赛团体第三名。

2018 年第六届全国大学生阳光体育男子羽毛球赛团体第一名。

2019 年第七届全国大学生阳光体育羽毛球赛团体第三名。

2019 年广东省大学生运动会排球赛团体第四名。

2020 年广州铁路职业技术学院第六届院级教学成果奖二等奖。

2021 年广东省大学生首届“匹克球”锦标赛团体二等奖。

2021 年广东省大学生毽球锦标赛团体二等奖。

2021 年广东省跆拳道锦标赛丙组团体省级第五名 1 项、个人省级第五名 3 项。

2022 年广东省第十一届大学生运动会田径比赛男子铁饼丙组第一名。

2022 年广东省大学生跳绳比赛团体一等奖。

2022 年广东省“省长杯”青少年校园足球（大学生组）总决赛丙 B 组第三名。

2022 年全国健身气功八段锦网络视频大赛获得 8 项三等奖，其中教师 2 项。

2022 年广东省高等院校健身气功比赛团体二等奖、团体三等奖。

2023 年第 22 届全国大学生游泳锦标赛乙组 50 米仰泳第一名，乙组男子团体第二名。

2023 年全国无线电测向锦标赛团体三等奖。

2023 年广东省第十三届大学生排球联赛丙 B 组第二名。

2023 年广东省大学生毽球锦标赛丙 B 组三人赛第一名、双人赛第二名。

2023 年广东省《国家学生体质测试》省抽测在广东省 96 所高职院校中排前 10 名。

此外，学校在武术类比赛、醒狮队比赛中也表现出色，频获赞誉。

2019 年，学校参加广东省教育厅、体育局举办的第十届大学生运动会，在武术套路比赛中获得第二名 1 项、第五名 2 项、第六名 2 项、第八名 1 项；参加广东省第十二届武术精英赛获得 5 个金奖、

10 个银奖、3 个铜奖。2021 年，参加广东省首届学生武术公开赛获得个人省级金奖 3 项、个人省级银奖 7 项、个人省级铜奖 5 项，团体一等奖；参加广东省大学生武术锦标赛暨广东省第十一届大学生运动会武术套路预赛获得第五名 1 项，6 个项目进入决赛。2022 年，参加广东省教育厅、体育局举办的第十一届大学生运动会在武术套路比赛中获得第六名 2 项、第七名 1 项和第八名 1 项；参加全国传统武术拳种展演网络大赛获得个人二等奖 5 项、个人三等奖 4 项。2023 年，参加首届广东省“奥体杯”武术精英大赛荣获个人特等奖 9 项、一等奖 1 项、二等奖 1 项；参加广东省学生武术公开赛获得金奖 9 项。

2021年参加广东省首届学生武术公开赛

醒狮队于 2017 年重新组队，当年荣获广东省传统龙狮麒麟锦标赛一等奖、二等奖。在 2019—2023 年的广东省大学生舞龙舞狮锦标赛上，分别获得 2019 年女子丙组传统南狮第五名；2020 年获女子丙组传统南狮第四名、男子丙组群狮第八名；2021 年获男子丙组传统南狮第二名、女子丙组传统南狮第二名；2022 年获男子丙组传统南狮第四名；2023 年获大学男子丙组群狮第三名。在广东省体育局主办的广东省传统体育龙狮锦标赛中荣获一等奖。在 2022 年全国民族龙狮文化展示活动“梅岭杯”第四届中华民族青少年龙狮争霸赛暨全国传统舞龙争霸赛上，荣获大学男子组传统南狮银奖 1 项、鼓乐银奖 1 项。

美育浸润，绽放蓓蕾

学校美育工作是立德树人、培根铸魂的事业，要坚持以美育人、以美化人、以美培元，提高学生的审美和人文素养。2019 年，根据《广东省教育厅转发〈教育部关于切实加强新时代高等学校美育工作的意见〉的通知》（粤教体函〔2019〕92 号），学校结合实际情况，制定落实《教育部关于切实加强新时代高等学校美育工作的意见》（教体艺〔2019〕2 号）的实施细则，报送了《广州铁路职业技术学院关于切实加强新时代美育工作的实施细则》（铁职院教〔2019〕45 号）。此函标志着学校美育工作迎来了一个新的发展春天。

为推进美育工作的系统化、体系化、品牌化、长效化，2020 年 5 月，学校成立了美育教研室，全面建设教学资源、师资队伍、美育课程、美育教科研。同年 6 月，草拟《广州铁职院美育工作“十四五”规划（草稿）》，提出“走进广铁职，养成一项伴随终身的艺术爱好”的教学目标，争当广东省高职院校美育教育龙头。学校全力推行美育，制定了《美育工作实施方案（2020—2025）》《美育工作“十四五”规划》等方案，开设了公共必修课，面向全体学生开设了公共艺术选修课程，以期提高学生审美与人文素养。

2021 年 4 月 2 日，在广州市南沙区东涌镇大稳村，举行广州铁职院与广州市美术家协会副主席、关山月中国画学院院长黄健生工作室共建美育实践基地挂牌仪式。这是学校首个挂牌的美育实践基地。

学校首个美育实践基地挂牌

2021 年，学校成立“诗乐美育”教学团队，教学团队于 2022 年全校大一学生中推进一门校本美育课程——“中国诗乐品赏与展现”课程。该课程围绕校本原创教材《中国诗乐二十品》开展，通过精选 20 首中国古诗词作品，编配音乐，使之成为朗朗上口的歌曲，让古诗词插上音乐的翅膀，并引导学生通过中国古乐器演奏、戏剧表演等艺术形式的再现，最终达成学生具有向往追求美好人生观与价值观、正确审美与健康审美情趣、较高审美能力与艺术核心素养，具有德智体美劳全面发展和和谐素质结构的职业人。通过本课程的学习，学生学习效果明显，教学团队成立至今，已获得国家、省、市级比赛奖项 12 项：2022 年《中国诗乐二十品》典型案例在广东省职业技术教育学会 2022“中华优秀传统文化传承工作典型案例”征集活动中获二等奖；2022 年，在人民音乐出版社举办的 2022“礼乐弦歌”比赛中，《中国诗乐〈诗经・关雎〉跨学科教学设计》获全国二等奖；2022 年，在人民音乐出版社举办的 “礼乐弦歌”比赛中，成果汇演《天净沙・秋思》获全国二等奖，《橘颂》《板桥道情》分别获全国三等奖，《猗兰操》《大风歌》分别获全国优秀奖；2023 年 8 月，以《中国诗乐品赏与展现》获广东省教师教学能力大赛二等奖；2023 年，在广东省中华经典诵写讲大赛“诗教中国”诗词讲解大赛中，《秋风词》获二等奖，入围国赛；2023 年，在广东省中华经典诵写讲大赛“诗教中国”诗词讲解大赛上，《橘颂》获优秀奖，入围国赛； 2023 年 4 月，以《中国诗乐品赏与展现》获校级教师教学能力比赛第一名；2023 年，《诗乐美育》入选第三届粤港澳大学生艺术节“古榕艺墟”美育项目现场展示。

“中国诗乐二十品”之古诗词演唱音乐会

学校美育教学团队积极参加国家级、省、市级各类教学能力大赛、教学案例评选以及教学成果奖，荣获 11 个奖项，其中包括省级二等奖、广东省高校美育优秀案例一等奖和三等奖、广东省“中华优秀传统文化传承工作典型案例”征集活动二等奖等。2023 年，诗乐美育教学团队荣获广东省教师技能大赛二等奖。在 2021 年第二届广东省教师书法展中，学校选送的教师书法作品获得 2 个一等奖、5 个三等奖和 1 个优秀奖，另有 2 位外籍教师的书法作品获得展出。在 2023 年广东省教师书法作品展上，学校选送的书法作品分别获得 1 个一等奖、3 个二等奖、10 个三等奖（其中之一是外籍教师的书法作品）。同时，学校积极选送作品参加全国第七届大学生艺术展演、职业院校文化“两创”成果展示等各类活动，有 2 幅作品入围广州市第二届“翰墨颂廉洁杏坛扬清风”廉洁书画作品展，2 幅作品在广州市第十六届群众书法大赛获奖。2023 年学校教职工书法协会中，1 人加入从化区书法家协会，1 人加入广州市书法协会。

在育人成效方面，学生荣获全国性奖项 9 项、省级奖项 35 项。学校文创设计作品入选教育部展示活动；美育教师带领学生参与“诗教中国”诗词讲解大赛等国家级、省级比赛，荣获相关奖项 13 项，其中国家级奖项 9 项。2022 年广东省大学生优秀艺术团队交流展示活动上，学生团队荣获 3 个一等奖、

1个三等奖。2023年，学校学生在第七届大学生艺术展演中获奖18项，并一举拿下优秀组织奖，标志着学校美育工作跻身全省前列。

在引领辐射方面，学校积极作为，为全面加强和改进新时代学校美育工作，贡献广州铁职院力量。2021年10月，学校承办了“百年华诞　翰墨薪传”第二届广东省教师书法作品展，该展览被中国教育新闻网、现代教育频道、广州日报、羊城晚报等媒体相继报道；2022年、2023年相继承办广东省教师书法作品展，300米书法长廊展出书法作品共450件。

2022年6月18日，由广东省教育厅主办、中山大学承办的“广东省2022年高校美育工作会议暨美育优秀案例交流活动”在中山大学召开。活动上，学校党委书记张竹筠以我校一等奖作品《高擎艺术绚烂画笔 绘就双高奋斗宏图》为题在大会作经验交流，同时就学校美育面向人人，落实每名学生掌握一项艺术爱好，以及承办省级教师书法大赛，代表广东省参加国家级摄影作品大赛并获二等奖等建设成效，向参会的300多名美育工作者进行分享。

立足新时代，学校将以勇立潮头之勇气，以劈波斩浪之锐气，推动美育工作走深走实，努力实现“形成高质量、具有铁路特色的社会主义现代化美育体系”的目标。学校将抓住粤港澳大湾区建设的机遇，致力打造“广州科教城共享型美育中心”，引领13所职业院校美育发展，为广州市职业院校美育教学高质量发展贡献力量。

书伴人生，阅读经典

为鼓励学生多读书、读好书，拓宽视野，增长才干。2008年4月23日，在校领导悉心指导下，图书馆联合学生处等相关部门，开展了学校第一届读书节活动，此后每年都开展读书活动，至今第16个年头了。读书节在校内设阅读经典征文、专家讲坛、图书漂流活动、找书比赛、“中华经典诵读”知识竞赛、中外电影名著原声模仿大赛等10多个项目，丰富校园生活。组织学生参加行业协会举办的影评大赛、“智信杯”素养大赛、“软件通杯”简历设计大赛等多项比赛，培养学生的综合素养，为学校培养高素质技能型人才添砖加瓦。

2020年8月28日，学校首次举办“囊括经典，阅读人生，共读经典100 + 1”书目发布会，要求师生在3年内读完百部经典图书，这些图书涵盖范围广、种类丰富、突出专业特色、具有针对性、突显区域特征、彰显地方特色。活动全程得到党委书记张竹筠悉心指导，发布会由图书馆馆长冯建福主持，校长马仁听、副校长麦国焞、广东省图书馆学会资深专家委员会主任乔好勤教授、白云区图书馆张材鸿馆长、广州新华出版发行集团股份有限公司全民阅读秘书处高级业务助理敖卓瑞及师生代表200人出席发布会。

发布会上校长马仁听指出：“学校要掀起读经典的风潮，促进校风、学风、师风以及书香校园的建设，弘扬中华优秀文化与民族精神。通过‘囊括经典，阅读人生，共读经典100+1’活动，切实提高学校师生的文化素养，从根本上解决学生思考问题深度不够、发展后劲不足等实质性问题。”

同时，马仁听校长提出了四点要求：第一，制订读书计划。好的计划是成功的一半。在开始读书时，一定要制订自己的读书计划，可以详细至每日读书计划、每周读书计划，每月读书计划，甚至是每年读书计划。保证每天阅读约 50 页，每周至少读完一本书，三年内完成书单所有书目。每学期学生完成相应的阅读计划，经过考核，可给予一定的学分。希望全校师生三年内都能完成百部经典阅读。第二，精读泛读结合。精读指进行细致的阅读。通过精读，让学生带着思考去阅读，带着借鉴和积累的意识去阅读，去思考，去学习。第三，带着问题读书。只有善于联系实际才能改变被动的、碎片化效率低下的阅读局面，才能够打通书本与学习、生活和工作的界限，把读到的同自己的知识、生活、学习体验等联系起来，才能够更好地理解所读的内容，并真正受到启迪，有所收获。第四，主动导读释惑。学校的所有教职工，特别是作为学生工作的主力军辅导员与班主任，都应该成为学生的导读人。不仅自己要去读经典，养成良好的阅读习惯，同时也应该主动担起“导读的重任”，建立起“百部经典、百名导师”导读制，引导学生如何读经典，为学生排忧解惑，帮助学生养成良好的阅读习惯。与此同时，图书馆将以不同形式举办 100 场讲座来配合导读人引导学生正确阅读分享。

“囊括经典，阅读人生，共读经典 100 + 1”的活动如今升级为“百部经典，百名导师，百场讲座”读书品牌项目，学校选出 100 位导读人，由学校党委书记、校长带头，各二级学院书记、院长、专任教师代表及校外专家等 100 人担任导读人，有计划地开展 100 场导读讲座。截至目前已开展了 80 多场导读讲座，涌现出一大批优秀读者，活动被省级以上多家媒体报道。学校在全国率先全面系统地向全校师生发布“共读经典 100+1”书目，并率先结合学分制，将共读经典纳入人才培养体系。

“囊括经典，阅读人生，共读经典100+1”书目发表会

自办刊物，传播文化

围绕学校的中心任务创办学术期刊、校园报纸等，既能提升校园文化品质、用自身的影响为学

校的人才培养和科学研究提供舞台，也能传播学校良好社会声誉和品牌。报纸、刊物的编辑出版对于推动学校的教学、科研、校园文化建设、品牌创建等具有重要意义。

学校在发展过程中，注重教学与科研工作，创办了校报《广州铁路职业技术学院》、学术期刊《南方职业教育学刊》（出版）、图书馆馆报《广铁书香》等刊物。3 种刊物坚持以内容为王、学术育人、编校标准化的创办原则，以品质展教科研成果，以品质促优秀学术人才成长。师生通过阅读刊物了解学校及教育界最新的研究成果和校园日常风采，传播优秀校园文化。在信息技术发展迅猛的时代，纸质阅读依然保有书香的味道，温暖在指尖流淌。

在各级领导的支持引领和各位专业编辑老师的辛勤努力下，学校连续多年被评为“优秀出版单位”。校园刊物为校园文化建设起到了锦上添花的作用。

校报《广州铁路职业技术学院》：作为全院信息传播、舆论宣传、思想教育和理论探索的一大重要阵地，自 2006 年 10 月办刊以来，一直严格遵守新闻出版有关规定和宣传纪律，紧紧围绕学校中心工作进行精心策划、深度报道，牢牢把握舆论导向，凝聚正能量，弘扬主旋律，在师生中起到较好的宣传引领作用。

2012—2015 年，该报连续 3 年获“十佳出版单位表彰”。广州地区出版物新闻工作者协会会长周丽华认为，广州铁职院报做得既规范又美观大气。该报连续多年获表彰，是学校领导的重视支持和精心指导、各单位积极配合和广大新闻信息工作者辛勤工作的结果。

学术期刊《南方职业教育学刊》（出版）：广州铁路职业技术学院与汕头职业技术学院合作申办的《南方职业教育学刊》经国家新闻出版总署批准公开出版发行，于 2011 年 1 月正式创刊，国内刊号 CN44—1679/G4，国际刊号 ISSN2095—073X，双月刊，是以职业教育研究为主要内容的综合性学术期刊。在校编辑委员会的指导下，在广大教职工的呵护和关注下，编辑部全体同志群策群力，克服时间短、人手紧的双重困难，如期完成每一期的出版发行任务。

《南方职业教育学刊》遵循“百花齐放、百家争鸣”的学术方针，坚持质量第一的办刊路线，追踪理论前沿和现实热点成果，文理兼修，工学相长，努力实现该刊创刊题词所说的“为打造南方职教高地建言谋策”，同时也为广大教职工提供学术科学研究和交流的平台。

图书馆馆报《广铁书香》：2012 年年初，由图书馆主办的馆报《广铁书香》正式出版，并在校园内部读者中发行。馆报的创办得到了学校党政领导的高度重视和支持。廖惠卿书记撰写了寄语“书香校园　博雅人生”，对图书馆创办馆报寄予肯定和厚望，希望馆报办出特色，发挥精神文明桥梁的作用，为构建师生幸福的精神家园不懈努力。刘国生校长为馆报题写了苍劲有力、飘逸文雅的“广铁书香”四字报头，寓意馆报办出高水平，塑造高品位的文化品牌，为构建书香校园和育人做贡献。

《广铁书香》全报分四版：第一版主要介绍图书馆近期的主要工作动态和新闻；第二版为“读者心声”专栏，以读者来稿为主，展示读者读书心得、勤工助学工作感受等；第三版为“读书生活”专栏，介绍名人名作，读书逸事、趣事；第四版“信息导航”专栏，为读者推荐新书、好书，介绍各种电子资源的功能和使用方法。该报的创办体现了图书馆践行学校“创新每一天”的校训，丰富了读者的业余文化生活，为图书馆和读者之间搭建了一座交流的桥梁。

创意领先，喜获大奖

2009 年 11 月 8 日，从江苏无锡江南大学传回喜讯，在全国普通高校信息技术创新与实践大赛决赛中，由信息系多媒体 08-1 班陈雪梅、计算机应用 07-2 班郑佳同学组成的参赛队荣获视频创作组一等奖。

此次大赛由中国高等教育学会、中国发明协会和中国教育技术协会共同主办，是面向专科及专科以上在校大学生的一项普及“知识产权”知识、展示“自主创新”能力的信息技术应用竞赛，也是广大高校学生科技创新活动优秀成果集中展示的一种形式。大赛分初赛、复赛与现场决赛三个阶段进行。

收到参赛通知后，教育技术中心根据学校领导的指示，从流溪数码工作室成员中精心选拔组建了 3 支队伍进行紧张备赛，其中陈雪梅、郑佳同学所在的视频创作参赛队顺利通过了初赛、复赛，入围全国决赛。在决赛中，学校参赛队与许多重点高校的本科生同台竞技，竞争非常激烈。在决赛的现场创作、作品陈述和答辩 3 个环节，两位同学沉着冷静、稳定发挥，凭着扎实的理论功底、高超的实践技能和出色的创意水平，得到了专家、评委的一致认可和其他参赛单位的广泛好评。这次获奖也是学校人才培养质量不断提高的一个客观反映。

此次比赛的准备得到了学校各级领导的关心和支持，许多教师和学生付出了艰辛的劳动。在入围参选作品之一——学校春运服务纪录片的摄制过程中，林姚副校长和团委书记曹越为纪录片的策划、撰稿等工作倾注了大量心血。信息工程系的领导和教师也为参赛提供了有力支持。

此次获奖是流溪数码工作室组建三年来参赛取得的最好成绩。作为学校“工学结合”人才培养模式的一种具体实践，同时也为缓解学校信息化专业技术队伍人手不足的问题，网络中心（现教育技术中心）于 2006 年年底组建并培训了一支由学生组成的信息技术服务队伍——流溪数码工作室。工作室成员在教育技术中心及信息系有关老师的组织指导下，以顶岗实习或业余工作的形式，广泛参与学校的网络管理、信息系统维护、数字资源管理和多媒体制作任务，承担了学校视频新闻、精品课程、大型活动和学校宣传片的录像摄制任务，承接了学校多个单位的网页制作、网站维护等任务，为学校的教育信息化建设做了大量的实际工作，并在各级各类技能比赛中取得了突出的成绩，受到学校各级领导和教师的广泛好评。“流溪数码工作室模式”逐渐成为学校人才培养模式的一个亮点。

宿舍文化，青春飞扬

宿舍文化节，又称“寝室文化节”“公寓文化节”，是校园内举办的大型活动之一，用以丰富大学生校园文化，促进大学寝室的和谐与和睦，主要由校学生会等与宿舍相关的学生组织或部门举办。活动旨在促进学生之间的互相帮助和合作，丰富学生的课余文化生活，创造美好舒适的生活环境，让学生在生活中获得快乐，增进舍员之间的感情并增强其凝聚力，活跃校园文化气氛的同时提高当代大学生的综合素质，同时亦有效提高宿舍学习生活质量，丰富宿舍日常文化生活，更好地促进校园文明基础建设。

学校从 2007 年开始开展学生宿舍文化的大型活动。2011 年的宿舍文化活动从 3 月持续到 6 月，2011 年 3 月 16 日中午，学校九栋宿舍广场彩旗飘扬，由学生处宿管中心主办、电气系承办的“校园百日禁污染签名承诺”活动火热进行。此次宿舍文化节活动主题是“飞扬青春风采，彰显广铁特色”。林姚副校长表示，宿舍文化节活动的开展较大地丰富了同学们的校园生活，活动的各类比赛也极大地提高了同学们的集体荣誉感，增强了团队凝聚力，希望这次活动越办越好，让更多的同学受益。

据宿舍管理中心介绍，本届活动以宿舍或楼栋为单位开展篮球、拔河等体育竞赛，结合校园管理与生活，开展“文明宿舍”月流动红旗评比、安全用电防火宣传月、为毕业生送温情、白色禁污百日承诺等系列活动。活动还特意安排了“宿舍风采展示月”，以宿舍为单位，让学生展示文艺、手工、设计等才艺。

第五章

攀登：
登高逐新立潮头

第一节 校企合作命运共同体新模式

早在2008年，刘国生校长给广州市领导的信中就提出学校要实现产学研深度融合，校企资源共享，做大做强做优广州职业教育品牌，计划联系省市主管部门和相关行业、企业和中职学校，组建职业教育集团。

为了谋划此事，学校做了大量前期调研工作。2012年5月7日上午，根据广州市教育局《关于建立高职教育综合改革攻关机制和立项申报的通知》（穗教高教〔2012〕19号）文件精神，学校在会议室召开国家教育体系改革试点项目——开展地方政府促进高等职业教育发展综合改革子项目立项申报专题会。会上提出“以组建职教集团为平台，探索高职院校理事会制度和运行模式”等几大攻关项目，希望在创新高职教育办学新体制，探索校企深度合作、产教一体的人才培养新模式，构建职业教育新体系等方面，在全国范围内形成可示范、可推广的引领辐射作用。

多方论证，共建集团

2010年6月10日，在各方面条件近乎成熟之时，组建职教集团一事终于可以正式摆在官方台面上讨论了。如何组建、怎样建设、具体如何执行等瓶颈问题，需专家一再论证。当天，广州市教育局组织市发改委、财政局、工商局、民政局等相关部门负责人及职教专家在广州市教育局召开“广州工业交通职业教育集团”筹建工作论证会（为扩大招生办学，适应社会发展，当时学校有意改名为“广州工业交通职业技术学院”），广州市教育局雷忠良副局长，高教处、发规处、财基处负责人，学校廖惠卿书记、刘国生校长、王韶清副校长及相关负责人等参加了论证会。

雷忠良副局长先向与会人员介绍了学校从铁路移交广州市政府管理后取得的成绩和学校筹建职教集团概况，认为学校移交5年来的发展，除了规模倍增外，在内涵建设、人才培养、工学结合等方面都取得了很大成绩，校企合作共建花都工学结合基地和探索践行“产教一体、寓学于工”人才培养模式，得到了广东省教育厅领导的高度评价。职教集团是高职教育的发展方向，经济社会的发展要求职业教育更加紧密联系企业，广州铁路职业技术学院“职教集团”的蓝图是在这方面一个很好的谋划，又一个创新举措，并同学校领导专程到湖南考察“职教集团”组建工作，得到很多宝贵经验，其中最重要的一点就是政府推动。广州市教育局对此非常重视，召集各部门领导和职教专家就此进行论证，就是要集思广益，建好广州第一个职教集团。

刘国生校长就学校筹建职教集团工作的基本情况，以及职教集团是什么、做什么、怎么做等问题简明扼要地向与会人员作了阐述。职教集团筹备办罗显荣向与会领导就学校筹建“职教集团”提出的筹建方案、当前筹建“职教集团”的工作成效，以及需市政府支持与协调的事项等作了专题汇报。

特邀专家广东省高教职教研究所所长刘合群教授对学校筹建职教集团从必要性、可行性和操作性等三个方面作了精要论述，认为筹建职教集团是广州高等教育非常有力的改革和创新的举措，建议广州市教育局牵头，会同其他政府部门要继续做好做实这件事。要做好做实“职教集团”，广州铁路职业技术学院一定要紧贴政府、深入企业，使政府和企业知道学校能做什么、会做什么、能做好什么。

这次会议，专家们纷纷对职教集团的筹建提出建设性意见，学校受益颇多，对职教集团的成立信心满满。

批复同意，落实集团

2012 年 9 月 20 日，广州市教育局组织召开了成立“广州工业交通职业教育集团”专家论证会。论证会专家组认为，广州职业教育的发展需要以创建职教集团为载体来深化校企合作、工学结合的人才培养模式改革；组建职教集团符合广州市承担的国家教育体制改革试点项目的任务和要求；广州铁路职业技术学院有深厚的行业办学背景、有稳定的校企合作平台、有扎实的校企合作基础与办学经验，目前已有 100 多个单位有意加盟职教集团，筹备工作已具备良好的基础，一致同意以广州铁路职业技术学院为牵头单位组建“广州工业交通职业教育集团”。同时，教育局领导和专家组殷切希望学校力争将广州工业交通职业教育集团建设成为广州市职业教育多方合作、共同育人的典范，积极为广州市承担的“开展地方政府促进高等职业教育综合改革试点”国家教育体制改革试点项目作出体制机制创新的亮点。

10 月 22 日，学校收到广州市教育局批复，同意广州铁职院牵头组建广州工业交通职业教育集团。这标志着学校历经近 4 年的筹备，在广州市政府、广州市教育局的关心支持和相关部门的通力协作下，各项准备工作就绪，“职教集团”即将挂牌成立，扬帆起航。

为了更加务实地推进体制机制建设进度，11 月 2 日至 3 日，校企合作体制机制项目组在从化召开了项目推进研讨会，学校廖慧卿书记、彭铁英副书记以及教务处、督导室、机电学院、轨道交通学院等负责人参加。会议围绕广州工业交通职教集团的挂牌、专业教师企业工作站和合作学院的推进及校企合作相关制度的修订等主题进行了深入研讨，对广州工业交通职教集团的挂牌仪式进行了讨论，并形成工作方案交领导批示；对推进企业工作站和合作学院建设，会议认为项目组和各院系应根据专业特点，搁置内涵争议，由易到难，先运作，逐步深化合作内涵的思路，加大推进建设力度；同时对校企合作相关 60 多个制度进行了深入研讨，提出了修改意见和建议，力争在近期逐步出台相关文件。

正式挂牌，乘风出发

守得云开见月明。2013 年 11 月 16 日，广州工业交通职教集团挂牌仪式暨 2013 年理事会年会，在“职教集团”理事长单位——广州铁路职业技术学院举行。广州市教育局局长屈哨兵、副局长雷忠良，市委督导组副组长黄一汉、武广高铁原指挥长陈章连、广州地下铁道总公司副总经理何霖、广铁集团代表郭炼纯、粤宝丽集团董事长许又岚，学校党政领导陈爽、刘国生、薛小群、林姚、王韶清、马仁听出席，广州工业交通职教集团理事单位的领导和嘉宾共计200余人参加会议。会议由林姚副校长主持。

刘国生校长致辞，指出挂牌日既是集团成员单位合作办学成果展示日，又是校企深度融合对接日，作为集团的牵头单位，学校秉着“做实、做强、做出成效”的原则，坚持“利在企业、功在育人”的合作理念，打破部门、行业、区域和院校类别界限，积极推动职业教育资源的整合、重组和共享，政校行企全方位合作，建立起了校企合作办学、合作育人、合作就业和合作发展的长效机制，演绎职业教育自己的故事，办好人民满意的职业教育。

仪式上，雷忠良副局长宣读了广州市教育局《关于同意成立广州工业交通职业教育集团的批复》（穗教函〔2012〕1091号）。王韶清副校长介绍了职教集团筹建的基本情况。许又岚董事长作为企业代表在讲话中表示将一如既往地支持学校的发展。屈哨兵局长在讲话中指出，组建广州工业交通职业教育集团是现代职业教育发展的重要趋势，是推动职业教育资源优化配置、提高职业教育整体水平和效益的重要举措。广州工业交通职教集团与十八届三中全会所强调的“加快现代职业教育体系建设，深化产教融合、校企合作，培养高素质劳动者和技能型人才”的精神是契合的，是对该精神的有力实践。广州铁职院作为交通运输组团的龙头首期入驻广州教育城，发展空间将更为广阔，其示范和引领作用将更为突出。

屈哨兵局长、陈爽书记、刘国生校长、何霖副总经理、郭炼纯副处长共同为广州工业交通职教集团揭牌。

广州工业交通职教集团在五载探索结硕果的时节举行挂牌运作的仪式，其意义不仅仅是在挂牌这个形式上，更重要的是，它既是集团各成员单位深度合作、累累硕果的展示日，又是校企人才共育、成果共享、深度融合的校企对接日。学校以职教集团挂牌为新的起点，继续按照“利在企业，功在育人”的合作理念，加强学校与学校、学校与企业、学校与科研机构、学校与行业协会之间的全方位合作，促进校企优质资源的进一步集成与共享，形成学校与企业互利共赢的良性发展，下大力气从明细分工、加强联系、开展合作等三个方面再融合、再发力、再进取。

广州工业交通职教集团挂牌仪式

政企共建，体制改革

2013 年 12 月 5 日上午，广州市政府与广铁集团共建广州铁路职业技术学院签约仪式在市政府礼堂举行。广州市政府与广铁集团携手共建，标志着学校政校行企合作办学体制机制的重大突破，是推进广州市主持的国家教育体制改革试点项目“开展地方政府促进高等职业教育发展综合改革”的一个创新之举，也是市政府与大型铁路企业共建高职院校的全国首创。当时广州市分管教育的副市长，广铁集团总会计师，广州市教育局局长、副局长，校领导班子等出席签约仪式，各相关单位其他人员参加了签约仪式。

陈爽书记在致辞时，简要介绍了学校的发展历程及成功跻身全国示范（骨干）高职院校 200 强的情况。陈书记谈到，2013 年学校作为交通组团的龙头院校被确定为首批进驻广州教育城的院校，办学空间将更为广阔，示范引领作用将进一步凸显。在办学层次上，学校正着力构建现代职教体系，贯通中职、高职、高职本科、专业硕士乃至专业博士的培养层次，向着轨道交通一流高校的目标不断迈进。在党的十八届三中全会精神指引下，学校将以此次共建为契机，进一步深化办学体制机制改革，实现政校行企办学资源的优化配置，构建起互利共赢的紧密型合作发展共同体与“四方联动”的运行机制，推进专业建设和课程改革，提升社会服务水平和能力，打造轨道交通特色鲜明、国内一流、世界知名的国家骨干高职院校，为广州经济社会发展和国家铁路事业做出更大贡献。

俞志明总会计师在讲话时表示，铁路运输行业是国民经济发展的重要支撑，近年来我国铁路企业对高端技能型人才的需求与日俱增，但仅靠铁路院校或行业企业去操作确实存在一定的困难，行之有效的就是搭建一个政企校资源共享、互利共赢、协同发展的合作平台。同时，广铁集团将把学校的人才培养纳入集团事业整体规划统筹考虑，为学校的专业设置、课程建设、师资建设、实训建设、科技研发、技术培训等方面继续提供指导和支持。广铁集团也将与广州市政府携手并肩，共同谱写轨道交通跨越发展的新篇章。

屈哨兵局长在讲话中表示，长期以来，广铁集团对广州轨道交通大发展给予了积极支持，此次共建标志着广州市政校行企合作正在向着新的、更宽的领域拓展和深化。同时，学校作为国家骨干高职院校建设单位，近年来抢抓移交转制和轨道交通大发展的两大机遇，挖潜办学、不等不靠、改革创新、服务地方，精彩地演绎了自己的“生动故事”。本次共建既为学校发展提供了良好机遇，也提出了更高要求，希望学校以此为契机，进一步明确办学定位、理清发展思路、确定发展举措，为广铁集团、广州经济社会发展提供更强有力的人才支持与技术支撑。

最后，广州市分管教育的副市长、俞志明总会计师分别代表广州市政府和广铁集团签署了共建协议。根据共建协议，广州市政府将把学校纳入全市经济建设和社会发展的总体规划，为加快学校的建设创造良好的环境和条件，支持学校面向轨道交通运输行业办学，主动为广铁集团人才培养、员工培训、四技服务等方面提供进一步服务，支持学校特色专业实训室和人才培训中心建设。广铁集团将学校人才培养纳入集团建设规划之中，充分发挥学校在人才保障、员工培训、学历提升、科技研发等方面的作用，支持学校相关院系与广铁集团相关站段共建合作学院，支持学校组建广州工业交通职教集团，发挥集团的技术和人才资源优势，建成铁路行业人才培养基地、继续教育示范基地，并支持学校专业建设、双师队伍建设、实习实训基地建设和人才培养模式改革，为学生实习、教师互派互聘等提供支持和条件保障。

签约仪式后，俞志明总会计师、陈爽书记、刘国生校长为机车司机、电气化、现代运输等 3 个合作学院授牌。陈爽书记还接受了广东电视台的专访，重点介绍了学校政校行企合作办学体制机制创新的思路及实践路径。

“支持广州铁路职业技术学院组建广州工业交通职教集团”，广州市教育局对此寄予厚望。

政校行企，四方资源

2015 年 1 月 27 日，广州工业交通职教集团 2014 年年会在理事长单位——广州铁路职业技术学院举行。广东省教育厅副巡视员胡振敏，广州市教育局领导，广州铁路（集团）公司常务副总经理赵利民，广州地下铁道总公司副总经理何霖，学校党委书记陈爽、校长雷忠良、党委副书记薛小群、副校长马仁听出席会议；广州市发改委、广州市人社局、广州市财政局等相关部门领导，职教集团理事单位的领导和嘉宾共计 100 余人参加会议。会议由学校副校长马仁听主持。在会议讨论期间，广州铁路职业技术学院理事会筹备会同期举行。

广州工业交通职教集团理事会由政府部门、相关企业及集团、院校及科研机构代表组成，挂牌成立至今，在集团化办学、校企合作、双主体育人、实践教学基地及师资队伍建设等方面均取得较好成效。本次年会旨在总结职教集团成立 1 年以来，在校企合作、人才培养、服务社会等方面的经验和成效，进一步整合“政、校、行、企”四方资源，全面深化职业教育改革，探索职业教育发展新模式。

陈爽书记在致辞中向一直支持职教集团和学校发展的各界朋友表示感谢。她表示，2014 年广州工业交通职业教育集团内成员单位更加紧密团结，精诚合作，取得了一系列的显著成绩，职教集团有力地促进了学校办学水平和人才培养质量的提升。

雷忠良校长代表职教集团作了题为《总结经验　展望未来政校行企共谋发展》的报告。他以翔实的图文数据汇报了 2014 年职教集团的工作总结，介绍工作成效与问题，并分 5 个方面阐述了职教集团对学校发展的优良引导作用，提出了包含 8 个任务的职教集团 2015 年工作设想及计划安排。

赵利民副总经理在讲话中表示，在广州工业交通职业教育集团理事会的基础上筹建广州铁路职业技术学院理事会，为企业提供了一个人才供求信息交流、共育共管、科研开发与技术服务、培训和师资互聘互派的平台，在此基础上，轨道交通行业企业与学校将能够取长补短、资源共享、责任共担，发挥各自的优势，为整个轨道交通事业的发展做出更大的贡献。

何霖副总经理在讲话中表示，广州工业交通职教集团的运行和广州铁路职业技术学院理事会的筹备，标志着广州铁职院与政府、轨道交通等行业企业的深度合作迈上一个新台阶。广州地铁自成立以来，就与学校有着较密切的合作，广州地铁有几千员工是学校的毕业生，为公司发展做出了卓越贡献。广州地铁公司将以学校理事会成立为契机，承担副理事长的职责，在合力推进轨道交通培训学院建设的同时，为广州铁职院相关建设工作贡献应有的力量，携手共进打造全国轨道交通的品牌。

胡振敏副巡视员在讲话中充分肯定了学校在建设中攻坚克难、充分发挥行业背景和政府办学双重优势的办学育人成果。他指出，广东省经济社会发展转型的关键时期也是深化改革开放、加快转变经济发展方式的攻坚时期，对高端技能型人才的需求日益强烈。他对此提出了两点建议：一是广州市教育局等部门要在职教集团、学校理事会建设等方面给予广州铁职院大力支持，政校行企要重视理事会建设，将其“做实、做细、做小”；二是希望学校继续发扬迎评估、创示范的工作热情，充分发挥理事会的咨询、协商、参谋、支撑和桥梁作用，实现四方资源共享、优势互补，提高人才培养的针对性，为企业解决实实在在的事情，增强学校服务区域经济社会发展和轨道交通转型升级的能力，打造轨道交通特色名校，为广东高职教育提供更多更好的经验。

广州市教育局领导在讲话中指出，学校在全市率先探索组建职业教育集团，探索现代职业教育发展新模式，闯出了一条校企合作、工学结合的新路。职教集团运行 1 年多来，集团内各成员单位共生共长的体制机制得到了进一步完善；成员间互动明显、相互合作不断加强；集团发展环境不断改善，社会影响日益扩大，大大增强了广州铁路职业技术学院的各项能力。广州市教育局将在市政府的正确领导下，大力支持学校理事会建设。

年会审议并通过了广州工业交通职业教育集团 2014 年工作报告及 2015 年工作计划，表决通过了理事单位增补和成员调整名单，表彰了广深铁路股份公司广州供电段、广州机务段、广州火车站、江村车站、广州大机段、广铁车辆厂、广州地铁运营事业总部、广州南车、广东数字家庭人才教育中心、广州市乾金贸易有限公司、广州新电视塔建设有限公司等 11 家职教集团校企合作优秀企业。作为此次年会的内容之一，会议邀请了中国工程院院士、西南交通大学教授钱清泉作了题为《中国轨道交通发展及制式选择》的专题讲座。

同期召开的广州铁路职业技术学院理事会成立筹备会议，主要讨论了理事会章程等内容。根据教育部令第 37 号《普通高等学校理事会规程（试行）》要求，高等学校应当依据本规程及学校章程建立并完善理事会制度，制定理事会章程，明确理事会在学校治理结构中的作用、职能，增强理事会的代表性和权威性，健全与理事会成员之间的协商、合作机制；为理事会及其成员了解和参与学校相关事务提供条件保障和工作便利。

广州市教育局领导表示，广州铁路职业技术学院是首个提出组建学校理事会的市属高校，此项重大举措既贯彻落实了全国职业教育工作会议精神，又是统筹协调“政、校、行、企”四方资源，进一步健全政府主导、行业指导、企业参与的职业教育办学机制的成功尝试。

组理事会，市属首家

为了给企业提供一个人才供求信息交流、共育共管、科研开发与技术服务、培训和师资互聘互派的平台，使学校与企业的对接更加便利，2015 年 4 月 21 日，学校向广州市教育局呈上了《关于广州铁路职业技术学院成立理事会的函》。

函中请示：在广州市人民政府，及广州市教育局等各业务处室的大力支持下，2013年12月5日，广州市人民政府与贵公司签署了共建广州铁路职业技术学院框架协议；2013年11月，广州工业交通职业教育集团（简称“职教集团”）在广州铁路职业技术学院（简称“广州铁职院”）挂牌成立，实现了“政、校、行、企”合作办学体制机制创新的重大突破。2015年1月27日，在广州市人民政府，及广州市教育局等各业务处室的关心、支持和指导下，广州铁路职业技术成功召开了职教集团2014年年会及理事会筹备会。学校理事会自筹备会以来，经过多次协商，目前建设方案已基本酝酿成熟，并拟于5月下旬或6月上旬正式组建学校理事会。广州铁路职业技术理事会的成立，将在铁路行业院校中率先创新校企合作体制，大力提高学校人才培养质量，增强学校的社会服务能力和核心竞争力，最终形成“紧密合作、优势互补、资源共享、共同发展”的多方共赢新格局，更好地服务于国家轨道交通业和地方经济社会的发展。为更好地发挥贵局在学校改革发展的重要作用，进一步密切政校企合作，现将有关事项洽商如下：① 学校拟于5月下旬或6月上旬正式组建理事会；② 为更好推进理事会的工作，拟请当时广州市分管教育的副市长担任名誉理事长，请贵局公函请示市政府。

广州铁路职业技术学院理事会是在广州市人民政府领导下，整合“政、行、企、校”四方优质办学资源而设立的由办学相关方面代表参加、支持学校发展的咨询、协商、审议与监督机构。作为市属高校首家理事会，它是学校实现科学决策、民主监督、社会参与的重要组织形式和制度平台，是完善学校治理的重要组织形式，非民政局登记的独立社会团体。其目的在于完善政府主导、社会各方共同参与的办学新体制，积极探索推动学校、企业在人才培养中的双主体模式，建立起学校与社会双向参与、双向服务与双向受益的协同育人、合作发展新机制。

我国轨道交通事业的蓬勃发展，为理事单位与学校的合作提供了广阔的舞台。学校将以理事会成立为契机，坚持“以服务求认同，以贡献求支持，以协同求发展”，进一步加强校企之间的交流沟通，夯实合作基础，承担起服务和支撑我国轨道交通业可持续发展的重任。

入省示范，抢抓机遇

广州工业交通职业教育集团自2013年11月挂牌成立以来，学校充分发挥行业背景深厚和政府高度重视的双重优势，深化产教融合、校企合作，再接再厉，再创佳绩，2018年入选广东省示范职教集团建设项目。

学校对此高度重视，明确了任务与要求，落实对示范集团建设的政策支持和投入保障，加强项目建设组织管理，积极推进职业教育集团实质化运作，扩大职业教育集团覆盖面，健全职业教育集团运行机制，提升职业教育集团服务能力，确保项目建设顺利实施并取得预期实效。

该项目建设期为3年，从2018年7月1日起计算。广东省教育厅于2019年下半年开展中期检查，将于2021年下半年进行验收。中期检查不合格的，要求牵头院校在规定期限内完成整改；在规定期限内未能达到整改要求的，将撤销立项。建设期满后验收合格的，将确定为省示范职业教育集团。

广东省示范职业教育集团建设项目的总体目标如下：① 治理机构完善。建立集团内政府、行业、企业、学校、科研院所和社会组织等多元主体共同决策的组织结构和决策模式，内部治理结构和决策机制完善。② 运行机制健全。建立起职责明确、统筹有力、有机衔接、高效运转的运行机制，强化产教融合、校企合作，强化校校合作、贯通培养，强化区域合作、城乡一体。③ 资源共享到位。集团内在人力、设施设备、资金、市场、技术和文化等方面实现有效共享，促进职业院校、行业、企业和区域资源共享、优势互补、共同发展。④ 服务能力提升。职业教育集团服务发展方式转变、服务区域协调发展、服务促进就业创业、服务现代职业教育体系建设的能力得到全面加强。

学校建设省示范职教集团项目的主要做法有：① 创新办学体制机制。2018 年 5 月，成立华南“一带一路”轨道交通产教融合联盟。2018 年 10 月，成立 2 个混合所有制试点二级学院（联合广州地铁集团有限公司成立城市轨道交通技能学院、联合广州铁道车辆有限公司等企业成立智能轨道交通装备学院），二级学院实行党委领导下的理事会负责制。② 建立资源共建共享机制。2018 年培育国家级专业教学资源库备选库 1 个、共建省级专业教学资源库 2 个；校企共同开发出版教材（专著）若干；立项院级专业教学资源库 3 个。编写国家专业教学标准 1 个，立项省级现代学徒制专业 3 个；验收、出版省级现代学徒制专业教学标准 1 个。③ 加强国际交流合作，服务支撑国家“一带一路”和“高铁走出去”。2018 年 9 月，与老挝教育与体育部技术与职业教育司合作，录取了 17 名学生来华学习轨道交通专业（广州市属高职院校和全国铁路类高职院校中首批全日制学历教育）。2018 年 5 月，与马来西亚拉曼大学学院、广东卓越前程教育服务有限公司签署了合作办学协议。

学校作为 24 家入选“广东省示范职教集团建设项目”的学校之一，力求优化职业教育集团发展环境，开展校企精准对接、精准育人培养方案制定、人才需求调研、师资队伍建设、专业课程开发、教育教学改革、集团内开展现代学徒制等，确保项目顺利实施，顺利通过验收，使得学校办学再上一个新台阶。

“一带一路”，产教联盟

2018 年 5 月 18 日，由学校牵头组建的华南“一带一路”轨道交通产教融合联盟（简称“联盟”）成立。联盟是在广东省教育厅、广州市政府、广铁集团、广州地铁等支持下，由学校牵头组建，各职业院校、行业协会、骨干企业、“一带一路”共建国家政府部门及相关院校按照自愿平等原则结成的非政府、非营利、非法人的开放性、国际性、跨界性职业教育合作平台。目前联盟成员包括马来西亚拉曼大学学院、白俄罗斯国立交通大学 2 所外方高校和北京交通大学等 15 所国内高校以及广铁集团等 17 家企业。

联盟实行理事会制，设立理事会和秘书处。理事会是联盟最高决策机构。理事会设立理事长、常务副理事长、副理事长、理事，任期为 5 年。理事会下设秘书处，设秘书长和副秘书长，秘书处办公室设在广州铁路职业技术学院内。联盟下设“一带一路”轨道交通协同育人中心、技术研发与应用中心、国际合作与培训中心等平台。

联盟以项目为纽带，深化职业教育办学体制改革和办学模式创新。同时，有力地促进了轨道交通职教资源共建与共享，并推进了轨道交通职业教育国际合作，服务、促进“一带一路”共建国家轨道交通人才培养培训工作。以中国铁路广州局集团有限公司、广州地铁集团有限公司为首，各方企业将继续加大对轨道交通职业教育的支持力度，并在联盟内部展开深入交流。基于共商共建共享的原则下，校企以专业对接、合作育人、合作办学、举办论坛、组织竞赛为合作内容，在人才培养、师资建设、资源共享、科学研究等领域进一步深化合作。

作为华南“一带一路”轨道交通产教融合联盟的理事长单位，学校从 3 个方面展开工作：第一，健全理事会运行机制，建立定期交流和沟通协商制度，推进理事会的科学管理与规范化运作；第二，充分发挥理事会成员单位联合互动、优势互补的有利条件，广泛开展专业对接、合作育人、合作办学、举办论坛、组织竞赛等活动；第三，以项目为纽带，协同联盟单位融合发展，实现“课程、教材、师资、学生、岗位”的五融合。

成立华南“一带一路”轨道交通产教融合联盟，是广州市教育局推进职业教育服务国家战略、服务行业企业、服务改善民生的重要举措。联盟搭建了与“一带一路”共建国家的轨道交通职教合作和人文交流的新平台，将展示中国轨道交通发展新成就、输出中国轨道交通新技术、传播中国职业教育新理念。作为古代海上丝绸之路的起点之一，广州提出了实施新一轮参加“一带一路”建设三年行动计划战略举措，以联盟成立为纽带，广州将构建更高水平的对外开放格局。

华南“一带一路”轨道交通产教融合联盟成立大会

联盟的成立，标志着“一带一路”轨道交通职业教育同相关行业的产教融合进入了新的发展阶段。对于联盟的未来，中央新疆工作协调小组办公室副主任、教育部原副部长鲁昕有着很高的期许：“希望有一天，能建成一个共商共建、合作育人、追求质量、创建标准、人文交流的联盟。”

第二节 厚植“双创”人才成长沃土

广东地处沿海，自古商贸繁华，营商环境优良。受地域文化环境和高校教育活动的影响，广东地区的大学生普遍容易接受新鲜事物，创业意识较为强烈。学校很早就出现一批敢想敢做的学生。他们不墨守成规，非常富有想法，积极发现生活中的商机，并敢于大胆尝试。

2011 年年底，为给大学生搭建健康、多样的就业创业成长平台，由共青团广州市委、广州市人力资源和社会保障局主办的“青春励志，幸福广州”2012 年度广州服务青年就业创业系列活动暨大学生创业项目推介会首发仪式在广州大学城国家数字家庭应用产业示范基地举行。当时学校组织了 200 余名师生代表参加活动。

广州服务青年就业创业活动的启动，是团市委与市人社局联合推出的服务青年建功立业的新举措之一。当天，包括学校和广州大学在内的 11 所高校参加了广州市青年就业创业服务工作站的授牌仪式。广州市青年就业创业服务工作站在学校的建立，有助于进一步培养青年就业、创业意识，进一步提升就业创业能力，进一步提高青年就业创业自信心，同时也为学校毕业生提供了一个更为广阔的展示才能、服务社会的舞台。

“创新每一天”是学校的校训，也是学校创新创业教育的追求。在“大众创业、万众创新”的时代背景下，学校于 2016 年成立创新创业学院，打破传统“定向输出教育”的印象，通过“四位一体”来推动创业教育。“四位一体”即创业知识教育、思创融合、专创融合与实践、企业运作四个方面的统一，包含了创新创业原理、创新方法介绍、后续运营决策等系列课程。创新创业教育从学校层面的战略制定到教师的组织实施，最后到学生的参与方式，都拥有一套完整体系。

创业论坛，集纳智慧

为做好学生创新创业教育衔接研究，2012 年 6 月 15 日，学校举办以“建设创业苗圃”为专题的第九期学工论坛。学校副校长林姚和教务处、各院系党总支（副）书记、辅导员、学生处全体人员参加此次论坛。

论坛伊始，林姚副校长强调了创新创业教育对于提升人才培养质量的重大意义，全面总结了学校创业创新教育工作进展情况，指出整合资源培养学生较强的创新创业意识、精神与能力是学校创新创业教育开展的出发点和落脚点，号召师生先行先试、准确定位定责，围绕广铁职院发〔2012〕026 号、铁职院教〔2012〕039 号文件抓好衔接与落实，在创业教育实践中实现可持续发展。与会人员围绕创业教育的定性、定向、定责和定位，如何校企政联合做好创业实践的组织策划和指导，创业调研、制度建设、创业扶持、经营模式以及效果评价等问题展开了深入研讨。

作为学校创新创业教育的一大重要内容，“大学生创业一条街”实践项目于2012年9月正式启动，标志着学校创业项目孵化工作步入“真枪实弹”的执行阶段。此次论坛交流了各单位在创业教育这一新领域的思考，在探索学校创业体制机制建设、创业项目孵化预案等方面具有前瞻性和指导意义。

创业项目，点燃激情

2012年7月3日至4日，学校举行了广东省大学生创业训练（实践）项目评审会议。会议对全校43个创业训练（实践）项目进行了评审。刘国生校长到会指导，各部门主要负责人及各系部主任、专业带头人等参加了项目评审会议。

刘国生校长一到现场就被学生主动参与、认真答辩、积极争取的热情感染。他肯定了本次项目评审会议，对学校首次组织大学生创业训练（实践）项目就有43个项目团队参与感到由衷的高兴，并从学生、学校、系部三个层面对大学生创业训练（实践）项目做了总结点评：从学生层面，要求每个学生把握好“学业、就业、创业”三部曲，突出自主创业，关键把握好“创”字，注重“创造、创新”，在注重专业与就业相结合的同时，将学业与创业相结合。从学校层面，教务处等相关教学管理部门要从保障机制对大学生创业项目予以高度重视，将项目的日常管理工作纳入学校教学管理体系、纳入各专业人才培养方案和教学计划，并从课程建设、学生选课、考试、成果认定、学分认定、灵活学籍管理等方面予以支持。院系层面，各院系要鼓励各专业教师担任创业训练项目的导师，大力聘请企业导师指导学生创业实践训练、争取企业的技术支持，实现校企资源共享。还要积极开设与创业训练有关的项目管理、企业管理、风险投资等选修课程，创造条件为创业训练项目提供技术、场地、政策、管理等支持和创业孵化服务，组织学生开展自主研究、自主创业，激励教师和学生共同开展大学生创业训练（实践）项目。

2012年7月11日，学校召开大学生创业训练计划项目专题会议。此次会议，从项目定位、任务分工、项目验收、校企合作等方面详细探讨了如何开展项目；明确了为学生搭好平台、做好服务，通过大学生创业教育培养学生的创业能力和创业意识，促进学生的成才、成长的工作重点。对于这一项目，学校给出专项资金对10个重点资助项目和20个一般资助项目给予经费保障，鼓励学生勇于创业、敢于挑战，充分体现了学校对大学生创业训练项目的支持和肯定。2012年9月13日，学校召开了大学生创新创业训练计划项目开题会议。

新增课程，落地实施

大学生创业训练项目的目的是通过鼓励、引导大学生自主创业，既能够锤炼自我、成就梦想，又能够服务社会、实现价值。为了使创业指导落到实处，教务处指导各院系修订了学校2016级人才培养方案，新增了“创新创业指导”课程。教务处在与企业多次沟通的基础上，初步拟定了该课程参考标准，目的在于培养学生创新思维、创新意识和创业能力，进一步提高人才培养质量，促进学校创新创业教育健康发展。

2015 年 12 月，由广州市人力资源和社会保障局主办，中国南方人才市场、广州市劳动就业服务管理中心、市职业能力培训指导中心承办的南方人才杯“赢在广州”第四届大学生创业大赛成绩揭晓。学校获高校组织奖，由覃钰东、李晓娟、曹伶丽和江富强等 4 位教师指导的 4 支队伍均获项目创新奖。通过本次比赛，不仅体现了学校学子较好的创新创业能力，也对学生创新能力培养与创新理念实践起到了“以赛促教、以赛促学、以赛促改”的积极推动作用。

学校从创业指导到创业项目落实，无不给学生鼓励、关怀，体现了学校不仅教好学，还做好服务。课堂上的专业学习是为就业打基础的，鼓励学生主动去创造工作的机会，学以致用，成长为对社会有用的人才，是学校育人的重点。

“双创”学院，正式成立

2016 年 12 月，学校根据中共中央、国务院印发的《国家创新驱动发展战略纲要》和《国务院关于大力推进大众创业万众创新若干政策措施的意见》（国发〔2015〕32 号），成立了一个独立校属机构——创新创业学院。

创新创业学院以“铁定创新、铸造未来”为口号，奉行“植入创新创业基因、服务轨道交通发展”的教育理念，提出“给空间、给时间、给经费、给扶持”的“四给”发展思路，确立“联企业、借外力、壮实力”的追赶策略，形成轨道交通特色的“制教学研效”创新创业教育育人模式。学校作为广东省职业院校创新创业教育工作指导委员会主任委员单位、广东省职业院校创新创业教育虚拟教研室主任单位、中国高等教育学创新创业教育分会副理事长单位等，建成了 2860 平方米的“铸梦启航众创空间”。该空间用于开展夏季训练营、校内大讲堂等活动，激发学生的科技创新意识和工匠精神。

“双创”工作，循序渐进

自创新创业学院成立以来，学校给予高度重视，从各方面稳步推进创新创业教育工作。

2017 年 4 月 6 日，学校召开创新创业教育专题工作会议。会上，蒋新革副校长结合学校创新创业教育工作现状，提出了“构建三阶课程—搭建三级竞赛—创建三维基地—组建三型教师”的“四三”特色实践路径，为大学生创新创业积极搭建平台。

2017 年 6 月 13 日和 15 日，景广军校长先后主持创新创业公共实训基地建设专题会议。他要求各个部门从大局出发，通力合作，加快推进速度，尽快完善建设方案，解决建设经费，为创新创业公共实训基地建设提供场地保障。

2017 年 7 月 2 日至 9 日，创新创业学院举办首期大学生创新创业夏季训练营活动。参加训练营的师生是学校入围中国“互联网 +”创新创业大赛、粤港澳台中国大学生创新创业大赛的项目团队成员。本次训练营在中国（上海）创业者公共实训基地举行，训练营经过户外拓展、商业画布、沙漠掘金、时间管理、股权融资、创客大赛等环节，让学生从生活中遇到的问题入手，思考解决方法，围绕创意组建创业团队，运用课程提供的工具和方法分析项目、设计产品、构建商业模式，完成创业融资和产品营销计划，最后形成属于自己的创业项目，实现从创业意愿到创业技能的全面训练。2018 年 7 月 20 日至 24 日，学校再次组织 40 名学生前往中国（上海）创业者公共实训基地参加 2018 年大学生创新创业夏季训练营。在本次训练营中，学校学生与其他高校学生组成跨地区、跨学校、跨专业的团队开展训练，实现了自我创业路上的增值与发展。

2017 年 9 月 27 日，学院首期创新创业大讲堂拉开帷幕。学校党委副书记马仁，广州创新建怡科技投资管理有限公司副总裁陈丽华、运营总监曾道宏，创新创业学院院长许爱军，二级院系辅导员和学生代表共 200 多人参加了活动。

2017 年 10 月 12 日，李晓明副校长主持召开创新创业教育改革系列制度研讨会。学校针对创新创业学院起草的《“创新创业菁苗培养计划”实施办法（试行）》《创新创业孵化空间管理办法（试行）》《创新创业导师聘任与管理办法（试行）》《创新创业专项奖励评定管理办法（试行）》文件，围绕创新创业人才培养机制、课程体系建设、教师创新创业教育教学能力提升、学生创业指导服务、资金支持和政策保障、文化氛围营造等方面，就学校“双创”工作展开讨论。

2019 年 3 月 13 日，创新创业校友合作联盟暨“健翼杯”双创奖学金成立仪式在学校石门校区举行。学校 2001 级优秀校友、广州健翼电子有限公司创始人谢忠健为支持创新创业教育事业发展，向学校“菁苗杯”创新创业大赛捐赠 5 万元奖学金，同时为孵化空间捐助 100 套电脑显示器支架。

搭建平台，加强培养

要提高创新创业教育的质量，必须建设一支高素质的创新创业教师队伍。2016 年以来，学校从课程建设、教研等方面搭建平台，厚植创新创业的“土壤”。

课程建设方面，学校联合广东省 10 所高职院校力量，组织编写并出版《创新思维与创业管理》《百条创新创业经典名句集锦》系列教材，形成系列优质教学资源，进一步深化学校“双创”教育改革，提升高校“双创”课程教材建设水平，加快“双创”教育优质课程建设。同时，加强“创新创业指导”课程课堂及实践课管理，探讨各专业与双创教育发展策略，推动专创融合。如 2019 年 11 月 4 日，党委书记张竹筠主讲“创新与创业”课程资源建设专题会议。国家职业教育铁道供电技术专业资源库课程负责人、“创新创业指导”任课教师、电气工程学院和创新创业学院代表等 40 余人参加了会议。

教研方面，2020 年 6 月，学校成立创新创业教育教研室。教研室的成立促进引导各专业教师积极开展创新创业教育方面的理论和案例研究，不断提高在专业教育课中进行创新创业教育的意识和能力，同时增强了创新创业导师队伍凝聚力。2020 年 6 月 13 日至 19 日，学校举办了为期 7 天的创新创业校内导师 TRIZ 培训，党委书记张竹筠、校长马仁听等领导到培训现场与学员共同学习。培训学员大部分为一线专业教师，同时是校内创新创业导师。通过此次培训，学员都首次通过国际 TRIZ 认证并获得证书。

"创新与创业"课程资源建设专题会议

2023 年，学校组织广东省内 28 所高职院校的 51 名双创骨干教师参加 2023 年高职院校创新创业指导能力提升培训班（国培）和省培项目，培养学校高、精、尖的"双创"导师队伍，提升学校"双创"实战能力，促进高职学生的全面发展。组织 35 名在"双创"中成绩突出的学生赴清远参加创新创业夏季训练营，旨在提升学生双创技能和综合素养；成功举办 2 期大学生（SYB）创业培训，使 58 名学生了解企业运营的关键问题，为后继创业提供了知识储备，并以"创新创业指导"课程为基础，开展创新创业大讲堂 5 期和创新创业沙龙 5 次，扩大学生创业的知识面。

2023年高职院校创新创业指导能力提升培训班（国培）开班典礼

“铸梦启航众创空间”作为学校创新创业教育的实践基地，是培养造就“大众创业、万众创新”生力军的重要场所，通过“铸梦启航众创空间”，播撒创新创业的“种子”。

2021 年 12 月 15 日，学校众创空间成功纳入广州市科学技术局市级众创空间管理。学校在市级众创空间的基础上，不断丰富众创空间内涵，提高孵化项目的质量。借助搬入新校区的良机，贯彻落实学校“十四五”规划，整合优势资源，布局双创各类战训室、战备室、孵化空间等，完成众创空间建设，积极组织申报广东省众创空间，并导入国家级众创空间、创业园等外部资源，实现资源有机整合、统筹协调、开放共享。联合各二级学院共同完成省级创新创业教育实践基地申报，为学生提供双创项目指导、项目路演、成果转化、知识产权确权及保护、投融资对接等全要素服务。

2023 年 6 月 28 日，广东省教育厅二级巡视员邱克楠带领学生就业创业处处长等一行人来学校调研。学校党委书记张竹筠以及学生工作部（武装部）部长、招生就业处处长、基础课部主任、创新创业学院院长参加调研。调研围绕美育、人民武装、创新创业、就业等工作开展座谈交流。张竹筠书记介绍了学校的整体情况，提出学校要树立广州科教城 13 所学校的示范引领作用，做出与广州市经济地位相应的贡献。

广东省教育厅二级巡视员邱克楠一行在众创空间合影

为进一步规范众创空间的管理，学校于 2023 年制定并出台《广州铁路职业技术学院众创空间管理办法（2023 年修订）》，起草《广州铁路职业技术学院双创导师聘任与管理办法》，协助教务处修订中国国际“互联网 +”创新创业大赛等学生竞赛激励办法，逐步推动“双创”人才培养和技能竞赛工作健康、有序发展。2023 年 9 月，“铸梦启航众创空间”成功成为广东省创新创业教育实践基地，正式从市级众创空间升级到省级众创空间。

2023 年 10 月 31 日，广东省教育厅厅长朱孔军、广州市教育局局长陈爽来学校众创空间指导工作。

朱孔军等一行参观了全校校园景点、轨道交通产教融合实训基地、学校“铸梦启航众创空间”等。

以赛促学，屡创新高

竞赛是提升学生创新创业能力及指导教师实践教学能力的重要途径，学校积极探索“以赛促教、以赛促学”的教育方式，以中国国际大学生创新大赛为牵引，加强创新创业教育与专业教育的融合度，不断完善“国、省、校、院”四级科技创新竞赛体系。

2017 年 9 月，在 2017 年广东“众创杯”大学生启航赛暨“赢在广州”第六届大学生创业大赛总决赛中，学校创新精英班选送的 7 个项目均获“项目创新奖”，成为本次大赛获奖最多的高校之一。由此，学校荣获“优秀组织奖”。

在 2018 年全国大学生创客挑战赛上，学校 4 个项目团队在项目路演中脱颖而出，其中《简知——大学生兼职平台》获得二等奖；《电驱滑轮》《IN 校园——高校信息服务型 IP》《“互联网 +”铁道货车虚拟检修教学平台》获得三等奖。

2019 年 12 月 27 日至 29 日，学校师生获第三届“中英‘一带一路’国际青年创新创业技能大赛”中国区总决赛二等奖 2 项。中国职业技术教育学会会长、教育部原副部长鲁昕在闭幕式上作了“产教科融合——助力人才培养对接科技进步”的专题报告，并与学校获奖师生合影留念。

中国职业技术教育学会会长、教育部原副部长鲁昕与学校获奖师生合影

中国国际“互联网 +”大学生创新创业大赛是全国“规格最高、规模最大、科技含量最高、产业效果最好”的大学生创新创业大赛，在历届中国国际“互联网 +”大学生创新创业大赛上，学校团队屡创新高，彰显了学校创新创业教育的优良成效。

在 2020 年 8 月 9 日第六届中国国际“互联网 +”大学生创新创业大赛广东省分赛决赛中，学校首次获得职教赛道 4 项银奖及“青年红色筑梦之旅”赛道 1 项银奖，实现在中国国际“互联网 +”大学生创新创业大赛省级以上奖项的零突破。在 2020 年 11 月 17 日至 19 日举行的赛总决赛上，学校首次获得第六届中国国际“互联网 +”大赛总决赛银奖 1 项。“动车组车底智能检测机器人——高铁安全卫士”项目从全国147万个项目团队中脱颖而出，勇夺职教赛道创意组银奖，实现学校在中国国际“互联网 +”大赛国家级奖项的零突破。

2021 年 8 月 11 日，在第七届中国国际“互联网 +”大学生创新创业大赛广东省决赛，学校 4 个参赛项目中，“钢铁战衣 —— 硬质耐磨涂层引领者”项目喜获省级金奖，其他 3 个项目获得省级银奖，实现学校在此项大赛省级金奖的零突破。2021 年 10 月 15 日，第七届中国国际“互联网 +”大学生创新创业大赛总决赛中，学校作品的获奖数量和质量均有新的突破，荣获国家级银奖 2 项、省级金奖 1 项、省级银奖 3 项、省级铜奖 4 项、广东省优秀组织奖 1 项等优异成绩。

2022 年 11 月 12 日，学校团队项目“铁巡卫士 007——铁路智能巡‘线’机器人的开拓者”获得第八届中国国际“互联网 +”大学生创新创业大赛国家级金奖，实现了学校在大学生创新创业大赛中获得的国家级金奖零的突破。本届大赛学校共组织 4696 个项目参加比赛，获得国家级金奖 1 项、国家级银奖 1 项、国家级铜奖 1 项，同时突破性获得省金奖 3 项、省银奖 3 项、省铜奖 2 项、优秀组织奖 1 项等优异成绩。

2023 年 8 月 14 日至 16 日，第九届中国国际“互联网 +”大学生创新创业大学赛广东省分赛上，学校喜获“学校集体奖”1 项，这也是学校连续 5 年获“优秀组织高校奖”。同时，学校喜获金奖 1 项、银奖 4 项，其中机电工程学院获金奖 1 项，外语商贸学院、电气工程学院、机车车辆学院、机电工程学院各获银奖 1 项。学校获奖项目总数位列全省高职院校第 5 名。本次大赛由党委书记张竹筠书记亲自带队，共有 6 名指导教师及 15 名参赛学生参加了此次大赛。

“双创”育人，硕果累累

创新创业教育是学校推进教育改革、提升育人质量的重要举措。学校创新创业教育持续迭代升级的同时，学校的办学实力也不断提升，更是多次受邀参与各类创新创业教育论坛，充分体现了“双创”的育人成效。

2019 年 12 月 14 日，中国高等教育学会创新创业教育分会理事会换届大会暨 2019 年工作年会在上海财经大学召开。学校当选为副理事长单位，党委书记张竹筠当选为中国高等教育学会创新创业教育分会第三届理事会副理事长。新当选的副理事长张竹筠在理事会工作会上表示，将认真履行好副理事长职责，牢记立德树人根本任务，及时总结和分享学校的创新创业教育经验，为建设广州教育高地，推动粤港澳大湾区创新创业教育高质量发展，做出应有的贡献。

2020 年 6 月 8 日，学校被认定为“广州市创业培训定点机构”，本次广州市新增“广州市创业培训定点机构”仅为 6 家。此后，学校可面向全校师生和社会招收 SYB（START YOUR BUSI-

NESS）学员，开展创业培训，积极推动我校形成创业氛围，提高创业成功率。

2020 年 12 月 3 日， 2020 年中国高等教育学会创新创业教育分会年会暨“十四五”创新创业教育高质量发展论坛，来自全国 217 所高校的众多学者、专家出席并共同探讨创新创业教育改革与发展。会议公布了 2020 年新增常务理事、理事和会员单位名单。学校成为中国高等教育学会创新创业教育分会副会长单位。

2020 年 12 月 17 日，接广东省教育厅通知，学校成为广东省职业院校创新创业教育工作指导委员会主任委员单位，党委书记张竹筠当选为主任委员，创新创业学院院长周欢伟当选为秘书长。

2021 年 6 月 18 日，根据广州市人力资源和社会保障局发布的《广州市人力资源和社会保障局关于 2021 年建立广州市院校就业创业 e 站的通知》，学校被认定为“广州市院校就业创业 e 站”。

2021 年 8 月 19 日，学校党委书记张竹筠受邀参加中国高等教育学会创新创业教育分会 2022 年年会暨“科创融合”高峰论坛。张竹筠应邀在中国创新创业创造 50 人论坛作了“行业院校‘赛创融合’教学模式探索”为主题的报告。他分析了行业院校的来历和优势，剖析了职业院校所面临的前所未有挑战，提出通过构建“赛创融合”教学模式解决职业教育面临的招生规模大、招生形式多元化、学生学业之路短等问题。他主张以大赛为手段，利用“科教协同、产教融合、校企合作”的办学特点，实现学生的创新创业素养教育，通过挖掘商机、组建团队、获取资源，促使每名职业院校学生利用专业背景完成一份商业计划书，加大创新创业教育与大赛高度融合力度和深度，鼓励和帮助他们参加各类创新创业大赛，不断提高行业职业院校专业水平和人才培养质量。

2021 年 9 月 12 日，广东省职业院校创新创业教育工作指导委员会 2021 年第一次工作会议在主任单位广州铁路职业技术学院顺利召开。会上，全体委员表决了《广东省职业院校创新创业教育教学指导委员会章程》，并获得一致通过。张竹筠主任在部署本届教指委工作和下半年重点工作时，强调要依据国家和省厅相关工作文件，围绕职业院校创新创业教育重点任务，在调查研究、大赛咨询指导、质量保障和交流服务等方面发挥作用，不断对接“新业态、新模式、新技术、新职业”，对接技术技能人才培养的新需求，对接乡村振兴发展需求，打造与广州城市地位相衬的职业教育体系，使本届广东省职业院校创新创业教育教学指导委员会成为大家的“参谋部”和“咨询团”，明显提升全省的创新创业教育质量。

2021 年，学校被评为“广东省大学生创新创业教育示范学校（2021—2024 年）”。12 月 16 日，广东省 2022 届普通高校毕业生就业创业工作视频会议在广东省教育厅举行，王亚妮副校长带队创新创业学院到省教育厅参加会议。会上举行了广东省大学生创新创业教育示范学校的授牌活动，王亚妮代表学校上台接受牌匾。

2022 年，学校荣获广东省教学成果二等奖 1 项、广东省高校创新创业教育精品教材 1 项。2022 年 5 月 6 日，广东省教育厅公布了 2021 年广东省教育教学成果奖（职业教育类）获奖名单，学校牵头的创新创业类教学成果“行业高职院校‘多方合力、师生共力’的双创教育人才培养体系研究与实践”荣获二等奖。广东省职业教育教学成果奖每两年评审一次，是职业教育领域最高的省级教学成果奖励，也是体现学校创新创业人才培养工作水平和教育教学改革成果的核心指标之一。

2022 年 11 月 19 日至 20 日，2022 亚洲教育论坛年会在成都召开。会上，高校毕业生就业协会宣布学校成功入选全国首批大学生就业创业能力提升培训基地院校名单。学校在创新创业实践基地建设中成效初显，获得广州市众创空间建设立项，联合共建 3 家国家级众创空间。

2023 年，学校深化“双创”教育改革。第一，2 次组织学生团队申报入驻众创空间，积极组织各二级学院挖掘校内外资源，新增立项创新工作室 4 个、“双创”实验室 1 个、创新企业研发中心 1 家、“双创”实践课程 2 门。第二，搭建了“创新工作室 + 创新企业研发中心 + 创新创业实验室 + 双师工作室 + 企业工作站”等“双创”实践教育平台，将学生的“专业学习 + 大赛培育 + 科学研究 + 双创培训”等融入“双创”教育全过程中，形成师生的“专创融合”成果培育、生长、成熟的生态环境。第三，做好广东省创新创业教育示范学校的内涵建设，不断提升创新创业教育质量。组织 16 个项目参加 2023 年省质量工程（创新创业训练计划项目）申报和认定；组织开展 2022 年度广州市高等教育教学质量与教学改革工程高等教育教学改革类项目（项目载体 3）中期检查工作。新增立项 20 个校级大学生创新创业项目。搭建双创人才培养与技术创新平台，不断提升学校双创教育内涵建设。在国家级 MOOC 平台上筹建国家级精品在线课程，丰富双创教育资源。第四，利用“就业创业 e 站”平台，引导和帮扶学生创业，提高学生利用专业知识创业的积极性。

此外，为鼓励学生创新和创业，扩充大学生创业金融知识，提升风险意识，提高大学生创业过程中的风险承受能力，学校引入专业税务师事务机构为大学生提供双创过程的金融咨询服务。为学生提供政策咨询、就业帮扶、创业指导、人才交流等服务，不断培养学生的科技创新意识和工匠精神，鼓励有创新成果的项目团队创办企业，从而保障学生创业项目孵化率及毕业生创业率。

第三节
自主招生推动教改迈向纵深

2013 年 5 月，教育部出台了《关于积极推进高等职业教育考试招生制度改革的指导意见》（教学〔2013〕3 号），提出高职院校在招生时增加技能考查内容，招生学校依据考生相关文化成绩和技能成绩，参考综合素质评价，择优录取。这意味着高考不再成为升学的唯一途径，“一考定终身”将成为历史。

此消息出台后，《南方都市报》专题采访了学校校长刘国生，刘校长结合中国职业教育的发展现状和改革趋势，就高职招生考试的内容形式，中高职贯通，高职与应用型本科、硕士对接等问题提出了独到的见解和看法。

刘校长在访谈中提出，高职院校和普通本科高校对学生的培养层次、目的不一样，选拔人才的标准也应不同，对高职招生考试的改革相当必要。高职招考与普通本科高考分离，不应仅仅是形式上的分开，还要在考试内容、科目设置上有明显的体现。文化知识和技能知识的考查要结合起来，考文化知识时，要求学生能把它灵活应用到技能中，而考技能知识时应体现学生的文化功底。新办法使愿意接受职业教育的考生有了自主选择的机会。除了高考，考生还可以通过高职招考进入心仪的院校，无形中增加了考生的升学机会。同时，由于高职招生考试单独进行，其生源将不再是被普通高考录取后分数较低的考生，自主自愿考入高职院校的学生比重上升。并在分析学校自主招生和三二分段招考学生现状的同时，预计高职招生改革将使更多中职学生进入高职学校中，有利于中高职的衔接、贯通，使职业教育的选拔更具特色，产生良好的导向。

除此之外，要使高职招生考试改革更深入有效，刘校长强调除了中高职的衔接外，还需要把高职和应用型本科、工程硕士的培养对接起来，使中职学生有机会走入高职院校后，能走向应用型本科甚至是工程硕士，这样一来，应用型人才培养这条路就走通了。更多有文化、有能力的人才就可以走得更远，使职业教育体系进一步完善，职业教育更具生命力。

改革试点，自主招生

2011 年，教育部办公厅下发《关于 2011 年部分高等职业院校开展单独招生改革试点工作的通知》（教学厅〔2011〕6 号），学校正式取得教育部 2011 年单独招生改革试点资格，成为广东省具有单独招生资格的 11 所国家级示范和骨干高职院校之一，当年单独招生计划人数为 280 人，约占全省单独招生总计划人数的 10%。

单独招生是高职院校根据自身专业教学需要设置考试科目，自主命题、考试、评卷、组织面试、自主招生录取一种招生形式，仅已列入“国家示范性高等职业院校建设计划”的示范和骨干高职院校立项建设单位的高校具有单独招生资格。考生参加单独招生被正式录取后不需参加全国统一高考，在校与通过高校录取的学生待遇完全相同。当年，学校面向广东省户籍普通高中应届毕业生单独招收城市轨道交通车辆、城市轨道交通运营管理、电气化铁道技术、数控技术、应用电子技术、会计电算化六个专业学生。报名之后进行考核，考核分资格审核、笔试和面试三步进行。学校本着公平、公正、公开的原则开展单独招生各项工作，所有招生信息均在学校招生信息网上发布，确保招生“阳光工程”落实到位。

2012 年 5 月，来自省内 21 个市 400 余所学校的近 1200 名学生参加学校自主招生考试，角逐城市轨道交通车辆、机电设备维修与管理等 10 个专业共 450 个录取名额，部分专业第一志愿录取率高达 8 ∶ 1。广东省教育考试院副调研员郑穗芬等前来指导，学校校长刘国生，副校长林姚、王韶清等领导到场巡考。这是学校作为国家骨干高职院校立项建设单位继 2011 年取得自主招生资格以来自行组织的第二次自主招生考试。与 2011 年相比，当年学校自主招生考生人数增长近 4 倍，生源由仅有普通高中应届生扩大到普高应届生、中职应往届生均可报考，普高生学制 3 年，中职生学制 2 年。

学校高度重视自主招生工作，多次召开专题会议研究部署，认真制定自主招生章程与方案，精心组织自主招生工作，各单位紧密合作、相互支持，确保自主招生考试顺利有序开展。

到了 2013 年，学校对自主招生方面有了更高的要求，强调将工作目标从生源数量上升到质量，为学校人才培养与骨干校建设提供高素质合适生源。当年广东省教育厅下达到学校 10 个专业的自主招生计划共450人，招生对象为广东省户籍普高应届毕业生及中职应往届毕业生，招生专业、报考条件、考试内容与往年相同。不同的是，2013 年自主招生笔试与面试（技能测试）分阶段进行，且时间安排上总体提前。同时，为把握更优质的生源，招生就业处负责人率信息工程系老师等赴肇庆地区开展 2013 年自主招生宣传工作，受到肇庆市教育局、高要市教育局以及各中学领导的热情接待。肇庆市十二中、高要一中、高要二中、高要实验中学，高要新桥中学、肇庆职业技术学校等 6 所学校组织了 6 场 1200 多名学生参加招生宣传会。

宣传会上，我校负责人向学生介绍了学校办学优势与特色、专业招生计划、专业优势亮点、人才培养质量以及校园文化特色等方面的情况，会场互动活跃，气氛热烈。由于宣传工作得力，2013 年自主招生网上报考人数就达到 2223 人，有效报名人数 1977 人，其中高中 1490 人、中职 487 人，10 个自主招生专业报考率均超过 100%。

此后，学校的自主招生渐成规模，每年报考人数呈上升趋势。学校由高考统招单一渠道扩展为自主招生的多种渠道，是一种主动招收优质生源的行为，对学校可持续发展和培养人才是非常有力的举措。

参加自主招生考试的学生有序入场

三二分段，学制试行

2011 年，广东省教育厅和广东省高等中专学校招生委员会向全省下发《关于开展 2011 年职业院校对口自主招生三二分段试点工作的通知》（粤教职函〔2011〕76 号文），“广州铁路职业技术学院”“广州铁路机械学校”榜上有名，喜获三二分段试点资格。

所谓三二分段学制，就是学制 5 年、中职学段 3 年、高职学段 2 年。招生对象主要是中职学段为具有广东省户籍的应届初中毕业生，高职学段为对应试点中职学校相应专业符合报考条件的正式学籍学生。录取和对接方式是试点中职学校通过中招平台招收应届初中毕业生，学生按中高职衔接人才培养方案要求，完成 3 年中职学段学习，各项考核合格，并符合相关条件和要求的，可参加高职学段的转段选拔考核；高职学段的转段招生选拔考核由高职院校会同对口中职学校自主组织，原则上在中职学段的第五学期或第六学期进行，考核内容包括综合文化知识、专业知识和专业技能，录取工作由高职院校组织实施，根据招生计划在中职学段第六学期，将拟录取名单报省教育考试院批准后正式录取，未被录取的学生按照教学计划顶岗实习，准备就业或参加其他类型的高职院校招生考试。

学校成为三二分段试点院校，不仅可以促进中职学校坚持以就业为导向、以技能为核心，摒弃应试教育模式，在班级管理、教学管理、选拔考核等方面体现职业教育特色，提高中职学校办学水平和教学质量，做大做强试点专业，而且可以推动学校积极探索制定中高职衔接专业教学标准和课程标准，深化教育教学改革，创新人才培养模式，提高人才培养能力和人才培养质量。

广东省对口自主招生三二分段中高职衔接培养高素质技能型人才招生培养试点工作，是广东省教育厅在去年的基础上进一步扩大试点范围，通过 2011 年 2、3 月组织中高职院校（含技工学校，下同）三二分段试点申报，参考专家对申报中职学校实地考察意见，最终确定部分中职学校和高职院校对接，当年共有 27 所高职院校、近百所省级重点以上中职学校开展试点工作，招收学生不少于 21 600 名，学校数和招生数均比去年翻了一番。

广州铁路机械学校的“电力机车运用与检修”专业与学校的“铁道机车车辆”专业先行实行三二分段试点。当年，学校试点专业有铁道机车车辆、数控技术、机电设备维修与管理 3 个，招生计划数为 300 名，对接的学校还有广州市交通运输职业学校、广州市轻工职业学校、罗定市中等职业技术学校、广州市土地房产管理职业学校，总共 5 所中职学校。

在 2011 年，学校 7 个院系共 35 个专业（方向）招生，分了普高统招、普高单招、中高职三二分段、“3+ 证书”等 4 种招生方式。其中，开展“3+ 证书”招生有计算机应用技术专业（数字社区系统集成方向）、数控技术、机电设备维修与管理等三个专业，计划招生 260 人。录取对象是已具备资格并参加了今年中职升高职统一考试，成绩达到录取分数线的广东省中职毕业生，学校携手国家基地共同培养数字家庭专有人才，将学生的学习地点放在基地即大学城，共享优质教育资源，开展尝试“厂中校”人才培养模式，探索“人才共育、过程共管、成果共享、责任共担”的紧密型合作办学机制，深化内涵建设，推进合作办学、合作育人，合作就业、合作发展的办学模式，努力推动学生创业就业能力的提升。

2012 年 12 月 6 日，学校组织召开了中高职三二分段试点专业衔接方案研讨会，邀请了广州铁路机械学校、广州市交通运输职业学校、广州市轻工职业学校、广州市土地房产管理职业学校等 2013 年三二分段对口自主招生的中职学校，会议具体解决以下问题：第一，学校制定的中高职三二分段转段选拔考核方案征求意见，经过讨论确定考核工作小组、考核时间、地点以及考核方式等；第二，讨论中高职三二分段试点专业衔接存在的问题与解决办法；第三，机电设备维修与管理、铁道机车车辆、数控技术等三个试点专业的中职老师和高职老师对考核内容和教学内容如何有效衔接进行交流。各校与会代表在会上结合实际各抒己见、深入交流。

会议使各方达成了共识，明确了学校第二年的中高职三二分段转段考核选拔方案，为学校建立紧密型“高职＋对口中职”模式为主的现代职业教育体系奠定了基础。

学校的三二分段试点招生为具有专业特长的学子提供广阔的学习空间，在多年的运行试验中收到良好的反馈。为贯彻上级文件《关于开展 2018 年职业院校三二分段中高职贯通培养试点工作的通知》精神，深化建设“三二分段中高职贯通培养试点班”，2018 年 4 月 9 日，学校邀请广州市电子信息学校、广州市天河职业高级中学、广州市交通运输职业学校、广州市南沙区岭东职业技术学校和广东省旅游职业技术学校等中职学校领导和教师等来学校，参加中高职贯通培养改革试点和转段考核工作会议。招生就业处、运输物流管理学院、外语商贸学院负责人和 5 个试点专业负责人参加会议。

从 2018 年开始，学校将全程参与对口中职学校试点专业试点班的招生工作，以提高生源质量，保障招生录取过程规范。学校按照省厅文件精神，主动对接试点中职学校，校校协同创新，紧锣密鼓、齐心协力做好中高职贯通培养改革试点工作，为不同层次、具有特长的学生成长为技术技能人才提供空间和条件，为区域经济社会发展培养更多优秀的人才。

2018年6月，根据广东省教育厅《关于开展2018年高职院校与本科高校协同育人试点工作的通知》（粤教职函〔2018〕76 号），学校申报的 2 个“三二分段专升本应用型人才培养试点项目”获省教育厅批准。其中，“机械制造与自动化专业”与仲恺农业工程学院的“机械设计制造及其自动化专业”已连续两年（2016—2017 年）协同开展“三二分段专升本应用型人才培养试点项目”；“商务英语专业”与广东技术师范学院的“商务英语专业”合作开展试点，首次获批立项。

机械制造与自动化和商务英语 2 个试点专业均为省一流校高水平建设专业。高职本科衔接试点项目推动试点专业积极探索三二分段专升本应用型本科人才培养模式，制定高职本科衔接专业教学标准和课程标准、深化教育教学改革，不仅有利于提升专业办学水平，而且对于加快构建现代职业教育体系，促进校校协同培养应用型人才服务区域经济发展具有重要意义。

深化学制，贯通培养

2019 年 3 月，学校首届高本协同育人试点班学生参加了三二分段专升本转段考核。经仲恺农业工程学院审核，有 39 名学生顺利通过基本素质考核，符合三二分段专升本转段考核报名条件，并完成了报名工作。3 月 9 日，39 名学生参加了转段考核。另外，由于试点班学生全部通过了专业技能考核，并获得了相应的职业资格证书，专业技能考核免于组织。4 月 23 日上午，学校机械制造与自动化专业喜传捷报，仲恺农业工程学院正式公布“2019 年三二分段专升本转段招生录取名单”，录取学校试点专业（机械制造与自动化）学生 32 人，录取率达到 107%。这标志着学校高本协同育人“3+2”模式下机械制造与自动化专业的人才培养质量获得显著提升，得到试点本科院校的高度认可。

2019 年 6 月 17 日上午，学校召开 2019 年三二分段中高职衔接试点工作研讨会，广州市交通运输职业学校、广州市天河职业高级中学、广州市南沙区岭东职业技术学校和广东省海洋工程职业技术学校校领导、教务科、招生办负责人以及试点专业教师齐聚学术报告厅，共同研讨三二分段中高职衔接试点工作和 2019 年转段考核工作。会上，招生就业处负责人介绍了往年录取工作整体情况，强调要加强合作，共同协商解决招生录取中的一些问题，规范报考和录取工作。中职学校领导和教务科负责人就转段考核准备工作进行了说明。此外，我校 4 个专业负责人分别与对口中职学校试点专业负责人、教师就 2019 年转段考核具体安排、中高职贯通人才培养模式、一体化人才培养方案等事项进行了深入研讨。

2019 年 6 月，根据广东省教育厅发布的《关于开展 2019 年高职院校与本科高校协同育人试点工作的通知》（粤教职函〔2019〕82 号），学校申报的 2 个“三二分段专升本应用型人才培养试点项目”（机械制造与自动化专业与仲恺农业工程学院的机械设计制造及其自动化专业、商务英语专业与广东技术师范学院的商务英语专业）获省教育厅批准。2019 年计划招生 100 人，实际报到人数 77 人。

2020 年 6 月 2 日上午，学校召开了 2020 年中高职贯通培养三二分段转段考核工作沟通会。广州市交通运输职业学校、广州市天河职业高级中学、广州市南沙区岭东职业技术学校等 3 所对口学校领导、教务科以及试点专业教师，学校副校长王亚妮，教务处、招生就业处、机电工程学院、信息工程学院和运输物流学院等单位负责人及 3 个试点专业的教师参加了会议。会上，王亚妮强调，各个考点须严格按照省厅有关要求做好考场准备，严格按照考务方案做细做实各项工作，加强试卷命题与现场考核的组织与督查，确保本次三二分段转段现场考核如期顺利进行，打通中高职贯通人才培养新途径。

2020 年，根据《广东省教育厅关于开展 2020 年高职院校和本科高校协同育人试点申报工作的通知》，学校申报的 3 个“三二分段专升本应用型人才培养试点项目”获省教育厅批准。其中，机械制造与自动化专业与仲恺农业工程学院的机械设计制造及其自动化专业已连续 3 年获得立项；商务英语专业与广东技术师范学院的商务英语专业连续两年获得立项；应用英语专业与广东外语外贸大学英语专业合作试点项目，首次获批立项。2020 年计划招生 150 人，实际报到 130 人。

2020 年，学校分别与仲恺农业工程学院、广东技术师范大学、韶关学院和嘉应学院等 4 所本科学校协同合作，探索专插本培养模式的高层次技术技能型人才培养模式改革与实践，计划招生 210 人，实际报到 156 人。

2021 年，学校坚持“产教融合、专业对接、课程衔接、中高本一体、协同育人”思路，培养适应经济社会发展需要的高素质技术技能人才，服务产业高端，持续推进高本协同育人工作，根据广东省教育厅《关于开展2021年高职院校和本科高校协同育人试点工作的通知》等文件精神，与广东外语外贸大学、广东技术师范大学、仲恺农业工程学院等6所本科院校合作开展了包括三二分段专升本、专插本以及四年制高本协同育人试点项目改革。高本协同计划招生390人，实际报到321人。其中，三二分段专升本计划招生150人，实际报到119人；专插本协同育人计划招生160人，实际报到127人；四年制本科（2+2）计划招生80人，实际报到75人。

2021年5月，根据广东省教育厅、广东省招生委员会办公室发布的《关于开展2021年职业院校中高职贯通培养三二分段试点工作的通知》（粤教职函〔2021〕19号），学校与广州市交通运输职业学校等6所中职院校对口申报开展中高职贯通培养三二分段改革项目获批，本次中高职贯通培养三二分段改革项目包含物流管理等7个专业，计划招生395人。

2022年，根据广东省教育厅《关于开展2022年高职院校和本科高校协同育人试点工作的通知》等文件精神，学校与广东外语外贸大学、广东技术师范大学、仲恺农业工程学院等6所本科院校合作开展了包括三二分段专升本、专插本以及四年制高本协同育人试点项目改革。高本协同计划招生394人，实际报到364人。其中，三二分段专升本计划招生150人，实际报到139人；专插本协同育人计划招生164人，实际报到149人；四年制本科（2 + 2）计划招生80人，实际报到76人。

2022年5月，根据广东省教育厅、广东省招生委员会办公室发布的《关于开展2022年职业院校中高职贯通培养三二分段试点工作的通知》（粤教职函〔2022〕10号），学校与广州市交通运输职业学校等6所中职院校对口申报开展中高职贯通培养三二分段改革项目获批，本次中高职贯通培养三二分段改革项目包含现代物流管理等9个专业，计划招生665人。

2023年，根据广东省教育厅《关于开展2023年高职院校和本科高校协同育人试点工作的通知》等文件精神，学校与广东外语外贸大学、广东技术师范大学、仲恺农业工程学院、韶关学院等4所本科院校合作开展了包括三二分段专升本、专插本以及四年制高本协同育人试点项目改革。高本协同计划招生279人，实际报到259人。其中，三二分段专升本计划招生140人，实际报到125人；专插本协同育人计划招生139人，实际报到134人。

2023年3月22日，学校组织开展了2023年与仲恺农业工程学院对接的三二分段专升本专业能力考核，2020级机械制造及自动化高本协同20-2班41名同学参加。5月24日，广东省教育考试院2023年普通专升本招生录取结果公布，学院机械制造及自动化（高本协同）20-2班41名同学全部被仲恺农业工程学院机械设计制造及其自动化专业录取，首次取得报考率百分之百、录取率百分之百的历史最好成绩。

2023年4月，根据广东省教育厅、广东省招生委员会办公室发布的《关于开展2023年职业院校中高职贯通培养三二分段试点工作的通知》（粤教职函〔2023〕14号），学校与广州市交通运输职业学校等10所中职院校对口申报开展中高职贯通培养三二分段改革项目获批，本次中高职贯通培养三二分段改革项目包含城市轨道车辆应用技术等16个专业，招生计划910人。

探索与实践以来，三二分段作为一种新的招生模式，已演变成对人才的精准塑造模式，为学生铺设适合他们成长的个性化道路。

第四节 现代学徒制班试点开创特色

“现代学徒制班”是校企双方将按照企业的用人标准，以联合招生招工的形式择优招录一定数量的学生，组成试点班，生源主要是以自主招生和三二分段转段考核等形式录取的应往届中职生。学徒具有双重身份，在校是学生，在企业是准员工。在培养期间，学生由传统的实习、顶岗“两阶段”转变为新型的实习、顶岗、试用、上岗“一体化四阶段”。

现代学徒制有“四共”，即校企共同招生（招工）、共同培育人才、共建师资和教学资源、共同管理。现代学徒制是国家现阶段高度重视、重点推进的人才培养模式改革，校、企、生三方通过签约明确各方权责利，保障培养过程高效有序开展。

学校高度重视现代学徒制试点工作，大胆探索实践，依据产业和企业需求的技术技能人才培养标准，针对高中毕业生和中职毕业生的不同生源特点，分类开展现代学徒制试点工作。

全面启动“现代学徒制”招生试点工作是学校 2012 年自主招生工作的一大亮点。作为广东省首批 18 所试点院校之一，学校携手通号（长沙）轨道交通控制技术有限公司、广州合立正通信息科技有限公司国家数字家庭应用示范产业基地合作开展“招生即招工、入校即入厂、校企联合培养”的现代学徒制试点，通过自主招生方式，在电气化铁道技术、计算机应用技术两个专业共招收应、往届高中或中职毕业生 70 人。

信息工程学院与国家基地的现代学徒制试点，已被中国职业技术教育学会教学工作委员会教学过程研究会选作为“工学结合教改试验基地”，由研究所赵志群教授亲自对该基地进行指导。在校企双方的共同努力下，在学校领导的关心和支持下，这一试点即为学校骨干校建设的体制机制建设提供一个成功案例。试点“现代学徒制”将进一步完善学校校企合作育人机制，全面提升学校技术技能人才的培养能力和水平，实现学校、企业、学生“三赢”的局面。

首个试点，特色培养

2014 年 11 月 10 日，学校信息工程系和位于广州大学城的国家数字家庭应用示范产业基地联合组建的学校首个现代学徒制试点班正式开班。11 月 6 日，学校与广州南车城市轨道装备有限公司在花都工学结合示范园举行签约仪式，签订了城轨车辆制造与机电设备维修专业现代学徒制联合培养协议。12 月 2 日，学校与万豪国际酒店集团签署涉外旅游专业现代学徒制联合培养协议。12 月 4 日下午，学校与广州合立正通有限公司及国家数字家庭产业基地签约，联合开展计算机应用技术专业现代学徒制人才培养试点。

首个现代学徒制试点班和一系列协议的签订，标志着学校对现代学徒制“双元育人”培养模式的探索从理论走向了实践，与企业联合培养人才的合作达到了新的高度。

现代学徒制试点从国家层面政策出台，到地方推动落实，再到实际的教学班，对企业、学生都是机遇，在一定程度上可以解决就业与用人之间的矛盾。企业人员储备需求大，可以探索出一些现代学徒制培养的经验，使企业获得更广阔的发展空间。在国家出台的新政策指引下，校企要探索建立行业现代学徒制标准化文件，形成可供参考的过程性材料，提供借鉴，进行推广。

2015 年 1 月 13 日，学校现代学徒制试点情况汇报会在现代学徒制合作企业广州南车城市轨道装备有限公司举行。广东省教育厅高教处处长郑文，广州市教育局高教处处长邵国良到会指导。学校党委书记陈爽，广州南车城市轨道交通装备有限公司党委书记李建辉、综合管理部经理蒋娟凤，国家数字家庭应用示范产业基地人才中心主任陈玉琪出席会议。学校相关职能部门、院系和专业负责人参加了会议。

会上，陈爽书记介绍了学校现代学徒制试点工作的总体情况，阐述了学校开展现代学徒制试点的基础、推进现代学徒制试点的举措、取得的阶段性成果，并提出了工作推进建议。李建辉、陈玉琪介绍了企业在开展现代学徒制过程中的做法和收获。两名现代学徒制班级学生和两名在现代学徒制合作企业就业的优秀毕业生代表分别表达了参加现代学徒制班的收获和感受。

郑文高度评价了学校现代学徒制试点工作。他认为，广州铁路职业技术学院开展现代学徒制试点的几个专业各具特色。他指出，现代学徒制是迄今为止最符合职教理念、反映职教精髓的一种人才培养模式，它顺应了企业需求，延展了学校教育，衔接了企业培训，维护了学徒权益，合乎各方利益。

入驻企业，切实落地

2015 年 5 月 18 日下午，学校“广州南车现代学徒班”学生入驻企业仪式在广州南车城市轨道交通装备有限公司综合楼培训室举行。学校机电设备维修与管理 33 名现代学徒制班的学生正式入驻企业，开始了企业学习和实习。广州南车城市轨道交通装备有限公司党委书记李建辉、人力资源部部长蒋娟凤，学校副校长蒋新革率教务处、学生处、图书馆及机械与电子学院负责人和部分专业教师参加启动仪式。

李建辉在启动仪式上表示，实施现代学徒制是轨道交通制造产业崛起和人才储备的需要，公司将现代学徒班学生纳入企业人才规划，在生活条件和学习条件方面给予他们保障，希望学生（学徒）快速熟悉岗位要求，尽快完成从学生（学徒）到企业员工的角色转变。随后，学校教师代表和学生代表也作了发言。

这是广州南车城市轨道交通装备有限公司与几所学校合作的首个现代学徒制项目。该班学生（学徒）已完成了在校的专业理论课学习，此后将在企业进行为期 2.5 个学期的学习和实践。为了满足人才培养的需要，该班学生（学徒）在企业学习和实践阶段，学校不仅安排专业教师定期赴企业指导学生，而且将部分实训仪器设备配置到企业，还配置一批图书并成立了“广州铁路职业技术学院图书馆广州南车城轨公司分室”，为学生学习提供了良好的条件。

为更好地服务企业，提升教学质量，2015 年 6 月 8 日上午，学校召开现代学徒制制度研讨会。学校副校长蒋新革出席会议，教务处、学生处、图书馆、设备处、现代学徒制 5 个试点院系的主要负责人参加会议。各制度起草负责人对相关制度的起草情况进行了解读。各职能部门、教辅部门以及现代学徒制 5 个专业的主要负责人就现代学徒制制度文件的可行性、规范性、科学性、订立原则和依据、与学校现行相关文件的统一性等方面各抒己见，进行了深入研讨。蒋新革副校长对本次会议进行了总结。他对各部门关于现代学徒制制度的推进工作表示肯定，并提出要求：一是要高度重视现代学徒制制度文件对学校教学、建设、发展的重要意义；二是要注重现代学徒制制度文件的体系化和规范化；三是要注意制度文件的可行性和指导性；四是落实责任，尽快提交修改意见，确保现代学徒制制度建设工作的顺利进行。

2015 年 7 月 15 日下午，学校再次就现代学徒制试点实施情况召开研讨会，专题讨论 5 个专业现代学徒制试点的实施情况。会议由党委书记陈爽主持，副校长蒋新革教授出席会议。各院系负责人、相关专业负责人及教研室主任等参加了会议。计算机应用技术、电气化铁道技术、机电设备维修与管理、应用电子技术、涉外旅游等 5 个专业负责人，分别就本专业现代学徒制的实施情况作了总结汇报，提出了面临的困难和问题。与会人员分析和研讨了各专业现代学徒制试点实施过程中的困难和问题，提出了建设性的意见。

陈爽书记对各专业现代学徒制试点的实施情况给予了肯定，并提出三点要求：一是教务处要加强宏观指导，做好学校层面的宏观构架；二是各专业要加强学习和研究，把现代学徒制试点专业做成学校教学改革的亮点；三是跟班教师要落实学生在企业工学交替过程中的学习时间，确保学生可持续发展，进一步提升人才培养质量。

国际关注，合作研讨

2014 年 9 月 23 日下午，英国总领事馆文化教育处华南区助理主任林晓、就业技能项目经理龙燕来学校就开展现代学徒制项目中英合作进行研讨，大学城国家数字家庭产业基地教育中心负责人陈玉琪到会参加研讨。

研讨会上，王金兰和陈玉琪分别介绍了计算机应用技术专业（智能化系统集成）现代学徒制试点实施情况。龙燕就英国在上海已经开展的现代学徒制试点项目进行了详细介绍，上海的现代学徒制试点项目主要由学校、合作企业、行业协会、英领事馆与英国专家团队等四方构成，项目侧重在评估员的培养，建立了完整的职责体系、过程运行体系、质量监控体系，通过评估员实现人才的监控、引导、评定，最终达到整个执行体系的质量保证。

与会人员针对三方如何尽快有效开展现代学徒制展开讨论。龙燕表示，广州铁路职业技术学院与国家数字家庭产业基地已经开展了多年的学徒制试点工作，在这方面已经有积累沉淀，她希望能够快速与大家找到切入点，将英国的学徒制先进经验结合到具体的中国教育中来，让国内的现代学徒制走得更远、走得更好。

在2014年11月27日的广州-芬兰坦佩雷市职业教育研讨会上，学校党委书记陈爽受邀作了《现代学徒制的探索与实践——以广州铁路职业技术学院为例》主题发言。她指出，由于学校人才培养与企业用工存在脱节造成了部分企业“用工荒”的局面，现代学徒制则是破解这一难题的有效方法。她进一步指出现代学徒制的“双主体”“双身份”“双合同”“双导师”“双证书”“双监督”等6个基本要素和“专业与产业、课程内容与职业资格标准、教学过程与生产过程、毕业证书与职业资格证书、学校学习与终身教育”5个对接，引用学校的现代学徒制实践，以及如何让“政、校、行、企”开展顶层设计来实现双赢，丰富了对现代学徒制的理论研究成果，提供了鲜活的实践探索案例。

学校现代学徒制项目的成功引起了英国大使馆总领事馆的关注。2015年11月16日上午，英国大使馆文化教育处英语项目业务发展总监钟伟华女士、英国总领事馆文化教育处华南区副主任林晓女士莅临学校，就中英合作开展现代学徒制培养、师生互访交流等进行了深入交流与探讨。学校党委书记陈爽，教务处、轨道交通学院、应用外语系主要负责人参加会议。

会上，陈爽书记向两位专家介绍了学校现代学徒制试点工作的总体开展情况、中英合作开展现代学徒制的预期目标与主要内容；王亚妮介绍了轨道交通学院现代学徒制试点实施情况。两位专家结合在中国已开展的一些合作项目，重点介绍了学生对外交流、师资培训方面的一些经验，并对下一步中英有效开展现代学徒制合作提出了针对性、可行性建议。

试点院校，部级首批

2015年8月，教育部办公厅公布首批现代学徒制试点单位名单，学校现代学徒制试点获得又一重大突破，成为教育部首批现代学徒制试点院校。

教育部遴选了165家单位作为首批现代学徒制试点单位和行业试点牵头单位，含17个试点地区、8家试点企业、100所职业院校、27所中职学校以及13家行业试点牵头单位。其中，广东省共有7所职业院校成为现代学徒制试点院校。

近些年来，学校积极开展现代学徒制的理论研究与实践探索，先后在计算机应用技术、电气化铁道技术等五个专业开展了现代学徒制校企联合培养试点。学校领导高度重视，在组织架构、制度建设、经费投入等方面给予了充分支持，确保学校的现代学徒制试点项目推进有力，取得实效。

为了探讨交流现代学徒制的人才培养模式，推动职业教育内涵发展，2016年6月27日至28日，由广东省高职教育现代学徒制工作指导委员会主办、学校承办的“全国职业院校现代学徒制交流研讨会”在燕岭大厦召开。

广东省教育厅高教处处长郑文，广州市教育局高教处副处长黄晓婷，教育部职业技术教育中心研究所国际合作与比较教育研究室主任刘育锋研究员，广东省高职教育现代学徒制工作委员会主任委员赵鹏飞教授，广东省教育研究院职业教育研究室主任李海东教授，学校校长景广军、副校长蒋新革等领导和专家出席了会议。来自全国近40家单位（含7家企业）的负责人、教务处长、教研室主任、专业教师和企业代表等共120余人参会。本次研讨会分开幕式、专家讲座、试点经验交流和企业考察四部分。

景广军校长在开幕式上致欢迎词。他介绍了学校开展现代学徒制的基本概况和取得的成绩，并表示学校将继续大力推动试点改革，与全国职教同仁共同开创现代学徒制探索发展的新局面。

郑文处长发表了重要讲话。他概述了广东省现代学徒制试点情况，简要通报了现代学徒制检查的成效与问题，建议相关院校进一步深化产教融合、校企合作，针对出现的问题加强研究，进一步加强理论研究和推进试点工作实践。

在专家讲座阶段，刘育锋研究员作了题为《对现代学徒制“制度”设计的理论思考》的报告，从理论和比较教育的角度对现代学徒制进行了思考；赵鹏飞教授作了《“现代学徒制”实施与思考》报告，从理论到实践对现代学徒制进行了探讨；蒋新革教授作了《政校行企四方联动，共推特色现代学徒制》的报告，总结了学校的现代学徒制试点的经验和思考。

在试点经验交流阶段，来自广州铁路职业技术学院、天津现代职业学院、江苏农牧科技职业学院 3 所院校的试点专业分别进行了经验分享。与会人员还前往学校计算机应用技术专业现代学徒制试点企业——位于大学城的国家数字家庭产业示范基地进行了考察交流。

本次交流研讨会有来自政府、行业、企业、学校的代表共同参与，不仅展示了现代学徒制试点学校与合作企业的实践经验，而且围绕现代学徒制如何实施、如何推进、如何保障等问题进行了探讨。大家纷纷表示本次交流研讨会内容充实，资料齐备，成效显著，对于全面提升技术技能人才培养质量，促进学校现代学徒制顺利实施有较强指导意义。

政校行企，共推机制

2016 年 12 月 2 日至 3 日，教育部首批现代学徒制试点工作经验交流活动在广州白云国际会议中心举行。活动由广东省教育厅主办，学校承办，广东省教育研究院、广东省高等职业教育现代学徒制工作指导委员会、广东建设职业技术学院协办。教育部职成司副司长王扬南、教育部职成司高职高专处处长林宇、广东省教育厅副厅长魏中林等领导出席活动。

交流活动围绕“进一步推动现代学徒制试点工作，提高试点成效”的主题，展示了首批现代学徒制试点单位在深化产教融合、校企合作，完善校企合作育人机制，创新技术技能人才培养模式的经验和成果；探讨如何进一步加大支持力度，大胆探索实践，加快构建和完善中国特色现代学徒制培养体系，全面提升技术技能人才的培养能力和水平。全国 151 家首批现代学徒制试点单位，45 家非试点单位，15 个省级教育行政部门，新华社、南方日报、广东电视台等 3 家中央和地方媒体，1 家教育研究机构，共计 400 余人参加了交流活动。

王扬南副司长在开幕式作主旨讲话。他分析了开展现代学徒制的重要意义和作用，介绍了首批现代学徒制试点工作的进展情况，对进入攻坚克难“施工高峰期”的试点工作作出了工作部署。开幕式后，王扬南专程到学校调研了办学情况。

学校党委书记雷忠良以“政校行企四方联动，共推现代学徒制”为题作了分享报告。他以学校现代学徒制开展情况为例，介绍了学校依托行业优势和扎实的校企合作基础，深化校企融合、工学交替、实岗育人、岗位成才的作用，在现代学徒制试点工作中形成了校企合作平台实、组织机构实、运行机制实、质量保障实，试点模式多样化、试点要素具体化、合作企业学校化、试点工作指导理论化，试点企业类型多、探索专业多、学生收获多的“四实四化三多”的鲜明特色，有效架起了学校与行业企业人才共育的桥梁，实现了校企双赢。

广东省、中山市、成都市、有色行指委以及相关试点企业、中高职学校、试点专业等 11 位代表从不同角度作典型发言，就建立校企协同育人机制、落实招生招工一体化、完善人才培养制度和标准、建设校企互聘共用的师资队伍、建立体现现代学徒制特点的管理制度以及完善激励与保障机制等方面介绍了工作经验。随后，代表们参观了广州铁职院现代学徒制试点企业（广州大学城国家数字家庭产业示范基地人才中心、广州中车轨道装备有限公司）及中山等地方相关企业。

教育部首批现代学徒制试点工作经验交流活动

毕业寄语，成绩优异

2017 年 6 月 26 日上午，广东省首届现代学徒制试点班毕业典礼在学校举行。学校党委书记雷忠良、校长景广军出席典礼，相关部门负责人、教师代表、企业代表以及首届现代学徒制试点班全体同学一起参加了典礼。

典礼上，信息工程系负责人宣读广东省首届现代学徒制试点班毕业生名单。雷忠良、景广军为学徒班毕业生逐一颁发毕业证书。雷忠良寄语全体现代学徒制毕业生，表示同学们既是学校

2017届计算机应用技术专业（现代学徒制）的毕业生，同时是广东省首届现代学徒制试点班学生，更是国家首批现代学徒制试点专业学生。从国家和广东省层面来看，同学们都是首届毕业的学徒制学生，是第一批“敢吃螃蟹”的人，非常有胆识，勇于创新；同学们的身份很特殊、很光荣，成绩优异，实践着一种新的学习方式，更是学校创新驱动的践行者。希望同学们在工作中能继续探索、创新，全面展示自身的职业素养和职业技能。景广军勉励毕业生们在学业深造、工作方面取得更大进步。

企业代表国家数字家庭应用示范产业基地、合立正通项目负责人何剑锋分享了两年来与学生一起学习、工作、生活的点点滴滴。杜粤川和黄佳恒代表毕业生表达了现代学徒制这种开放式学习的收获。杜粤川表示企业师傅言传身教，不仅让自己掌握多种技能，完全适应行业需求，更培养了潜心工作的企业精神；黄佳恒通过自己的努力，考取了心仪的专插本学校，他表示，对于一名中职生来说，实属不易，如同“梦想实现一般激动”，正是学徒制让他如鱼得水，学习能力得到长足长进。

本届学徒制学生学业成绩优异，其中潘悦森代表学校参加全国“蓝桥杯”比赛获二等奖；技能水平更是突出，全部学生均被国家数字家庭应用示范产业基地相关企业录用。

省级验收，信心满满

2018年7月12日下午，受广东省教育厅的委托，以全国职业教育现代学徒制工作委员会秘书、广东建设职业技术学院教务处长张志为组长的现代学徒制验收专家组对学校立项的教育部首批现代学徒制试点项目进行了验收。学校党委书记雷忠良作项目汇报，副校长李晓明主持会议，相关职能部门主要负责人、二级学院主要负责人、6个现代学徒制试点专业负责人、合作企业领导及企业导师、校内导师、学徒代表等40余人参加了会议。

李晓明副校长对专家组的到来表示欢迎，并向专家组简要介绍了学校近年来开展学徒制的情况。雷忠良书记代表项目组进行了题为“协同育人视角下的现代学徒制试点研究与实践”汇报，从项目建设的总体情况、试点内容及具体完成情况、工作成效及创新点、资金到位和执行情况、存在问题及对策建议等4个方面做了详细的汇报。

专家组听取了汇报，就相关汇报内容进行了质询，并分别与现代学徒制试点合作企业领导和企业导师、学校现代学徒制试点负责人和二级学院负责人、现代学徒制试点专业校内导师和学生进行了访谈，还对学校教务处、2个试点专业的佐证材料进行了查验。

专家组对试点工作提出了反馈意见，认为学校的现代学徒制试点成效明显，如顶层设计科学，校企合作深入，双主体作用发挥到位，管理制度健全，保障有力，且总结材料充实。专家组建议学校进一步完善现代学徒制试点相关材料和2个专业的典型案例，在校企沟通、学徒管理、案例撰写等方面进一步提炼，争取顺利通过教育部验收并为广东、中国特色的现代学徒制试点增彩。广州铁路职业技术学校相关领导表示将信心满满地做好后续工作，为社会培养、输送更加优质的技能型专业人才。

第五节 “创新强校工程”成绩斐然

“创新强校工程”这个词语第一次出现在大众视线并被关注，是在《广东省教育厅、广东省财政厅印发〈广东省高等教育“创新强校工程”〉实施方案（试行）的通知》（粤教高〔2014〕8号）这份文件上。文件指出，“创新强校工程”着眼于全面提升高校人才培养、科学研究、社会服务和文化传承创新能力。

2014年4月4日下午，学校就此文件召开了“创新强校工程”工作专题会议。雷忠良校长传达了该文件及省教育厅有关会议的精神，解读了“创新强校工程”的建设内容与重点载体，并提出了四点要求：一是要认真学习，通过创造性学习，深刻领会文件精神，加强调研，为编制学校的规划夯实基础。二是要加强领导，学校成立“创新强校工程”领导小组，由学校党政主要负责人担任组长，分管校领导担任副组长，成员由院办、示建办、校企办、教务处、科技处、人事处、学生处、实训管理与设备处、财务处等部门负责人组成，全面统筹学校“创新强校工程”工作方案的制定、实施、协调与监控。三是明确规划的内容与分工。建设内容按“6+1”进行分工：体制机制改革与协同创新由马仁听副校长牵头，院办等部门负责；高水平大学及特色高校建设由院办负责；高水平教师队伍建设由薛小群副书记牵头，人事处负责；教学质量与教学改革由王韶清副校长牵头，教务处负责；自主创新能力提升由王韶清副校长牵头，科技处负责；国际交流与合作由马仁听副校长牵头，院办负责；素质教育与校园文化建设由林姚副校长牵头，学生处负责；财务处负责做好有关项目的资金保障与统筹工作。

全体与会人员紧紧围绕文件精神和学校实际就“创新强校工程”工作推进提出了具体建议，并表示要全力以赴，奋力直追，竭尽全力做好学校规划方案。

绘就蓝图，报送省厅

学校的“创新强校工程”在繁重的国家骨干高职院校验收工作中穿插进行，建设方案系统勾勒了学校未来3年发展的总体方向、策略和重点。

2014年10月16日上午，学校召开“创新强校工程”建设规划专家论证会。专家组由上海教育科学研究院副院长马树超任组长，成员由省职教学会、广东轻工职院、华师教科院、广州地铁、广铁集团等领导组成。广州市教育局高等教育处处长邵国良，学校党委书记陈爽，校长雷忠良，副书记薛小群，副校长林姚、马仁听及“创新强校工程”各项目负责人参加了会议。会议由雷忠良校长主持。

专家组对学校的《“创新强校工程”建设规划（2014—2016年）》给予了高度评价，认为学校以协同创新平台为引领，以协同育人平台为落脚点，以产教融合、校企合作为载体，将学校“创新强校工程”的建设与未来 3 年的发展相融合，建设思路清晰，目标明确；体制机制改革与协同创新类等六大项目规划内容充实，重点突出，特色鲜明，措施有力，规划可行；投入资金预算合理，资金来源及资金用途明确，资金的管理及监督有章可循；规划保障措施切实可行。专家组一致同意学校《“创新强校工程”建设规划（2014—2016 年）》通过论证，并从立意、目标任务、经费筹措等方面提出了建议和意见。

继 10 月 16 日学校“创新强校工程”建设规划通过专家论证后，“规划”撰写小组成员与各教学院系及相关职能部门通力合作，认真领会论证会上专家提出的意见与建议，召开了一次院系对接会和一次高层次人才座谈会，并加班加点、精益求精地完成了“规划”的修订工作。“规划”于 11 月 10 日经学校党委会审议通过，11 月 15 日如期报送至广东省教育厅。

“创新强校工程”是广东省为了贯彻落实《广东省人民政府关于推进我省教育“创强争先建高地”的意见》（粤府〔2013〕17 号）等文件精神、加快提升我省高等教育发展水平而提出的一项高等教育改革工程。学校“创新强校工程”以“特色发展、校企协同、梯次带动”为总体思路，包含体制机制改革与协同创新、高水平大学及特色高校建设、高水平教师队伍建设、教学质量与教学改革、科研创新能力提升建设、国际合作与交流等 6 大建设项目，总经费预算 1.1728 亿元。

“创新强校工程”也是学校继国家骨干高职院校建设之后一项新的综合改革发展工程。学校于 2014 年年底全面启动该项工程的建设工作，力争通过 3 年建设，以搭平台、建机制为引领，全面提升师资水平和自主创新能力，提高人才培养质量，拓宽国际视野，形成铁路特色校园文化品牌，把学校建成轨道交通特色鲜明、国内一流、国际知名的高等职业院校。

全面启动，抢抓机遇

2014 年 12 月 22 日下午，学校召开“创新强校工程”启动大会。学校领导出席大会，全体中层干部、副高以上职称教职工、教研室主任、骨干教师、七级职员以及建设项目组成员参加会议。会议由副校长马仁听主持，党委书记陈爽、校长雷忠良作动员讲话。

陈爽书记的动员报告以“抢抓机遇　锐意进取　谋求广州铁职院新发展”为题，从“聚焦热点、政策引领，把握职教发展新动态；准确定位、突出特色，对接行业发展新需求；抢抓机遇、锐意进取，共谱学校发展新篇章”三个层次，解读了当前国家职业教育基本态势、行业发展对人才的需求以及学校未来发展的前景，强调了学校的办学理念，号召全体教职工在“创新强校工程”建设中争先创强、锐意进取，合力打造“人人皆可成才、人人尽展其才”的一流高职院校。

雷忠良校长在会上部署了“创新强校工程”的建设工作，他表示，“创新强校工程”是学校继国家骨干高职院校建设之后的又一项综合改革发展工程，集中谋划了学校未来 3 年的改革、建设和发展。他结合国家对职业教育改革和发展的部署，对“创新强校工程”的推进提出三点期望和要求：一是加强学习，全面把握“创新强校工程”的内涵；二是落实责任，切实增强“创新强校工程”的紧迫感；三是科学管理，建立良好的建设和保障机制。

会上，学校与六大建设项目、两个工作小组鉴定了一级责任书，六大建设项目与承接建设任务的主要单位代表签定了二级责任书，标志着学校“创新强校工程”建设工作全面启动。

中期总结，情况摸底

2015年10月19日上午，学校召开“创新强校工程”信息化建设推进会。副校长蒋新革出席，教务处、财务处、后勤保卫处、学生工作处、实训管理与设备处、图书馆负责人参加会议。

相关负责人就学校教育信息化环境建设的迫切需求与基本设想、与银行合作建设智慧校园“一卡通”系统的相关事宜进行了说明，与会单位负责人围绕学校智慧校园建设规划、学校与银行的合作方案进行充分讨论，提出了意见和建议。

蒋新革副校长充分肯定各相关单位前期进行的调研和论证，并就学校教育信息化建设提出了三点要求：一是各单位要牢固树立利用信息化手段提高教学质量和管理效率的意识，不断提高信息化应用水平；二是各单位要统筹协调、通力合作，实现各单位业务系统的相互对接与信息共享，消除信息孤岛；三是各单位要发动广大教职工主动学习信息技术，不断提高信息化应用技能，教育技术中心要做好信息化技能培训和技术服务。

11月3日上午，学校召开“创新强校工程”中期总结与检查会。“创新强校工程”各项目负责人及两个专项工作小组相关人员参加会议。“创新强校工程”各一级建设子项目分别从任务完成情况、经费使用情况、主要建设成效、存在的主要问题、下一步工作计划等方面汇报了2014—2015年创新强校建设推进情况，并就下一步如何加强项目信息共享、协同推进等问题交流了意见。

会上，蒋副校长对各子项目取得的成绩予以充分肯定，并就下一步如何推进“创新强校工程”提出三点要求：一是要有超前意识，将推进“创新强校工程”与落实高等职业教育创新发展行动计划（2015—2018年）有机结合，为制定学校“十三五”发展规划打好基础；二是要有学习的态度，各项目要加强交流与学习，取长补短、协同推进，提升分析和解决问题的能力；三是要有踏实的作风，要按照学校贯彻落实“三严三实”精神的要求，在各项工作推进中做到求真务实，脚踏实地。

12月2日，“创新强校工程”之教学质量与教学改革项目中期检查会议在三楼会议室召开。各二级教学单位主要负责人参加了会议。本项目是学校“创新强校工程”六大子项目之一，包含了应用型人才培养示范基地类、高校教学质量与教学改革工程类、拔尖创新人才培养计划类、应用型人才培养示范专业类、战略性新兴产业专业建设计划类等5个二级项目。项目是学校“创新强校工程”项目的重要内容。此次中期检查既是对本项目进展情况进行摸底，也为推进下一阶段工作做好统筹。

规划论证，一致通过

根据《广东省教育厅关于印发〈广东省高等职业教育“创新强校工程”（2016—2020年）实施方案〉的通知》（粤教高〔2016〕8号）精神，2017年3月3日，学校举行《“创新强校工程”建设规划（2016—2020年）》专家论证会。出席论证会的专家有中山大学原校长黄达人、顺德职业技术学院院长夏伟、华南师范大学教育科学学院院长卢晓中、广州铁路（集团）公司职教处处长易剑波、广州地铁集团有限公司人力资源部总经理刘晓峰、深圳职业技术学院副校长马晓明、广东工贸职业技术学院副院长赵红。论证会由校长景广军主持，校领导薛小群、李晓明、马仁听、蒋新革参加了会议。

专家组在听取汇报、审阅相关材料的基础上，经充分讨论，一致认为学校围绕建成“轨道交通特色鲜明、全国一流、世界有影响”的高职院校战略目标，制定了以体制机制改革与协同创新等 8 项内容为主题的《“创新强校工程”建设规划（2016—2020 年）》，建设目标明确、思路清晰、重点突出、符合 A 类规划要求；方案设计具有前瞻性、系统性、创新性和可操作性；经费预算合理、资金有保障、措施得力，预期目标和验收要点可评、可测。专家组一致同意学校《“创新强校工程”建设规划（2016—2020 年）》通过论证。

前路漫漫，“创新强校工程”是一场持久战，需要全体教职工打足十二分精神做好每一件事。学校的“国家示范（骨干）高职院校”等“金字招牌”都是教师们一步一个脚印奋斗出来的，只有在奋斗中挥洒汗水，教师们才能找到职业生涯的意义。

考核优异，全省第七

“创新强校工程”虽然工作量庞大、繁杂，但学校整体推进安排有条不紊。在项目实施一段时间后，学校前一阶段取得了显著的成果，具体体现在：

项目一——体制机制改革与协同创新。体制机制改革与协同创新取得重大突破。成立“政、校、企”多方参与的学校理事会；以学校章程建设为统领，建立完善的现代大学制度体系，建成广东省“依法治校示范校”；以广州特色专业学院、穗台合作学院为试点，联合行业企业探索混合所有制二级学院建设新模式；搭建并完善协同育人中心、协同创新中心、工程中心等平台；完善内部治理结构、人事分配与激励、区域合作办学机制等运行机制，整体提升学校治理能力与水平，体制机制改革与协同创新实现重大突破。

项目二——高水平大学及特色高校建设。轨道交通特色校园文化与信息化校园基本建成。凝练学校办学理念，提升铁路优秀企业文化，培育校企文化共融的校园文化效应场；立足于新校区，重点建设“一馆两园三场”（校史馆、校史文化园、轨道交通博物园、詹天佑文化广场、实训场、活动场），开展文化育人工程，提升学生职业素质教育，成为高职院校文化育人的示范点。着力加强数字化教学平台和资源建设、教学应用系统建设、标准与机制建设、信息化人才队伍建设，基本建成学校“数字资源开发应用基地”，构建起较为先进的数字化网络环境、资源环境、教学与学习环境、管理工作环境，大幅度提升学校信息化教学水平。

为持续大力推进 2018 年“创新强校工程”建设，2018 年 4 月 17 日下午，学校召开“创新强校工程”建设推进会。副校长李晓明、各职能部门与二级教学教辅单位主要负责人参加了会议。会上，院长办公室、教务处、财务处、实训管理与设备处、发展规划处、招生就业处、创新创业学院分别汇报了推进“创新强校工程”建设 2017 年工作情况与 2018 年建设计划、难点及措施。

面对存在的不足与问题，为了推动“创新强校工程”与省一流校建设项目齐头并进，李晓明副校长提出三点要求：一是明确任务，强化常态。各相关职能部门要结合常态工作，明确建设任务，加强业务指导，条块结合，分工推动“创新强校工程”八大项目建设，确保任务分解精准、及时下达；二级教学教辅单位要主动承接任务，确保有效落地、做出成效。二是真抓实干，敢于担当。希望各部门各单位要以敢于担当、追求卓越的精神气力，通力合作、加强联动，下更大的决心，挤出更多的时间，花更大的工夫，推动学校办学综合水平迈上更高台阶。三是强化考核，绩效引领。质量管理办公室、各相关归口部门，以“创新强校工程”评审指标体系为标准，加强工作的组织安排、检查督促、绩效评价，将绩效评价的结果作为部门年度绩效考核工作和中层干部年度考核的主要观测点。最后，李副校长结合实际分析了学校申报“双特高”项目面临的形势，同与会人员探讨了推进申报的策略，并对推进“创新强校工程”建设和申报“双特高”工作作了具体部署。

2018 年 9 月 18 日，“创新强校工程”的成绩揭晓了。当天，广东省教育厅发布《关于 2018 年度高等职业教育“创新强校工程”考核评审结果的公示》，学校“创新强校工程”在推动体制机制改革与协同创新类项目、品牌专业建设类项目、教育教学改革类项目、基础能力提升类项目、管理水平提升类项目、创新创业类项目加快建设，达成年度 16 项考核指标 31 个观测点建设目标，在广东省教育厅 2018 年度“创新强校工程”考核（A 类规划）中位列全省第 7 名，市属高校位列第 1 名。

第六节 “依法治校示范校”全铺开

为贯彻落实党的十八大精神，进一步推动《国家中长期教育改革和发展规划纲要（2010—2020 年）》实施，在各级各类学校深入贯彻科学发展观，全面落实依法治国要求，大力推进依法治校，建设现代学校制度，教育部于 2012 年 11 月 22 日印发了《全面推进依法治校实施纲要》（教政法〔2012〕9 号）。对此，广东省教育厅积极做出响应，于 2014 年 10 月 15 日印发了《广东省开展创建 1000 所依法治校示范校实施方案》（粤教策函〔2014〕98 号），决定从 2014 年起连续 5 年，在全省开展创建 1000 所“依法治校示范校”工作（其中高等学校 25 个名额），发挥示范校的辐射带动作用，不断提高全省依法治校工作的整体水平和建设成效。

启动创建，补短强弱

按照广东省教育厅的安排部署，学校于 2015 年开始启动“依法治校示范校”创建工作，全面提升法治化水平。2015 年 3 月 30 日，学校下发《关于成立学院依法治校工作机构的通知》（铁职院办〔2015〕27 号），成立了依法治校有关工作机构：依法治校领导小组、法制工作办公室和普法宣传办公室，统领学校依法治校示范校创建工作。

对标《广东省依法治校示范校自评（认定）表》，学校着手依法治校方面的“补短板、强弱项”工作。学校章程修订于2015年4月10日经广东省教育厅第4次厅长办公会议审议通过、予以核准，于2015年5月15日开始公布实施。学校规章制度清理及汇编工作于2015年4月3日启动，为学校申报依法治校示范校打下了良好的基础。

三次冲刺，终获殊荣

2016年，学校制定了《广州铁路职业技术学院法治宣传教育第七个五年规划（2016—2020年）》，深入开展普法宣传教育。坚持和完善学校党委中心组学法制度，实行领导干部任职前进行法律知识培训制度，进一步提高领导干部依法行政的意识、能力和水平。举办法治宣传进校园活动，与广州市禁毒办、广州市司法局、广州铁路检察院、白云区禁毒委、石井街办事处共同举办的“禁毒宣传进校园暨《戒毒条例》宣传活动”，教育全校学生充分认识毒品的危害性，增强学生防毒拒毒意识和法治意识。

根据《广东省教育厅关于申报2016年依法治校示范校的通知》（粤教策函〔2016〕78号）工作要求，学校集中精力冲刺当年依法治校示范校申报工作，于2016年10月上报依法治校示范校认定相关材料。然而，因准备时间较为仓促，2016年学校并未入围广东省依法治校示范校。

2017年，根据《广东省教育厅关于全面开展依法治校创建活动的通知》（粤教策〔2017〕78号），学校印发了《广州铁路职业技术学院关于全面开展依法治校创建活动工作方案》（铁职院办〔2017〕75号），决定再次全面开展依法治校示范校创建活动。学校上下齐心协力，从健全组织机构、完善决策机制和管理制度、规范办学行为、加强安全管理和校内法治宣传、强化民主管理、实施校务公开、保障师生及学校合法权益等方面开展创建活动。学校院办统筹，各部门梳理创建过程相关资料，对标对表进行资料总结及佐证材料汇编，于2017年10月第二次向广东省教育厅申报依法治校示范校认定工作。经专家评审，学校2017年获得“广东省依法治校示范校达标校”认定。

有了2017年的基础，学校决定2018年第三次冲击“广东省依法治校示范校”。在《广东省教育厅关于申报2018年依法治校示范校的通知》（粤教策函〔2018〕69号）下发后，学校立即着手申报方面的相关工作，通过印发工作方案，组织申报工作布置会，明确各部门的责任、细化分工，调动全校教职工参与的积极性。同时借助外力，实地调研先进学校的经验和做法，邀请校外专家进校指导，尽一切努力将申报材料做得详细、完备、符合规范。学校于2018年10月8日及时按规定程序上交申报材料，经专家评审，于2018年10月30日获得依法治校示范校现场答辩资格。学校党委书记雷忠良于2018年12月25日亲自带队赴广东省教育厅进行现场答辩。经专家综合评审，广东省教育厅于2019年2月19日发布《广东省教育厅关于2018年广东省依法治校示范校认定结果的通报》（粤教策函〔2019〕19号），公布我校获得“广东省依法治校示范校”认定。

巩固成果，依法治校

长期以来，学校党政领导班子高度重视依法治校工作，坚持将依法治校纳入党政重要议事日程，将依法治校理念体现于事业规划和实际工作之中，制定完善学校章程，建立健全规章制度，自觉规范办学行为，尊重并保护师生正当权益，开展丰富多彩的法治宣传教育，不断增强师生员工依法治校、依章办事、依规办事、依法治教的意识，积极构建民主、法治、和谐的育人环境，取得了突出的成绩。获得“广东省依法治校示范校”荣誉，是社会各界和上级部门对我校依法治校工作的充分肯定。

学校校风正、教风严、学风浓——学校领导全身心投入，对自己分管工作尽职尽责、积极进取、率先垂范；全体教职工爱岗敬业、乐于奉献、勤于学习、敏于思考，以良好的精神状态体现着为人师表；全体学生生动活泼，吃苦耐劳，充满自信，全面发展。学校时时、处处有变化，呈现良好的发展势头。

未来，学校将继续全面贯彻党的十九大和全国教育大会精神，落实《国家职业教育改革实施方案》，巩固依法治校成果，加快建立现代大学制度，提高学校治理法治化水平，为推进教育治理体系和治理能力现代化做出新的贡献。

第七节 省一流院校建设高质量完成

2016 年 11 月，广东省教育厅、广东省财政厅联合下发了《关于确定广东省一流高职院校建设计划立项建设单位的通知》，学校成为广东省一流高职院校建设计划立项建设单位，全省共 18 所高职院校入选。

“广东省一流高职院校建设计划”是广东省为进一步贯彻落实国务院加快发展现代职业教育的决定，积极创建现代职业教育综合改革试点省而推出的重大举措，是广东省创新强校工程的重要组成部分。省一流高职院校建设项目建设期为 4 年，自 2016 年 9 月 1 日起，至 2020 年 8 月 31 日止。广东省教育厅、广东省财政厅定期对项目建设任务完成情况、建设资金落实和使用情况等进行监督检查。2018 年 9 月，将组织开展中期检查；2020 年 9 月，组织开展项目验收工作。

自立项建设到最终验收，学校紧扣省一流高职院校建设的愿景、目标、任务和内容，对照项目建设方案和任务书，整体设计、系统推进，挂图作战、攻坚克难，锐意进取、精益求精，高质量地完成了省一流高职院校的建设任务。

成立团队，摩厉以须

学校在获悉该项计划后，立即成立了创建广东省一流高职院校工作团队，组建 14 个项目团队，打造了项目建设主力军。团队始终围绕“轨道交通特色鲜明、全国一流、世界有影响的高等职业院校”

的总体目标，完善建设方案，细化资金预算，制定任务书，并邀请知名职教专家进行了论证。

方案分为建设背景、建设基础、建设愿景、建设目标、建设内容、建设措施6个部分。其中，建设内容包括：综合改革项目（含2个二级试点学院改革、人事制度改革、学分制改革）、教师队伍建设项目（建立教师发展中心）、高水平专业建设项目（含铁道供电技术、城市轨道交通运营管理、铁道通信与信息化技术、机械制造与自动化、城市轨道交通车辆技术、商务英语、数控技术7个专业）、科学研究和社会服务建设项目、自选项目（即国际高铁合作学院）。预期通过项目建设，全面推进综合改革，形成有利于学校科学发展的体制机制：汇聚优质资源，打造一流师资，建设一流专业，培养一流人才，产出一流成果，推动学校全面提升综合办学实力、人才培养质量和服务发展能力，全面增强学校的国内竞争力和国际影响力。

学校按照"常专结合、分级管理、协同推进、责任到人"的管理原则，注重规范管理、做细任务分解、加强实施推进、强化责任担当、实行绩效考核、注重学习提升，有序推进建设。根据方案的目标任务和建设内容，分年度确定项目的经费安排、建设进度和具体验收指标，同时制定科学的保障措施，确保一流高职院校建设项目顺利实施，达到预期建设目标。计划建设期满，学校在综合实力、人才培养、科学研究和社会服务方面达到全国一流的量化指标30个，产出国家级标志性成果57项、省级标志性成果128项。

专家论证，顺利通过

2016年12月11日，学校在广州燕岭大厦举行广东省一流高职院校建设方案与任务书专家论证会。出席论证会的专家有中山大学原校长黄达人、广东省教育厅高教处调研员吴念香、广州地下铁道总公司总经理何霖、无锡职业技术学院院长龚方红、湖南铁道职业技术学院院长姚和芳、广州铁路（集团）公司职教处处长易剑波、广东轻工职业技术学院副院长李丽、广州番禺职业技术学院副院长刘佳环。学校党委书记雷忠良，副校长李晓明、马仁听、蒋新革，建设办、各建设项目以及相关职能部门负责人参加了会议。

雷忠良书记向与会者介绍了学校发展的历程及取得的成效、广东省一流高职院建设的大致情况，希望专家们对我校省一流高职院校建设给予更多指导、更大支持。

吴念香调研员作了重要讲话，认为学校在组织工作上做得非常好，专家队伍结构好，可以从不同的角度对学校的一流高职院校建设工作进行诊断、把脉，有利于修改完善建设方案和任务书。希望学校在各位专家的指导下，调整好建设方案和任务书，按时、高质量地报送建设方案和任务书。

景广军校长进行表态发言，表示感谢广东省教育厅的亲切关怀，感谢专家组的精准意见与良好建议，将抓紧组织完善建设方案与任务书，确保一流高职院校建设任务高质量完成。

蒋新革副校长向各位专家汇报了学校广东省一流高职院校建设基础与优势、建设愿景、目标与内容、经费预算、实施路线与保障等内容。

专家组在听取汇报、审阅相关材料的基础上，经充分讨论，一致认为学校围绕建成"轨道交通特色鲜明、全国一流、世界有影响”的高职院校战略目标，制定以综合改革、教师队伍建设、高水平专业建设、科学研究与社会服务、国际高铁合作学院等项目为主体的建设方案与任务书，建设目标明确、思路清晰、重点突出、项目选择恰当，方案设计具有前瞻性、系统性、创新性和可操作性，经费预算合理、资金有保障、措施得力，预期目标和验收要点可评、可测。专家组一致同意学校的广东省一流高职院校建设方案和任务书通过论证。

攻坚克难，硕果满枝

2017 年 5 月 10 日，学校省一流高职院校建设项目负责人及团队成员名单经院长办公会议审议通过。试点二级学院轨道交通学院、机械与电子学院，人事制度改革，学分制改革，教师队伍建设项目，铁道供电技术专业，城市轨道交通运营管理专业，铁道通信与信息化技术专业，机械制造与自动化专业，城市轨道交通车辆技术专业，商务英语专业，数控技术专业，科学研究和社会服务建设项目，国际高铁合作学院等均配备第一、第二负责人及相关成员。

学校紧扣省一流高职校建设的愿景、目标、任务和内容，严格落实粤教高函〔2016〕155 号、〔2016〕250 号等文件精神，聚焦“激发二级院系办学活力，促使优秀人才脱颖而出，实现专业助力产业转型升级”等三大关键问题，面向“转变发展观念，创新体制机制，激发师生潜能”等三大重点领域，按照“常专结合、分级管理、协同推进、责任到人”的管理原则，以组团队、建机制、抓落实、重绩效等举措，以上率下，勠力同心，凝心聚力，攻坚克难，有序推动了省一流高职校 14 个项目建设，取得了国家示范专业点、国家专业教学标准、国家级专业教学资源库、国家级教学成果奖、国家级科研项目等一批重大标志性成果，整体提升了学校办学实力、人才培养质量和服务发展能力，增强了学校的国内竞争力和国际影响力，提升了广大师生员工的获得感、幸福感，形成了“地方离不开、业内都认同、国际能交流”的办学发展态势和优质品牌形象。

截至 2018 年 8 月 31 日，学校完成的任务要点数整体完成率为 95.3%，子项目完成率最高的是城市轨道交通车辆技术专业，为 130%。在标志性成果方面，学校已累计产出国家级标志性成果 42 项，4 年整体完成率 73.7%，省级标志性成果 101 项，4 年整体完成率 78.9%。产出成果最为突出的是铁道供电技术、机械制造与自动化 2 个高水平建设专业。并且，代表一流的量化指标共有 30 项。其中，有 19 项优于预期值（或持平）、7 项未达预期值但比建设基础有较大提升、2 项未达预期值但优于教育部部标、2 项未达预期值但仍保持在较高水平，如铁路企业订单学生占毕业生总数的比例为 63.66%。

经过两年多的建设，学校办学水平、人才培养质量与技术服务能力有了显著提高，在 8 个方面取得了明显成效。

第一，产教融合校企合作取得重大进展。与广铁集团、广州地铁等骨干轨道交通企业紧密协同，加强广州工业交通职教集团的运行，在专业共建、培养标准合作制定、课程资源联合开发、师资共建、订单与委托培养、现代学徒制培养等方面取得了显著成效，推进了产教融合、校企合作。

借助职教集团内紧密型合作企业及政府资源，发挥学校理事会（广州市属高校首个学校理事会）的积极作用，进一步完善治理结构，深化内涵建设，实现了校企合作从“项目合作”到“契约合作”和“制度合作”的提升。

主动服务国家“一带一路”倡议、中国高铁“走出去”、广州国际综合性交通枢纽及粤港澳大湾区建设，联合职教集团内核心合作单位（17 家轨道交通类典型企业、国外 2 所高校、国内 15 所轨道交通类本（专）科高校），升级职教集团合作机制，牵头成立华南“一带一路”轨道交通产教融合联盟。中央新疆工作协调小组办公室副主任、教育部原副部长鲁昕亲临指导、高度评价。她表示：联盟的成立，标志着“一带一路”轨道交通职业教育同相关行业的产教融合进入了新的发展阶段，开启了轨道交通教育新的历史篇章。

校企合作取得了诸多标志性成果，国家级的成果有：国家级示范专业点 2 个，专业教学标准 2 个、实训教学设施建设标准 1 个，国家级专业教学资源库备选库 2 个（其中，铁道供电技术专业教学资源库排全国第 9 名），获得国家级教学成果二等奖 1 项，立项国家级现代学徒制试点专业 2 个等。

省级的成果包括立项省级专业、协同育人平台，完成开发现代学徒制专业教学标准，立项专业教学资源库、精品在线开放课程、教学成果奖等 24 项。获得省级教学成果一、二等奖 5 项；获省厅推荐 1 门课程申报 2018 年国家精品在线开放课程；共建省级高水平建设专业 7 个，省级现代学徒制试点专业 6 个；共建省级协同育人平台 1 个；共同研制省级现代学徒制专业教学标准 1 个；共建省级专业教学资源库 2 个，省级精品在线开放课程 2 门。

校企联合成立专业教学指导委员会 6 个，共同制定专业教学标准 7 个；共同开发出版教材（专著）14 部；培育了优秀企业兼职教师 36 名。

第二，轨道交通特色办学得到持续强化。对接轨道交通、智能制造、现代服务等省、市重点发展产业，组建轨道交通机车与车辆、轨道交通供电与工程、轨道交通运营与物流、智能装备制造与检修等 6 个专业群，进一步优化了轨道交通特色品牌专业结构。

教学院系以专业群为基础，重组成机车车辆学院、电气工程学院、运输物流学院、机电工程学院等 6 个二级学院；校企合作共建了轨道交通、轨道交通运输、轨道装备制造、国际服务外包等 4 个市级特色专业学院；校企协同加强了轨道交通技术协同育人中心（省首批协同育人平台）的运行；进一步完善了轨道交通特色办学运行机制。

实施《广州铁路职业技术学院专业建设与教学改革发展五年规划（2016—2020 年）》，重点推进轨道交通特色专业建设和教学改革，进一步丰富轨道交通特色专业建设内涵。

第三，综合办学水平全面提升。在省厅 2018 年度“创新强校工程”考核中位列全省第 7 名，市属高职校第 1 名。承办了教育部首批现代学徒制试点工作经验交流会。取得了示范专业点、专业教学标准、资源库、教学成果奖、科研项目等 5 个方面 9 项国家级成果。

第四，教师队伍水平明显提高。学校教师副高以上职称比例达到 30.5%，双师专任教师比例达到 79.2%。培养了铁道供电技术、城市轨道交通车辆技术、机械制造与自动化等 6 支省级教学团队。培养了王亚妮、李瑞荣、朱宛平等一批在国内、省内、行业企业具有较大影响力的名师、大师。

第五，人才培养质量全面提升。据麦可思调查数据，学校2017届毕业生就业率近100%，专业对口率达到85%，71%以上毕业生对就业现状表示满意，月收入平均4300元，毕业生对学校的总体满意度为94.5%，教学满意度为90.15%。学校获得“2018年中国职业教育就业百强”荣誉称号。

第六，社会服务能力持续增强。学校联合广铁集团、广州地铁等骨干企业，分层建设工程技术中心等技术创新平台。建有1个广州市级重点实验室。获得国家、省、市立项各类纵向教科研项目79个；开展横向课题44个、各类技能培训合计19 014人次；获得国家专利授权144件，其中发明专利18件。校企共建了广铁集团客运岗位培训基地、广东省职业教育师资培训基地等技能培训平台等。

第七，国际交流合作水平显著提高。学校招收了东南亚17名留学生，是广州市首批接收全日制学历教育留学生的高职校，也是全国首批接收全日制学历教育留学生铁路类高职校。

选送1个专业参加IEET认证获得通过。以轨道交通类专业教师为主，组织6个团队共27人次前往德国、美国等发达国家学习先进职业教育理念。参与培训泰国轨道行业人员、赞比亚铁路官员和铁路运营管理人员3期共69人。

遴选43名学生于2018年第二批次赴马来西亚拉曼大学学院游学。联合广东-独联体国际科技合作联盟，共享教学资源，共同开发轨道交通类专业课程体系，开展了师资互派、教师培训、学分互认和五年贯通制等项目合作。

与俄罗斯国立交通大学、白俄罗斯国立交通大学、乌克兰国立技术大学签订了《共建亚欧高铁合作学院框架协议》，确定在学生交流、共建课程、教师互访及培训、科技成果转移转化、人才引进、共建轨道交通科研合作基地等方面开展合作，联合开办轨道交通运营管理专业，共同开发“铁路信号安全”课程，引进乌克兰国立技术大学“云计算”课程资源等；与乌克兰国立技术大学和国家科学院签署了科研课题合作协议，联合申报科研课题2个。

第八，国内外社会影响力全面提升。学校办学成效得到了中央新疆工作协调小组办公室副主任、教育部原副部长鲁昕，中国铁路广州局集团有限公司总经理韦皓，广州地铁集团有限公司总经理何霖等政府、骨干企业领导的高度肯定和指导支持。

英国诺森伯兰学院、俄罗斯国立交通大学、马来西亚拉曼大学学院等8个国家的9所高校，广州航海学院、无锡职业技术学院、郑州铁路职业技术学院、贵阳职业技术学院、黔南民族职业技术学院等国内27所兄弟院校来学校进行了友好交流学习。《中国教育报》、中国高职高专教育网、广东电视台、《南方都市报》等国家级、省级、市级媒体多次报道学校办学改革与发展成效。

上级领导的支持鼓励，国内外兄弟院校的相互交流，国内媒体的宣传报道，全面提升了学校轨道交通特色办学国内外品牌影响力，扩大了辐射面，促进了相互发展。

尽管项目建设两年多获得的成绩喜人，但学校在推进省一流高职校建设过程中还存在一些难点。受广州科教城建设影响，学校新校区迟迟未能启用，制约了学校发展建设。

2018年10月8日下午，学校召开省一流校建设项目中期检查材料内审会。副校长李晓明主持会议。学校党委书记雷忠良、副书记马仁听出席会议。雷忠良书记对大家在省一流校建设中取得的成效给予充分肯定，要求各部门各项目继续发扬创新强校年度评审的拼搏进取精神，认真做好自查，既要充分展现建设成效，更要正视弱项、难点；坚持目标导向、问题导向，对标对表，高质量、高标准抓紧推进一流校建设自查工作，为一流高职建设下一阶段推进奠定坚实基础。

2018 年年底，学校在广东省教育厅省一流高职院校中期检查中位列第 9 名，成绩喜人。

在之后的建设中，学校更精准地指导和跟踪质量工程项目，推进项目精细化管理，提高项目建设的质量，积极申报国家精品在线开放课程等高层次项目；继续优化完善高层次人才引进配套办法，充分利用政策和政府平台，加强培育组织管理，继续加大高层次人才引进力度，强化培养高层次团队、名师；积极争取广州市政府加快推进广州科教城学校新校区建设，争取早日入驻新校区，以优秀的办学条件助推学校各项建设。

通过实施省一流高职校建设，学校整体提升了学校办学实力、人才培养质量和服务发展能力，增强了学校的国内竞争力和国际影响力，提升了全校师生员工的获得感、幸福感；形成了“地方离不开、业内都认同、国际能交流”的办学发展态势、优质品牌形象。学校将始终坚持目标导向、问题导向，按照既定管理原则，创新建设举措，以上率下，凝心聚力，攻坚克难，进一步发挥和强化轨道交通办学特色，努力争取更大的办学成效，为全省实现“四个走在全国前列”、当好“两个重要窗口”做出新的贡献，积极争创国家“双特高”院校。

强力整改，高质验收

2019 年，学校以广东省教育厅省一流高职院校中期检查发现的问题为导向，积极补短板、强弱项，强力推进省一流高职院校整改建设工作。

2019 年 1 月初，学校组织 14 个项目制定了 2019 年度建设计划和任务书，形成 139 项子任务、22 项国家级 38 项省级标志性成果、30 项量化指标与 72 项综合进度指标任务清单，明确了任务实施的责任人、推进措施、时间表和验收要点。

2019 年 3 月起，根据广东省教育厅中期检查专家组反馈的问题，统筹相关职能部门和 14 个项目，查漏补缺，逐类逐项分析了项目存在的具体问题，制定了《广州铁路职业技术学院省一流高职院校建设整改工作方案》，按整改方案补短板强弱项，强力推进省一流校整改建设。

2019 年 9 月起，按照主要校领导的要求，学校调整“季报制度”，重启实施“月报制度”。组织相关职能部门与 14 个项目，以关键任务和完成时间为基础，制定了部门（项目）倒计时工作计划表，并定期提交《月度工作计划完成情况表》。质量办按月组织现场核查和调研，进行月小结和通报。

在全年的整改努力下，省一流高职院校建设的 14 个项目年度任务完成情况较为理想：年度任务整体完成率为 97%，相较于 2018 年的 92% 提升了 5%。9 月起实施“月报制度”的平均完成率为 98%。学校标志性成果完成情况包括：学校全年共产出 42 项国家级标志性成果，年度完成率为 191%；66 项省级标志性成果，年度完成率为 174%。其中，7 个高水平建设专业产出国家级标志性成果 32 项 71 个，省级标志性成果 63 项 103 个。学校累计产出国家级标志性成果 90

项（计划 57 项），累计完成率为 158 %；累计产出省级标志性成果 173 项（计划 128 项），累计完成率为 135%。

2020 年 8 月，上报相关材料给广东省教育厅验收的时候到了，这是对学校 4 年建设工作以来的一次考验。2016—2020 年，学校全面完成了省一流高职院校建设的各项任务，有效地解决了激发二级院系办学活力、促使优秀人才脱颖而出、实现专业助力产业转型升级等关键问题，推动学校办学实力、人才培养质量和服务发展能力全面提升，造就了一流的治理、打造了一流的师资、建成了一流的专业、培养了一流的人才、产出了一流的成果。学校与轨道交通产业及粤港澳大湾区经济社会发展的需求对接更为紧密，同人民群众对职业教育的期望更加契合，成为职业教育改革创新发展高地、创新创业人才培养高地、轨道交通产业技术研发与孵化高地，实现了“轨道交通特色鲜明、全国一流、世界有影响的高职院校”的建设目标。

造就了一流的治理：有序推进了试点二级学院、人事制度、学分制等综合改革，构筑了充满活力、富有效率的现代高校治理体系，内部治理水平不断提升。

打造了一流的师资：对标“四有好老师”标准，加强师德建设，建立并运行教师发展中心，引培并举，构筑了名师引领、专兼结合的高水平教学团队。

建成了一流的专业：扎根行业，服务粤港澳大湾区一体化发展，构建专业动态调整优化机制，深化产教融合、校企协同，大力开展专业内涵建设，高水平专业建设迈入新阶段。

培养了一流的人才：德技并修，构建了德育为先、五育并举的人才培养体系；以生为本，注重学生个性化发展和多途径成才，全面实施了学分制改革和分层分类教学；工学结合、知行合一，订单培养和现代学徒制培养机制得到优化；学生在各类创新创业大赛和技能竞赛中屡获佳绩，学生就业质量实现“三高”（高就业率、高起薪点、高对口率）。

产出了一流的成果：获准“双高计划”立项、国家优质校、国家级教学成果奖等在内的一大批一流建设成果。建设期间，取得国家级标志性成果 79 项 128 个，省级标志性成果 288 项 743 个，标志性成果超额完成预期目标，如下表所示。

省一流高职院校建设项目标志性成果统计表

序号	级别	目标数量	完成数量	完成情况
1	国家级	57 项 /127 个	79 项 /127 个	超额完成
2	省级	128 项 /182 个	288 项 /743 个	超额完成

省一流高职院校建设中，学校的建设项目资金支出规范、专款专用，使用合理。截至 2020 年 8 月，学校建设项目经费实际支出 18 740.49 万元，总体资金支出率为 98.22%，预算执行率为 101.30%。

截至 2020 年 8 月 31 日，学校省一流高职院校建设项目建设目标（量化指标）达到预期建设目标的有 30 项，建设目标（量化指标）完成率为 100%，其中生均财政拨款、高级职务专任教师比例等 20 余项指标均超额完成任务，达到或超过标杆校。学校一流高职院校 72 项综合进度指标达到预期目标的共有 71 项，综合进度表指标完成率为 98.61%。未能达到预期目标的综合进度指标为生均占地面积，未能完成的原因是：学校新校区建设因多方原因未能按原计划进度建设，学校需到2022年才能入驻，故原设置的生均占地面积指标未能完成。

此外，学校省一流高职院校建设计划共有综合项目7个，需完成的验收要点总数为137个，已完成134个，综合项目验收要点完成率达97.81%。7个高水平专业建设项目，建设期满，各专业均完成规定的关键任务数，需完成的验收要点数为443个，已完成437个，验收要点总体完成率为98.64%。最终，出色的成绩让学校顺利完成终期验收工作，认定为省一流高职院校。

在省一流高职院校建设的过程中，学校同步进行省示范性高等职业院校的认定工作。2020年5月，根据《广东省教育厅关于确定佛山职业技术学院等14所高职院校为广东省示范性高等职业院校的通知》（粤教职函〔2020〕14号），广东省教育厅确定14所高职院校为“广东省示范性高等职业院校”。其中，广州铁路职业技术学院榜上有名。这也是2009年学校争创示范以来，多次积极进取换来的辛勤成果。在新时代下获得广东省示范性高等职业院校的认定，意味着学校必须担负起更重要的育人使命。在接下来的办学中，严格要求按照国家和省关于职业教育改革发展的总体部署，积极发挥示范引领作用，深化产教融合、校企合作，推进“三教”改革，提高人才培养质量和办学水平，为广东省及粤港澳大湾区经济社会发展提供人才支撑和智力支撑。

第八节 国际化合作闯出办学新路子

随着我国经济的高速发展和对外开放的不断深入，国际合作办学这种办学模式越来越被人们认可，办学层次也不断得到提高。2012年，教育部出台《关于全面提高高等教育质量的若干意见》（教高〔2012〕4号）提出：“支持高校办好若干所示范性国际合作办学机构，实施一批国际合作办学项目。”该意见明确表明国家重视国际合作办学的发展。2014年6月，全国职业教育工作会议召开，会议明确要求“加强国际交流合作”，并将其列为今后要抓好的五项重点工作之一的“深化教育教学改革”的重要组成部分。

当时，我国的高等职业教育和西方先进国家和地区在办学体制、教育理念、教学管理等方面存在较大的差异，适应中国经济社会进一步发展的人才必然是具备国际视野、能够参与国际竞争的人才。在上述高等职业教育发展的时代背景下，学校立足于实际情况，以骨干高职院校建设为契机，瞄准国家高等职业教育改革发展目标和方向，积极探索国际合作办学，并结合自身情况进行了一系列的创新实践探索。

国际合作办学，培养具有国际视野和专业技能的技术技能型应用人才，是职业教育国际化发展和融合的必然趋势。为此，有条件的高职院校应顺势有为，积极、主动地研究并推进国内职业教育与国际的接轨，把开展国际合作办学作为学校跨域发展的重要举措，通过“请进来、走出去”整合国内国外各种优质教育资源，拓宽人才培养途径，促进职业教育办学水平和教学质量的大幅度提升，增强学校的教育国际影响力，实现学校的快速跨越式发展。

中德教育资源合作项目签约落地

经过多方考察论证，特别是在办学规模、教育模式、人才培养模式、国际合作办学经历等各个方面进行详细的调查比选，学校选定了德国雷姆塞德职业教育培训中心作为首家国际合作办学合作伙伴。

2012 年 3 月 15 日上午，德国雷姆塞德职业教育培训中心董事长兼总裁米歇伊·哈格曼（Michael Hagemann）先生、德国凯勒公司执行总裁克劳斯·雷克曼（Klaus Reckermann）先生、德国国际信息技术有限公司总裁高鹏博士、广州无线电集团有限公司国际商贸公司梁利滨工程师等一行前来学校洽谈中德职业教育合作事宜。学校党委书记廖惠卿、校长助理包琪龙等相关负责人一同参与了会谈。

廖书记对来访一行表示热烈欢迎。米歇伊·哈格曼先生在会谈中对学校的热情接待表示感谢，并认为学校的校训“创新每一天”与其教育培训中心的标语“Innovation Everyday”非常契合。

会谈中，高鹏博士介绍此行将与学校构建中德职业教育合作平台。中德双方将共建数控仿真教学实验室、职业教育师资培训中心，引进德国优质资源，推广双元制教育模式。会谈五方一致同意合作框架，并共同签署了合作备忘录。并将启动数控仿真教学实验室建设工作作为深入合作的切入点。会谈后，米歇伊·哈格曼先生等一行考察了花都工学结合示范园。

受德国凯勒公司邀请，2012 年 5 月 16 日，廖惠卿书记一行 6 人前往该公司考察访问，继续就建立数控仿真模拟实训室、师资培训等进行了深入的沟通和磋商，并签署了关于共建数控仿真实训室的合作备忘录，推动了该项目进一步的落实。

与德国凯勒软件公司联手的粤德职业教育合作，在学校共建数控仿真模拟实训室，是学校学习德国职教经验的一次重要实践，也是骨干高职院校数控项目课程建设的一次尝试。依托该实训室，校企共建“数控机床操作与编程”课程，共同为德方在华企业培养人才，共同修订数控技术专业人才培养方案。该项目的建设加深了学校对德国职业教育的认识和理解；合作项目意向书的签订，将有力地推动中德职业教育领域的进一步合作。

利用凯勒公司开发的 KELLER 数控仿真模拟软件，不仅有利于开展数控技术教学和培训，而且对学校正在开展的基于岗位能力分析基础上的专业与课程标准建设有很好的借鉴作用。该软件将 CNC 数控设备工作过程、CAD/CAM、车铣削加工方案、系统控制编程等，利用三维模拟技术和大量的图表、数据、解释和习题的方式进行演示和训练。它具有简单易学、循序渐进、综合性强等特点。这套软件的优点在于，它对于企业专业人员、教师、学生及初涉及 CNC 领域的人来说十分容易掌握，并很快达到学习目的。

数控仿真模拟实训室建成之后，在教学过程中利用数控仿真软件配合学生的理论和实训教学，有利于提高学生的综合能力，激发学生的独立思考和创新意识，培养学生自主学习的能力。这将给数控教学、轻松掌握数控技术、先进数控设备的使用以及数控加工生产全过程等带来一个全新的模式。

2012年8月8日，学校党委书记廖惠卿率相关负责人到广州无线电集团有限公司访问，受到广州无线电集团有限公司杨国华主席的亲切接见。双方就职业教育的发展、校企合作等内容进行了广泛而真诚的交流。会后，广州铁职院、广州无线电集团有限公司和德国国际信息技术有限公司三方举行了“中德教育资源合作项目”签约仪式。合作项目的正式签约标志着中德职业教育合作正式启动，校企共建数控仿真模拟实训室项目得到落实，有力地推动学校与德国职业教育领域的进一步合作。

9月12日，中德职业教育论坛暨凯勒数控实训室揭牌仪式在学校多功能厅隆重举行。广东省教育厅副厅长魏中林，广州市教育局局长屈哨兵、副局长雷忠良、德国凯勒数控软件公司大中华区总裁雷克曼先生，德国DEKRA公司总裁希顿托普博士，德国China Window国际信息技术合作公司总裁高鹏博士，广州无线电集团有限公司主席杨国华，校长刘国生、副校长王韶清及相关兄弟院校领导、教师代表100余人出席了揭牌仪式。廖惠卿书记主持仪式。

魏中林副厅长在致辞中指出，当前广东正处于经济转型升级的关键时期，职业教育如何为企业培养高素质的高级技术技能人才成为经济转型升级成败的关键。此次学校与德国凯勒软件共建数控实训室是粤德职业教育合作的又一重要成果，对我们进一步学习借鉴德国职业教育先进经验，共同搭建粤德合作交流平台具有非常重要的意义，也有利于学校学习、借鉴国际先进技术标准，改进课程教学内容，加强专业建设，推动人才培养模式改革，为我省产业转型升级培养更多更好的高级技术技能型人才。

屈哨兵局长指出，广州铁路职业技术学院作为国家骨干高职院校建设单位，学习借鉴德国职业教育的先进经验，引进德国在职业教育领域的优质资源，探索中国职业教育的三元制新模式，把握了职业教育领域的国际合作时机。学校的花都工学结合示范园“校中厂、厂中校”的校企合作发展模式，与德国职业教育发展的双元制模式有异曲同工之妙。此次中德在数控领域和职业教育领域的进一步合作，为把花都工学结合示范园打造成全国职业教育领域具有一定辐射带动作用的现代制造技术高端人才示范基地奠定了基础。

刘国生校长简要介绍了学校移交转制跨越发展、跻身国家示范院校的历程和中德合作项目的进展，表示要抓住省教育厅深化粤德合作的大好机遇，进一步创新体制机制，拓展合作领域。一是管好、用好与凯勒公司共建的实训室。二是组建中德培训中心，开展专项培训。三是做好教师互派互访工作，提升教师素养。四是吸纳借鉴“双元制”模式，优化提升“产教一体、寓学于工”模式。五是拓展与德资企业的合作，开展订单培养，为广东省、广州市的经济发展培育更多高端技能型人才。

希顿托普先生在致辞中表示，此次签约暨揭牌仪式是中德职业教育合作的一个良好开端。为促进国家和民族的经济繁荣，为社会培养高素质高技能型人才，是教育界和企业界义不容辞的责任。

此次中德职业教育合作有利于为学生成才提供更好的国际化机会，相信在引入德国优质的教学资源之后，在双方的合作得到进一步深化之后，广州铁职院能为社会培养更多更优秀的高技能型人才。

在热烈的掌声中，魏中林副厅长、雷克曼先生、屈哨兵局长、刘国生校长共同为中德凯勒数控实训室揭牌。王韶清副校长代表学校与凯勒公司、China Window公司就授权德国凯勒数控软件证书签约。魏中林副厅长与雷克曼先生互赠礼品；刘国生校长向雷克曼先生颁发客座教授聘书。

揭牌仪式后，雷克曼教授在中德职业教育论坛上做了题为“凯勒数控软件的基本功能及在德国职业教育领域的应用”的精彩报告，高鹏博士则以“引进德国职教优质资源，探索中国职业教育‘三元制’新模式”为题，以新颖的视角，探索了政府、学校及企业的三元制人才培养新模式。

廖惠卿书记总结时提到，中德两国都有着悠久的历史和灿烂的文化，双方一直在互相学习，互相借鉴。我们将以此次合作为契机和桥梁，在人员交流互访、制度设计、师资培训、标准建立等方面建立深层次的合作关系，全面推进国家骨干高职院校建设，努力提高人才培养质量和办学水平，为广州市新型城市化建设提供人才保障和智力支持。

与新西兰维特利亚理工学院合作

新西兰维特利亚国立理工学院建于1986年，是新西兰政府所属、发展最快的公立高等院校之一。该院提供大专、本科、研究生教育，开设有130多个全日制课程。现有全日制和非全日制学生约2万名，其中有来自世界各国的约3000名留学生。该校与我国北京航空航天工业大学、淮海理工大学等多所大学有合作项目。

2012年5月21日下午，新西兰维特利亚国立理工学院奥克兰分院副院长Susan Warring女士、新西兰驻哈尔滨友好城市首席官方代表Simon先生、中国新西兰合作项目广州西餐培训中心总经理陈广俊先生一行前来学校，与应用外语系、经济管理系洽谈中新职业教育合作事宜。学校林姚副校长及相关专业教研室负责人参加了会谈。

林姚副校长对来访一行表示热烈欢迎，希望通过此次洽谈进一步推进学校与新西兰在职业教育领域的合作，促进师资互换交流、学生实习培训、学历提升等方面展开合作。Susan Warring女士介绍了新西兰维特利亚国立理工学院基本情况，并希望此次洽谈能为双方合作奠定基础。

经过进一步磋商，双方一致认为两校可以在商务英语、涉外旅游、文秘等专业推进合作。近期可采取“2.5+0.5”的合作模式，远期采取“2.5+0.5+2”的模式。两种模式均采用项目制形式，以促进相关专业的课程改革，凸显专业特色，强化学生的专业技能培训，增强专业竞争力。此次会谈明确了合作方向，双方对会谈结果均表示满意，对合作的前景充满了信心。

2012年7月8日至17日，林姚副校长一行6人应新西兰维特利亚国立理工学院和澳大利亚商业学院的邀请，前往考察，进一步洽谈合作办学事宜。

在新西兰维特利亚国立理工学院惠灵顿总部，林姚副校长一行受到了维特利亚国立理工学院首席执行官Don Campbell先生的热烈欢迎和热情款待，希望双方在学生培养和教师培训等方面加强合作与交流。林姚副校长对维特利亚国立理工学院和Don Campbell先生的热情款待表示感谢，希望

Don Campbell 先生能前往学校考察访问。随后双方互赠礼物并合影留念。在校方精心准备的茶会上，主宾双方举杯共商合作事宜，相谈甚欢。新西兰维特利亚理工学院商务系主任 Gerry Mccullough 先生、贸易系主任 Stephen Wichens 先生、服务系主任 Helen Gardiner 女士、国际部业务经理 Kiri Bishop 女士出席了茶会。

随后，考察团深入课堂了解由韩国政府资助的韩国留学生在维特利亚国立理工学院的学习情况；参观了维特利亚国立理工学院的酒店管理、IT、幼儿教育、录播等实训室，其中餐饮、录播实训室以真实任务为训练项目的运营模式、聘请行业知名人士参与育人的教学模式，对学校生产性实训室建设和“双师”教师队伍建设具有借鉴意义。

结束了惠灵顿总部的考察后，考察团赶往新西兰维特利亚理工学院奥克兰分院洽谈国际合作交流具体事宜。通过深度沟通和充分协商，林姚副校长与新西兰维特利亚理工学院国际部总裁 Paul Maguiness 先生签署《新西兰维特利亚国立理工学院与广州铁路职业技术学院协作意向书》，双方商定拟在商务英语、酒店管理、会计、IT 等专业开展对接教学，探索学分转移、专业课程互换学习、教师短期交流的有效途径。林姚副校长一行还考察了澳大利亚商业学院，就实训室建设、社会服务、职业资格培训等进行了广泛交流和探讨。

林姚副校长此次出访并成功签署《新西兰维特利亚国立理工学院与广州铁路职业技术学院协作意向书》，标志着学校在国际合作与交流方面取得新的进展。

国际服务外包助学生赴海外实习

2015 年 4 月 20 日下午，学校举行本校学生赴马来西亚实习欢送会。学校副校长马仁听出席欢送会，院办、教务处负责人，应用外语系党总支副书记、专业教师、辅导员、即将赴境外实习的学生及家长和学生代表参加会议。

马仁听副校长代表学校致欢送词，指出实施本实习项目的重要意义，对外语系领导班子、相关人员及学生家长努力促成本项目所作的努力给予了充分肯定。同时，他对即将赴境外实习的学生提出三点要求：一是在境外要时刻牢记自己的公民身份，履行公民的义务，爱党爱国，不做有损国家和人民利益的事情；二是要遵守实习所在国的法律法规，增强安全意识，珍惜来之不易的学习机会；三是要维护学校声誉，希望他们作为学校首批赴马来西亚实习的学生代表，起模范带头作用，充分展示学校学子朝气蓬勃的精神面貌。与会教师与学生及家长进行了沟通与交流，签订了学生赴境外实习同意书和家长承诺书。

本项目的顺利实施有赖于学校党政领导的高度重视与相关职能部门的大力支持，是外语系英语专业学生首次走出国门参加境外实习。项目自 2014 年 11 月开始与相关合作单位接洽，历经半年的沟通、协商，达成了三方合作意向，签订了《国际服务外包人才培养及海外实习基地建设战略合作协议书》。学生经过培训、面试等层层选拔，梁诗韵和蔡文安 2 名同学从报名者中脱颖而出，成为首批成行成员，并将于 4 月 24 日赴马来西亚吉隆坡参加为期一年的境外实习。

与马来西亚联合办学及轨道交通职业教育培训基地启动仪式

除了远赴马来西亚实习的同学外，还有前往日本实习的同学。2015 年 9 月 24 日，学校应用外语系 2015 年度首批赴日实习学生在顺利完成近 3 个月的境外实习后，从东京乘坐飞机回国，应用日语专业教师到机场迎接。学生抵校后，学校领导实习归来的学生亲切座谈。

座谈会上，实习学生简单地汇报了实习期间的工作情况，畅谈体会与收获。同学们表示，感谢学校领导与教师的关怀与付出，给予他们创造走出国门、增长见识的实习机会，均认为通过此次实习进一步了解了日本文化与风土人情，亲身体验了日本企业的管理模式与管理理念，较大程度地提高日语口语能力，为今后走上社会打下比较坚实的基础。

学校学生能有诸多机会走出国门实习，得益于学校在国际服务外包人才培养基地建设方面做了大量的工作。

2015 年 6 月 17 日上午，学校组织召开国际服务外包培训基地申报评审会。广州市商务委员会技术与服务贸易处处长刘旭、林贵汕以及 3 位评审专家组成专家评审组进校评审，校长雷忠良、副校长蒋新革，教务处、财务处、设备处及六大院系负责人参加评审会。

雷忠良校长代表学校对市商委专家组一行表示欢迎和感谢，表示学校积极拓宽发展平台，在国际服务外包大产业的发展中做出努力与贡献，再促学校有新的发展、上新的台阶。蒋新革从服务外包基地的申报基础、建设目标与任务、预期成效三个方面做了详细汇报，指出学校区位优势好、校企合作基础深、申报服务外包顺应了发展趋势。该项目将按照整体规划、系统设计、分步推进的思路，力争 5 年内把学校建成包含国际服务外包实训基地、国际服务外包培训平台的国际服务外包人才培养基地。

专家评审组听取了汇报，查阅了国际服务外包项目申报材料，对项目的适用性、方案的完整性、申报的条件与基础、实施的难易度等进行了综合评估，并针对汇报内容与项目申报人进行了交流与探讨，提出了建设性的建议和意见。项目申报人就专家们的提问进行现场答辩，与会职能部门负责人、六大院系负责人结合本部门的专业特色对国际服务外包项目做了进一步阐述。

专家组一致肯定学校的办学特色和内涵建设，希望学校通过国际服务外包基地的建设，全面提升学校服务地方发展的能力，为广州市及广东省国际服务外包产业的发展构建更为坚实的发展平台，提供更多、更好的人才与智力支持，为广州市创建一流的“国际服务外包城市”做出贡献。

2015 年 9 月，广州市商务委员会公布了本市国际服务外包人才培训机构单位名单，学校被认定为 2015 年广州市国际服务外包人才培训机构。此次国际外包人才培训机构的成功认定，为全面提升学校服务地方发展的能力提供了契机，为广州市及广东省国际服务外包产业的发展构建了坚实的发展平台，同时也为学校外语类的专业建设和发展拓宽了思路，起到了良好的引导作用。

2015 年 12 月 18 日下午，学校举行国际服务外包基地共建协议签订及揭牌仪式。学校挂牌成为商务部中国国际贸易学会服务外包国际人才培养教学与示范基地和全国服务外包岗位专业考试培训考试中心，并与中国国际贸易学会服务外包实务教学委员会签署了合作协议。雷忠良校长表示，以服务外包基地建设作为学校顺应全球一体化发展，走向国际化的重要途径，学校将在平台、资源、机制对基地进行保障，希望务实出成效。

学校此次共建的国际服务外包人才培养示范基地依托现有专业优势，合作建设具有特色的服务外包相关专业、人才培养方向，主要面向学校机电学院、物流学院、信息系、经管系、应用外语系等相关专业进行服务外包方向的人才培养。该项目建设内容包括师资培训、外语教学、跨国多文化合作职业素质、企业岗前训练等。根据企业需求和自身特点，为外包企业培养并认证所需的紧缺型技能人才，在合作平台上积极改进教学品质、培养职业型师资，研发人才培养标准、实施职业面向新产业、新岗位的实务教学新模式。

2016 年 1 月 18 日，全国服务外包岗位专业培训与考试 2015 年度工作会议在北京教育考试院召开。会上，学校被授予“专业共建优秀单位”光荣称号。学校应用外语系负责人作题为“面向国际贸易、外语和轨道交通方向国际服务外包人才培养”的专题汇报，详细介绍了学校在跨境电商等服务外包方面的建设情况。

随着改革的不断深入，服务外包作为新兴产业的重要发展方向，将成为未来全球经济发展的重要推动力量和服务贸易的重要组成部分。全国服务外包实务委员会将在国际服务外包人才培养和服务外包队伍建设中加大力度，学校将在此背景下积极开展国际服务外包人才培养工作，深入了解企业需求，定向培养人才，进一步与市场紧密结合，做实学校外语商贸类等服务类专业。

芬兰坦佩雷教育代表团来访交流

2016 年 5 月 24 日上午，芬兰全球坦佩雷教育集团的项目主任金穆兰女士（Mrs.MuranenJin）和坦佩雷成人教育中心的国际事务顾问吴兰女士（Ms.UllaVirtanen）来访，与学校就中芬合作交流、师资培训、课程共建等进行了深入探讨。学校党委书记雷忠良和校长景广军出席座谈，机械与电子学院、应用外语系、运输物流管理学院、经济管理系、外事办等部门的主要负责人参加了会议。

座谈会上，雷忠良书记提出，希望今后与芬兰坦佩雷的国际交流合作能走平台化、机制化，与芬方合作成立中芬师资培训基地，提高职业教育教师的“双师性”，加强教师现场实操的能力，增强课堂授课的趣味性，激发学生发展的潜能；希望利用好“十三五”来作顶层规划，围绕广州市产业发展来开展中芬师资培训项目和联合共建课程。景广军校长同时表示，希望可以尽快与芬方合作，共建广铁坦佩雷二级国际学院，开展联合开发专业、学生交换、师资培训交流等项目。随后，与坦佩雷应用科技大学 TAMK 的授权代表金穆兰女士签署了两校合作备忘录。

芬兰代表团参观了花都工学结合示范园，与机械电子学院院长陈敏、党总支书记吴伟民等进行座谈交流，让学校教师充分了解芬兰的教育理念、教育制度、学习模式、芬兰学徒制和学校与企业的工学结合情况。芬兰代表们也参观了机械与电子学校的各类实训室，肯定了学校对仿真工场的投入和对学生实操能力的培养，赞扬学生的钻研精神和创新能力。同时，芬兰代表也很认同学校的工学结合模式，认为学校的实训室设计与教学模式与芬兰提倡的创新创业教育理念相吻合。2016 年 10 月 27 日，坦佩雷应用科技大学全球教育中心国际项目主管陈坦玉老师一行 3 人代表全球坦佩雷教育集团回访学校，雷忠良书记主持会议，党办、院办、教务处、人事处、财务处、运输物流管理学院和经济管理系等相关负责人一起出席了座谈会。

会上，芬兰代表获悉学校将要成立国际合作学院，表示未来将加强双方的合作交流，拓宽双方合作渠道，并就师资培训和学生学历教育等两大问题展开了探讨。雷忠良书记就双方的合作谈到以下几点：第一，2017 年加快推动中芬师资培训计划，根据国家发展战略和学校的需求，开展智能制造、工业 4.0 和创新创业等培训；第二，与芬方共同思考师资培训绩效评价方法，让每位教师带着问题前往培训，再通过问题检验收获，同时希望学校赴芬兰培训教师能够参与创新创业跟班学习；第三，为了提高专业教师和学生的英语水平，芬方需要选派 1~2 名优秀教师来学校授课，提高学校师生的英语水平，同时参与中芬课程设置，并引入芬兰成功的职业教育模式和人才培养模式；第四，芬方可于 2017 年选派学生来学校交换学习半年或一年，就读学校的公共服务类专业或感兴趣的铁路机械专业，学校学生除可参加赴芬交换生项目外，未来还可以通过中芬合作专业“3+1”或“2+2”课程升读芬兰高校，继续攻读学士学位课程。

与坦佩雷应用科技大学签署两校合作备忘录

与日本学校签订友好学校合作协议

2016 年 6 月 22 日下午，日本九州英数学馆（专门学校）副校长于东振和总顾问进藤千寻一行来校访问。学校副校长马仁听、运输物流管理学院副院长杨益华等人及日语专业的部分学生一起参加了交流会议。

通过前期双方多次交流与考察，本着友好交流、互助合作、资源共享的原则，学校与日本九州英数学馆（专门学校）自愿结为友好合作学校。马仁听副校长代表学校签订了友好学校合作协议。双方将在师资培养、学生境外学习、顶岗、就业等方面开展交流合作。会后，于东振一行还参观了物流实训室等，察看校园环境、软硬件设施，深入了解学校的历史文化、办学理念、办学成就等。

本次友好学校合作协议的签订，拉开了两校实质性交流合作的序幕，也为物流管理专业在建设广东省高职教育二类品牌专业项目中开阔国际视野，进一步提升了专业实力。

与日本九州英数学馆（专门学校）签订友好学校合作协议

“亚欧高铁合作学院”共建协议

2017 年 4 月 28 日，学校与俄罗斯国立交通大学、白俄罗斯国立交通大学、乌克兰国立技术大学签订了“亚欧高铁合作学院”共建合作协议。学校与“一带一路”共建国家高校同心同德，在轨道交通技术、电气自动化技术、轨道交通运营、铁道通信与信息化等学科和研究领域，开展全方位的合作。

学校校长景广军认为，“亚欧高铁合作学院”将是学校的一个国际学院，双方将重点联合培养铁路交通人才，开展多种形式的学术交流，互换实习生。与此同时，将尤其注重师资资源的共享，通过互派教师进行课程讲座进修、参与相关科研活动等形式，提高双方教师的职业技能与专业水平。

以人才培养和师资共享作为两条主线，同时基于中国坚实优秀的高铁服务技术，围绕“高铁”技术辅助开展培训会及相关科研项目活动，将助力广州引领高铁技术率先在独联体等“一带一路”国家打开突破口。

2017 年 4 月 25 日至 28 日，白俄罗斯国立交通大学副校长尼古拉于率团来访广州，与学校进行了多场洽谈对接会，双方在联合培养高铁人才、师资交流、开展高铁技术研发、教材编制和高铁培训等多个方面达成了合作意向。

2018 年，学校继续深化与独联体国家的合作。如聘用白俄罗斯国立交通大学校长尤里·库拉任科为亚欧高铁合作学院副院长、为乌克兰国立技术大学谢尔盖·斯基连科教授颁发海外客席教授聘书。

与白俄罗斯国立交通大学签署合作框架协议

老挝留学生入读学校轨道类专业

2018 年 9 月 21 日，学校举行首批留学生开学典礼，来自老挝 4 所高职院校的 17 名留学生正式开启在学校的留学生活。他们是广州市属高职院校首批全日制学历教育留学生，也是全国铁路类高职院校首批全日制学历教育留学生。

老挝国教育与体育部技术与职业教育司行政处副处长本亚利·坎塔萨克、巴巴萨技术学院院长赛贡·潘塔翁、万象省技术学院院长通洛·维莱通、老德技术学院副院长苏利亚·帕赛、理工学院副院长维莱篷·彭玛哈赛出席开学典礼。广东省教育厅副调研员丁瑶芳，广州市教育局副巡视员陈跃红、高教处副处长刘林睿，学校党委书记雷忠良、副书记马仁听、副校长李晓明出席会议，教务处、学生处、国际合作学院、电气工程学院、运输物流学院、机车车辆学院负责人参加会议。

作为广东省一流高职院校建设单位，学校在省、市教育部门的大力支持下，主动对接国家“一带一路”项目建设，于 2018 年 5 月牵头组建了“华南‘一带一路’轨道交通产教融合联盟”，着力加强与东盟国家及俄罗斯等独联体国家在轨道交通领域人才培养、师资交流与科技领域的合作交流，为“一带一路”建设，特别是“中国高铁走出去”国际化人才培养培训、交流中国高铁人才培养标准竭诚努力。本次正式接收留学生，既是国际高铁合作学院的实施内容，也是华南“一带一路”轨道交通产教融合联盟的重大项目。

本批 17 名留学生分别来自老挝巴巴萨技术学院、老德技术学院、万象省技术学院、理工学院等 4 所高职院校。在未来 2 年内分别入读学校铁道供电、铁道机车和铁道交通运营管理 3 个专业。

此项目于两年前启动。2016 年 7 月，学校与老挝国教育与体育部技术与职业教育司签订《高等教育合作框架协议》，就此开启了双方合作。2016 年 11 月，双方签订了《轨道交通教育合作备忘录》，拟在轨道交通类专业开展学生培养、师资培训的初步计划，满足老挝未来铁路人才需求。2017 年 5 月，双方《签订了人才培养合作备忘录》，确定第一批留学生于 2018 年 9 月进入学校学习。

本批留学生将采取插班方式与本校学生共同学习，毕业后将获取老挝国认可的广州铁路职业技术学院大专学历文凭。

老挝留学生合影

与马来西亚拉曼大学学院开展海外联合办学

2019 年 6 月 13 日，广州铁路职业技术学院、拉曼大学学院、广东卓越前程教育服务有限公司、马来西亚中车轨道交通装备有限公司、中铁东方国际集团有限公司联合办学及轨道交通职业教育培训基地在马来西亚拉曼大学学院正式启动。中国驻马来西亚大使馆公使衔参赞、副馆长陈辰，广州市政府副秘书长刁爱林，马来西亚拉曼大学学院董事会主席、前交通部部长拿督斯里廖中莱，马来西亚拉曼大学学院院长李仕伟，广东卓越前程教育服务有限公司总裁唐俊京，马来西亚中车轨道交通装备有限公司总经理吴彬，中铁东方国际集团有限公司人力资源部、党委干部部长秦富华等出席签约仪式。校长马仁听，国际合作学院、机车车辆学院等相关人员及拉曼大学学院师生共计 200 余人参加签约仪式。

学校与拉曼大学学院、广东卓越前程教育服务有限公司三方签订了《关于举办铁道机车专业专科教育项目协议备忘录》协议，确定在中马两地联合培养马来西亚学生，毕业时同时获两校文凭。

学校与拉曼大学学院分别与中铁东方国际集团有限公司、中国中车（马来西亚）有限公司签署《谅解备忘录》，确定校企三方共建轨道交通职业教育培训基地，共享学术知识和行业前沿技术。本项目的实施将为马来西亚东海岸铁路沿线开发提供人才支撑，提升学校的国际服务能力和国际影响力，推动中马两校、中资海外企业在国际轨道交通职业教育上的融合发展。

广州铁职院、拉曼大学学院、中铁国际共同签署《谅解备忘录》

与菲律宾德拉萨大学加强互利合作

为提高学校国际化发展水平，助推国家“一带一路”倡议和粤港澳大湾区建设，搭建国际教育领域互惠互利平台，2019 年 7 月 3 日，学校与菲律宾德拉萨大学正式签署《教育合作备忘录》。

在签约仪式上，学校党委书记张竹筠向远道而来的菲律宾朋友表示热烈欢迎，介绍了学校的办学经验和专业优势。他强调，广州铁路职业技术学院作为广东省唯一一所以培养轨道交通特有专业人才为主的高等职业院校，始终坚持开放办学，坚持“引入、培育、输出”相结合，积极搭建服务“一带一路”国际化发展交流平台，引进国外优质职业教育资源，开发和输出国际通用的轨道交通类专业标准和人才培养体系，在开展合作办学项目上取得了较大的成效。德拉萨大学拥有百年的发展历史，研究实力雄厚、教学品质优秀、毕业生就业率高，是“菲律宾四大名校”之一。他希望双方通过强强合作，优势互补，打造轨道交通职教国际品牌。

雷蒙多·苏彼多感谢学校的热情接待。他表示，3 年来，菲律宾大兴基础设施建设，尤其加大铁路建设投资力度，在建的铁路有 4 条，迫切需要培养大量的铁路人才。广州铁路职业技术学院作为专门培养铁路人才的高等院校，与德拉萨大学联合开展轨道交通专业技能人才培养、专业共建、在职培训等项目，将为菲律宾铁路发展提供人才支撑。

与菲律宾德拉萨大学签署《教育合作备忘录》

首个中外合作办学项目成功获批

为对接粤港澳大湾区规划，助推国家“一带一路”倡议，着力推进国际优质教育资源的引进与国际化人才培养，2019 年 3 月 8 日，学校与白俄罗斯国立交通大学签署了联合培养铁道交通运营专业（全日制）中外合作办学项目协议。双方在中外合作办学项目（申报材料及协议）、学生游学项目、博士培养项目、访问学者项目和科研合作等方面达成广泛共识。

2019 年 11 月，学校与白俄罗斯国立交通大学合作举办铁道交通运营管理专业专科教育项目正式获批并在教育部备案。该项目纳入高等专科学历教育统一招生，将于2020年开始招生，采用“专业共建、学生共育、师资共享”育人模式，学生毕业后可同时获得学校颁发的高等专科毕业证书和白俄罗斯国立交通大学颁发的“铁道交通运管专业”结业证书，还可选择赴白俄罗斯继续深造。

2019 年 11 月 21 日，由白俄罗斯驻广州总领事馆主办、广东 - 独联体国际科技合作联盟和学校协办的“广州铁职院 - 白俄罗斯国立交通大学”合作办学项目启动仪式及推介会在广州阳光酒店举行。广东省科学技术厅副巡视员何棣华，广州市政协副秘书长王延廷，广州市政协经济委员会主任顾涧清，广州市教育局党组成员、副局长谷忠鹏，广州市白云区政协副主席徐晓兵，白俄罗斯驻广州总领事馆前任总领事巴加诺夫斯基，白俄罗斯驻广州总领事馆现任总领事波波夫，俄罗斯驻广州总领事馆总领事帕什科夫，俄罗斯工业联合会联席主席刘维宁，联盟秘书长郭凤志，学校党委书记张竹筠、校长马仁听、副校长李晓明出席会议。本次交流会以学校与白俄罗斯国立交通大学中外合作办学项目的成功获批为契机，旨在促进广东地区政府、中白合作办学者、教育从业者以及专家学者合作交流、分享经验，共同探讨新时代背景下教育科技合作的创新举措，同时服务政府决策、指导办学实践，对于推动广东省教育和科技的对外开放、服务国家“一带一路”倡议具有重要意义。

与白俄罗斯国立交通大学合作办学项目启动仪式及推介会

与菲律宾杜马盖地城市学院开展海外联合办学

基于菲律宾等东南亚国家电商人才市场供给不足、专业课程与实际需求匹配度不足等挑战，2023 年，学校与菲律宾杜马盖地城市学院签订了《姊妹学院合作协议》，共同开展跨境电商专业海外办学项目。

通过线上交流，双方确定“2.5+0.5”合作模式。学生在菲期间，杜马盖地学院引进广州铁职院跨境电子商务专业教学标准 1 套、《跨境电商实务》等优质课程标准及教学资源 6 门。

2023 年，双方开办的首届海外办学项目招收了 30 名留学生。2023 年 10 月，学校马仁听校长带团出访了杜马盖地城市学院，与杜马盖地城市学院签署了《海外办学项目合作协议》，并召开了与留学生的见面会。

马仁听校长与德尔玛校长签署《海外办学项目合作协议》后互赠礼物

第二个中外合作办学项目获得审批

2022 年 2 月，学校与白俄罗斯国立交通大学合作举办的第二个中外合作办学项目——铁道供电技术专业中外合作办学项目获广东省教育厅批复。

根据批复文件，项目将纳入高等专科学历教育统一招生。项目每年招生名额为 90 人，合作有效期为 5 年。项目按照“3+0”合作办学模式，即学生在学校学习三年，其间白俄罗斯国立交通大学选派优质教师担任不少于三分之一的核心课程教学任务，并实施教学质量监控。项目学生达到规定的毕业标准后，将获得学校颁发的毕业证书和白交大颁发的结业证书。毕业后学生可同标准就业，也可选择赴白交大继续深造，获取更高层次的学历学位证书。

项目为学校与白俄罗斯国立交通大学合作举办的第二个中外合作办学项目，说明学校与白交大合作举办的第一个项目 —— 铁道交通运营管理专业中外合作办学项目两年来的办学成效得到了广东省教育厅的认可，也标志着学校中外合作办学取得新的进展，对于提高学校的国际化教育水平、扩大学校的国际影响力、进一步提升学校的人才培养质量具有重要意义。

广东省教育厅

广东省教育厅关于广州铁路职业技术学院与白俄罗斯国立交通大学合作举办铁道供电技术专业高等专科教育项目的批复

广州铁路职业技术学院：

你校提出的广州铁路职业技术学院与白俄罗斯国立交通大学合作举办铁道供电技术专业高等专科教育项目申请收悉。

根据《中华人民共和国中外合作办学条例实施办法》第三十六、三十七条，经审查并组织专家评议，同意你校与白俄罗斯国立交通大学合作举办铁道供电技术专业高等专科教育项目。该项目招生有效期至2024年，批准书有效期至2027年12月31日。合作办学项目纳入高等专科学历教育统一招生，项目课程教学由合作双方共同承担。

请你校根据国家的有关规定，加强对合作办学专业的管理，保证外方专业师资的数量和质量，不断提高办学水平。对按要求完成学业的学生颁发境外教育机构证明、文凭、学位等证书的，请遵照《中华人民共和国中外合作办学条例实施办法》第三十四、四十八、四十九条规定执行。

广东省教育厅中外合作办学项目批复

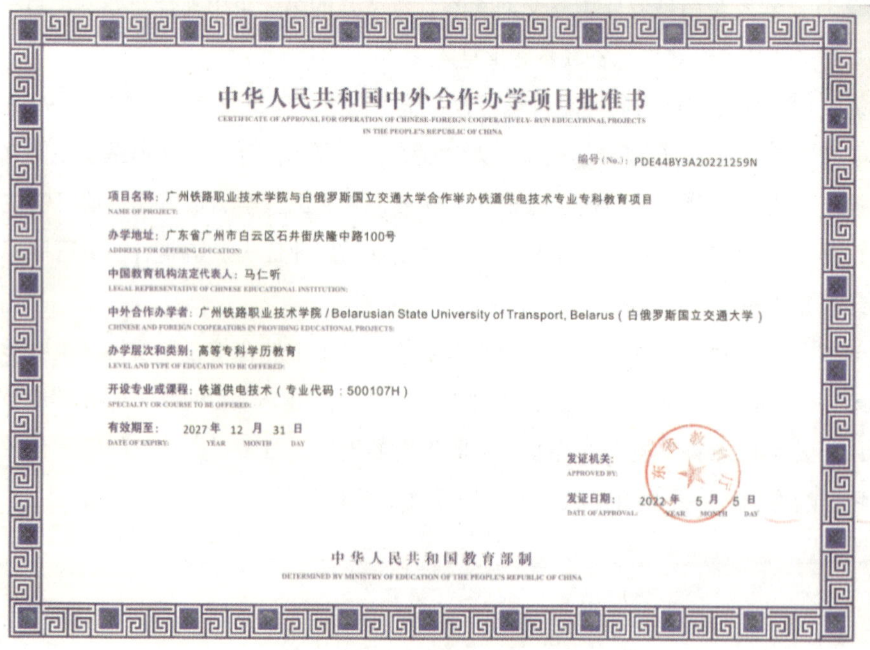

中华人民共和国中外合作办学项目批准书

CERTIFICATE OF APPROVAL FOR OPERATION OF CHINESE-FOREIGN COOPERATIVELY-RUN EDUCATIONAL PROJECTS IN THE PEOPLE'S REPUBLIC OF CHINA

编号（No.）：PDE44BY3A20221259N

项目名称：广州铁路职业技术学院与白俄罗斯国立交通大学合作举办铁道供电技术专业专科教育项目
NAME OF PROJECT:

办学地址：广东省广州市白云区石井街庆隆中路100号
ADDRESS FOR OFFERING EDUCATION:

中国教育机构法定代表人：马仁听
LEGAL REPRESENTATIVE OF CHINESE EDUCATIONAL INSTITUTION:

中外合作办学者：广州铁路职业技术学院 / Belarusian State University of Transport, Belarus（白俄罗斯国立交通大学）
CHINESE AND FOREIGN COOPERATORS IN PROVIDING EDUCATIONAL PROJECTS:

办学层次和类别：高等专科学历教育
LEVEL AND TYPE OF EDUCATION TO BE OFFERED:

开设专业或课程：铁道供电技术（专业代码：500107H）
SPECIALTY OR COURSE TO BE OFFERED:

有效期至：2027年 12月 31日
DATE OF EXPIRY: YEAR MONTH DAY

发证机关：
APPROVED BY:

发证日期：2022年 5月 5日
DATE OF APPROVAL: YEAR MONTH DAY

中华人民共和国教育部制
DETERMINED BY MINISTRY OF EDUCATION OF THE PEOPLE'S REPUBLIC OF CHINA

教育部中外合作办学项目批准书

第六章

跨越：守正创新敢为先

第一节 党建激活高质量发展新引擎

党的十八大以来，习近平总书记高度重视基层党建工作，指出“严密的组织体系，是马克思主义政党的优势所在、力量所在”。高校基层党组织担负着把党的路线方针政策落实到高校基层的重要职责。为此，高校要不断加强党的全面领导，把党建工作放学校工作的第一位。

办学以来，学校党委立足于学校发展，坚持立德树人，不断提升基层党组织政治领导力、组织向心力、贯彻执行力和服务群众力，把学校建设成为坚持党的领导的坚强阵地。党的十九大以来，学校深入学习贯彻习近平总书记关于高校基层党建工作的重要讲话精神和重要指示批示精神，以党的政治建设为根本，以组织力提升为重点，围绕“把方向、管大局、作决策、保落实、抓班子、带队伍”职责，践行“四个服务”，厚植新时代“铁路人”精神文化内涵，构建了“1233”党建（即实施党建强基工程，推进基层党建和“大思政”两大建设，构建党建制度、考核、保障三大体系，搭建党建学习教育、理论研究、信息管理三大平台）和“大思政”育人机制，形成了“思政课程＋课程思政＋日常教育”党史学习教育体系，打造了“大思政＋大党建”三全育人新格局。

学校党政协同在“抓规范、强基础，重业务、提质量，创特色、树品牌”方面用常功、使长劲，使党建工作与中心工作互融互通、互促互进，领导班子统一思想、凝心聚力，推动全面从严治党向基层延伸，强化党风廉政建设和干部作风建设，为学院创新发展奠定了坚实的思想基础，提供了坚强的组织保障。

随着党建工作的加强，学校教育教学事业发展迅猛，在党建方面喜结硕果，荣获了“全国活力团支部、全国铁路五四红旗团委、全国铁路向上向善好集体、广东省百佳团支部书记”等多个国家和省部级以上集体和个人荣誉，培育了校级党建标杆学院3个、样板支部8个、“双带头人”党支部书记工作室7个。机车车辆学院车辆党支部先后入选广东省、全国“样板党支部”培育创建单位。2022年7月，《党建强引擎　推动“双高”建设踔厉奋进——广州铁路职业技术学院强化党建引领，为大湾区高质量发展贡献才智》获《中国教育报》报道。

强根铸魂，提升组织力

2019年，在广州市委、广州市教育局党组的领导下，学校党委以习近平新时代中国特色社会主义思想为指导，全面贯彻党的十九大和十九届二中、三中全会精神，深入学习贯彻习近平总书记重要讲话精神和对广东、广州工作的一系列重要指示批示精神和全国教育大会精神，推进落实《国家职业教育改革实施方案》，按照“不忘初心、牢记使命”主题教育和市委巡察整改部署要求，以党的政治建设为根本，以组织力提升为重点，加强党的全面领导，落实立德树人根本任务，推进基层党建3年行动计划。

推进落实党的政治建设，扎实开展“不忘初心、牢记使命”主题教育，坚决做到“两个维护”。坚持以政治建设为统领，带头落实“四个意识”“四个自信”“两个维护”，自觉在思想上政治上行动上同以习近平同志为核心的党中央保持高度一致。扎实开展党委和基层党组织政治学习，全面落实“第一议题”制度，持续强化干部职工理论武装。严格履行党建主体责任，坚持从严管党治党，牵头制定“责任清单”“权利清单”，认真落实高校党委主体责任。

以组织力提升为重点，严格落实党内政治生活制度，推进基层党组织规范化建设水平。规范设置基层党支部，选优配强党支部书记，优化设置7个二级学院党总支和20个直属党支部，选优配齐配强党总支和“双肩挑”直属党支部。严格落实“三会一课”基层党组织生活制度，严格督查整改制度，同步设置中层干部和基层党组织任期，实现提前提醒、按时换届。严格双重组织生活会制度，100%完成软弱涣散党支部整治，领导班子参加双重组织生活，认真落实“一岗双责”，教师党支部“双带头人”全覆盖，涌现出了全国优秀教师李瑞荣等一批名师、优秀党务工作者。

坚持严字当头，以主题教育和巡察整改为契机，把各级党组织锻造得更加坚强有力。开展主题教育和巡察整改以来，学院查摆问题，提出整改措施，班子带头落实民生实事，以“公司+基地+合作社+致富带头人+贫困户”产业帮扶模式推动精准扶贫，变“输血”为“造血”，贫困户年均可支配收入增长率达302.25%，实现了稳定脱贫目标。

继往开来，召开党代会

2007年6月30日，学校召开了中国共产党广州铁路职业技术学院第一次党员大会，锚定了“十一五”阶段学院改革发展的动向和未来发展的航标。在广州市委、市政府和广州市教育局的正确领导下，学校历任领导班子带领广大党员和师生员工，励精图治，攻坚克难。从2007年迎评估、2009年创示范、2010年建骨干、2016年争一流、2019年定优质，到“双高计划”建设、“创新强校工程”建设，学校在适应中追赶、在追赶中跨越、在跨越中突破，赢得了高职教育发展的良好局面。

进入新时代，开启新征程，学校必须更加注重党的组织体系建设，以“十四五”发展规划为蓝图，唱响新时代党建强音。时隔13年，在中国共产党成立99周年、迈向百年大党之际，2020年，学校召开了中国共产党广州铁路职业技术学院第一次代表大会。此次大会，是一次高举旗帜、牢记嘱托、继往开来的大会，更是一次求真务实、凝心聚力、催人奋进的大会。

2020年4月，学校召开第一次党代会筹备工作动员大会。纪委书记徐小锋通报党代会的筹备情况，学校专门成立了党代会筹备工作领导小组及办公室，下设秘书组、组织组、会务组及宣传组四个工作组，研究制定了党代会《筹备工作方案》《代表选举办法》。强调各基层党组织要迅速行动起来，及时贯彻落实党委工作部署，以高度的政治责任感和扎实的工作作风开好本次党代会。党委办公室主任曹越解读党代会《筹备工作方案》《代表选举办法》，进一步明确了本次党代会的指导思想、主要任务、大会议程、代表名额、构成比例、选举办法及组织领导、工作要求等。马仁听校长作动员部署：筹备召开第一次党代会，既是全校共产党员和师生员工政治生活中的一件大事，也是各级党组织的重要政治任务，要认真过好此次意义深远的政治生活，以饱满的政治热情和良好的精神状态迎接党代会的胜利召开，为创新强校工程、省一流高职院校及“双高计划”建设提供坚强的思想保证和强大精神动力，不断推动学校各项事业取得新业绩、再上新台阶、开创新局面。

2020 年 6 月，学校党委作出《关于同意张竹筠等 110 名同志为出席中国共产党广州铁路职业技术学院第一次党员代表大会代表的批复》。

2020 年 7 月 18 日，中国共产党广州铁路职业技术学院第一次代表大会在石门校区东阶梯报告厅正式召开。广州市教育局党组成员、副局长、局机关党委书记华山鹰同志，广州市委组织部郭爽同志，广州市纪委组织部黎晓婷同志，广州市教育局机关党委负责人韩军同志到会指导。学校领导张竹筠、马仁听、王超、徐小锋、麦国焞、王亚妮、乔西铭同志及学校老领导廖惠卿、廖金榜同志出席会议，民主党派代表段振华等列席大会。大会应到代表 110 名，实到代表 106 名。

中国共产党广州铁路职业技术学院第一次代表大会

大会主题是高举中国特色社会主义伟大旗帜，以习近平新时代中国特色社会主义思想为指导，全面贯彻落实党的教育方针，坚持社会主义办学方向，落实立德树人根本任务，服务交通强国、粤港澳大湾区、“一带一路”倡议与中国高铁“走出去”战略，总结经验，统一思想，明确目标，凝聚力量，在“十四五”期间团结带领全校师生员工奋力谱写中国特色高水平高职学校建设新篇章。

华山鹰同志充分肯定了校党委团结带领全校党员、师生员工在党的建设和学校跨越发展方面取得的成绩。他希望学校能以本次党代会为契机，站在新的历史起点上，按照党代会确定的奋斗目标和发展任务，全校上下以饱满的政治热情、高度的责任感和强烈的事业心，凝心聚力、真抓实干、砥砺前行，为广州教育事业大发展做出积极贡献。

张竹筠同志代表校党委向大会作题为《栉风沐雨十三载守正创新再出发奋力谱写中国特色高水

平高职学校建设新篇章》的党委工作报告。报告全面回顾和总结了学校第一次党员大会以来 13 年的发展历程和主要成绩。报告指出，在上级的正确领导和学校历任班子、全校党员、师生员工的共同努力下，学校在适应中追赶、在追赶中跨越、在跨越中突破，从“迎评估、创示范、评骨干”到“争一流、定优质、建双高”，取得了一项又一项傲人的成绩，而这些成绩的取得归根结底在于始终坚持党的全面领导，在于始终坚持立德树人，在于始终坚持改革创新，在于始终坚持特色发展，在于始终坚持师生为本。报告强调，当前及今后 5 年，既要看到学校发展面临的重要战略机遇，也要清醒地认识到学校还处在滚石上山、爬坡过坎的关键阶段，要举全院之力，以“双高计划”建设为抓手，以“十四五”规划为蓝图，全面实施高技能人才培养、高水平人才强校、技术技能创新、国际化发展、综合改革、文化强校等“六大战略”，以高质量党建为学校各项事业发展提供坚强保证，打造与广州市国家中心城市地位相称的高职院校。

徐小锋同志代表校纪委向大会作题为“强化监督执纪问责推进全面从严治党为建设中国特色高水平高职学校保驾护航”的纪委工作报告。报告从全面从严治党不断深入、党员干部纪律意识持续增强、廉政风险防控成效明显、“三不”建设一体推进、纪检干部履职能力不断提高等 5 个方面回顾了学校纪委的主要工作，并系统梳理了纪委工作经验和存在的薄弱环节，从讲政治、改作风、强监督、促“三转”、铸队伍等 5 个方面提出了今后五年纪委工作的主要任务和要求。

随后，大会按照程序分别举行多轮次主席团全体会议、全体党员代表大会，听取“两委”工作报告审议讨论情况、研究提出修改意见、通过大会《选举办法》等。会上选举产生了中国共产党广州铁路职业技术学院第一届委员会委员，名单为张竹筠、马仁听、王超、徐小锋、麦国焞、王亚妮、乔西铭；产生了中国共产党广州铁路职业技术学院第一届纪律检查委员会委员，名单为徐小锋、曹越、陈红志、李营、林燕波。

大会闭幕后，举行了中国共产党广州铁路职业技术学院第一届纪律检查委员会第一次全体会议，选举徐小锋、曹越同志为第一届纪律检查委员会书记、副书记；举行了中国共产党广州铁路职业技术学院第一届委员会第一次全体会议，选举张竹筠同志为第一届委员会书记，马仁听、王超同志为副书记。

中国共产党广州铁路职业技术学院第一次代表大会是在中国共产党成立一百年之际，是在习近平总书记领导全党全国各族人民决战决胜脱贫攻坚目标任务，是在全面学习贯彻全国两会精神、实现广东“四个走在全国前列”、实现广州“四个出新出彩”，是学校全力以赴建设中国特色高水平高职学校和专业建设计划的关键时期召开的一次十分重要的大会，是学校政治生活和事业发展中的一件大事。

“雄关漫道真如铁，而今迈步从头越。”过去的 13 年，是学校解放思想、抢抓机遇的 13 年，是转变观念、深化改革的 13 年，是艰苦创业、奋勇拼搏的 13 年，是增强实力、提高质量的 13 年。大会号召，学校各级党组织和全校党员、师生员工要深刻领会本次党代会的精神内涵，自觉把思想和行动统一到党代会精神要求上来，把智慧和力量凝聚到党代会确定的目标任务上来，要在学校新一届党委领导班子带领下，严格落实立德树人根本任务，为党育人、为国育才，以坚如磐石的信心、坚韧不拔的毅力，闻鸡起舞、日夜兼程、风雨无阻，奋力谱写中国特色高水平高职学校建设新篇章。

加强统领，释放新动能

2020 年，学校党委严格履行校党委管党治党、办学治校主体责任，以推动高职教育改革发展、提高人才培养质量为根本任务，认真学习贯彻落实党中央和省委、市委决策部署，不断加强政治建设、思想建设和组织建设，坚持和完善党委领导下的校长负责制，强化宣传思想工作，完善内部治理体系。

坚持思想引领，完善治理体系。学校党委牢固树立“四个意识”，认真组织开展“不忘初心、牢记使命”主题教育活动，严肃党内政治生活，逐步建立完善“不忘初心、牢记使命”常态化机制。围绕习近平新时代中国特色社会主义思想、党的十九大精神、《习近平谈治国理政》第三卷以及《中华人民共和国宪法》《中华人民共和国民法典》学习、高校全面从严治党向纵深发展以及省一流高职校建设等专题，组织党员领导干部、全体党员及广大教职工开展政治学习。

强化宣传思想，牢牢把握意识形态。学校党委成立宣传统战部，建立新闻宣传工作和意识形态工作领导小组，完善宣传思想工作机制，切实掌握意识形态工作主动权、话语权。党委书记与校长上好“三严三实”“两学一做”及“思政第一课”等专题党课，切实加强和改进新形势下的宣传思想工作。党委严格履行意识形态工作责任制，制定《落实意识形态工作责任制实施办法》，落实同时配套相关工作制度规范，落实“六项责任”，坚持做到方向上牢牢把握，工作上研究指导，政策上大力支持，投入上给予保障，推动宣传思想和意识形态工作重大部署、重要任务落到实处，引导激励广大教职工开拓奋进、积极向上。

强化制度建设，建立健全治理体系。学校党委修订完善《党委领导下的校长负责制实施意见》；修订《党委工作规定》《院长工作规定》、“三重一大”规定等议事规则，决策、执行、监督机制不断完善；强化内部治理体系，坚持全面依法治校，修订学校章程，推动“十四五”发展规划调研与编制，明晰学校治理体系与治理结构，规划发展蓝图。组建广州铁职院理事会，牵头组建成立了华南“一带一路”轨道交通产教融合联盟，完善学校治理结构；始终坚持党风廉政建设责任制的完善和落实，建立落实全面从严治党制度体系。

加强党的建设，提高管党治党水平。学校党委贯彻新时代党的建设总要求，配齐配强党总支（支部）书记，新设立二级学院专职组织员岗位，夯实了基层党组织建设；制定《基层党组织工作规范》《二级学院党政联席会议制度》等有关制度文件，强化和规范党建工作规程和工作标准，推动基层党建工作责任制落实，形成了以“书记”抓“书记”，层层压实责任的党建责任制度体系。

献礼百年，建功新时代

2021 年是中国共产党成立 100 周年。在广州市委、市教育局党组的领导下，学校党委以习近平新时代中国特色社会主义思想为指导，深入贯彻落实党的十九大和十九届历次全会精神，认真学习贯彻落实党中央和省委、市委决策部署，坚持党的全面领导，不断织密上下贯通、执行有力的组织体系，牢牢把握新时代党的建设总要求，深入开展党史学习教育，以热烈庆祝中国共产党成立 100 周年为主线，紧紧围绕学校“双高计划”建设等中心工作，以高质量党建引领保障学校高质量发展。

以建党百年为契机，提升基层党组织组织力。组织开展“光荣在党 50 年”纪念章颁发仪式，开展省、市、系统以及学校“两优一先”推荐工作，抓实“三会一课”制度执行，配合党史学习教育市委巡回指导组督导检查工作，推进落实校领导班子成员和各党支部书记结合党史和习近平“七一”重要讲话精神上党课、党支部专题组织生活会、专题党日活动等。

推动党史学习教育走深走实。成立党史学习教育领导小组及其办公室，研究制订《广州铁路职业技术学院党史学习教育工作方案》和专题学习、专题宣讲、专题培训、专题研究、革命传统教育、党史进校园、“我为群众办实事”、2021 年“七一”系列活动等 9 项工作方案。组建“党委班子带头讲、‘五老’深情讲、青年骨干组团讲”宣讲团，形成“各级班子、思政教师、教师党员、学生党员”四个群体为带动，构建“思政课程 + 课程思政 + 日常教育”党史学习教育体系。

推动脱贫攻坚成果巩固。学校从组织振兴、教育振兴、人才振兴、产业振兴、文化振兴、生态振兴六个方面出谋划策、持续发力，派专人驻镇帮镇扶村振兴，帮扶大麦山镇党建阵地和教育设施建设。

开展东西协作行动计划。制定帮扶振兴工作方案，重点从办学目标定位、专业建设、师资队伍建设、科技工作、联合培养学生、课程建设、服务体系建设、管理与制度建设等 9 个方面对口帮扶黔南民族职业技术学院，形成了“六共二联”（党建共联、专业共建、师资共长、学生共育、基地共建、资源共享（国际合作）、社团联建、特色联创）对口帮扶体系。

开展巡视巡察反馈意见整改“回头看”。开展巡视巡察整改“回头看”，印发工作实施方案，对照市委第八巡察组反馈意见，明确整改工作牵头负责部门，梳理整改措施，建立整改台账。

2021 年，学校取得国家示范职教集团（2021）、国家职业教育示范性虚拟仿真实训基地（2021）、国家级职业教育教师教学创新团队（2021）等国家级标志性成果 21 类 65 个；成功举办中国高等教育学会创新创业教育分会 2021 年会暨创新创业创造“三创”高峰论坛，在全国“互联网 +”大学生创新创业大赛中斩获银奖 2 项；立项国家级课程思政示范课程、教学名师和团队项目 1 项，学校成功入选“全国职业院校课程思政研究中心单位”。

贯彻落实，领会新精神

2022 年，学校党委深入学习贯彻党的二十大和二十届一中全会精神，认真贯彻落实党中央和省委、市委决策部署，以高质量党建引领保障学校高质量发展。2022 年学院在“双高计划”建设中期评估中获得优秀，“创新强校工程”考核全省排名第 5 名。

筑牢党的思想根基，深入学习贯彻党的二十大精神。落实各级党组织“第一议题”制度。重点学习了党的二十大精神、党的十九届六中全会精神及习近平总书记对广东广州系列重要讲话和重要指示批示精神等。推进党史学习教育常态化。制定实施《党史学习教育常态化工作方案》，编制印发《中国共产党历史年表》学习辅导读本 2000 册。推进落实二十大专题党课、党日活动。推进落实校领导班子成员和各党支部书记结合习近平系列重要讲话精神及党的二十大精神上党课、党支部专题组织生活会、专题学习研讨会、专题党日活动。

“党建+”项目为牵引，激发党建工作新活力。组织开展党建示范创建和质量创优培育工程，实施“校—省—国家”三级目标培育，着力打造党建标杆和样板。深耕细作“党（团）支部+”项目，以“党建+网络思政”“党建+招生就业”“党建+创新创业”“党建+美育劳育”“党建+志愿服务”党建+校企共育”打造党建品牌。

推进党建质量提升工程。抓实“三会一课”制度执行，配合巡察整改工作，建立季度抽查、互相检查工作机制。健全党建阵地，搭建以业余党校、新时代党建云平台、党建工作坊为载体的党员经常性学习教育阵地，完成“一线三站七室”党建阵地建设规划。优化调整12个教师党支部，成立以专业名称命名的党支部，突出“支部+专业”鲜明特色，在党建示范、教书育人的双驱动下，促进党建与业务工作的深入融合，确保立德树人根本任务落实落地。

纪检监察，保障强根基

在高职院校办学发展中，高质量党建与纪检工作是紧密相连、相互促进的，两者相互影响、相辅相成。纪检工作依赖于党建的支持和保障，而党建工作则需要纪检来规范和监督。一直以来，学校都把党建融入纪检监察工作的全过程、各环节，不断健全完善“党建+”工作机制，以高质量机关党建推动纪检监察工作高质量发展。不断深化纪律监督、监察监督、派驻监督、巡察监督统筹衔接，推动监督体系更加完善，确保纪检监察工作延伸到哪里，党的建设就强化到哪里。

强化政治监督，推进政治监督精准化、常态化。学校纪委围绕推动学习贯彻党的二十大精神走深走实，聚焦习近平总书记重要讲话、重要指示批示精神，聚焦党中央重大决策部署，协助党委扎实开展“三严三实”专题教育、“两学一做”学习教育和“不忘初心、牢记使命”主题教育，抓实党内政治生活规范，强化广大党员干部的组织观念和规矩意识，引导全校党员干部强化政治自觉，厚植“两个维护”政治基础。

强化全面从严治党监督责任，形成了管党治党合力。协助学校党委建立了“党委统一领导，党政齐抓共管，纪委监督协调，部门各负其责，依靠广大师生员工支持和参与”的党风廉政建设领导体制和工作机制，压实基层党组织管党治党主体责任和二级单位班子成员“一岗双责”，推动全面从严治党主体责任和监督责任贯通协同。

聚焦体制机制，一体推进“三不”建设。纪委坚持把纪律规矩挺在前面，精准有效运用监督执纪“四种形态”诠释“严是爱、纵是害”，以抓早抓小让全体党员干部感到纪委的监督无处不在，强化“不敢腐”的震慑。为紧跟新时期纪检体制改革步伐，纪委2016年开始深入推进实施纪检监察工作“三转”，逐步构建起业务工作由职能部门具体监督、纪检部门对职能部门履职情况实行监督的“再监督 ”工作机制，扎牢“不能腐”的笼子。深入学习贯彻落实习近平总书记系列重要讲话精神，以理想信念教育帮助广大党员干部立高线，以理论上的坚定保证行动上的坚定，以思想上的清醒保证用权上的清醒，时刻警醒党员干部树立底线思维，严守底线不放松，增强“不想腐”的自觉。

坚持固本强基，建设忠诚干净担当队伍。纪委不断适应纪检工作新形势新要求，扩大选人用人视野，将具有财务、工程审计等专业的党员干部充实到纪检队伍，不断优化纪检干部队伍结构；

积极发挥特约监督员和审计员的专业优势和实践优势，助力党风廉政建设和反腐败工作。加强纪检干部理论学习和实践锻炼，鼓励支持纪检干部参加业务培训和跟案、跟岗培训，不断提升思想政治水准和政策运用能力，克服能力不足的危险，组织基层专兼职纪检干部树牢“正人必先正己，正己才能正人”的思想，提升规范和纪律意识，提高综合素质和业务能力，锤炼严、细、深、实的工作作风。

强化廉政教育和反腐倡廉宣传。持之以恒纠治“四风”。在法定重要节假日前，向全体党员干部和教职工发布“廉洁过节提醒”，落实中央八项规定精神要求。加强对新选拔干部和新进教师的教育管理，督促扣好廉洁从政和廉洁从教的“第一粒扣子”。以纪律教育学习月活动开展为抓手，组织全体党员集中观看警示教育专题片，参观了廉洁教育文化展，以在典型案例中持续增强党员干部的法纪观念，督促党员干部自重、自省、自警，着力营造风清气正的廉政氛围。

近年来，在广州市纪委监委、广州市教育局纪检监察组和学校党委的正确领导下，学校纪委深入贯彻落实习近平总书记对广东广州系列重要讲话和重要指示精神及关于教育的重要论述，坚决贯彻坚定不移全面从严治党战略部署，认真落实健全全面从严治党体系任务要求，深入开展党风廉政建设和反腐败斗争，推进学校纪检工作高质量发展，为学校建设发展中心工作提供坚强的政治和纪律保证。接下来，学校纪委将构建全方位、立体式监督格局：一是把《中共广州铁路职业技术学院纪律检查委员会协同推进党风廉政建设和反腐败的工作机制》落实落地，充分发挥综合监督的治理效能，筑牢安全屏障；二是严格依纪依规审查调查，提高办案质量，确保办案安全，落实市纪委有关工作整改要求，实事求是推动案件查办取得突破；三是把纪检干部的业务能力提升、自我监督和兼职纪检委员的教育管理放在重要位置，不断健全内控约束机制，锻造出学校的纪检监察铁军，发挥好监督“探头”作用。

内控建设，促党风廉政

内部控制（简称“内控”）是保障组织权力规范有序、科学高效运行的有效手段，也是组织目标实现的长效保障机制。学校高度重视内控建设工作，建立和完善学院内控体系，全面推进学校内控建设，规范学校内部经济和业务活动，强化对内部权力运行的制约，防止内部权力滥用，建立健全科学高效的制约和监督体系，促进学校内部治理水平提高。

2016 年 11 月，根据财政部《行政事业单位内部控制规范（试行）》《关于全面推进行政事业单位内部控制建设的指导意见》及广东省财政厅、广州财政局相关文件要求，结合学校实际，学校制定了《内部控制体系建设工作方案》，并成立学校内控体系建设工作领导小组，负责监督制定实施方案、协调解决重大事项、监督指导工作开展；成立由院办牵头，财务处、纪检监察办公室（审计处）、党办、人事处、设备处等单位组成的学校内控体系建设办公室。办公室在内控领导小组领导下，具体负责全院各单位内控体系建设的规划、督促、落实、指导及检查等工作。

当时，为了保证学校内控体系建设工作能够有序进行并按期完成，学校分 4 个阶段进行：第一阶段是 2016 年 6—7 月，为梳理排查阶段，学校对现有内控体系进行自我评估；第二阶段是 2016 年 8—

9 月，为培训指导阶段；第三阶段是 2016 年 10—12 月，为落实完善阶段；第四阶段是 2017 年 1—6 月，为核查验收阶段。

经过几年的建设发展，学校内控体系越来越完善，提升了学校的管理水平，促进了依法治校，推进了党风廉政建设。

2020 年，学校通过审计监督、自查自纠等方式，紧紧围绕中心工作，以“促发展、强管理、保安全”为主线，切实推动闭环管理式的内控。学校重点突出对招生、修缮工程、物资采购、财务管理、教育收费、专项经费、职称评审等重点领域和关键环节的内控，以内部审计、正风肃纪、信访工作为切入点，梳理排查找准风险点和薄弱环节，加强对重点项目、重点岗位、重点环节的防范与监督。

2021 年，学校单独设置内控工作小组，负责组织协调内控工作。建立内控风险评估机制并开展风险评估，形成风险评估报告，找出关键控制点，明晰内控责任链，提高单位整体内控能力。全面整改预算业务、收支业务、政府采购业务、资产管理、建设项目管理、合同管理等，进一步明确预算编制原则，规范预算调整条件及程序，合理分配资金，有序监督和服务，控制预算资金使用方向，加强预算管理监督及考核，进一步规范财务管理，对各项支出的审批、审核、支付、核算等方面严格控制，进一步防范和控制财务风险。通过明确内部工作机制，对采购业务活动实施归口管理，强化采购业务内部管理，规范政府采购行为。

2021 年学校印发《政府采购管理办法》，规范学校各部门依法开展政府采购活动中的内部管理行为，严格执行相关审批和采购程序，防范业务风险，促进廉政建设；项目建设坚持层层审批原则，做到操作程序规范，严格按照上级审批项目建设规模、工程项目管理办法等相关要求开展工作，并严格按照资金使用的相关管理要求执行，保证项目资金专款专用。选派工作责任心强、熟悉工程业务人员作为驻工地监管负责人，负责施工监督，做好隐蔽工程监管等工作，确保工程质量监管到位。为规范合同管理将合同审批流程在智慧校园平台上线，进一步完善合同的审批和签订流程，所有保障合同依法签订和严格履行。合同管理实行统一指导监督、分类管理、各负其责的制度。同时，学校对合同审批材料的完整性进一步规范和明确，要求准确、完整填写合同主体信息，如涉及前期论证、采购申请和中标通知书等材料需一并上传审批系统作为佐证材料，从而加强对合同审批、签订、归档等各环节的监督检查。加强资产配置、申购、入账、验收、报废等流程的规范化管理，对全校固定资产展开全面清查，摸清家底，严格落实资产管理责任。

2022 年，学校多次召开内控领导小组会议，针对科研工作仍然存在参与度低、管理机制不完善等问题，提出了科研管理部门要健全科研管理制度、完善科研考核机制，有利于提高全员的内控意识。这一年，针对预算业务、收支业务、政府采购业务、资产管理、建设项目管理、合同管理等业务制度及流程，相关工作人员贯彻落实有关制度实施，建立了预算执行“月公开”制度，合理分配校内预算资金，提高预算执行的均衡性和时效性，保障预算资金使用的效益和效率。针对清理往来账、收回欠款、调整账务、销户清理等派专人落实，各岗位人员对各项支出的审批、审核、支付、核算等方面严格控制，进一步防范和控制财务风险。为规范零星采购管理，学校在智慧校园平台正式采用零星采购线上审批流程，严格把控教职工事前审批、按审批预算购买相关耗材，同时结合学校实际，研究部署专项检查整改落实工作，制定检查整改工作方案，召开专项检查工作部署会，明确专项检查整改工作牵头负责部门，明确“时间表”和“责任人”，迅速落实整改，并按照“项目建设单位—归口管理部门—合同管理部门”分层分类开展专项检查整改工作，各分管校领导落实“一岗双责”，与分管部门负责人开展廉政谈话。

做好内控建设是学校内涵发展的需要，事关学校管理水平的提高和事业发展。学校内控体系和细化工作的不断完善，为学校“省一流高职校”建设、“双高计划”建设、“创新强校工程”建设奠定了坚实基础、提供了有力支撑。

审计监督，筑安全防线

高职院校内部审计是我国教育审计体系的重要组成部分，是确保实现院校目标、依法治校、强化管理、严格自律、提高办学效益的重要手段。2020年，教育部发布《教育系统内部审计工作规定》（中华人民共和国教育部令第47号），进一步要求加强教育系统内部审计工作，提升内部审计工作质量，充分发挥内部审计作用，推动教育事业科学发展。

在学校党委、行政的领导下，学校内部审计工作紧紧围绕学校决策部署和建设发展的中心工作，认真履行监督职责，明确了“强管理、保安全、促发展”的工作主线，制定了“审计计划有精度、查核问题有深度、审计定性有温度、价值提升有高度、审计整改有力度”的工作目标。

2021年，学校坚决贯彻落实党对审计工作集中统一领导的各项要求，牢固树立政治意识，把不折不扣贯彻落实习近平总书记的重要指示批示作为重大政治责任和首要政治任务。3月，学校召开年度审计工作会议，党委书记张竹筠作题为“发挥审计作用加强审计监督为学校高质量发展提供有力保障”的重要讲话，指出要加强学习领会，切实提升对审计工作的认识和站位，要坚持问题导向，全面提升治理能力和治理水平，要推进务实举措，压实党风廉政建设主体责任。9月，学校召开年度部分中层干部经济责任审计进点会议，纪委书记徐小锋强调经济责任审计是党和国家为加强对党政领导干部的管理和监督，正确评价领导干部任期经济责任，促进领导干部勤政廉政，全面履行职责而开展的专项审计工作，审计是手段，整改提高、促进工作是目的，要求各单位和审计对象提高站位，积极主动接受审计监督，通力合作，实事求是，强调要正确对待审计发现问题，虚心接受审计意见和建议，认真分析整改，特别要举一反三，杜绝再犯。

2022年，学校“十四五”规划全面铺开建设，为加强内控管理，提升内部治理效能，学校党政对审计工作提出了新的要求。通过行使监督、评价和建议职能，进一步提升学校内部审计工作质量，实现“小杠杆撬，起了大作用”。根据学校“十四五”发展规划和“双高计划”建设，研究部署了2022年度审计工作，本着前后形势衔接、远近目标结合的思路，扎实完成常规审计项目的同时，重点针对“双高计划”建设项目专项资金使用和管理情况开展审计监督，切实增强审计的科学性、前瞻性、针对性和可操作性，为重点项目建设安全有序、高质量地完成做好服务保障。立足于“审计首先是经济监督”定位，开展财政预决算审计，推动提高资金绩效和落实过“紧日子”要求，对2021年学校预算执行和财务收支情况进行审计，有效促进了学校财政资金的规范管理和使用，更好地为党委和行政提供决策参考。加强领导干部监督管理，促进领导干部履职尽责、担当作为，促进权力规范运行，开展领导干部经济责任审计，要求落实审计发现问题整改责任，建立问题清单台账，认真分析问题原因，提出整改措施，并举一反三，建立健全内控管理制度，规范管理，防止类似问题再发生。

2023 年，学校常态化开展年度财政资金预决算审计、工程结算审计，关键领域专项审计以及利用专项审计协助纪委开展线索核查工作等工作，充分发挥审计监督职能，不断提高风险防范意识，以审计工作高质量发展服务保障学校的建设发展。坚持党对审计工作的集中统一领导，积极配合上级审计工作，开展“双高计划”验收专项审计、科研项目审计工作，保障专项资金、科研经费使用合法、合规。立足于“审计首先是经济监督”定位，以审促管提高资金绩效和落实过“紧日子”要求。对 2022 年学校预算执行和财务收支情况进行审计，有效促进了学校财政资金的规范管理和使用，更好地为党委和行政提供决策参考。

学校将认真贯彻落实党中央决策部署，深入贯彻落实习近平总书记关于审计工作的重要讲话和重要指示批示精神，一体推进审计揭示问题“上半篇文章”与审计整改“下半篇文章”，建立审计监督与党内监督的贯通协作机制，切实发挥审计“治已病、防未病”作用。

纷繁世事多元应，击鼓催征稳驭舟。多年来，学校以党建激发学校发展的澎湃动力，通过“大党建”立根、“大思政”铸魂，增强党建与各项事业的融合度，打通了学校发展的堵点，实现了以党建统领学校事业发展高质量。站在新时代的潮头，学校全面贯彻党的教育方针，以《国家职业教育改革实施方案》为牵引，从中国特色高水平高职专业群建设到中国特色高水平高职学校建设，到 2025 年，力争为国内职业教育发展提供可复制、可借鉴的“广州铁职院方案”，打造与广州市国家中心城市地位相称的高职院校，在国际上形成较强的影响力。

第二节
全力以赴冲击“双高计划”

2019 年 4 月，教育部、财政部联合发文《关于实施中国特色高水平高职学校和专业建设计划的意见》（教职成〔2019〕5 号），启动中国特色高水平高等职业学校和专业建设计划（简称“双高计划”）。这是深入贯彻落实全国教育大会精神、落实《国家职业教育改革实施方案》的重要举措，这一计划被誉为职业教育版的“双一流”工程，涉及国内 1418 所高等职业教育学校，影响面非常之大。2019 年启动第一轮建设，对入选学校给予重点经费支持，旨在集中力量建设一批引领改革、支撑发展、中国特色、世界水平的高职学校和专业群，带动职业教育持续深化改革，强化内涵建设，引领职业教育服务国家战略、融入区域发展、促进产业升级。

入选国家“双高计划”建设单位，是学校植根于轨道交通产业集群，主动对接“一带一路”、高铁“走出去”和粤港澳大湾区经济社会发展，始终坚持做优做强轨道交通特色专业群，坚持德技兼修，坚持内涵式发展，坚持以教学为中心，坚持产教融合，锐意改革，开拓进取的体现，是学校继国家骨干高职院校、省一流高职院校、国家优质高职院校建设后的重大跨越和又一重大发展机遇。学校抢抓“双高计划”建设带来的发展机遇，各部门精诚合作、提前谋划、主动作为、勇于担当、精准对接，集全校之力攻坚“双高计划”。2019 年以来，学校聚焦“双高计划”建设任务的完成度和效果评价，创新了全员参与、全要素融合、全过程动态管理、信息化管理的“三全一化”项目管理模式，系统地推进学校全面发展。

国家职业教育专业教学资源库项目立项

2019 年 3 月 25 日，教育部发布《关于公布 2019 年度职业教育专业教学资源库立项建设项目名单的通知》（教职成司函〔2019〕26 号），学校作为第一主持单位的“铁道供电技术专业教学资源库”获批立项。这是学校取得的又一项国家级重大突破性成果，对后续申报“双高计划”具有重大的推动作用。

职业教育专业教学资源库是一项由中央财政立项支持建设的教育信息化重点项目，也是落实“互联网 +”战略，推进职业教育创新发展的综合改革平台，已经成为职业教育创新发展的标志性工程。铁道供电技术专业资源库由学校与郑州铁路职业技术学院主持，联合国内 19 所职业院校、3 所本科院校、2 个专业教学指导委员会、6 家行业企业单位共同建设，该资源库整合了全国同类专业教学团队的最强阵容，汇聚全国同类专业的优秀教学成果和优势教学资源，力图形成职业院校和行业企业共建共享的新机制，能走出校校、校企协同发展的新路子。

铁道供电技术专业教学资源库项目，总投入1642万元，按照“一体化设计、结构化课程、颗粒化资源”的建设逻辑，通过2年的集中建设，重点打造一个园地（专业级资源），四个中心（课程中心、微课中心、素材中心、仿真中心），一座博览馆（电气化博览）和两个特色资源（“一带一路”资源、工匠传承资源），免费向四类用户开放，以期整体提升我国铁道供电技术专业服务经济社会发展能力，推动轨道交通行业发展；向境内外输出系列专业标准，助力中国高铁“走出去”战略和“一带一路”倡议。

倾力申报国家“双高计划”建设单位

2019 年 4 月 1 日，教育部、财政部的联合文件《关于实施中国特色高水平高职学校和专业建设计划的意见》一下发，学校领导高度重视，立即行动。4 月 8 日上午，校长马仁听主持召开“双高计划”申报工作会。马仁听对申报“双高计划”提出五点具体要求：第一，集中优势，确保专业群的申报。对照高职高专专业目录和产业链的要求，找准专业之间的逻辑关系，解决好学校与专业之间的关系。第二，转变观念，加强学习。要有大局意识，立足学校建设，开展相关调研。第三，借助外力。系统研究申报工作，立足自身，适当借助外力。第四，组建团队。质量办提出建议名单，以老带新，专业群人员积极参与。质量办统筹学校层面，各二级学院提供人选。第五，搭建平台，调研学习其他院校经验。他要求大家齐心协力，打破现有框架，找准逻辑点，借助外力。4 月 17 日，学校召开国家“双高计划”建设启动会，校长马仁听作了动员讲话，阐述了“双高计划”建设的机遇与挑战，分析了学校所具有的基础、优势和特色，对学校“双高计划”申报工作进行了全面部署，开启了学校申报“双高计划”大会战的序幕。

2019 年 4 月 17 日到 5 月 25 日近 40 天的申报大会战中，共有 12 个项目组 70 多人参与学校申报材料的撰写，召开“双高计划”建设研讨论证会 5 次、集中修改审定会 4 次，聘请全国知名职教专家讲座辅导 3 次。在整个申报过程中，学校领导身先士卒，坐镇一线指挥“双高计划”申报工作，校长马仁听亲自设计学校“双高计划”建设方案的基本框架，执笔撰写总体目标与建设思路，全程参加方案内容的论证与修改、审定；学校申报材料核心组和各项目组成员齐心协力、攻坚克难，最终高质量地完成了《中国特色高水平高职学校和专业建设计划建设方案》。这是学校领导、申报材料核心组和各项目组成员一个多月的心血结晶。《建设方案》中明确指出学校发展的总体目标：“以习近平新时代中国特色社会主义思想为指导，牢固树立新发展理念，以立德树人为根本，坚持‘依托行业、立足广州、辐射全国、面向世界’的办学定位，围绕办好新时代职业教育的新要求，聚焦国家轨道交通产业升级和粤港澳大湾区建设，构建学历教育与培训并重的现代职业教育体系，完善学校内部治理体系，产教融合深化复合型技术技能人才培养培训模式改革，打造‘特色引领、骨干支撑、协同发展’的七大专业群，形成工学结合、知行合一的高素质技术技能人才培养体系。到 2022 年，学校主要办学指标达到世界先进水平，成为高素质技术技能人才培养高地、先进技术技能创新服务高地、引领职业教育改革创新和高质量发展的实践高地，为世界职业教育发展提供可复制、可借鉴的中国模式和中国方案。”这个建设总目标犹如指路明灯，为学校今后的发展指明了方向。

2019 年 5 月 28 日，学校新任党委书记张竹筠到任后，立即对学校“双高计划”项目提出了建设性指导，全面跟进申报后续建设工作。最终，学校在申报文件规定的 9 项标志性成果中满足 6 项，在广东省推荐的 14 所高职院校中排名第 7，被推荐到教育部、财政部评审。

被认定为全国优质专科高等职业院校

在做好“双高计划”申报工作的同时，学校也着力投入国家优质专科高等职业院校（简称“国家优质校”）的认定准备工作中。2019 年 7 月 1 日，教育部公布了《高等职业教育创新发展行动计划（2015—2018 年）》项目认定名单，学校成功入选“国家优质专科高等职业院校”（简称“国家优质校”）。

此次全国入选“国家优质校”的高职院校共 200 所，广东省共入选 14 所，学校是省 14 所院校之一。根据教育部认定结果通知，除入选“国家优质校”外，学校同时还有 4 个大类 12 个项目获得国家级认定，分别是 6 个骨干专业（铁道供电技术、城市轨道交通运营管理、物流管理、应用电子技术、机电设备维修与管理、机电一体化技术），1 个生产性实训基地（轨道装备制造公共实训中心），3 个应用技术协同创新中心（轨道交通与土木工程安全监测监控、轨道交通安全与智能运维、轨道交通装备减摩抗磨及修复），2 个技能大师工作室（“徐志标 - 王吉峰”接触网工、“周受钦 - 周世平”智能集装箱运输）。

入选国家优质校行列，既是对学校综合办学实力的肯定，也是对全校师生奋勇开拓、砥砺前行的褒奖。学校将以国家优质专科高等职业院校认定为契机凝心聚力、团结一致、锐意进取，稳步推进“双高计划”建设工作，持续提升整体办学实力和综合竞争力。

成功入选国家“双高计划”建设单位

经过几个月的翘首以待，2019 年 12 月 10 日，全校师生迎来了激动人心的好消息，教育部、财政部联合发布《关于中国特色高水平高职学校和专业建设计划建设单位名单的通知》，学校成功入选国家“双高计划”建设单位，成为高职院校的“双一流”。国家“双高计划”建设单位共 197 所学校，其中高水平学校建设单位 A 档 10 所、B 档 20 所、C 档 26 所；高水平专业群建设单位 A 档 26 所、B 档 59 所、C 档 56 所。广东省 14 所高职院校进入“双高计划”，其中 5 所入选高水平学校建设单位，学校等 3 所入选高水平专业群建设单位（B 档），其余 6 所入选高水平专业群建设单位（C 档）。

学校入选国家“双高计划”后，将依据重新编制的任务书和完善后的建设方案，以习近平新时代中国特色社会主义思想为指导，围绕服务粤港澳大湾区国家重大战略、轨道交通产业结构转型升级，从加强党的建设、打造技术技能人才培养高地、打造技术技能创新服务平台、打造高水平专业群、打造高水平双师队伍、提升校企合作水平、提升服务发展水平、提升学校治理水平、提升信息化水平、提升国际化水平等“10+1”个项目为建设重点，进一步找准自身发展定位，持续深化改革，强化内涵建设，落实职业教育服务建设现代化经济体系和更高质量、更充分就业需要的要求，全面提供高素质技术技能人才支撑和智力支持，实现学校技术技能人才培养和技术创新服务能力的全面提升，办出特色水平，实现高质量发展，把学校建成引领改革、支撑发展、中国特色、世界水平的高职院校。

正式启动，部署工作

2019 年 12 月，学校举行“双高计划”建设启动大会。党委书记张竹筠出席会议并作动员讲话，党委副书记、校长马仁听主持会议并作工作部署，纪委书记薛小群、副校长李晓明出席会议，全体中层干部、副高及以上职称专技人员、七级以上职员、教研室主任、教学及行政秘书近 150 人参加了会议。

会上，张竹筠书记作了题为《不忘初心、牢记使命、砥砺奋进争创“双高”》的讲话。他就全面推进“双高计划”建设实施提出三点意见：第一，把握历史机遇，提高政治站位，深刻领会建设中国特色高水平高职学校和专业的重大意义；第二，加强统筹协调，务求真抓实干，着力推动中国特色高水平高职学校和专业建设的内涵发展；第三，坚持统筹推进，强化组织协调，加强党对建设中国特色高水平高职学校和专业的全面领导。张书记强调，建设中国特色、世界水平的高职院校，使命光荣、责任重大。全校上下要以习近平总书记对广东重要讲话和重要指示批示精神、全国教育大会精神为指引，增强职业教育发展的紧迫感、危机感和使命感，瞄准“双高计划”建设目标，找准突破口，紧盯目标、超前谋划、乘势而上、大胆实践，在高等职业教育体系改革中书写“奋进之笔”，努力做出学校的贡献。

马仁听校长以“真抓实干、攻坚克难高质量推进‘双高计划’建设”为题作工作部署。首先，马校长作了“双高计划”建设的SWOT分析；接着，围绕学校“双高计划”建设目标与任务、难点与弱项、特色与亮点，从“精准对标对表，做好顶层设计；加强组织保障，明确建设职责；确立建设机制，规范项目实施；构建多元投入机制，保障建设经费；深化综合改革，激发建设活力”五个方面做了全面部署安排。他强调，建设中国特色高水平高职学校和专业是学校发展进程中又一重大机遇，学校将以建设“中国特色、世界水平”高职院校为目标，按照“整体规划、重点突破、以点带面、统筹兼顾”的原则，以党的政治建设为统领，以高水平专业群建设为重点，以产教融合校企合作协同育人机制创新为主线，以打造技术技能人才培养高地和创新服务平台为支撑，以高水平双师队伍建设为保障，以智慧校园建设为基础，着力推进“学历证书＋若干职业技能等级证书”制度试点、招生分类考试、办学经费多元投入机制等改革，全面提升校企合作、学校治理、社会服务和国际合作水平，引领职业教育高质量发展，助推国家轨道交通产业升级和粤港澳大湾区建设，服务支撑国家“一带一路”和高铁“走出去”战略。

积极行动，收效良好

2020年是学校“双高计划”建设的探索期。这一年，在学校党委的正确领导和高度重视下，在项目团队的团结协作和不懈努力下，在全体教职员工的共同努力下，学校高质量地推进了学校“双高计划”建设的各项工作，达到了预期的建设目标。

按照教育部和广东省教育厅的有关要求，学校于2020年1月起先后组织了60余名骨干，借力国泰安职教研究院等外部专家智慧，开展“双高计划”方案的修订和任务书的编制工作，经多轮修改，集思广益、精益求精，于5月递交学校“双高计划”建设方案及任务书，通过广东省教育厅备案，于8月如期正式通过教育部备案。

为保障“双高计划”建设的规范化、制度化、有序性，学校首先组建了“双高计划”建设领导小组及办公室，以及14个项目团队，明确了各团队的工作职责，并且组织了11个子项目团队及15个相关职能部门主要负责人及分管校领导，与学校党政主要领导签署了“双高计划”建设责任状，按照“常态＋专项管理”模式，层层压实责任，保证建设任务和经费使用责任到部门再责任到人，为“双高计划”建设提供了人力和智力保障。其次，由学校质量办统筹，联合财务处等职能部门出台了学校《“双高计划”建设管理办法》《“双高计划”经费管理办法》等制度文件，明确了“双高计划”项目管理模式、经费管理模式及相关要求，推进“双高计划”建设与管理的规范化运作。

2020年6月11日，学校召开了“双高计划”项目建设专题推进暨责任状签订大会。责任状的签订标志着学校“双高计划”项目建设又迈出了重要而坚实的一步。在大会中，张竹筠书记强调：第一，不忘筚路蓝缕，新征程、新起点整装再出发。第二，以“双高计划”项目建设谋发展，推动学校各项事业改革创新。第三，以保障促建设，为“双高计划”项目建设保好驾、护好航。第四，熟练掌握项目管理工具，及时协调、真抓落实。马仁听校长从发展机遇与挑战、建设目标与思路、铁道供电技术专业群建设等 8 个方面宣讲了学校“双高计划”项目建设方案和任务，再次明确了各部门和项目组的目标和任务。他提出了几个方面的工作要求：第一，提高“双高计划”项目建设的再认识问题。第二，“双高计划”项目建设的再学习问题。第三，“建设任务”再明确的问题。第四，氛围及协同发展的问题。第五，预算编制和经费管理的问题。会上，张竹筠书记、马仁听校长分别与分管校领导、“双高计划”项目责任单位党政主要负责人签订了责任状。

引智借力、内培外训是明晰“双高计划”如何深入推进的重要抓手。学校通过三大措施，厚实“双高计划”建设的土壤。一是借力现代教育研究院，聘请了刘占山、罗志、高鸿等 9 名国内知名专家组建了学校“双高计划”建设咨询委员会，为学校的“双高计划”建设出谋划策。二是邀请了国内知名职教专家张莹、罗志、经贵宝等人来校开展 4 次高端专家讲座和培训，累计培训近 300 人次，增强了学校全体教职员工的现代职教理念，拓展了学校“双高计划”建设的思路和举措。三是组织了骨干教师与“双高计划”团队成员外出培训，学习先进的职教理念和“双高计划”建设管理理念，共派出 3 批次近 60 人参加包括“双高计划”建设典型院校案例、“双高计划”资金预算与绩效管理等专题培训，全方位地提高学校教职员工的职教理念，明确建设内涵和标准，助力学校“双高计划”建设。

有了外部的力量支援，也要有足够的资金保障，全校教职员工将常态工作紧密结合“双高计划”建设，使得各项目顺利落地。在一系列的措施下，学校 2020 年度“双高计划”取得了一定的成果。在教学资源、学生发展、师生技能大赛等领域，共获得各类国家级成果 24 个，在多个领域实现了零的突破。截至 2020 年 12 月 31 日，各项目共完成验收要点 253 个，总体验收要点完成率为 95.5%。2019—2020 年度，“双高计划”建设项目学校层面项目任务完成率为 98.38%，超出预期目标 0.38 个百分点；专业群建设任务完成率为 99.33%，超出预期目标 1.33 个百分点。2020 年，学校应届毕业生初次就业率为 95.15%，毕业生工作与专业相关度为 93.3%，毕业生企业满意度达 98%，毕业生对学校的总体满意度为 94.5%，教学满意度为 90.15%。学校出色的就业工作得到广州市委主要领导的批示。

准备中检，成果丰硕

2021 年是“十四五”开局之年，也是学校“双高计划”建设迎接教育局中期检查的一年。全力以赴、攻坚克难、精益求精、高质量地通过教育部“双高计划”中期检查是这一年的整体目标。为此，学校定下了以立德树人为根本、以产教融合为主线、以专业群建设为核心，引智借力，高质量开展学校“双高计划”建设的方针。以理念创新为引领、以制度建设为基础、以信息化技术为手段，通过落实项目负责人制和问责机制，建立“多劳多得、优劳优酬”的绩效考核与激励机制，形成学校“双高计划”建设和内涵发展的内生动力，全面提高学校的人才培养质量和综合办学实力。

2021 年伊始，为有条理地推进新一年的“双高计划”建设工作，学校召开了推进会议。会议中，党委书记张竹筠充分针对汇报的战略高度、汇报时长、亮点、不足、举措、结论等作出了部署安排。围绕 2021 年建设工作，他提出“立德树人、对标双高、服务师生、规范治理、争先创优”的总体要求，具体有四点要求：第一，永葆初心，牢记立德树人使命，明晰和完善战略定位，聚焦核心要素，结合提质培优行动计划，产出一批标志性成果；第二，聚焦定位愿景，对标对表，提前谋划，列出年度工作重点，找出差距；第三，开好局、起好步、履好职，任务到岗到人，要求各部门联动，按照“明确任务—分析特点—采取措施—提出建议”的工作思路，信息要对称；第四，持续不断地传播学校的品牌，各部门需思考重点传播的内容。校长马仁听强调，如何高效高质量完成各项目建设任务，关键在人，要求大家围绕中心工作，目标导向，问题导向，凝心聚力，协同推进各项目工作。

按照学校党政主要领导的部署，全校上下和项目团队加倍努力，到了2021年6月，学校“双高计划”2021年度共有建设任务（验收要点）262个，已全部完成的验收要点有85个，占32.4%，已部分完成或已开展相关建设工作的有175个，占66.7%，总体建设进度已经接近60%，建设进度与预期进度基本吻合。此外，学校2021届毕业生已落实就业去向的达96.88%，提前近2个月完成就业目标。

学校“双高计划”的建设进度得到了上级领导的肯定和鼓励。6月24日，广州市教育局采取视频会议形式召开广州市属高校“双高计划”建设工作调研会议，广州市教育局副局长谷中鹏等市局领导出席了会议，学校校长马仁听、副校长王亚妮及相关部门负责人参加了会议。校长马仁听代表学校从主要工作与成效、存在的问题与困难、下一步工作计划与思路等方面汇报了学校“双高计划”项目建设的主要情况，并表示在广州市委、市政府和广州市教育局领导的高度重视和大力支持下，学校有信心、有能力如期高质量地完成“双高计划”建设的各项目标与任务。谷中鹏副局长对学校“双高计划”建设的工作进度、取得的成效和典型做法予以肯定，认为学校在“双高计划”项目建设上呈现学校领导高度重视、项目推进科学有序、总体进展顺利、未来发展有谋划等特征。勉励学校以“双高计划”为抓手，推动学校整体高质量发展。同时他也从项目推进、政策落实、困难解决对策等方面提出了具体要求和指导意见。

在7月15日举行的“双高计划”建设项目暑假推进工作会议上，马仁听校长对各二级学院的建设推进工作提出了五点要求：一是要坚持任务导向，到人、到事、到标准。二是要提高统筹力。三是要以任务为导向。四是要加强师资队伍建设。五是要做好绩效考核。

为此，学校积极破解难题，通过十大措施，提升“双高计划”建设的成效。第一，加强党的全面领导，构建了“大思政+大党建”的“三全育人”新格局。第二，实施五育并举，探索了校企协同高层次技术技能型人才培养“新模式”。第三，服务轨道交通产业转型升级，创新了技术技能服务平台建设“新路径”。第四，坚持师德为先、引育并举，建设了新时代高水平“双师型”教师队伍。第五，推行产教深度融合，打造了行业高职院校校企合作“新范式”。第六，坚持以服务为宗旨、多措并举，推动了服务发展水平迈上“新台阶”。第七，走制度完善、重心下移之路，形成了高职院校多元治理的“新范例”。第八，通过建设智慧校园，增强了信息化助力教育现代化能力。第九，积极直面困境、创新发展方式，树立了国际化发展“新标杆”。第十，深化内涵建设、彰显引领作用，依托“职教集团—产业学院—（技能大师、创新）工作室”三级校企协同平台，打造了全国铁道供电技术类“龙头”专业群。

有志者事竟成。在全体教职工的团结奋斗下，学校2021年度“双高计划”建设取得了新的丰硕成果。

2021年度，学校“双高计划”建设共有建设任务和验收要点262项，当时已经全部完成的有257项，建设任务与验收要点完成率为98.10%；共有绩效指标353个，当时已经达到预期目标的有346个，年度绩效指标完成率为98.01%。到2021年年底，学校“双高计划”建设任务与验收点、绩效指标总体完成率均已超过一半，能满足教育部、财政部规定的中期检查验收要求。标志性成果方面，学校共取得省级以上标志性成果22类175个，其中国家级标志性成果16类30个。

自“双高计划”实施以来，学校已产出包括国家示范性职业教育集团、国家职业教育教师教学创新团队、全国职业院校教师教学能力大赛一等奖、中国国际“互联网+”大学生创新创业大赛金奖在内的标志性成果72个，占任务书规定的124个预期标志性成果的58.06%，较好地满足中期验收的要求。

12月22日，学校召开“双高计划”建设中期验收前期工作布置会暨2022年经费分配工作会议。校长马仁听主持会议，副校长王亚妮、乔西铭出席会议，各项目第一、二负责人及骨干成员、相关部门主要负责人参加了会议。

会上，质量办负责人从中期验收工作背景及依据出发，重点对“双高计划”建设中期验收前期工作进行布置。乔西铭副校长指出：一是要准确理解“双高计划”对提高学校地位和学校发展的重大意义；二是各部门、各项目负责人要高度重视中期验收工作，保证任务完成率达到要求，按时间节点提交材料；三是要将任务书中没列出的成果统计进来，以便学校掌握足够多的数据，尤其校级任务要全部完成；四是推进资金使用进度，财务处统筹做好资金安排；五是一定要注意廉洁自律，严格控制软经费；六是进一步梳理已入库项目经费。马仁听校长对“双高计划”2022年建设经费安排提出三点要求：一是严格控制各项目中的软经费支出，合理合规使用经费，确保资源建设与学校的内涵建设相匹配，分管领导要严格把关；二是避免重复申报经费，要召开专题会议重新梳理经费；三是各建设任务一定要与“提质培优计划”“创新强校工程”等协同，按时间节点推进。

这一年，学校人才培养质量和综合办学水平得到明显提高，向“中国特色、世界一流”的轨道交通特色鲜明的高水平高等职业技术学校迈出了坚实的步伐。但也存在一定的问题与不足，具体表现在：一是社会服务能力有待进一步提升，二是国际化水平有待进一步提升，三是高层次教师引育有待加强。2022年，学校若要有所突破，就需要在强根固本的基础上，寻求新的发展方向。

中期检查，获评优秀

2022年，学校积极落实《广州市人民政府办公厅关于推进“双高计划”建设的实施意见》（穗府办函〔2020〕116号）文件精神，以“一加强、四打造、五提升”建设任务为主线，创新“三全一化”项目管理模式，建立项目绩效考核与激励机制，致力形成学校高质量发展的内生动力机制，对标2022年度建设任务与目标自查。

1月17日上午，学校召开明确和落实各部门“双高计划”2022年建设任务及寒假工作推进会。党委书记张竹筠，纪委书记徐小锋，副校长麦国焞、王亚妮、乔西铭出席会议，全体中层干部、双高项目第一与第二负责人、所有骨干成员及信息员、20万元以上招标项目负责人参加了会议。

会上，张竹筠书记对各部门落实“双高计划”2022 年建设任务及寒假工作提出“42315”要求。其中，“4”是坚持党政四同，同谋划、同部署、同推进、同考核；“2”是牢记两责：党政同责和一岗双责；“3”是紧扣 3 个导向：问题导向、目标导向、结果导向；“1”是交好 1 份满意成绩单；“5”是工作中注意 5 点要求：对表对标、提前谋划、通力协作、即学即改、守住底线，要执着做人、做事、做学问的底线、廉政底线、育人底线。马仁听校长强调具体要求，一是所有招标项目负责人在申请材料通过归口管理部门（资产管理处、教务处、教育技术中心、招标办）审核合格后才放假；二是各部门、各项目要按质量办的要求，按期提交中期绩效评价的前期材料；三是各部门、各项目在会后重新梳理 2022 年的建设任务，向质量办提交准确的任务清单，重点任务、重大成果要列入各部门工作要点及考核指标，保证所有任务和成果“水流到头”；四是各职能部门要加强统筹与协作；五是各分管校领导加强所分管部门的指导。纪委书记徐小锋、副校长麦国焞、王亚妮、乔西铭分别结合各自分管工作，对“双高计划”2022 年建设任务提出具体指导意见。

为了做好中期检查工作，4 月 19 日上午，学校召开“双高计划”建设中期绩效评价工作推进会。校长马仁听主持会议，副校长王亚妮出席会议，双高项目第一、二负责人及供电专业群骨干成员、相关职能处室主要负责人参加了会议。

马仁听校长对“双高计划”建设中期绩效评价工作提出要求：一是高度重视中期绩效评价工作意义。正确把握中期绩效评价工作对学校、对省教育厅的重要意义。二是理清工作思路理念。加强学习，用职业教育的理念武装自己。三是充分理解评价指标内涵。要理解评价指标的内涵，对标补齐、对标评价。从任务的落实和资金使用的角度理解内涵，要有大局意识。从经济社会发展的维度、服务国家战略的角度，体现学校高质量发展。四是认准工作导向。即问题导向、目标导向、结果导向。坚持以问题为导向，把握好数量与质量的关系。以优秀成绩通过中期绩效评价为目标。坚持结果导向，按照时间节点提交材料。五是坚持全局推动。协调处理好各职能处室与专业群之间的关系、学校层面与专业群之间的国家级标志性成果、学校层面与专业群之间的核心数据。六是树立必胜信心。要对学校取得优良成绩有信心。七是统一规范材料。所有佐证材料要统一格式，核心材料要交叉审核。作为专业群负责人，王亚妮副校长指出：一是相关职能部门要更多地关注专业群，宣传统战部要统筹加大对专业群的宣传力度。二是加强专业群的骨干成员及相关二级学院机构协调建设。三是对标验收、对标补齐、对标评价。质量办负责人带领大家学习研讨教育部“双高计划”建设中期验收相关文件，并对后续工作进行安排。

紧张的中期绩效评价要来了，教职工们细致地准备验收资料。2022 年 4 月底到 6 月底，学校按照两部和广东省教育厅有关“双高计划”中期验收的文件要求，紧锣密鼓地统筹组织开展了“6 个 1”（即组织 1 个文件学习会、1 个教育部财政部线上会议、学习 1 个教育部正式文件、组织 1 个校外专家线上文件解读会、统筹 1 个工作安排通知、组织 1 个校外 18 名骨干封闭撰写会）。

经过 2 个多月的努力，大家齐心协力，共同完成了“双高计划”中期绩效评价的各项工作，准备了 3 个自评报告、2 份数据采集表、40 个案例、近 20 万字的文字材料，绩效数据和自评信息数据近 2000 条，各类佐证材料上千份。学校各类自评材料均按照教育部和广东省教育厅的要求提交，并经省厅审核，无差错、无需省级专家进校复核，以“优秀”等级推荐至教育部，专家反映优良。

7月12日下午，学校召开“双高计划”项目建设2022年度暑假工作推进暨学期总结会。党委书记张竹筠对学校前期“双高计划”中期绩效考核所取得的成绩给予了充分的肯定，针对推进“双高计划”暑假及下一步工作，提出三点要求：一是要充分发挥组织优势、党建优势、双带头人优势，发挥党员先锋模范带头作用，将“双高计划”各项建设任务对标对表落实到人；二是坚持三个导向，统筹谋划，要落实到具体的项目，做到点、线、面关联，上、中、下关联；三是对于“双高计划”的“急难愁盼”的问题，及时汇报，报告的方式可以多样化，要求做到信息对称。难题要做专题研究，提出具体方案，专创融合。副校长王亚妮就中期绩效评价及后续工作安排提出了几点思考和指导意见。副校长乔西铭指出了“双高计划”项目建设中存在的问题，并要求“双高计划”各牵头职能处室围绕技术服务、产业导师认定、“鲁班工坊”等重点难点问题于7月底提出具体解决方案，提出下一次专题会议需要解决的问题。

9月，针对秋季学期的“双高计划”专项推进，马仁听校长提出四点要求：第一，关于核心任务点。要基于学校未来的发展，关注核心任务点，尤其是涉及省级以上标志性成果任务点，把握“质”与“量”的关系。针对课程和教材建设是教学改革的核心，各二级学院要有大局意识，合理布局人员，梯队建设团队，提前谋划、抱团发展。第二，关于关键问题。要专项重新梳理，召开专题研讨会，各牵头部门要切实担当。第三，关于国家级项目。这是学校的整体荣誉，相关负责人要站在大局高度，主动担责、主动作为、主动思考，要提前准备。第四，各职能处室、各二级学院要协同推进项目建设，加强学校现有规章制度的学习，规范合理使用项目经费。王亚妮、乔西铭两位副校长则围绕各自分管工作提出了具体指导性意见。

2022年，学校强化“周报制—专题会议制—不定期调研”机制，借助双高信息化管理平台（校级版），推进“双高计划”建设。全年共发布周报34期、召开10次双高建设专题会议，组织2次大型数据填报与审核，开展不定期调研与协调会10余次，及时跟进各项目建设情况，解决了项目建设的难点。

截至2022年年底，学校产出国家级标志性成果23类52项，省级成果280余项。较之预期目标的43项超出9项，国家级标志性成果产出实现率为120.93%。学校“双高计划”2022年度三级建设任务点共完成238个，任务总体完成率为98.35%，项目总体任务完成率接近80%，与预期目标基本吻合。整体呈现出“高质量完成中期验收、高质量推进项目建设”的良好局面。

12月30日，广州市教育局通过视频会议形式召开了2022年度“双高计划”工作推进会议，广州市教育局高教处刘林睿处长等出席了会议，学校副校长王亚妮、乔西铭，学校“双高计划”各一级项目负责人以及财务处、质量管理办公室主要负责人参加了会议。会上，王亚妮副校长从2022年主要工作、主要成效、存在的问题与困难，2023年度建设的工作目标、思路和重点工作及举措详细地介绍了学校“双高计划”建设的有关情况。高教处刘林睿处长对学校开展的工作和取得的成效予以了肯定，并从介绍2023年广州市职业教育发展的重点工作入手，要求学校要紧跟职业教育发展的新态势和新要求：一是用足用好政策，推进“双高计划”建设；二是要对照任务和目标，查漏补缺，高质量完成“双高计划”建设工作；三是要以“双高计划”建设为抓手，进一步谋划学校长远发展和高质量发展。

等待已久的结果终于在2023年1月出来了。2023年1月，教育部、财政部发布了《关于公布中国特色高水平高职学校和专业建设计划中期绩效评价结果的通知》（教职成厅函〔2023〕3号），确定了197所国家首批“双高计划”建设院校中期绩效评价的等级。197所建设单位中，160所院校获得优，37所院校获得良。其中，学校获评“优秀”等级，是广东省11所（共14所）、铁路类院校7所（共10所）获“优秀”等级院校之一。这一成绩，是对学校全体教职工和学生的莫大认可和鼓励，对学校发展给予了极大的信心。

收获了教育部的“双高计划”中期绩效评价“优秀”等级的好消息后，学校接下去的“双高计划”建设担子也就更重了，这是一份荣誉，也是一份新的责任。

2023年1月5日，学校在石门校区举行了2022年度“双高计划”建设总结暨2023年度工作推进会议。会上，马仁听校长结合职业教育发展的新态势和学校高质量发展的内在要求，对“双高计划”建设提出了6个方面的要求：一是建设任务和时间节点的再明确，要对标对表，责任到人；二是关于团队能力的再提升、再梳理，要加强团队能力建设；三是做好项目与资金的匹配，落实“花钱必问效、无效必问责”的资金绩效考评原则；四是标志性成果的设计与提升，既要盯好国家认可、任务书中规定的高水平标志性成果产出，又要产出能够凸显学校建设特色的特色成果，“规定动作”和“特色动作”相结合；五是处理好学校和二级学院的关系，要从学校发展大局系统设计二级学院的发展计划和绩效目标；六是具体推进，各项目要召开专题推进会议，研讨、落实各项任务。

进入2023年，学校将以“双高计划”中期绩效评价“优秀”等级为基础，坚持目标导向、问题导向和结果导向，进一步总结经验，继续高质量推进“双高计划”建设，确保完成既定的发展目标，建成轨道交通特色鲜明、“中国特色、世界一流”的高等职业院校，谱写新时代高职院校高质量发展的新篇章。

高效推进，迎接收官

2023年是学校首轮“双高计划”的收官之年，5年“双高计划”即将迎来教育部、财政部两部“联合大考”。

2023年3月3日，学校在石门校区召开了2023年春季学期“双高计划”专项推进会议。会上，布置了2022年度“双高计划”绩效自评有关工作，各教学单位对本部门“双高计划”任务承接情况、工作思路和举措、存在的困难与问题等进行了汇报。

在3月春意盎然之际，学校再次收到好消息。教育部中国教育科学研究院公布的2022年职业院校教学诊断与改进典型案例评选结果中，学校《以“双高计划”绩效管理为主导推进学校诊改的实践》案例成功入选名单。此次评选，教育部中国教育科学研究院向全国28个省份共征集了576份案例，经过专家组分组、分维度推荐，共选出142份（高职125份）职教诊改典型案例，广东共有4所高职院校典型案例入围，学校就是其中一所。

6 月 28 日，学校在科教城会议中心召开了“双高计划”暑假推进会暨学期总结会议。会上，质量办负责人从项目建设进展情况、存在问题与对策、暑假工作计划等对 2023 年上半年“双高计划”建设进行了全面总结。各“双高计划”一级项目负责人对各自负责项目的具体情况进行了汇报。马仁听校长对各项目团队及各部门提出了五点要求：一是提高站位，主动思考，问题导向、自我反思、整改提高；二是坚持任务导向，假期主动作为，持续推进项目建设；三是科教融汇、产教融合再梳理、再深化；四是目光远大、家国情怀，要有奉献精神，积极投身“双高”建设；五是同心协力、团结协作，共同推进“双高”建设，保证“双高计划”高质量收官。副校长王亚妮、乔西铭分别从分管工作对“双高计划”建设提出了具体要求。

9 月 14 日，学校在科教城会议中心召开了“双高计划”秋季学期推进会暨终期验收预备会议。校长马仁听、副校长乔西铭等领导出席了会议，学校各职能部门、教学单位主要负责人，“双高计划”各项目团队负责人及骨干成员参加了会议。

会上，质量办负责人、各项目负责人进行了工作汇报。马仁听校长布置了三项任务：一是要做好双高建设成效的体系化设计与宣传报道；二是要做好成果的对应性设计与逻辑性配置；三是要做好专项资金使用审计工作。同时，针对“双高计划”终期验收工作提出了四点要求：一是要守正创新，结合职业教育高质量发展的新态势和新要求，将“提质培优”计划、职业教育 11 项重点项目的建设成效融入“双高计划”建设之中；二是项目导向，以高度的使命感、责任感和紧迫感推进项目建设，突破关键和难点，加快推进校内各项建设任务；三是精益求精，重视项目建设成效的提炼总结，凸显出“铁职院方案”和“铁职院贡献”；四是注重细节，验收材料和佐证材料要做到规范、有效，有逻辑主线。乔西铭副校长从“双高计划”的荣誉感、使命感和紧迫感等方面对“双高计划”建设与终期验收工作提出了要求。

10 月 26 日，学校发布《关于组织开展“双高计划”项目终期验收系列工作的通知》，全面开展学校“双高计划”终期验收各项材料准备工作。

11 月 4 日，全国铁道职业教育教学指导委员会在陕西省渭南市陕西铁路工程职业技术学院组织召开了“铁道类职业院校‘双高计划’”建设交流研讨会议。学校副校长王亚妮受邀参加会议，并在会上以“教随产出、校企同行、国际合作的实践与思考”为题做主旨发言。王亚妮副校长从学校国际化发展的主要成效、主要做法和特色项目、国际化发展下一步的思考等 3 个方面进行了介绍，与会代表对学校“1+3”国际合作平台的建设、“中文 + 职业技能”项目的探索等予以了高度认可。会上，王亚妮副校长还代表学校与新疆铁道职业技术学院签订了对口支援协议。

“双高计划”建设终期验收工作关系着学校生存发展的“命脉”。截至 2023 年 12 月 30 日，学校“双高计划”项目成果斐然：共有建设任务数 605 个，已完成 605 个，终期建设任务完成率 100%。其中，学校层面建设任务 419 个，已完成 419 个，完成率 100%；专业群层面建设任务 186 个，已完成 186 个，完成率 100%。在收官关键时刻，学校以优异成绩迎接国家“双高计划”建设终期验收工作。

2024 年 3 月 26 日，省教育厅组织的“双高计划”终期验收省级专家进校实地评价。校长乔西铭主持省级绩效评价工作汇报会。省级专家组经过组织座谈、实地考察、师生访谈等评价程序，最终对学校“双高计划”建设给予一致好评。学校正朝着将学校建成轨道交通特色鲜明的“中国特色、世界一流”高水平高等职业院校目标坚定前行。

创新模式，三全一化

自学校2019年被确定为“双高计划”立项单位以来，针对“双高计划”项目建设周期长、涉及领域广、职能交叉多、建设难度大等特点，从加强顶层设计入手，确立“四同原则”、构建矩阵式项目组织体系、应用PDCA理念开展自我诊断与改进、引入信息化项目建设管理平台，创新了全员参与、全要素融合、全过程动态管理和信息化管理的“三全一化”项目管理模式，有力地支撑了学校的“双高计划”建设。特别是2021年以来，“三全一化”项目管理模式走向了深度实施的重要阶段。

首先，加强顶层设计，确定“四同”原则，实现全员参与。学校从加强顶层设计入手，明确提出了“双高计划”建设同规划、同部署、同落实、同考核的“四同”原则。以学校中长期发展规划为统领，将“双高计划”与“提质培优”“创新强校”等重大内涵建设项目纳入相应规划内容，做到“同一规划”；将“双高计划”等重大项目建设任务与目标纳入学校中长期发展任务与目标、年度重点工作与目标，并以学校年度重点工作形式统一部署；在学校年度重点工作部署的基础上，各部门、各教学单位将部门常规工作与“双高计划”等重大项目建设有机结合，实现常专结合，同步落实；将部门年度考核、个人考核以及重大项目考核有机结合，实施一体化考核。通过统一规划、同步部署、同步落实和一体化考核，学校“双高计划”建设呈现出“事事有人干、人人有事干”的良好局面。

其次，实施目标管理，建立矩阵式组织，实现全要素融入。基于项目化管理理念，以“双高计划”建设目标为导向，关注项目建设的绩效目标达成度，针对“双高计划”项目目标交叉、任务交叉、职能交叉的特点，打破校内部门之间组织壁垒，以矩阵式组织建立各级项目建设团队。按照项目管理的主体、方式、客体、支撑条件、考核评价等建设要素对“双高计划”建设的建设任务、验收要点、标志性成果产出、绩效指标以及对应的责任人、实施进度、资金等资源等制作矩阵式管理图表，编制了学校“双高计划”二级项目—职能部门、绩效指标—归口管理部门、标志性成果—教学部门等矩阵图，理顺项目管理，实现所有项目任务见人、见事、见时间节点和标志性成果的全要素融合。

再次，开展自我诊改，推行动态监控，实现全过程管理。基于质量管理理念，按照PDCA质量控制流程，学校建立了“双高计划”项目计划、实施、检查和反馈的相应环节，在年初制订学校“双高计划”项目年度计划和各级项目年度计划，组织各级项目按计划开展项目建设，实施“双高计划”项目半年阶段性检查、季度建设进度填报、一周通报最新进展等方式开展实时检查，采取专项推进会议和重点难点专门研讨会议等方式及时反馈进度偏差，研讨改进对策，形成了学校“双高计划”全过程动态质量监控体系。

最后，开发管理平台，形成“互联网+”体系，实现信息化管理。学校与领航未来（北京）科技有限公司合作，联合开发了“双高计划”项目管理平台。依托该平台，学校建立了“双高计划”项目的信息化管理系统，平台汇集了“双高计划”项目的各级项目建设任务、验收点、责任人、绩效考核指标、实施进度以及资金配置等信息，通过信息化手段进一步明确了项目隶属、项目责任和对应绩效考核点，及时获取了项目进展和项目建设佐证材料，形成了“互联网+”项目管理体系，推进项目信息化和精细化管理。

“三全一化”项目管理模式解决了学校“双高计划”项目因实施周期长难以有效开展质量监控、建设任务繁重亟须建立“常专结合”工作机制、任务多重交叉亟须理顺任务归属等多个项目建设与管理的疑难问题，明确了建设任务、理顺了管理职责，提高了管理效能，对同类院校开展“双高计划”等重大项目建设与管理具有借鉴与应用价值。

“创新强校工程”成绩攀升

“创新强校工程”是广东省推进高等职业教育发展的重要抓手，对于各高职院校的改革发展具有重要的引领作用。自2014年实施以来，一年一度的“创新强校工程”考核是衡量各高职院校办学水平的重要指标，也是广东省教育厅下拨各类教育专项经费的重要参考依据。

在2018年度“创新强校工程”考核中，学校拿下了全省第7名的好成绩，这振奋人心的结果给予了学校极大的鼓舞。但是，“创新强校工程”是一个长期的、系统化的工程，这也代表着要用长远的目光来看待“创新强校工程”，不能止步于已有的成绩。2019—2023年间，学校每年度积极推进“创新强校工程”建设工作，与省一流高职院校、“双高计划”等多个学校建设重点工程并行，致力打造出高质量、高水平的高职院校。“创新强校工程”建设过程中，学校高度重视、提高站位，聚焦高质量发展，狠抓内涵建设，实现了综合办学实力的不断攀升。

曲折波动，寻找症结

2019年，学校以迎接广东省教育厅2019年度考核为契机，查问题、找不足，推进建设。

1月初梳理了2018年“创新强校工程”存在的主要问题，组织教务处、科技处、人事处等10个创强归口职能部门制订了2019年度建设计划和任务书，形成8个方面25项年度具体任务清单，明确了任务实施的责任人、解决措施、时间表和验收要点。

从4月上旬到6月上旬，学校根据《广东省教育厅关于开展2019年度高等职业教育“创新强校工程”考核的通知》的要求，组织教务处、人事处、科技处等12个相关职能部门分类分部门进行校内考核自评。质量办对自评报告反复修改，对自评打分表、考核数据表、佐证资料的合规性进行严格审核。经校内公示、学校领导审定、上传验收网站（教育技术中心协同）等程序，按规定时间报送省教育厅评审。学校2019年度“创新强校工程”考核，得分排名全省第11位。

与2018年度考核结果相比，2019年度考核的排名下降了4名。这暴露出学校办学中的短板问题，驱使大家尽快寻找症结所在，及时调整和优化策略，更好地提升办学质量。为此，10月底，根据广东省教育厅公布的文件，学校认真梳理和分析了2019年度“创新强校工程”考核评审结果，举办了专题分析会议，以问题为导向，组织开展了整改行动。

10月28日下午，学校召开2019年度“创新强校工程”年度考核结果及数据平台填报分析会。针对考核结果的数据分析，马仁听校长指出，科研是学校目前“创新强校工程”建设最大的短板，根源在于师资队伍。要以问题为导向，清晰地剖析短板，采取有效措施，将短板抓紧补齐。高职院校的发展，教学与科研并重。学校的发展取决于师资队伍的水平，必须坚持师资队伍的高标准。他提出四点要求：一是中青年教师访问学者的选拔与培养，要结合政策和二级学院的专业结构调整，综合考虑个人业绩成果、贡献度等要素。二是二级学院要做好整体规划。不破不立，不立就没有发展。三是积极认识“创新强校工程”的重要性，二级学院要发挥主动性，将科研能力和水平作为人才引进考察的重点。四是“双高计划”建设任务将更艰巨，且与每位教职工相关，必须与“创新强校工程”、省一流高职院校建设一起统筹协调，严格按照要求积极推进。

2019年11月至2020年1月，根据《广东省教育厅关于组织开展高等职业教育“创新强校工程”（2019—2021年）建设工作的通知》，学校组织教务处、人事处、科技处等12个相关职能部门编制了近10万字的《广州铁路职业技术学院“创新强校工程”（2019—2021年）建设规划》，组织了3轮修改、3轮研讨。质量办对建设规划做了4轮修改和合规性审核。

2019年12月3日下午，学校召开《“创新强校工程”（2019—2021年）建设规划》编制工作安排会议。马仁听校长主持会议，李晓明副校长、相关职能部门及二级教学单位主要负责人参加了会议。

马仁听校长指出，“创新强校工程”是广东省教育厅推进和落实广东省职业教育“扩容、提质、强服务”三年行动计划的重要抓手和平台，也是广东省教育厅各类考核和奖励的唯一依据，该项工程是学校工作的重中之重，各部门要更加高度重视。对如何做好“创新强校工程”建设规划编制工作，马校长提出六点要求：第一，做到“四结合”，即结合《国家职业教育改革实施方案》（职教20条）和《广东省职业教育“扩容、提质、强服务”三年行动计划（2019—2021年）》等上位文件精神，有效衔接学校《一流高职院校建设方案》《“创新强校工程”（2016—2020年）建设规划》和学校“双高计划”建设方案、专业群2020—2021年建设任务、学校“十四五”规划、区域产业链发展需求，突出学校优势和特色，展现学校办学水平和综合实力；第二，要精益求精，体现量化指标，补齐短板；第三，注意经费的合理安排，贯彻共建共享理念；第四，要围绕立德树人，突出“五育”并举与课程思政大联动，通过通识教育打造校园文化；第五，师资队伍建设要着眼于专业结构动态调整，高标准引进人才；第六，把握时间节点，各部门要合理安排时间，确保编制工作按时按质完成。

《“创新强校工程”（2019—2021年）建设规划》编制工作落实后，学校邀请以广东技术师范大学陶红教授为组长的校外专家组到校开展论证会，以便更准确地实施规划。

2019年12月26日上午，学校召开《“创新强校工程”（2019—2021年）建设规划》专家论证会。广东技术师范大学陶红教授等7位专家出席论证会。党委书记张竹筠出席会议并作讲话，校长马仁听主持会议并做汇报，副校长李晓明、全体中层干部参加了会议。

马仁听校长对各位专家的莅临表示热烈欢迎。他从学校基本情况、规划方案选择、规划编制依据、规划内容简介等方面向专家组做了汇报。专家组在听取汇报、审阅相关资料、讨论质询的基础上，一致认为本轮“创新强校工程”建设规划全面对接国家和省里提出的各项建设任务，以“扩容、提质、强服务”为主线，以建设“中国特色、世界水平”高职院校为目标，建设内容符合学校的发展现状、发展定位和发展目标，具有前瞻性、合理性和可操作性，符合A类规划要求；建设目标明确、思路清晰、重点突出、任务具体；建设资金预算合理，验收要点可评、可测。专家组一致同意学校《“创新强校工程”（2019—2021年）建设规划》通过论证。

建设规划通过论证和备案后，大家重振旗鼓，积极“备战”新一年度的考核。2020年4月21日下午，学校召开2020年度“创新强校工程”考核工作布置会。会上，马仁听校长做工作要求，王亚妮、乔西铭副校长分别从年度建设任务的谋划推进、建设成果的总结与提炼、弱项与不足的分析及整改、材料的收集整理等方面提出了指导意见。

有了详细的部署安排，学校各单位紧锣密鼓地开始各项目的落实。根据学校各相关职能部门的自评结果，学校2020年度“创新强校工程”考核自评得分87分。怀着期待和忐忑的心情，学校上报了2020年度“创新强校工程”考核的相关材料。

2020年10月29日，广东省教育厅公示了2020年度高等职业教育“创新强校工程”考核结果。结果显示，考核全省排名第19位。就整体建设成效而言，2020年度考核得分较上一年提升了一点，呈上升趋势，但全省排名较上一年下降2名。

这次的结果给了学校“当头一棒”，学校发展的问题症结在哪？接下来的办学之路应该怎么走？走内涵式发展之路，是学校给出的答案。

内涵建设，力挽狂澜

经过2019、2020年度连续的排名下降，学校感受到前所未有的压力，同时也让学校谨记发展教育不可有一丝一毫的放松，要牢牢把握高质量发展的要求，直面短板，找准突破点，攻坚克难。

2021年3月，学校召开2021年度“创新强校工程”考核工作布置会。马仁听校长对2021年度“创新强校”工程考核工作提出四点要求：一是按照时间节点提交材料。二是部门分块牵头，统筹分工，协同推进，尤其二级学院主动作为，配合相关职能部门工作。三是对标对表，高度提炼。在借鉴别人的基础上，要有创新点，要回归到职教20条、提质培优等职教文件中来。四是转变理念，注意佐证材料要提炼出亮点与高度，切忌记流水账。最后，他强调要高质量、高标准地完成任务，争创创强考核排名新成绩。王亚妮、乔西铭副校长分别围绕创强考核指标做好常态工作提出了指导意见。

没有人知道这一年度的考核结果会是怎么样的，学校各单位能做的就是全副身心地、踏踏实实地做好每一个项目，把学校内涵建设作为重要切入点，以内涵建设带动各方面的发展。大家相信，脚踏实地办教育，终会有所回报。

8月30日，《广东省教育厅关于公布2021年度高等职业教育“创新强校工程”考核结果的通知》（粤教职函〔2021〕33号）正式发布了。学校在2021年度“创新强校工程”考核中得分为82.30分，位列 35 所 A 类规划学校第 10 名。这是令人心潮澎湃的成绩，比 2020 年度考核结果的第 19 名提高了整整 9 名！从专家评分情况（不含扣分项扣分情况），学校 2017—2021 年创强考核分数呈逐年上升趋势，这一定程度上反映了学校走内涵建设之路是正确的，成效明显。

发展切忌沾沾自喜。虽然 2021 年度的排名提高幅度非常大，但我们仍要看到隐藏的问题，这样才能避免出现倒退的情况。

2021 年 9 月 9 日上午，学校召开 2021 年度“创新强校工程”考核分析会议。

针对“创新强校工程”中存在的问题及原因，马仁听校长指出：一是要求各职能处室提出整改计划，围绕考核指标，系统谋划，将任务分解至各教学部门，见事、见单位、见人，并将该项工作纳入各部门年度绩效考核。各教学部门要以任务为导向，围绕内涵建设，找准创新点和着力点，将质量工程、标志性成果等作为核心竞争力。二是更新理念和思路。理念决定高度，思路决定出路，以点带线、以线成面，根据各教学部门不同特点，以目标为牵引，任务结合自身特点做。三是要站在学校发展大局的高度，做好今年省级质量工程申报。相关职能处室做好统筹工作，分维度、分专业结构、人员结构等，将质量工程任务分解至各教学部门，形成任务清单。各教学部门要主动出击，主动承接任务，加强内涵建设。实现 2022 年“保 10 争 8”的目标。

“创新强校工程”重视程度与日俱增，院校竞争日趋激烈，不进则退、进慢则退。从 2020 年和 2021 年考核排名和得分情况来看，各校得分，尤其是 A 类规划院校得分均在增加。而学校 2017—2021 年“创新强校工程”考核排名存在较大的波动，这显示针对性整改取得了一定成效，但关键环节和薄弱环节改进有待进一步加强，得分比下降情况依然存在。这在一定程度上意味着学校内涵式发展的长效机制有待进一步优化，对“创新强校工程”的系统设计、实施和考核评价组织有待进一步加强，针对薄弱环节重点改进、标本兼治。

标本兼治，全省第五

2021 年，在广东省教育厅，广州市委、市政府，广州市教育局的正确领导和大力支持下，在学校领导和教职工的共同努力下，学校深入贯彻党的教育方针，落实立德树人的根本任务，以国家“双高计划”建设和广东省“创新强校工程”为重要抓手，以《落实市委书记听取十一届市委第十五轮巡察情况汇报时点人点事情况的通知》为鞭策，狠抓内涵建设，实现了人才培养质量和综合办学实力的不断提升，行业企业、学生家长和社会各方满意度持续提升。

2022 年初始，学校迎来一个喜讯——在北京大学召开的第六届中国职业教育百强发布会暨第六届职业教育论坛上，广州铁路职业技术学校成功入选“中国高职教育五十强”。该评选活动是国内大规模、成体系针对职业教育的全国性评选活动（包括高职五十强和中职五十强），评选工作由中国职业教育百强评选组委会负责组织实施。本届评选工作历时半年，调研对象包含国家示范高职院校、国家骨干高职院校等近 400 所高职院校。从 400 所高职院校中脱颖而出，获此殊荣，说明学校人才培养质量和综合办学水平得到了认可。

喜讯的到来，给学校注入了强心剂，让大家用更饱满的激情和信心去面对新一轮的“创新强校工程”考核工作。

齐心协力出成效，再接再厉创新高。2022 年 3 月 10 日下午，学校召开 2022 年度“创新强校工程”考核工作布置会。会中，马仁听校长对 2022 年度“创新强校工程”考核工作提出五点要求：一是今年考核目标是争取进入全省同类院校前 8 名；二是各部门要高度重视，各部门主要负责人要切实担当，按照通知文件指标内涵，精确对标对表，做好分项自评，尤其要查短板、补差距；三是各部门要按职能加强统筹与协调，认真归纳总结、提炼亮点特色；四是质量办要建立对各部门上交材料的质量考核排位机制，从材料的及时性、完整性、准确性等方面进行排位；五是各部门要把握时间节点完成各阶段工作，为学校品牌增值赋能。

10 月 10 日，《广东省教育厅关于公布 2022 年度高等职业教育“创新强校工程”考核结果的通知》（粤教职函〔2022〕32 号）正式发布。结果显示，学校在此次考核中得分 84.61 分，在全省 37 所 A 类规划院校中位列第 5 名，排名较 2021 年提升了 5 名，较 2020 年提升了 14 名。

回顾 2021 年度“创新强校工程”考核分析会议，马仁听校长提出努力实现 2022 年“保 10 争 8”的目标。如今，不仅实现了目标，而且超过了预期目标。位列全省第 5 是学校自 2014 年实施“创新强校工程”以来考核的最高排位，是学校在“创新强校工程”考核中的全新突破。2020—2022 年这三年，学校在“创新强校工程”考核中的排名呈现快速上升趋势，得分增长也在逐年上升，这得益于已经形成的初步的长效机制。究其原因，可以归结为 3 个方面：第一，学校领导的高度重视，将“创新强校工程”作为一项重要工作，狠抓落实。第二，各部门积极配合，发挥协调联动作用，各职能部门不仅对自身职能部门负责的项目进行统筹和落实，同时积极配合其他部门协同开展各项创新建设工作。第三，在全校师生的共同努力下，学校内生式发展动力机制初步形成。

学校将以此成绩为新的起点，继续坚持产教融合、校企合作、工学结合、知行合一，建成大湾区轨道交通技术技能人才培养的高地和轨道交通“智慧运行”技术技能创新高地，实现学校的高质量发展，成为“中国特色、世界水平”的轨道交通类高职院校，为“轨道上的大湾区”和广州市“四新”建设提供强有力的人才支撑和智力保障。

乘胜追击，全省第二

2022 年度“创新强校工程”考核的佳音，鞭策着学校不骄不躁、勠力同心。从学校中长期发展和高质量发展的视角，高度重视、通力协作、科学设计项目、统筹推进新一轮“创新强校工程”工程建设与考核工作。

2023 年 2 月 28 日下午，学校召开 2023 年度“创新强校工程”考核工作布置会。校长马仁听主持会议，副校长王亚妮、乔西铭出席会议，相关职能部门主要负责人及经办人参加了会议。马仁听校长围绕如何有效地以“双高计划”“创新强校工程”为牵引，常态化推进学校高质量发展，提出具体要求：一是各部门要建立常态化总结提炼机制，注重模式构建和典型案例撰写；二是加强对内涵指标的再认识，对标对表，做到有的放矢；三是以问题为导向，深化基于学校未来高质量发展的内涵建设；四是处理好内涵发展的质与量的关系，重视成果常态化积淀；五是强化再学习和再提升的能力，补齐短板弱项。

针对新一轮“创新强校工程”工程建设与考核工作，学校在广州市委、市政府，广州市教育局的高度重视和正确指导下，以习近平新时代中国特色社会主义思想和习近平总书记关于职业教育的有关重要指示和精神为根本遵循，将主题教育转化为高质量发展的强大动力，继续聚焦高质量发展，狠抓内涵建设。学校围绕三大方向具体开展工作：第一，对标2022年度“创新强校”工程考核情况，针对薄弱领域进行重点整改，全面提升内涵建设水平。第二，紧密结合学校高质量发展要求，创新产教融合新路径，聚焦人才培养、科研与社会服务等主要领域，提升学校整体办学水平和人才培养质量。第三，精心准备各项评价材料，注重从数据源头和原始数据入手解决数量填报有效性问题，优化文本材料。

在具体实践上，学校对标诊治，做出亮点。

第一，高度重视、提高站位，办人民满意职业教育。学校领导高度重视，将“创新强校工程”作为一把手工程，配置专门专班推进学校“创强工程”的落实；定期召开专题会议，研究部署各项“创强工程”工作的落实情况。学校党政领导从办人民满意职业教育的高度，把主题教育“学思想、强党性、重实践、建新功”的主题教育根本要求与“创强工程”有机结合，将“创强工程”的有效推进作为主题教育和实践的重要内容，广大教师党员积极进取，主动担当，有力推进“创强工程”各项任务如期高质量完成。

第二，创新方法、“四同”落实，扎实推进“创新强校工程”。学校以办人民满意职业教育为根本，以深化产教融合、加强内涵建设为重要路径，守正创新，结合“双高计划”“提质培优计划”“创新强校工程”等多项重大项目同步实施的特点，从顶层设计入手，确立了“同规划、同部署、同落实、同考核”的“四同原则”，将“创新强校工程”与学校多项内涵建设项目有机融合，其建设任务与目标纳入学校中长期发展任务与目标、年度重点工作与目标，并以学校年度重点工作形式统一部署；在学校年度重点工作部署的基础上，各部门、各教学单位将部门常规工作与“创新强校工程”等重大项目建设有机结合，实现常专结合，同步落实；将部门年度考核、个人考核以及重大项目考核有机结合，实施一体化考核。通过统一规划、同步部署、同步落实和一体化考核，学校“创新强校工程”建设呈现出“事事有人干、人人有事干”的良好局面。

第三，聚焦关键、对标诊改，提升办学关键能力。2022年4月，学校按照《广州市教育局关于落实市委书记听取十一届市委第十五轮巡察情况汇报时点人点事情况的通知》中对学校“连续三年‘创新强校’考核排名均无明显进步”的反馈意见，制定了整改专项方案，聚焦科研社会服务能力等薄弱环节和产教融合等关键领域，对标诊改，取得了良好的成效。近年来，学校每年安排专班对“创强工程”的考核结果进行分析，并形成专项分析报告，通过专题会议形式明确改进目标、研讨改进对策，补齐短板，提升办学关键能力。

第四，以生为本、服务发展，提升各方满意度。学校“创新强校工程”始终以服务学生发展为根本目标，以提升服务广州市经济社会发展和轨道交通产业发展为方向，从增加优质高职教育资源供给、提升办学质量和人才培养质量、增强社会服务能力等多个领域，将“创新强校工程”建设落实到学生发展、社会发展的根本，实现各方满意度的持续提升。据星空书院对学校利益相关人群的全面调查显示，学校在校生满意度为97.06%、毕业生对母校的满意度为94.86%、教职工总体满意度为97.81%、用人单位满意度为98.13%，家长满意度为97.25%。

2023年8月16日，广东省教育厅发布《关于2023年度高等职业教育“创新强校工程”考核结果的公示》。公示显示，学校2023年度“创强工程”考核得分为92.70分，位列全省高职院校37所A类规划院校第2名。全省第2，这是学校自广东省开展“创新强校工程”考核排名以来的最好成绩！这是全校各职能部门、教职工共同奋斗的收获，是学校狠抓内涵建设结出的硕果。

2017—2023年度，学校“创新强校工程”考核得分由56.39分提升到92.70分，排名由第18名提高到第2名。学校“创新强校工程”整体得分呈持续增长、排名呈持续提高趋势（如下表），排名大幅度上升。

学校2017—2023年度“创新强校工程”考核情况表

年度	得分	排名
2017	56.39	18
2018	69.94	7
2019	74	11
2020	74.91（不含扣分5）	13（19）
2021	82.39	10
2022	84.61	5
2023	92.70	2

未来，学校将继续深入学习贯彻习近平总书记关于职业教育的重要论述，在深化产教融合、提升社会服务能力，加强队伍建设、提升科技研发能力，强化港澳合作、服务粤港澳大湾区发展等方面下苦功，全力以赴在中国特色高水平高职学校建设中打头阵，强化目标引领，坚定发展信心，深化内涵建设，勇创新、强融合、建名校，不断夯实经济社会高质量发展人才支撑。

第四节 入驻科教城校区掀开新篇章

2012年12月29日，广州市人民政府向各区、县级市人民政府，市政府各部门和市有关单位印发了《广州教育城建设工作方案》。这一方案的推出，标志着承载广州市委、市政府全力打造广州国际一流教育聚集区和南方职教高地战略之举的广州科技教育城（简称“科教城”）项目开始启动。打造科教城，是广州市委、市政府为进一步改善广州职业教育场地分散、用地紧张的状况，致力打造一处南方职教的“高地”、一个“大国工匠”摇篮的重点项目。

科教城选址在广州市增城区朱村，学校是首批入驻院校之一。对于学校而言，入驻科教城，是推动学校高质量发展的重要历史机遇。2022年10月9日，科教城新校区入驻仪式举行，首批迎接运输物流学院、机电工程学院和外语商贸学院等 2700 余名学子的入驻。这是学校迈入新征程、再创新辉煌的喜庆日子，具有里程碑的意义。

同意迁建，积极筹建

《广州教育城建设工作方案》出台后，科教城的建设紧锣密鼓地进行。到了 2014 年 7 月 11 日，学校获得广州市发展和改革委员会批复的《广州市发展改革委关于广州铁路职业技术学院迁建工程项目建议书的复函》（穗发改〔2014〕158 号）。复函同意广州铁路职业技术学院迁建工程立项，此迁建工程总投资 15.4 亿元，占地面积约 4.9 万平方米，总建筑面积 3.4 万平方米。主要建设内容为教室及图书馆、实验实训场所、行政用房、学生宿舍及教师值班用房、食堂、生活福利及其附属用房、室内体育用房、会堂及学生活动用房、地下室等。

2018 年，学校为早日入驻新校区，积极争取市政府加快推进科教城新校区建设，提交了迁建工程可行性研究报告，希望以优秀的办学条件助推学校各项建设。12 月 17 日，广州市发展和改革委员会批复《广州市发展改革委关于广州铁路职业技术学院迁建工程可行性研究报告的复函》（穗发改〔2018〕1035 号），原则上同意《广州铁路职业技术学院迁建工程可行性研究报告》。复函提到，项目建设是必要的。此项目实施有利于扩展学校办学场地，优化办学环境，推动广州科技教育城交通组团各院校集聚发展，为广州市交通行业的发展提供人才保障。此次项目采用政府直接投资方式，资金来源为广州市财政资金。

紧抓建设，校区落成

搬迁科教城新校区，是学校深入推进省一流高职院校建设、实施“双高计划”和“创新强校工程”的重要助力。全体师生都期待能早日完成搬迁工作，以破解制约学校发展的瓶颈。

2019 年 1 月 31 日，广州市住房和城乡建设局批复《广州市住房和城乡建设局关于广州铁路职业技术学院迁建工程初步设计的复函》（穗建技函〔2019〕518 号），原则上同意广州市城市规划勘测设计研究院编制的工程初步设计技术文件。10 月 15 日下午，学校纪委书记薛小群、副校长李晓明率相关负责人前往科教城调研新校区建设情况，受广州市重点公共建设项目管理中心副主任黄玉升、工程设计一部部长陈嘉乐等领导的热情接待。此次座谈会上，收到 11 月底举行科教城奠基开工仪式的好消息。10 月 18 日，学校取得广州市规划和自然资源局的建设用地规划许可证；11 月 27 日，学校取得广州市规划和自然资源局的国有建设用地划拨决定书。新校区正式施工建设的日子已经提上日程。

2019 年 11 月 29 日上午，广州科技教育城一期项目开工建设电视电话动员会在增城区朱村举行。学校副校长李晓明作为 13 所入驻院校代表参加了推杆启动仪式。

李晓明副校长参加开工推杆启动仪式

科教城一期项目选址于广州东部产业集聚带，位于增城区朱村街道，距离广州市中心城区 45 千米，第一期控规 10.79 平方千米，包括 13 所市属职业院校（含技校）、交通及市政配套设施、三大组团共享带、安置区、四大公园等，可容纳学生约 12.9 万人。学校与广州市交通运输职业学校、广州市交通高级技工学校属于交通运输组团。新校区地处科教城核心区块，位于“交通运输组团”南部，南北皆为贯穿各组团的规划主干道，东侧为科教城中轴公共绿地，西侧为配套设施规划带及西福湿地公园，南面为科教城安置住宅小区，北面为交通运输组团其他两所学校。当时，生活区和运动场馆正在开展地基基础施工，其余 12 所院校将于 2019 年年底全面开工。

2019 年 12 月 30 日，学校党委书记张竹筠、校长马仁听率后勤管理处、招生就业处、教育技术中心等部门负责人前往科教城新校区调研建设情况。现场，张竹筠书记、马仁听校长详细了解工程建设进展及需要解决的问题，每到一处都认真察看，与现场施工人员深入交流。张竹筠书记感谢广州市重点公共建设项目管理中心、施工单位和监理单位等参建单位努力推进学校新校区建设，并强调新校区建设是学校发展大计，事关学校国家“双高计划”建设、省创新强校工程、省一流高职院校建设等重要任务，希望各建设单位大力支持学校的建设和发展，在确保安全和质量的前提下，克服困难，高效率推进工程建设，争取早日建成新校区。马仁听校长面对拔地而起的新楼，与大家一起回顾了新校区建设十多年风雨路程，表示学校将密切关注新校区建设动态，全力配合广州市重点公共建设项目管理中心，加强沟通交流，协商解决建设中的问题和困难，尽早谋划智慧校园建设、建筑物室内二次装修等各项工作，2020 年向市财政申报经费预算，并充分汇聚行业企业、校友等各种资源，努力打造具有铁路人文特色的“岭南风格、低碳智慧、山水田园”

型生态新校园。各建设单位负责人表示，一定按照工程计划，明确时间节点，倒排工期，抓紧推进各个建设项目。

新校区正式开工，党委书记张竹筠、校长马仁听与现场人员合影

2020年11月3日下午，学校召开新校区建设专题工作会议。马仁听校长出席，相关职能部门、各二级学院和教辅单位负责人参加会议。会议由麦国焞副校长主持。会上，新校区建设办公室负责人介绍新校区建设情况和下一阶段的工作任务，与会人员进行充分交流研讨，对新校区建设提出了积极的意见和建议。麦国焞副校长作工作部署：一是各部门按照工作职责，明确任务分工，组建工作团队；二是按照时间节点，抓紧推进各项工作，确保项目如期申报入库；三是加强过程管理，保证项目质量，并注重资料保存归档。马仁听校长解读了新校区的功能分区，并就新校区建设工作提出三点要求：一是高度重视。新校区建设时间紧、任务重，各部门要以高度的责任感和使命感把新校区建设作为一件大事抓。二是前瞻意识。深入调研，科学设计，高起点、高规格、高质量制订方案，做到不留遗憾。三是加快项目推进。各部门加强协调沟通，不等不靠，主动作为，按时间节点完成立项等任务。

2021年1月8日下午，学校党委书记张竹筠、校长马仁听、副书记王超，副校长麦国焞、王亚妮、乔西铭等前往新校区建设现场，实地考察调研建设情况。校领导一行深入施工现场，详细了解工程进度，施工计划、存在的困难和预期完工时间等各方面情况。张竹筠书记强调，新校区建设是学校的百年大计，广大师生和校友对新校区翘首以盼，希望各建设单位大力支持学校的建设和发展，既要保障施工安全，又要严把工程质量关，努力克服困难，高效率推进工程建设，把新校区建设成能经起历史检验的优质工程，为广州职业教育高质量发展和服务粤港澳大湾区建设做出积极贡献。马仁听校长指出，新校区建设凝聚了几任校领导的心血，是可持续发展的重大工程。学校将全力以赴推进各项建设工作，与参建各方加强沟通、通力协作，及时协商解决建设中的问题和困难，在确保新校区建设质量的基础上，加快推进工程进度，力争早日建成新校区，破解学校发展瓶颈，大力拓展办学空间，改善办学条件，为“双高计划”和省一流高职校建设提供坚强保障，助力广州推动实现四个“出新出彩”。

六位校领导实地考察

2021 年 4 月 16 日上午，新校区二期项目承建单位上海宝冶集团有限公司在工程现场举行以“践行长征精神，建设人民满意工程”为主题的企业开放日暨立功竞赛活动，省总工会工业工会、市重点公共建设项目管理中心、增城区住建局、上海宝冶广州分公司等单位领导参加了活动，副校长麦国焯应邀参加了本次活动。

在活动仪式上，上海宝冶广州分公司总监吴文栋介绍了活动竞赛方案，项目经理与各参赛单位代表签订协议书，与会领导为党员先锋队、青年突击队、工人先锋队授旗。

上海宝冶广州分公司党委副书记、工会主席郑小宝、省总工会工业工会副主席傅培德、学校副校长麦国焯等领导先后作了讲话。副校长麦国焯指出，新校区建设项目是学校发展的重大工程，将有效解决学校的发展瓶颈，为学校正在进行中的国家“双高计划”和省一流高职院校建设提供有力支撑和坚强保障。赞赏上海宝冶时刻秉承“超越自我，敢为人先”的企业精神，希望上海宝冶把学校项目建成精品工程、示范工程，为广州科教城建设写下精彩的一笔。表示学校将全力以赴配合推进各项建设工作，与参建各方加强沟通、真诚合作，在保障安全和质量的前提下，加快推进建设项目，共同为广州职业教育高质量发展和服务粤港澳大湾区建设做出积极贡献，以优异的成绩向建党 100 周年献礼。

副校长麦国焞在活动仪式上讲话

新校区建设进入收尾阶段，为迎接2022年的秋季开学，各方全力做好新校区入驻开学的各项准备工作。

2022年5月19日上午，学校副校长麦国焞带领教务处、继续教育学院、基础课部等单位前往科教城新校区检查工程建设情况，广州市重点公共建设项目管理中心项目部副部长李晓伟等陪同检查。

麦国焞一行先后察看实训楼、培训楼、运动场馆等区域的样板间，与设计方、施工方进行了深入交流，提出了优化完善意见及建议。

座谈会上，李晓伟介绍了工程建设进度、工期计划等方面情况，表示将克服困难，争分夺秒抓紧建设进度，保障工程按期移交校方使用。麦国焞指出，入驻新校区是学校当前一项紧迫而重要的工作任务，希望各建设单位按照时间节点狠抓工作落实，确保如期完成各项工程建设任务，表示学校正在全力开展入驻配套建设项目的招标采购，准备进场安装建设等各项工作，希望各方加强沟通，紧密配合，齐心协力做好建设工作，确保学校2022年9月顺利进驻科教城新校区开学。

2022年6月16日上午，市教育局党组成员、副局长谷忠鹏带队赴学校科教城新校区考察调研，市教育局规划建设处处长查吉德、计划财务处处长陈静思、市重点公共建设项目管理中心总工程师陈嘉乐、副校长麦国焞、广州幼儿师范高等专科学校临时党委书记丘毅清等参加了调研活动。

麦国焞陪同谷忠鹏一行实地考察了学校新校区，深入宿舍样板间和风雨球馆察看体验，详细了解工程建设情况。在座谈会上，陈嘉乐介绍了学校和广州幼儿师专新校区的建设进度和工期计划，并就有关问题进行了深入交流和探讨。麦国焞衷心感谢市教育局、市重点公共建设项目管理中心关心指导和大力推进学校新校区建设，介绍了学校搬迁入驻新校区的准备情况，提出了加快工程建设进度、搬迁入驻资金保障，科教城水、电、管、网、公共交通等配套市政设施建设完善、加强治安管理等急需解决的问题及建议，表示将举全校之力，紧锣密鼓推进搬迁入驻各项工作，确保按计划入驻。谷忠鹏强调：一是进一步明确目标任务，压实责任，确保9月份广州铁职院和广州幼儿师专如期搬迁入驻开学；二是加快科教城建设，助推广州职业教育高质量发展；三是加强工程管理，增加建设施工人手，保障工程建设进度；四是学校要同步抓紧开展设备安装等配套建设工作；五是协调推进市政配套建设，加强周边治安管理，保障校园安全。

麦国焞副校长介绍新校区建设情况

2022年7月26日下午，学校校长马仁听、副校长麦国焞带领党政办公室、资产管理处、后勤管理处、学生工作处、教育技术中心等部门负责人到科教城新校区检查工作，广州市重点公共建设项目管理中心总工程师陈嘉乐、广建监理公司、广州房开公司等单位负责人陪同考察。

座谈会上，陈嘉乐介绍了学校新校区建设情况，争取7月底开始分批移交学校同步开展建设，表示将尽最大努力加快推进工程建设进度，保障学校新校区顺利开学。马仁听代表学校，衷心感谢市重点公共建设项目管理中心大力推进新校区建设工作，指出入驻新校区是学校当前一项紧迫而重要的工作任务，学校已经周密部署了搬迁入驻工作，组织开展了家具、设备等招标采购，宿舍、食堂也相继入场安装设备，希望市重点公共建设项目管理中心组织各建设单位加强力量、克服困难、抢抓进度，尽早移交工程给学校开展配套建设。麦国焞对中心机房建设的调整优化、教学楼的建设进度等重点事项提出了意见和要求。

座谈后，马仁听、麦国焞一行深入施工现场实地考察了项目进展情况，重点考察了学生宿舍家具安装和食堂二次装修情况及行政楼、教学楼、中心机房等区域的建设情况。在考察中，马仁听要求学校各部门要高度重视入驻建设工作，加强沟通，压实责任，狠抓落实，务必严格按照时间节点完成各项建设任务，确保新校区如期顺利开学。麦国焞对有关工作做了具体部署和要求。

9月25日上午，学校党委书记张竹筠率党政办公室、保卫处、教育技术中心等部门负责人到科教城新校区检查工作，广州市重点公共建设项目管理中心项目部副部长李晓伟、广建监理公司总监黄昌杰等陪同检查。张竹筠书记一行深入现场实地考察各项目的进展情况，重点检查机电大楼实训室、中心机房、风雨球馆、游泳池的搬迁建设情况。考察中，李晓伟表示，目前各建设单位能够按照时间节点完成教学、实训、生活等刚需工程。张竹筠书记对下一步工作提出了几点要求：一是进一步提高政治站位，全力冲刺，确保所有工程如期交付使用，以实际行动迎接党的二十大胜利召开；二是加强安全管理，严禁施工人员在建设工地吸烟，监理单位要加强检查，保障安全生产；三是做好工程平稳交接工作，各方要提前沟通，紧密配合，共同做好工程移交工作。

距离新校区落成启用的时间越来越近了。

入驻开学，全新面貌

2022年10月5日上午，学校迁建工程项目移交工作会议在科教城指挥部第一会议室召开，标志着科教城新校区使用管理权正式移交学校。党委书记张竹筠、校长马仁听、党委副书记王超、副校长麦国焞出席会议，参建单位广建监理公司、广州机施公司、上海宝冶公司、广州房开公司、广州市水电公司、广建园林公司及学校新校区建设办、党政办、后勤处等相关负责人参加会议。

会上，重点办工程技术部副部长介绍学校建设项目完成情况、验收情况以及后续的维保工作方案。随后，各参建单位负责人就后续的维保工作方案作表态发言。陈嘉乐对学校大力支持市重点办工作表示感谢，并回顾了新校区工程建设历程，强调各参建单位要按照后续维保工作方案，安排责任到人，维修及时，确保校区正常运行。

马仁听校长提出三点工作要求：一是要求各参建单位根据后续维保工作方案，有维修任务时，做到及时响应，第一时间派出专业水平维修人员，以优质的服务态度协同校方共同做好学生的服务工作；二是要求各参建单位派出专人与校方做好相关岗位业务对接培训，确保新校区移交后顺利运营；三是要求各参建单位对未完工区域做好物理隔离围蔽，加快工程建设进度，加强对施工人员队伍的管理，严格服从校方校园出入管理。

张竹筠书记代表全体师生、校友对市重点办、各参建单位一直来全力以赴推进新校区建设工作的辛勤付出表示衷心感谢。他强调，各方要形成共识，充分理解新校区投入使用的重要意义，这是大湾区教育高地的标志性成果，受到千万利益关系者的高度关注，不容有任何错失；同时，希望各方做到及时有效沟通，沟通深入一点，困难多想一点，把困难想在前面，各岗位提供服务的相关人员需在岗在位，做到行动响应迅速及时。使用管理权的移交，就像吃一颗“定心丸”，新校区即将迎来师生的入驻。

移交仪式合影

2022年10月9日，学校作为最早入驻科教城的两所学校之一，将迎接首批2700余名学生入驻。上午10点，科教城新校区举行入驻仪式，迎接运输物流学院、机电工程学院和外语商贸学院等2700余名学生。仪式现场醒狮表演精彩纷呈，鼓声雷动，热闹非凡。学校党委书记张竹筠、校长马仁听、党委副书记王超、副校长麦国焞等领导出席活动，相关职能处室、二级学院负责人及学生志愿者代表参加活动。

校园里，数百名党员教职工和学生志愿者纷纷参与迎接学生的搬迁工作中，忙碌地穿梭在宿舍与食堂之间。他们在接驳车点、车辆下站点等地帮助搬运行李、指引路线、提供咨询，打通入驻报到的“最后一千米”，为新入驻的学生们带来贴心的服务。同时，安保人员的有序指挥、热忱周到的服务，让每一位学生感受到新校园的安全稳定、舒适放心。

此前，为迎接首批入驻学生的到来，校领导带领师生多次深入校接待站、校园接驳点、学生宿舍、学生食堂、校园服务部、多媒体教室、实训室、监控室等重点场所检查准备工作。搬迁期间，校领导深入学生宿舍关切询问大家搬入新校区的感受和需求，并提醒注意个人防护，尽快适应新校区的学习生活。

为保障学生适应新校区生活，由学生工作部牵头，校官方公众号提前发布学习生活指南，新校区平面示意图陈列在入校醒目的位置，校道遍布欢迎标语、打卡标识，同时新的宿舍和食堂里配有温馨提示卡。新校区一应俱全的硬件设施、以学生为本的服务宗旨，处处彰显着环境育人、活动育人、文化育人的新形象、新面貌。学生们将在这里放飞梦想，扬帆起航。

科教城新校区正式迎来首批入驻学生

2022 年 10 月 11 日上午 8 点 45 分，伴随着第一声上课铃声响起，科教城校区 2700 余名学生迎来了新校区新学期的第一天。这也是新校区教学楼、电信楼、文理楼和机电楼正式投入使用的第一天，标志着新校区教学工作正式运行。

2022 年 10 月 15 日，科教城新校区迎来了 4600 余名 2022 级新生，他们为学校注入了新鲜血液，为广州科教城增添了新的活力。

在新校区刚开始投入使用的背景下，2022 年的迎新工作较往年更具挑战。在广州市重点办、广州市教育局、增城区委区政府、朱村街道等鼎力支持下，政校联动高度重视迎新工作，统筹考虑，学校制定了《广州铁路职业技术学院 2022 年迎新工作方案》和各项应急预案。新生报到前夕，学校多次召开迎新工作协调会，从交通指引、安全保障、餐饮住宿、志愿服务、咨询接待、场地布置、宣传报道、后勤保卫等诸多方面对迎新工作进行统筹安排、周密部署，与增城区、朱村街道等形成政校属地联动机制，努力营造周到、便捷、高效的新生报到环境，为新生提供精细化服务，确保科教城新校区首次迎新工作安全、平稳、有序、温馨地开展。

迎新期间，学校党委书记张竹筠、校长马仁听等校领导多次带队深入学校风雨球馆、报到接待点等地，对迎新工作进行现场检查指导，并叮嘱全体工作人员按照迎新工作部署，尽心尽力，履职尽责，为 2022 级新生提供周到满意的服务。并且，校领导还深入新生宿舍、食堂等地对新生进行亲切看望与慰问，并为家庭困难学子送上慰问金，鼓励新生合理安排学习和生活，尽快适应新环境、融入新集体，学业和生活上有任何困难及时上报。家长们得知学校周全的安排后不禁感叹："学校设备设施完备，衣食住行配套完善，领导和老师认真负责，把孩子交到广州铁职院，我们很放心！"

2022 年 10 月 14 日标段二工程通过竣工联合验收，2022 年 11 月 1 日标段一工程通过竣工联合验收，以及 2023 年 1 月 9 日标段三工程通过竣工联合验收，科教城新校区建设和搬迁工作圆满落下帷幕。

科教城新校区校门航拍

新校园，新征程，新期许。学校是第一批入驻广州科教城的龙头高职院校，科教城新校区的正式投入使用为新一轮高质量发展打下坚实的基础。学校将以迁入新校区为起点，把各级领导的关爱、社会各界的期待化作高质量发展的动力，砥砺前行，为实现梦想扬帆起航，谱写发展的新篇章，为广州职业教育发展积极作为。

第七章

使命：
用行动诠释担当

第一节 科研与社会服务的融合发展

学校注重科研发展，以科教融汇为引领，以科技创新为动力，不断推动学校科研实力的发展和进步。以科研助推社会服务，充分发挥专业、技术和人才优势，将服务地方经济和社会发展放在重要位置，以服务求发展，以贡献获支持，以有为谋有位，实现了从“象牙塔”向“社会服务站”转变。

科研赋力，增量提质

学校的科研工作从“十一五”期间的“从无到有，在适应中追赶”，到“十二五”期间的“从少到多，在追赶中跨越”，经过10余年的辛苦耕耘，在“十三五”末期，实现了“增量提质，在跨越中突破”。

“十一五”至今，纵向项目从99项增长到451项，增长了3.56倍；纵向经费从482.55万元增长到4638.18万元，增长了8.61倍；横向项目从7项增长到140项，增长了19倍；横向经费从43.61万元增长到1335.17万元，增长了29.62倍；知识产权从13件增长到782件（其中发明专利55件），增长了59.15倍；科研平台实现了零的突破，从0个增长到15个，其中国家级的有1个、教育部的有3个、省教育厅的有8个，市级的有3个。科研方向逐渐聚焦轨道交通产业技术创新需求，全面提升服务发展水平。

学校科研工作取得多个“第一”的好成绩，如下表。

学校科研工作“第一”成绩表

名称	项目	主要负责人	时间
第一个市级以上项目	市教育科学“十五”规划课题	廖惠卿	2004
第一次立项创新团队	市级创新学术团队	周力尤、蒋新革	2009
第一个教育部项目	教育部人文社会科学基金项目	刘国生	2011
第一个市级人才项目	羊城学者学术骨干项目	李助军	2013
第一个省科技厅项目	省协同创新与平台环境建设专项	刘苗苗	2015
第一个省自然科学基金	广东省自然科学基金 - 博士启动项目	周欢伟	2016
第一个市级重点实验室	广州轨道交通系统装备安全与智能技术重点实验室	学校	2016
第一个广东省示范职教集团	广州工业交通职业教育集团	学校	2018
第一次获省级以上平台	协同创新中心	王金兰、李助军、黎剑华、李涛	2019

续表

名称	项目	主要负责人	时间
第一个省级创新团队	广东省普通高校创新团队	周欢伟	2019
第一个省级工程中心	广东省普通高校工程中心	诸进才	2020
第一个科技领域学校荣誉	广州市知识产权试点学校	学校	2020
第一个国家自然科学基金	激光热 - 力复合场下半固态成形双尺度结构钛合金的制备研究	康利梅	2021
第一个国家级示范性职教集团	广州工业交通职业教育集团	学校	2021
第一个国家级产教融合实训基地	轨道交通产教融合实训基地（轨道交通装备智慧运维产业学院）	乔西铭	2022
第一个省级实验室	现代交通节能控制和智能运维技术联合实验室	乔西铭	2022
第一个成果转化	牵引变压器安装容量控制方法及装置	刘让雄	2023
第一个市级市域产教联合体	广州市新能源汽车智能制造产教联合体	学校	2023
第一个工商联产教融合示范实训基地	全国工商联人才中心产教融合示范实训基地	学校	2023
第一个工信部专精特新产业学院	轨道交通智慧运维专精特新产业学院	学校	2023

机制保障，服务长效

为构建社会服务长效机制，学校制定了《专业教师社会服务工作量核算办法》《教师工作量计算办法》《社会服务绩效考核办法》等管理制度，明确规定专业教师教学工作量的 1/3 为社会服务工作量，教师每学年需完成 144 个社会服务工作量。

为确保制度得到落实，学校建立专业教师企业工作站、“双师”工作室等联络站点，解决教师开展社会服务的平台问题。通过奖励激励教师联企开展横向课题和产学研项目，解决教师开展社会服务的积极性问题。学校大胆改革，将开展社会服务的情况与绩效，与业绩考核、岗位级别认定、“双师”素质认定等直接挂钩，确保将社会服务的责任落到实处。

多方联合，加强研发

学校坚持“产、学、研”相结合、基础研究与应用研究相结合、科技研发与成果转化推广相结合，联合广铁集团、广东南车轨道交通车辆有限公司、广州地区中小企业等行业企业开展技术服务，解决企业发展转型中的技术难题。

2017 年，学校对接高速铁路、城际铁路和城市轨道的发展需求，联合广州新科佳都科技有限公司、广州地铁集团有限公司，申报了广州轨道交通系统装备安全与智能技术重点实验室，获得广州市创新平台与科技服务专项重点实验室立项，成为广东省唯一的面向高速铁路、城市轨道和城际轨道的轨道交通系统装备安全与智能技术重点实验室。该实验室是唯一定位于技术应用与集成和成果孵化的实验室，也是高职院校中唯一获得立项的重点实验室。

学校开展了轨道交通系统装备在线安全检测监测、智能维修维护、智慧运营服务等领域的实验平台建设与技术开发，联合企业研发了龙华现代有轨电车示范线工程智能控制系统、清塘站综合监控系统两套新产品，相关技术达到国内领先水平。同时，在校内培育了轨道交通与土木工程安全监测监控应用技术协同创新中心、轨道交通安全与智能运维协同创新中心等4个应用技术协同创新中心，积极推动轨道交通的智慧化发展和广东省综合交通体系建设，提升社会服务能力。

培训鉴定，形成规模

学校是广东省唯一具有43个铁路特有工种鉴定权，设有铁路特有工种职业技能鉴定站、国家职业技能鉴定所、广东省特种作业人员安全技术培训点的高等职业院校；建有广州市“双转移”定点培训机构。

学校立足于轨道交通行业，服务珠三角经济发展，依托优势专业为中国铁路广州局集团有限公司、珠三角城际、香港地铁、广州地铁、广州中车，以及中职院校培训、广州地区中小微企业等单位，开展各类培训。设有香港铁路有限公司中级接触网工培训、广铁集团电务系统车间主任培训、成都铁路局运输站段长培训、湖南专用线培训等50余个高新培训项目。培育建设了“广铁集团工务处高级钢轨探伤工资格培训”“广铁集团电务处车间主任培训”“广铁集团客运处专业技术人员培训”“广铁集团广州供电段工班长培训”等一批培训精品项目和“应急救护培训”精品课程。

学校平均每年组织企业培训班近百个，培训人数3000余人次。学校获广州市人社局继续教育“表扬基地”2次，获“广东省产业转移工业园劳动力培训示范基地”等荣誉称号。

学历教育，高质发展

学校以培养高素质技能人才为目标，依托学校的专业特色，结合市场需求，面向社会需求、服务区域经济发展和产业调整的专业设置原则实施动态调整机制。明确“公益服务、规范办学、深化教改、提质创优”的基本原则，就合理控制办学规模、严格规范办学行为、切实加强监督管理，不断强化高等学历继续教育管理制度建设，为做好高等学历继续教育人才培养提供了重要保障。

结合市场需求，高等学历继续教育开设有装备制造大类、交通运输大类、电子信息大类、管理大类、财经商贸类专业18个，截至2023年12月，录取1132人，在籍生为1597人（不含本年度录取新生），毕业537人。为保证人才培养质量，学校高度重视专业人才培养方案的制定与实施，组建广州工业职业教育集团，通过深化校企合作、产教融合，组织专业教师团队开展专业市场调研，及时制订和修订专业人才培养方案，对每个专业人才培养方案进行专家组论证，报请学术委员会审定后上报上级主管部门（省教育厅）批准后实施。切实提高人才培养方案的科学性、适应性和可操作性，坚持适应社会需求，促进服务产业发展。

第二节 扶贫助农带动乡村振兴致富

民亦劳止，汔可小康。为了消除绝对贫困和区域性整体贫困，我国展开了新时代的“脱贫攻坚战”，经过 8 年全党全国各族人民的共同努力，2021 年 2 月 25 日，中共中央总书记、国家主席、中央军委主席习近平庄严宣告，我国脱贫攻坚战取得了全面胜利。至此，在中国共产党的领导下，我国提前 10 年实现了《联合国 2030 年可持续发展议程》减贫目标。

在这场“脱贫攻坚战”中，广东积极作为。早在 2010 年，广东省委、省政府依据中国扶贫计划，提出并实施了一项民心工程——扶贫开发“双到”工作。“双到”具体是在扶贫工作中要规划到户、责任到人。

根据当年广州市教育局的安排，学校对口帮扶丰顺县潘田镇新东村 4 户贫困户。学校党委高度重视，根据贫困户的实际，实行“一户一策”动态帮扶，领导多次前往贫困农户家中调研和慰问，为他们解难事办实事，从根本上转变他们“等、靠、要”的思想，树立勤劳致富观念，使贫困户在短短 2 年内经济收入大幅度提高，提前实现脱贫目标。

潘田镇新东村仅是学校扶贫助农的一个缩影，从 2010 年到 2021 年的 11 年间，学校还对从化区鳌头镇务丰村、花都区水口营村、雷州市题桥村、从化新南村、五华县黄塔村等地持续进行“输血＋造血”模式的扶贫攻坚战，为乡村振兴开辟了一条实实在在的“脱贫致富”路。

2023 年全国乡村振兴产教融合发展大会公布了乡村振兴项目立项结果，学校党委书记张竹筠主持申报的乡村振兴电商人才培养示范基地暨村村播工程示范校获批立项。这个项目经过历时 8 个月的“方案初审、专家评审、线上答辩“等多轮遴选，由学校外语商贸学院协同多家企业共同向农业农村部中国农业电影电视中心和全国乡村振兴产教融合联盟申报。学校将以项目研究为基础，按照“融通融合融汇，构建教育服务乡村振兴新格局”的思路，围绕产教融合、数商教育、产教科创融合、数字乡村和乡创人才培养、村村播工程建设等高质量发展赋能乡村振兴的主题，持续深化产教融合、校企合作，为奋力描绘乡村全面振兴壮丽画卷贡献力量。

新东村帮扶，发展农业

2011 年 3 月 30 日，广州市教育局组织各有关单位前往丰顺县潘田镇新东村开展扶贫“双到”工作，学校副校长龚延祥、党办负责人参加了活动。会上，龚延祥提出要正确处理与村两委和帮扶户的关系：

一是与村两委建立良好关系，加强与村两委沟通，共同帮助贫困户脱贫；二是与帮扶户建立良好关系，与帮扶户共商脱贫措施，从思想上引导，资金上资助，使帮扶户提升脱贫“造血”功能。龚延祥提出的建立两个良好关系的建议得到了与会者的一致认同和支持，有利于学校扶贫工作的开展。

3月31日，龚延祥深入丰顺县潘田镇新东村4户贫困户家中，与贫困户探讨脱贫之计，鼓励他们劳动致富。贫困户刘广通和刘文新感谢学校2010年资助购买的电动打谷机和农作物洒机，大大提高了劳动效率和经济收益。经研究这2户贫困户都有劳动能力，可通过扩大种植养规模来提高经济收入，明确当年重点是发展养猪业。在贫困户刘慈浩家里，龚延祥详细询问老人家的身体状况，刘慈浩表示非常感激，自从学校2010年帮助其购买了养老保险，使老两口有了经济来源。经研究老人身体状况尚可，可以通过编织竹筐增加收入。在贫困户戴新光家中，经仔细研究，一致认为要助推其修建猪圈，大力发展养猪业。

龚延祥通过调研和与村干部进行深入交流，希望加强沟通，共同落实帮扶计划，力争本年度实现四户贫困户全部脱贫。

在近两年的帮扶工作中，新东村4户贫困户提早一年全部实现脱贫，2011年的经济收入大大超出2500元/（年·人）的脱贫指标，4户贫困户签署了脱贫确认书，感慨道：“没有学校的帮扶，我们不可能这么快脱贫。”

学校党委书记廖惠卿非常关心新东村的脱贫工作，2011年11月3日至4日，在党办副主任陈亮波和村干部的陪同下，前往新东村开展扶贫“双到”工作，深入贫困户家中，察看农户的农田和猪圈，逐一了解帮扶农户脱贫措施的落实情况。

农户老刘说，年初与学校商量确定发展养猪业和扩大种植业的思路很正确，由于猪价上涨，种植的农产品适销对路，预计今年收入可达5000元/（年·人）。农户刘文新则表示，由于有了学校的资助，就有了充裕的资金修猪圈、购猪苗，随着农作物种植规模的扩大，经济收入有了大幅度提高。

看到贫困户通过勤劳的双手实现脱贫，廖惠卿甚是欣慰。拥有独立劳动能力，能根据市场需求，选准方向、选对路子，种养适销对路的农产品和家畜，才能不断提高经济收入，有望实现今年脱贫，明年巩固，后年致富。

在贫困户刘慈浩家里，廖惠卿情真意切详细询问老人的身体状况。老人家甚是感激，感谢学校出资为其购买了养老保险，使老两口生活有了保障。在贫困户戴新光家中，戴新光的爱人难掩感激之情，感谢学校大力帮扶，这两年通过种植生姜和外出务工，经济收入有了显著提升。廖惠卿表示，农民能够脱贫致富要感谢党和政府扶持农村的好政策，学校将在教育局的统一部署下，一如既往地帮助他们脱贫致富。

2012年7月18日，在距上次到访不到半年的时间里，学校党委书记廖惠卿率党办、轨道交通系等负责人又前往新东村开展扶贫开发“双到”工作。廖惠卿一行深入挂钩贫困户家中，分别与贫困户进行亲切交流，逐一了解他们的“急难愁盼”，并送上扶助生产启动金和慰问品，贫困户表示深受感动和鼓舞。贫困户刘广通说，2011年在学校的指导和帮助下，确定了养猪和种植水稻、生姜等项目，取得了非常可观的经济收入，年人均收入近10 000元，被评为“脱贫之星”。贫困户刘文新感谢学校提供的种养启动资金，使他们扩大了种养规模，去年养了16头猪，种植近10亩水稻和生姜，经济收入大幅度提高，真正实现了脱贫目标。

在贫困户戴新光家中，经研究认为，在学校的大力帮扶下，2011年戴新光一家已经脱贫，2012年要继续扩大种养规模，进一步提高经济收入，巩固脱贫成果。贫困户刘慈浩老人感谢学校的真帮实扶，使他们过上了幸福生活。

廖惠卿一行还与镇领导、村干部和驻村干部就新东村的发展、贫困户的稳定脱贫充分交换了意见。这次扶贫之行，学校领导看到了贫困户的脱贫变化和发自内心的喜悦，更加确信在党和政府的正确领导下，扶贫开发“双到”工作一定能取得显著成效，贫困户一定能过上幸福生活。

不仅是廖惠卿关心新东村，刘国生校长也挂念着新东村。2012年12月18日，刘国生院长率监察审计办、党办、院办等负责人前往新东村开展扶贫“双到”工作，走访看望了对口帮扶的相关村民。

刘国生一行在贫困户家中走访座谈时，村委干部刘玉仓主任介绍了新东村的情况，特别介绍了学校精准帮扶的4家农户脱贫致富、老有所养等情况，认为学校的帮扶工作是领导高度重视，措施扎实有力，因而成效显著。在学校的帮扶下，4家贫困户树立了勤劳致富的思想观念，通过发展种植和养殖业大大提高了经济收入，提前实现了脱贫目标。4家农户也先后介绍了这几年的发展情况，感谢学校的真帮实扶，使经济收入逐年提高，生活越来越好。交谈之余，刘国生表示：“学校一直把扶贫开发‘双到’工作作为一项重要工作来抓，时时关注对口帮扶村民的发展，看到大家摘掉了‘贫帽子’，感到由衷高兴。脱贫关键是要建立长效机制，大家在村委的领导下，通过发展种植和养殖业，找到适合自己的发展路子，着力提升‘造血’功能，不断提高经济收入。学校一定按照省市的部署，密切配合镇村把党和政府的关心和温暖落到实处，帮助支持村民尽快脱贫致富，共同过上幸福生活。”

随后，刘国生一行还到学校帮助贫困户改建的大米加工作坊察看了解情况。加工作坊不仅给村民提供了极大的便利，而且保障了村民的稳定收入。为了表达感激之情，4家农户特意为学校送上锦旗。

2013年6月24日，在广州市教育系统召开扶贫开发总结表彰大会上，因为帮扶措施扎实有效，曾经的贫困户“造血”功能大大增强，经济收入显著提高，全部实现稳定脱贫。学校全面完成扶贫工作的各项指标，在考核中获得满分，被评为“广州市教育系统扶贫开发工作先进单位”，彭铁英和陈亮波同志被评为“广州市教育系统扶贫开发工作先进个人”。

务丰村扶贫，真抓实干

新东村的帮扶工作取得了阶段性成果，但学校对口帮扶从化区鳌头镇务丰村的任务十分艰巨，到2012年年底，要使务丰村集体经济收入达10万元/年，贫困户人年均收入达5000元。然而，当前务丰村集体经济收入与指标要求差距还比较大，贫困户比较多，学校帮扶工作时间紧、任务重，还需进一步加大帮扶力度。

2011年5月12日，学校党委书记廖惠卿、副校长龚延祥带领党办、财务处、后勤处、设备科等相关部门负责人前往从化区鳌头镇务丰村进行扶贫实地考察调研。廖书记赶到务丰村后，随即召开调研座谈会。务丰村委书记、主任唐崇山介绍了务丰村现状、存在困难及发展思路。了解基本情况后，廖书记做了讲话，提到学校领导高度重视扶贫开发工作，选派优秀干部驻村，成立了扶贫开发工作领导小组和工作机构，多次召开会议进行专题研究。根据派驻干部的调研分析报告，学校制订了初步的帮扶方案。当前，一要尽快研究确定务丰村集体经济发展项目，要充分论证，使发展项目切合实际，具有市场竞争力。二要帮助贫困户找到各自发展的路子，改变“等、靠、要”的思想，一户一策，切实提高贫困户的造血功能，让村民感受到党和政府对他们的关爱。希望与务丰村共同努力，扎扎实实地为群众办好事实事，提升务丰村的村容村貌，提高村民的幸福指数。鳌头镇何崇山副书记、广州市派驻从化区扶贫开发工作队副队长蔡国平先后作了讲话，表示全力支持务丰村扶贫开发工作。

随后，廖惠卿一行顶着暴雨来临前的闷热马不停蹄地实地考察村集体项目用地，商讨可行性方案。此后，又走访了贫困户，详细了解贫困户的生活状况、存在的困难，与贫困户一起商讨发展措施，鼓励贫困户积极面对困难，勤劳致富，并给贫困户送了慰问金。

2011 年 6 月 28 日，廖惠卿带领相关负责人前往从化区鳌头镇务丰村开展扶贫开发对接帮扶工作。上午，务丰村委召开了学校与务丰村双低户结对帮扶大会。廖惠卿在讲话中提道，为了切实做好扶贫开发工作，学校进行认真研究部署，把扶贫开发“双到”工作作为创先争优的一项重要内容，把帮扶任务分解到各党（总）支部，充分发挥基层党组织在扶贫开发“双到”工作中的作用，学校 19 个党（总）支部到务丰村与贫困户结对子，希望双方加强沟通，共同商讨帮扶措施，真帮真扶，不走过场。廖书记讲话完毕，会场响起了热烈的掌声，那是发自务丰村“双低户”内心感激的掌声，村民感受到了来自学校各级党组织的真挚感情。有了学校的真心帮扶，村民们对脱贫致富充满了信心和期盼。会上，还举行了学校向务丰村委捐赠办公设备的仪式。

会后，廖惠卿与镇党委李远航副书记、工作队蔡国平书记及务丰村委唐崇山书记等就如何发展村集体经济进行了深入探讨。各（总）支部书记深入贫困户家中访贫问苦，商谈脱贫办法和计划。贫困户家中的情况引起了支部书记们的震撼，支部书记们说：“想不到在广州还有这么贫困的村民，广州市委市政府在广州北部山区开展扶贫开发‘双到’工作的决策真是英明。”

为了打好务丰村的扶贫战，2011 年 7 月 12 日，校长刘国生率相关负责人深入从化区鳌头镇务丰村开展扶贫开发工作。刘国生校长一行在务丰村与村两委班子进行深入商谈，在听取村党支部书记唐崇山介绍村里情况和工作设想之后，刘国生校长说，学校对口联系扶持务丰村，既是贯彻落实市委市政府建设幸福广州惠民工程的一项任务，也是学校联系社会、深入基层、服务农村的一个机会；学校高度重视这项工作，多次开会研究推进措施，此次来村主要是与务丰村协商，确定帮扶的具体措施和推进思路，实实在在为务丰村解决一些具体问题，尽最大能力提供帮助和支持，切实提升村集体的造血功能；教书育人作为学校的优质资源，可以全方位与务丰村共享，教育扶贫是一种长效机制，“一人升学，全家脱贫”，学校可尽力为贫困户的子女就读提供方便。随后，刘国生校长在村干部的陪同下实地考察拟建厂房的两处用地，并深入贫困户李少梅家中慰问，详细询问其家庭情况，勉励其子女努力学习，学有所成，使家庭尽快脱贫致富。

为进一步做好帮扶工作，学校主动出击，力争引入企业到务丰村投资开发。2011 年 9 月 27 日，党委书记廖惠卿率相关负责人与广州拓肽生物蛋白质有限公司徐总一起到务丰村开展扶贫开发工作。

在务丰村委，校、企、村三方进行了深入友好洽谈。廖书记说，学校一直把扶贫开发工作作为一项重要工作来抓，6 月份以来，学校党委开展党总支、支部对口帮扶贫困户活动，各党总支、支部迅速行动，先后深入贫困户家中访贫问苦，与他们共商脱贫之计，并采取了一些有效措施，对接帮扶工作取得了一定成效。但由于学校是教育单位，资金力量等资源有限，在村集体经济帮扶上还没有取得实质性突破，为此，学校根据务丰村的自然资源和实际情况，四处寻找企业来务丰村合作开发，如广州拓肽生物蛋白质有限公司徐总到村里考察洽谈，希望能在特色、生态农产品以及观光休闲农业方面打开合作之门。

务丰村谭崇山书记认为，学校实行党总支、支部对口帮扶贫困户的举措行之有效，对贫困户在思想上给以引导，在资金上给予帮助，促使他们勤劳脱贫。对学校引进广州拓肽生物蛋白质有限公司到务丰村考察表示欢迎，并介绍了村里的基本情况。广州拓肽生物蛋白质有限公司徐总说，其公司一直致力寻求开发农业庄园，希望与务丰村充分沟通，进而谋求合作，达到“村、校、企”三赢的目的。

在村干部的陪同下，廖惠卿书记、徐总一行冒着炎炎烈日穿行于田间山头，认真考察了解务丰村的几块用地。考察结束后，企、村双方表示将进一步洽谈合作事宜。引企入村是学校党委继开展党总支、支部对口帮扶贫困户活动后的又一扶贫举措，希望学校成为村、企合作的桥梁，使村、校、企三方共赢。

2011 年 12 月 2 日，学校帮扶点务丰村举行新村委楼落成典礼，学校党委副书记彭铁英应邀参加庆典。参加庆典有从化区相关领导、扶贫工作队领导、鳌头镇党政领导、赞助企业家及村民代表等。

彭铁英副书记在庆典中作了讲话，代表学校向务丰村新村委大楼的落成表示热烈祝贺，指出学校党委把扶贫开发“双到”工作作为一项重要工作来抓，立足于务丰村的实际情况，着力转变贫困户“等、靠、要”的思想观念，着力提升务丰村的脱贫“造血”功能，对扶贫开发工作认识到位，工作机构到位，帮扶措施到位，帮扶资金到位。希望与鳌头镇党委政府和务丰村两委加强沟通，积极协作，共同为务丰村各项事业的全面进步献计出力，为建设幸福广州做出积极贡献。

鳌头镇领导在讲话中指出，务丰村在学校的帮扶下，发展目标明确，工作思路清晰，村容村貌有了很大改善，贫困户的精神面貌有了明显进步。务丰村党支部唐崇山书记感谢学校的大力扶持，认为学校高度重视帮扶工作，在自身经费紧缺的情况下仍帮助务丰村改善办公条件，建设村委楼球场、围墙、大门等。指出学校各党总支（支部）积极与务丰村贫困户“结对子”帮扶，使贫困户经济收入有了大幅度提高。

廖惠卿书记心系务丰村，2011 年 12 月 15 日，她又专程前往务丰村开展调研，并参加党群支部结对帮扶活动。在务丰村委，廖书记与村两委就务丰村集体经济发展项目进行深入研讨。务丰村党支部书记唐崇山在座谈会上感谢学校一年来对务丰村的大力帮扶，详细介绍了建设厂房发展集体经济的初步方案，指出学校各党支部对接帮扶贫困户的做法很有成效，使贫困户今年的经济收入有了大幅度提高。廖惠卿书记对务丰村两委带领村民脱贫致富的决心和干劲表示赞赏，指出发展集体经济是目前务丰村的重中之重，希望务丰村在前期调研论证的基础上，尽快制定厂房建设项目的方案，学校将力尽所能为建设项目提供帮助。

会后，廖惠卿书记一行察看了厂房建设用地，就建设问题进行现场磋商。作为支部党员，廖书记还参加了党群支部的慰问活动。在贫困户萧雪金家中，大家详细了解其家庭和经济情况。萧雪金说，"之前党群支部帮助购买了鸡苗，现在一群鸡膘肥体壮，眼看就有一笔可喜的收入。"贫困户唐发元是一位 73 岁的老人，看到这么多人来家中探望，感动得连声道谢。

不到一个月，廖惠卿书记又带队前往务丰村开展春节慰问。在务丰村委，廖惠卿书记一行与务丰村两委进行座谈。廖书记对务丰村提出建设厂房的方案进行认真研讨，并决定拨出专款帮助建设厂房。希望村两委抓紧推进建设项目，力争在 2012 年上半年厂房能建成投入使用。村两委深受鼓舞，承诺一定抓紧落实，确保按时按质完成厂房建设任务。

座谈会后，廖惠卿书记、林姚副校长冒着寒风细雨深入到贫困户家中慰问，给他们送上慰问金和过年礼品，送上深情的问候和新春的祝福。每到一户，贫困户都异口同声说："天这么冷，你们还大老远跑来慰问我们，真的很感谢你们！"虽然正值寒冬，但这次慰问却让贫困户感受到春天来临的温暖。

2012 年 2 月 28 日，务丰村迎来大好喜事，由学校帮扶的村集体经济项目——建设标准厂房在鞭炮声中举行奠基仪式。出席奠基仪式的有从化区委常委、广州市派驻从化扶贫工作队队长黄信敬，鳌头镇副镇长彭世信等各级领导和嘉宾，学校党委书记廖惠卿率后勤处、党办等相关负责人参加了仪式。

奠基仪式上黄信敬常委做了讲话，对学校帮扶务丰村集体经济厂房建设项目正式开工表示热烈祝贺，指出扶贫开发必须建立长效机制，从村的实际出发，有效利用村的各种资源。建厂办实业是贯彻建立扶贫长效机制的一种好做法，通过办厂，既发展集体经济，又解决村贫困户的就业问题，实现村集体和贫困村民一起脱贫致富。

廖惠卿书记在讲话中指出，学校党委高度重视务丰村的发展，多次召开会议研究扶贫工作，特别对务丰村集体经济的帮扶先后论证了多个方案，最终确定了建设厂房引进企业的项目最为可行。项目的开工标志着扶贫工作取得实质性进展，希望村两委严格抓工程质量和进度，确保 7 月建成并投入使用。

奠基仪式结束后，黄常委和廖书记等领导察看了务丰村的村容村貌，深入贫困户家中了解情况。在检查中，廖书记与黄常委对如何建立帮扶长效机制，增强村集体和贫困户的造血功能充分交换了意见。黄常委对学校下一步如何帮助务丰村脱贫致富提出了许多宝贵的意见和建议，廖书记表示学校将按照工作队的要求，扎扎实实做好帮扶工作，确保如期完成帮扶任务。

2012 年 3 月 7 日，广州市扶贫开发"双到"工作检查组到学校帮扶点务丰村开展 2011 年度考评。

在检查汇报会上，党办负责人汇报了帮扶工作情况：一是领导高度重视。学校党委把扶贫工作作为"一把手"工程，多次在党委会上作专题研究部署，廖惠卿书记、刘国生校长等领导多次到村里开展工作。二是帮扶思路清晰。确立了"一个立足，两个确保，三个着力，四个结合、五个到位"的工作思路：立足于务丰村的实际情况；确保贫困户年人均收入达到 5000 元，确保村集体经济年收入 10 万元以上；着力转变"等、靠、要"的思想观念，着力提升脱贫"造血"功能，着力改善村容村貌；做到帮扶规划与村的实际相结合、短期扶持与稳定脱贫相结合、扶持发展与提高素质相结合、专人负责与全员参与相结合；对扶贫开发工作思想认识到位、工作机构到位、工作人员到位、帮扶措施到位、帮扶资金到位。三是措施有力，成效明显。学校开展党（总）支部与贫困户结对帮扶，帮扶做到“一户一策”，使贫困户在短短的一年内全部实现脱贫目标。指出帮扶工作的不足：一是集体经济厂房建设项目没能及时动工，二是贫困户的“造血”功能仍不强，收入仍不稳定。2012 年学校将通过建厂房引企业，解决贫困户就业，提高村集体可持续发展能力，实现稳定脱贫。

务丰村党支部书记唐崇山在汇报中指出，通过学校的大力帮扶，务丰村发展思路明确，村容村貌有了很大改善，贫困户的精神面貌有了明显进步，村两委的凝聚力和战斗力得到较大提升。

检查组对照考评指标，认真查阅材料，深入贫困户家中访谈，察看厂房建设现场。检查组组长罗建新对学校帮扶工作给予充分肯定，认为学校加强领导，落实责任，措施切实可行，工作扎实有效，特别是党（总）支部与贫困户结对帮扶的做法值得借鉴推广。希望学校和务丰村抓紧推进厂房建设，增强村集体和贫困户的“造血”功能。

2012 年 4 月 17 日下午，广州市教育局召开扶贫开发“双到”工作总结表彰大会，屈哨兵局长在会上作重要讲话，王小强巡视员主持会议。学校被评为“2011 年度广州市教育局扶贫开发‘双到’工作先进单位”，党委书记廖惠卿、党办副主任陈亮波被评为“广州市教育局扶贫开发‘双到’工作先进个人”。

屈哨兵局长总结了 2011 年扶贫工作，部署了 2012 年扶贫工作，并宣读扶贫开发“双到”工作表彰决定。此次扶贫先进评选，广州市教育局从帮扶建档、帮扶资金、单位领导到村情况、贫困户增收脱贫、工作信息报送等 9 个方面进行全面考评，评选出 11 个先进单位、10 个表扬单位和 30 名先进个人。先进单位奖励 3000 元，奖金用于帮扶贫困户。学校被评为“扶贫开发‘双到’工作先进单位”，这是学校领导重视、全体党员和教职员共同努力的结果。

务丰村突破，成效显著

新上任不久的党委书记陈爽接过扶贫接力棒，继续为务丰村脱贫工作注入强心剂。2012 年 11 月 25 日上午，学校帮助引进的广东三天鲜畜牧有限公司标准化蛋鸡养殖场在务丰村举行奠基仪式。参加仪式的领导嘉宾有原广州军区政治部副主任姚成友，从化区、鳌头镇有关领导、各企业代表及村民代表等。学校党委陈爽书记应邀参加仪式并讲话。

务丰村党支部书记唐崇山致欢迎词。他说，在学校的帮扶下，务丰村在经济发展、村容村貌等方面有了长足进步，特别是学校引进的广东三天鲜畜牧有限公司蛋鸡养殖场将有效促进务丰村的发展。广东三天鲜畜牧有限公司总经理张毅鹏感谢学校牵线搭桥，特别是驻村干部张式汶为项目进村做了大量工作，使蛋鸡养殖场能够顺利落户务丰村，并介绍了公司发展概况。从化扶贫工作队蔡国平书记在讲话中称赞学校帮扶思路明确，措施有力，成效显著。鳌头镇黄监洲书记认为蛋鸡养殖场不但促进务丰村发展，也将促进鳌头镇的发展，真正是一项民心工程。

陈爽书记指出，学校的扶贫工作做到“四结合、四注重”：一是扶贫与扶志相结合，注重加强务丰村党组织建设；二是“输血”与“造血”相结合，注重增强自我发展能力；三是解困与扶贫相结合，注重分类帮扶；四是扶贫与美丽乡村建设相结合，注重改善村容村貌。为帮助务丰村发展集体经济，学校确立了 2 个帮扶项目：一是帮助务丰村建设标准厂房，通过厂房出租取得收益，目前标准厂房已近完工，并已有企业提前订租；二是引企入村，通过企业带动务丰村发展。标准化蛋鸡养殖场的奠基，标志着学校帮扶工作又取得了实质性的进展，坚信在各方的共同努力下，广东三天鲜畜牧有限公司将落户务丰、造福务丰，并将产生良好的经济效益和社会效益。

仪式上，各位领导和嘉宾在蛋鸡养殖场种植了“将军”“帮扶”树。

广东三天鲜畜牧有限公司投资 1500 万元，建立存栏 15 万羽蛋鸡的生产基地，这一项目将大大提升村集体和村民的经济收入，并解决村民的就业，是促进务丰村脱贫致富的实事好事。

2013 年 1 月 9 日，广州市扶贫检查组贺立峰处长一行 3 人到务丰村考评帮扶工作。检查组通过听取汇报、查看资料、现场考察、入户察访等环节全面考评学校的扶贫工作。这次考评是对学校 2 年扶贫工作的大验收，党办相关负责人、驻村干部参加了检查工作。

党办负责人作了扶贫工作汇报。他说，学校把扶贫开发“双到”工作作为“一把手”工程，周密部署，广泛发动，扎实推进各项帮扶工作，取得了显著成效，53 户贫困户提前一年全部实现脱贫，村集体经济年收入达 30 万元，村容村貌得到很大改观，村集体“造血”功能大大增强，全面完成扶贫的目标任务，为广州新型城市化发展和建设幸福务丰村做出积极的贡献。并谈了扶贫工作“四结合、四注重”的深刻体会，指出扶贫工作仍存在贫困户思想转变和村集体“造血”功能有待进一步加强的两点不足。

检查组还听取了鳌头镇和务丰村对学校帮扶工作的汇报，现场察看学校帮扶项目——标准化厂房，深入贫困户家中察访，全面核查了解学校的帮扶情况。

黄信敬常委主持了检查通报会，检查组组长贺立峰处长通报了检查情况，认为学校的扶贫工作一是领导重视，思路清晰；二是成效显著，亮点突出，党（总）支部对接帮扶贫困户的做法值得推广，帮助务丰村发展集体经济的两个项目选得准、做得实，特别是引进惠州市三天鲜蛋鸡养殖有限公司进村投资办养殖场将带来良好的经济效益和社会效益；三是加强基础设施建设，有效改善村容村貌。提出加强贫困户产业帮扶和建立集体经济发展长效机制的两点建议。

党办负责人作了表态发言。他说，检查组的意见全面到位、客观中肯，很有针对性和指导性，学校将按照检查组的意见，进一步深化扶贫工作。

2013 年 6 月，广州市召开扶贫开发工作会议，市委、市人大常委会、市政府、市政协主要领导出席会议。会上表彰了一批市北部山区扶贫开发先进单位和先进个人。学校被评为先进单位，驻村干部张式汶同志被评为先进个人。

学校领导高度重视扶贫工作，党委提出在扶贫工作中创先争优，各总支（支部）积极响应，与贫困农户结对帮扶。特别是驻村干部张式汶老师克服家庭困难，全身心投入扶贫事业，赢得务丰村干部群众的啧啧称赞。在学校的大力帮扶下，务丰村 53 户贫困户提前一年全部实现脱贫，村集体经济年收入由45 000元提高到26万元，村容村貌明显改善，学校圆满地完成了扶贫开发工作任务，受到了广州市委、市政府的充分肯定和表彰。

根广州市委、市政府的统一部署，新一轮扶贫开发学校将对口帮扶雷州市雷高镇题桥村，同时，挂点帮助花都区水口营村进行美丽乡村建设。扶贫开发和美丽乡村建设是广州新型城市化发展的战略部署和重大举措，全校教职工群策群力，为扶贫这一项光荣事业争做贡献。

建美丽乡村，挂点花都

美丽乡村建设是广州推进新型城市化发展，推动城乡一体发展，建设低碳经济、智慧城市、幸福生活和美好家园作出的战略部署。根据广州市委、市政府的统一安排，学校作为花都区第一批美丽乡村20个试点村中水口营村的挂点帮扶单位，至2013年年底要完成帮扶任务。

2012年11月13日下午，广州花都区举行美丽乡村建设“规划到村、责任到人”工作对接动员大会，市委副书记方璇出席会议并作重要讲话。学校党委副书记彭铁英及党办负责人参加了会议。大会举行了市属帮扶挂点单位与挂点村对接仪式，彭铁英副书记与花都区水口营村村长商绍球签订了帮扶协议。市委副书记方璇作了重要讲话，提出一个目标、两点要求、三个希望。要求挂点单位要落实责任，真抓实干，多做贡献。基于前面的经验，学校对扶贫工作并不陌生，也有自身科学的扶贫措施，但是要在花都建设美丽乡村，对学校的扶贫工作提出了更高的要求。

2013年3月8日，学校美丽乡村建设挂点村——花都区水口营村两委干部来访。学校校长刘国生、党委副书记彭铁英以及党办相关负责人接待了客人。双方就美丽乡村建设事宜进行深入洽谈。水口营村商巨桂书记介绍了村基本情况和美丽乡村建设规划，从2013年开始，要用3年时间把水口营村建成“村容村貌整洁、配套设施齐全、生态环境优良、乡风文明和睦、管理机制完善、经济持续发展”的宜居、宜业、宜游的乡村。彭铁英副书记介绍了学校的概况，指出美丽乡村建设是广州新型城市化发展的重大举措，也是缩小城乡差距的重大惠民工程，学校作为水口营村的帮扶单位，将按照广州市委、市政府的统一部署，帮助水口营村全面推进基础设施“七化工程”和公共服务“五个一”工程，特别是利用学校特色优势，为水口营村提供教育文化服务。经充分沟通，双方达成了共识，下一步将结合水口营村实际，制定详细的建设方案。

2013年7月4日，彭铁英副书记率纪检办、党办、后勤保卫处、经管系等部门的相关负责人等前往帮扶点花都区花东镇水口营村洽谈美丽乡村建设事宜。水口营村党支部书记商桂巨介绍了村格木林公园、文化室、卫生站等项目的建设规划和推进情况。听取介绍后，彭副书记指出美丽乡村建设是广州新型城市化发展的重要举措，学校作为帮扶单位一定尽力帮助水口营村进行建设，建设项目要按照标准做好设计和预算，并抓紧组织实施，确保按时完工并通过验收。双方还就学校在水口营村建设文化工作站和大学生社会实践基地、暑期组织学生下乡等事宜进行磋商。在镇村干部的陪同下，彭副书记到现场察看了格木林公园建设情况。

7月16日上午，学校党委副书记薛小群带领党办、后勤保卫处、经管系相关人员前往学校挂点帮扶建设的“美丽乡村”花都区水口营村开展考察调研。水口营村党支部书记商绍球、村长商志深向学校一行介绍了村的总体建设规划及蔬菜养殖基地、网上农庄及村人文文化景观建设设想。听完介绍，薛小群副书记表示，水口营村有团结实干的班子，有优良的人文文化背景，具有很好的发展前景，作为帮扶单位学校一定会尽力帮助水口营村开展“美丽乡村”建设工作。他表示，首先要充分利用学校专业优势帮助水口营村把网站建设好，拓宽村宣传口径；其次要对村的历史文化进行深入挖掘和包装，把水口营村建设成一个有故事、有文化、有景观的真正的“美丽乡村”。在村干部的陪同下，一行人参观了由学校协助建成的村格木林公园和村文化广场。

7 月 18 日，学校在“美丽乡村”对口帮扶点花都区花东镇水口营村举行“文化工作站”和“德育社会实践基地”揭牌仪式。学校党委副书记彭铁英和花东镇党委委员江春贤出席仪式并讲话，水口营村党支部书记商桂钜，村委会主任商绍球及村干部、村民代表，学校经济管理系、院团委相关负责人、下乡服务师生等参加了揭牌仪式。仪式由党办副主任陈亮波主持。

水口营村党支部书记商桂钜致欢迎词，对学校在水口营村建立“文化工作站”和“德育社会实践基地”表示热烈欢迎。花东镇江春贤委员作了讲话，认为学校高度重视美丽乡村建设工作，根据水口营村浓厚的历史文化背景和生态资源，建立了“文化工作站”和“德育社会实践基地”，为美丽乡村建设注入了新的内涵，这将推动水口营村的文化建设，提升美丽乡村建设软实力。

彭铁英副书记在仪式上作了讲话。他指出，加强乡村文化建设，不仅是美丽乡村建设的重要内容，也是推进农村生态文明建设的精神源泉。学校根据自身的特点和优势，确立了“文化扶助”为主的思路，以文化惠民为重点，不断增强水口营村的文化软实力。建立水口营村“文化工作站”和“德育社会实践基地”，目的是充分发挥学校的教育和文化优势，为水口营村提供文化服务和智力支持，同时，通过水口营村丰富的乡村资源，为学生下乡“受教育、长才干、做贡献”提供了重要载体和平台。

揭牌仪式之后，经济管理系负责人和专业老师与水口营村两委就美丽乡村旅游文化建设进行充分研讨；学校大学生艺术团为村民带来了精彩的文艺汇演；家电义务维修协会的学生开展了义务维修活动，先后共维修电器 42 台（件）；学校志愿者帮助水口营村开展卫生清洁。

此次基地揭牌和下乡服务，受到了水口营村广大干部群众的高度评价，花都电视台等当地媒体做了相关报道。

题桥村扶贫，成果优异

2013 年，学校展开新一轮扶贫工作——对口帮扶雷州市雷高镇题桥村。6 月 26 日至 27 日，刘国生校长率相关负责人前往雷州市雷高镇题桥村开展扶贫对接工作。

题桥村地处雷州市东南部，人口 2868 人，贫困户 134 户、贫困人口 738 人，村集体没有经济来源。按照广州市委、市政府的统一部署，从 2013 年 6 月至 2016 年 3 月，学校通过帮扶题桥村要达到以下目标：贫困户人均纯收入达到或超过全省农村农民人均纯收入的 60%，并实现稳定脱贫；贫困户家庭适龄子女义务教育阶段不因贫困辍学；行政村集体经济收入达到或超过 5 万元；生产生活基础设施建设基本完善，村庄环境整洁，基本改变落后面貌。

6月26日下午，刘国生一行刚到雷州市即与市扶贫办主任李王、雷高镇党委书记黄祥再等领导就题桥村扶贫工作交换了意见。27日上午，刘校长一行考察了题桥村小学，与村民进行了交谈，并与村委们进行了扶贫对接。题桥村党支部书记宋志庚介绍了该村基本情况，提出村贫困户多、村出行泥路待修、自来水未入户、村容村貌差、村集体零收入等困难和问题。

刘国生简要介绍学校的概况，指出学校高度重视扶贫工作，按照省市的要求，把扶贫工作作为"一把手"工程来抓，并精心挑选政治觉悟高、工作能力强且是雷州籍的陈存卫老师为驻村干部；"一人就业、全家脱贫"，学校的优势就是教育扶贫，在政策许可的条件下，可为村民子女就读就业提供方便，并对村里需要解决的5个问题一一做了回应，表示将尽学校的最大努力，按照轻重缓急分步解决的思路，协同市、镇和周边单位，力争3年内较好地解决村里的主要困难和问题，同时想方设法地帮助村里寻找增强村集体造血功能的项目，建立脱贫长效机制。

3个月后，10月24日至25日，学校党委书记陈爽带领党办和各院系（部）党总支（支部）书记等到扶贫点雷题桥村开展扶贫工作。25日上午，陈爽书记等分别深入贫困村民家中走访调研，详细了解贫困户的致贫情况，帮助其理清发展思路，协商帮扶措施。陈爽书记简要回顾了学校的扶贫工作，指出扶贫是党的群众路线教育实践活动的一项重要内容，针对题桥村的实际情况，学校将重点帮扶完成五大工作任务：一是着力推进修路和通水两项民心工程；二是增强村集体的"造血"功能，提高村集体经济收入；三是通过党总支（支部）对接帮扶贫困户，使贫困村民尽快实现稳定脱贫；四是加强教育帮扶，帮助村小学建设图书室；五是加强环境整治，改善村容村貌。

2014年年初，临近学校放寒假之前，学校党委副书记薛小群带领职能部门和教辅单位等第二批12名党支部书记，赴雷州市题桥村开展支部对接贫困户和春节慰问活动。

1月11日上午，薛小群与各支部书记分别到贫困户家中走访，并送上春节慰问金。在走访过程中，薛小群详细了解贫困户的家庭情况，与他们分析致贫原因，理清发展思路，鼓励贫困村民勤劳耕作，早日实现脱贫。随后，在题桥村委举行了座谈会。题桥村党支部书记宋志庚介绍了村基本情况和当年的发展设想；雷高镇镇长杜臣飞高度评价学校的扶贫工作，并对题桥村发展提出了要求。

薛小群在发言时说，学校党委把扶贫工作作为"一把手"工程，确立了"一个立足，两个确保，三个着力，四个结合、五个到位"的工作思路，形成了一把手亲自抓，分管领导具体抓，各总支（支部）对接到户，全校教职工广泛参与的工作机制。薛小群就题桥村扶贫工作提出了几点意见：一是着力推进修建村道和通自来水两项民心工程；二是增强村集体"造血"功能，确保村集体经济收入达到省里脱贫指标要求；三是通过各总支（支部）对接帮扶贫困户，积极做好贫困村民的脱贫工作；四是改善村容村貌，创建良好居住环境；五是发挥学校的教育资源优势，加强教育帮扶。此次扶贫，完成了学校所有总支（支部）与题桥村129户贫困户的对接工作，为下一步全面开展扶贫工作奠定了坚实基础。

题桥村是陈爽书记最牵挂的地方，2014年5月8日至9日，陈爽书记又率队赴雷州市题桥村对口扶贫，薛小群副书记、党办及部分党总支（支部）书记随行深入题桥村开展走访慰问，并与广州驻湛江市工作队副队长何景佳、雷州市扶贫办主任李王、雷高镇副镇长陈理明及题桥村村委座谈交流。

自2013年在题桥村开展扶贫工作以来，经过学校各级党组织的共同努力，学校对口扶贫已取得阶段性进展。扶贫工作队此行参加了学校捐资建成的入村公路通路仪式、为建成的“学校路”栽种护路树、为题桥小学“慈竹图书室”揭牌，并向图书室捐赠了适合小学生阅读的图书1300余册。陈爽书记一行还实地考察了村集体经济项目和安全饮水工程建设项目，听取了题桥村党支部书记宋志庚对村经济发展建设情况的汇报及下阶段发展村集体经济的工作设想。广州驻湛江市工作队、雷州市扶贫办、雷高镇均对学校为题桥村发展建设所做出的积极贡献表示感谢，同时对学校扶贫工作取得的阶段性成效给予了高度评价，认为学校在雷州扶贫工作中起到了示范带动作用。此次扶贫工作队先后走访慰问62户贫困户，送出18 600元扶贫款，同时还带动了校企合作单位——中安公司为题桥村捐款2万元。

2014年11月13日至14日，学校上任不久的雷忠良校长接过题桥村扶贫的接力棒，带队赴雷州市题桥村开展对口扶贫，并与广州驻湛江市工作队队长孙柱、副队长何景佳，广州驻雷州工作组组长梁冰，雷州市扶贫办主任李王，雷高镇镇长杜臣飞及题桥村村委座谈交流。14日上午，雷校长等实地察看了学校捐建的“学院路”、慈竹图书室和安全饮水工程等项目，并代表学校向慈竹图书室赠送图书一批。随后，走访了贫困户，并送上慰问金。在走访过程中，雷校长详细了解贫困户家庭状况，仔细察看贫困户居住情况，并与他们分析致贫原因，鼓励贫困户在扶贫工作组的帮助下坚定信心，争取早日脱贫。

转眼间到了2015年，题桥村迎来考核工作，真正检验该村是否真脱贫。1月22日下午，广州市扶贫办和湛江市扶贫办联合组成的扶贫开发“双到”工作考核组到学校对口扶贫点雷州市题桥村开展2014年度扶贫工作考核。受学校委托，机电学院党总支书记吴伟民等前往题桥村迎检并参加座谈。

学校驻村干部陈存卫向考核组汇报了学校2014年度扶贫工作开展情况，考核组查阅了学校扶贫工作资料、对贫困户进行了访谈和民意测评。驻村干部陈存卫是轨道学院的辅导员，因为扶贫工作突出被评为“广州市优秀共产党员”。在题桥村扶贫的两年来，他很少回家，可女儿才只有3岁，为节约资金非工作必要也不回校；“学院路”没修好时，他踩泥巴路去办事，配置了工作用摩托车后，油钱自己掏腰包；村部没有食堂，他一直跟村民搭伙吃饭，简易宿舍办公休息一体，还时常断电，条件特别艰苦……“非常感谢大家这么远来看我，让我觉得不是在孤军作战。无论多苦多难，作为一名党员，我坚决完成扶贫任务，不拖学校后腿。”陈存卫说。质朴的语言背后，是担当、是坚守、是深情。方便的入村水泥路，初步长成的经济林，漂亮的慈竹图书室，正在验收的饮水工程，辉映出他单薄而又高大的身影——不畏艰难、勇于奉献、踏实做事、用心服务、扎根农村的精神深深感染着每一个人。

考核组对学校2014年度扶贫开发“双到”工作给予了高度评价，认为学校扶贫工作思路清晰，领导高度重视，帮扶资金落实到位，措施得力，帮扶成效显著。2015年是扶贫开发“双到”工作的冲刺年，学校要进一步发挥自身优势、结合当地实际，继续扎实推进各项帮扶工作，进一步提高帮扶村集体经济收入并实现稳定增长，实现贫困户脱贫致富，以优异成绩迎接省级验收。

2015年10月29日至30日，陈爽书记率队赴题桥村对口扶贫，并与题桥村村委座谈交流，薛小群副书记、党办及部分党总支（支部）书记（支委成员）随行。30日上午，陈爽等实地察看了安全饮水工程、东坎村入村路建设项目、题桥小学教育创强建设成果等项目，并和题桥村党支部书记宋志庚一起为饮水工程开闸通水。随后，走访了贫困户，并送上慰问金。在走访过程中，陈书记向贫困户详细了解家庭状况，仔细察看贫困户居住环境，与他们共同分析致贫原因，鼓励贫困户坚定信心，在村委和扶贫工作组的帮助下，争取早日脱贫。

座谈会上，宋志庚介绍了扶贫工作开展情况及下一阶段扶贫工作计划，并高度评价学校党委一直以来对扶贫工作的高度重视和扶贫工作取得的成绩。

陈爽表示，3年来，在各方的共同努力下，题桥村的扶贫工作已经取得了显著的效果。她就做好扶贫考核验收工作提了3点要求：一是保证帮扶质量，做好帮扶项目的收尾工作，确保项目惠及村民；二是各党总支（支部）落实对接帮扶，积极制定措施，引领贫困户脱贫致富；三是认真总结梳理，迎接省扶贫考核验收，以优异的成绩向考核组展示扶贫工作成果。

2016年年初，广东省第二轮扶贫开发“双到”考核验收省、市、县三级检查工作全部结束。3月30日，学校党委书记雷忠良带队前往学校对口扶贫村雷州市题桥村，与雷高镇、题桥村干部群众开展座谈交流，总结学校三年对口扶贫工作成果，接学校驻村干部陈存卫返校。

雷忠良一行察看了东坎村入村公路、水库堤坝及排洪、题桥小学教育创强建设等重点扶贫项目成果。雷高镇党委书记黄祥再在讲话中高度评价学校党委对扶贫工作的高度重视，认为学校3年对口扶贫工作成果丰硕。雷忠良表示，3年来，学校能够在对口扶贫题桥村工作中取得显著成效，圆满完成扶贫各项工作任务，离不开各方的努力和支持。他向支持学校开展扶贫工作的各级部门及领导表示感谢；向全力带领题桥村走出贫困的村委干部们表示感谢；向支持学校和驻村干部开展扶贫工作的题桥村村民们表示感谢；向无怨无悔辛勤付出的驻村干部陈存卫表示感谢。雷忠良说道，学校师生将会继续与题桥村村民手牵手、心连心，关注关心题桥村的发展建设，并衷心祝愿题桥村越来越美丽，村民生活越来越幸福。

学校党委高度重视扶贫开发“双到”工作，在克服学校经费紧张情况下足额安排了扶贫资金。据统计，学校为题桥村多渠道、多方式筹措资金共计1500余万元，为圆满完成扶贫开发“双到”工作任务，提供了经费保障。3年来，学校帮扶题桥村实现了村集体经济“造血功能”建设预期，村集体经济年收入由0.5万元提高到7.5万元；解决了村民出行问题，完成入村公路、村巷道硬底化工程8.5千米；解决了全村近3000人饮水安全问题，完成安全自来水系统设施修建；解决了农田灌溉问题，完成农田灌溉水渠建设17千米；解决了贫困人口基础保障问题，做到了“低保户”“五保户”、贫困人口城乡居民养老保险和城乡居民基本医疗保险全覆盖；解决了贫困户子女入学难问题，贫困户适龄子女“普九”入学率达到100%，考上大、中专学校的贫困户子女零因贫辍学。

2016年5月，中共广东省委办公厅、广东省人民政府办公厅发布《关于表扬扶贫开发“规划到户、责任到人”工作优秀单位和优秀驻村干部的通报》、广州市扶贫开发规划到户责任到人领导小组办公室发布《关于表扬2013—2015年扶贫开发“双到”考核结果为优秀的部分帮扶单位和个人的通报》，学校驻村干部陈存卫获得“广东省扶贫开发‘双到’工作优秀个人”称号，学校获“广州市扶贫开发‘双到’工作优秀单位”称号，具体负责学校扶贫工作的周殷同志获“广州市扶贫开发‘双到’工作先进个人”称号。

自2013年6月始，学校积极开展扶贫开发“双到”工作，认真贯彻落实《广东省新一轮扶贫开发“规划到户责任到人”及重点县（市）帮扶工作实施方案》的要求，以改善题桥村生产生活条件和村容村貌为工作重点，扎实推进题桥村的对口帮扶工作。3年来，学校帮扶题桥村实现了村集体经济“造血功能”建设预期，解决了村民出行、安全饮水、农田灌溉、贫困人口基础保障、贫困户子女入学难等问题，圆满地完成了为期3年的扶贫开发“双到”任务。

黄塔村扶贫，精准脱贫

梅州市五华县岐岭镇黄塔村共有贫困户58户231人。2016年，按照广东省委、省政府新时期精准扶贫精准脱贫3年攻坚工作部署，学校第一时间遴选政治素质过硬、作风扎实、勤恳努力的驻村干部开展扶贫工作调查研究。

2016年5月3日，学校党委副书记薛小群带领相关负责人前往黄塔村开展县、镇、村三级扶贫对接工作，了解该村基本情况和帮扶需求，研究实施精准扶贫的对策。

五华县纪委副书记陈奋娣、县扶贫局局长朱建芳，岐岭镇党委书记张汉章，岐岭镇扶贫办、黄塔村两委领导和工作人员十分重视学校一行的到来，就精准扶贫工作召开座谈会交换了意见。黄塔村党支部书记、村委主任纪苑娟介绍了村基本情况，提出了村目前需要解决的困难和问题。

这次要高标准地完成3年扶贫工作任务，学校党委高度重视，精心选派了觉悟高、能力强的同志作为驻村干部，同时还配备了扶贫专项工作经费。新时期的扶贫，执行起来更加严格精准，学校需严格执行省、市有关精准扶贫文件精神，认真落实工作责任，按照轻重缓急分步解决的思路，针对不同的贫困原因、贫困类型对症下药，一户一策，确保精准扶贫。同时，学校也要想方设法地帮助黄塔村里寻找增强村集体“造血”功能的项目，开发贫困户的自我发展能力，构建扶贫有力的长效工作机制。

言必行，行必果。2016年9月9日，学校蒋新革副校长带领教务与科技党支部相关人员，到对口扶贫点五华县岐岭镇黄塔村贫困户开展中秋节慰问活动，并与五华县扶贫局局长朱建芳、副局长陈宗书，岐岭镇党委书记张汉章等领导及黄塔村村委干部座谈交流。

座谈会上，黄塔村纪苑娟书记介绍了黄塔村扶贫工作开展情况；驻村干部刘戈对贫困户建档立卡工作和扶贫工作进度进行了汇报；朱建芳、张汉章对学校的扶贫工作给予了充分肯定，尤其高度评价了学校产业帮扶项目计划和已经取得的实质成果，对学校下一阶段扶贫工作提出了宝贵意见和建议。

蒋新革表示，精准扶贫工作任务重、压力大，扶贫工作队对贫困户摸查和建档立卡工作做得非常扎实，为下一阶段工作开展奠定了基础。学校党委高度重视扶贫工作，要求各党总支、直属党支部全力配合和支持扶贫工作，责任落实到人。蒋副校长就扶贫下一步工作提了三点意见：一是继续在“精准”上下功夫，贫困户和贫困人口是动态管理，确保数据在变化中要准确，帮扶措施要精准到户；二是按照帮扶工作规划扎实推进工作，要进一步细化阶段性工作计划，确保工作如期完成；三是加强沟通和联动，争取各级党委政府的支持和指导，齐心协力把工作做细做实。会后，蒋副校长一行实地察看了对口帮扶建设的文化广场用地和黄塔村小学等项目，并到对口帮扶贫困户家中进行走访慰问，深入了解贫困户家庭情况及脱贫计划，并为他们送上中秋慰问金和节日祝福，鼓励他们坚定信念，积极通过自身努力和社会帮助，争取早日脱贫。

学校驻村扶贫工作队进驻黄塔村以来，驻村干部和村委会一直在思考如何开展产业扶贫，如何建立扶贫长效机制。扶贫工作队了解到百香果项目能够实现短平快效益后，和村委成员先后到五华县周边乡镇和河源市的百香果种植基地调研学习。邀请广东省农科院、华南农业大学专家到村检测水土，研究在黄塔村开展百香果种植项目的可行性，并积极联系相关农业公司寻求合作。

经过半年多的调研及与多家农业公司接触了解，学校和黄塔村村委决定引进百香果种植项目作为帮扶主导产业项目，与广东又一村公司合作，采取“公司 + 合作社 + 基地 + 农户”的模式，打造适合该村的绿色产业。

项目前期启动经费来源于广州市精准扶贫财政帮扶资金、广州铁职院和又一村公司。项目采用企业化经营管理模式，旨在通过建设标准化“百香果种植示范基地”，引导农户种植，带动农民致富。百香果种植示范基地总占地面积 250 亩，拟采用“观光采摘园”棚架结构和篱架结构相结合的工程建设，打造集观光旅游、休闲、采摘于一体的百香果种植示范基地，发展乡村旅游，打造“一村一品”，项目合作期间全村预计收益近 800 万元。

扶贫要先转变村民观念，2017 年 3 月以来，梅州市五华县岐岭镇黄塔村以往经常出现的麻将局少了，村民们没有围坐在麻将桌边，而是夜以继日地在田间整地、搭建着百香果棚架。在学校与广东又一村实业发展有限公司为精准扶贫而合作开发的产业扶贫项目——“百香果产业帮扶项目”施工现场，几十名黄塔村的村民为了不错过春耕种植的好时机，紧张地赶工搭建园区。4 月 21 日，学校、黄塔村委会和广东又一村公司的“百香果产业帮扶项目签约仪式”在黄塔村村委举行。

在对口黄塔村的帮扶过程及百香果产业帮扶项目洽谈过程中，学校从精准建档立卡、紧贴村实际选择精准扶贫路径和项目、制定项目具体实施方案和目标，直至镇村两级上下思想统一等方面，都做了大量的工作，百香果产业扶贫项目的正式启动提高了帮扶的精准性、有效性和持续性。

黄塔村百香果种植示范基地项目的实施，得到了广大村民的一致认可，“公司 + 合作社 + 基地 + 农户”的运作模式为全村老百姓提供了务工岗位，每天村里有 50 多人做工，其中 20 人是贫困户。根据产业扶贫项目协议，按照男工 100 元 / 天、女工 80 元 / 天的工价，黄塔村全村在此项目中，务工收入合计达到 4000 余元 / 天，村民们每天都主动到项目部要求做工。除务工收入外，合作期间，黄塔村村民还获得田租收入 120 余万元，贫困户直接享受项目分红 90 万元，村集体经济收入不少于 50 万元，从根本上改变村集体、和农户经济状况。同时，通过向企业出租公用山地、田地和项目分红等方式，村集体经济收入也将得到大幅度提升。此外，贫困户掌握种植技术后，还可通过自己种植，公司回收销售的方式，进一步提高经济收益，实现长效脱贫。

小小百香果，飘香的扶贫果，将给黄塔村带来一个可以预期的未来。广东又一村公司以百香果项目种植示范基地为抓手，不断加大投入拓展项目，在企业得到发展的同时也为贫困村和贫困户实现长效脱贫。梅州市电子商务协会会长周汉坤兴奋地表示，该项目的运营合作模式前卫，可行性高，项目有可能成为梅州精准扶贫的示范和样板。

2017 年 11 月 9 日，学校对口帮扶黄塔村修建的文化广场落成启用，产业扶贫百香果项目正式开园采摘，精准扶贫工作座谈会同时在黄塔村召开。学校党委书记雷忠良、岐岭镇党委书记严季岳、中国工商银行梅州分行副行长肖文明、岐岭镇挂村领导镇党委副书记刘志标、广东又一村公司副总经理彭东伟、广东省农科院果树研究所主任黄勇敬、梅州电子商务协会会长周汉坤、黄塔村党支部书记巫华龙及黄塔村两委干部、学校各党总支（支部）代表等出席了活动。学校自对接黄塔村精准扶贫以来，在财力有限的情况下，2 年投入专项经费 120 万元用于扶贫，启动了文化广场及卫生站建设项目及村小学文化育人环境改造、图书室更新，还捐赠图书和教学电脑近万元，捐赠学生桌椅 150 套。文化扶贫的力量不容忽视，只有在思想上脱贫，才可能在经济上脱贫。

学校对口帮扶黄塔村修建的文化广场

2018 年 8 月 25 日，黄塔村综合服务中心正式揭牌投入使用。当天，在该服务中心会议室举办了香菇种植产业扶贫项目签约仪式。学校党委书记雷忠良、党委副书记马仁听率队前往揭牌、签约并与镇有关领导、村委干部们进行了座谈。此次签约是继百香果种植项目后的第 2 个产业帮扶项目，该项目在合作期内将为贫困村带来 20 余万元的收益，并为村民就近务工提供机会，还可带动有劳动能力有生产条件的贫困户开展香菇种植，通过生产创收脱贫，为黄塔村走产业发展脱贫道路打下了坚实基础。

在项目的推动下，2019 年有 12 户贫困户投入 4500 元 / 户，参与到香菇种植示范基地发展生产，由公司保收益的方式，2019 年底产生的收益为 1000 元 / 户，纯利润为 22.22%，其中致富带头人产生的收益为 150.56%，项目带贫益贫效果非常明显。

2019 年 6 月和 11 月，学校党委书记张竹筠先后两次带队赴黄塔村，开展脱贫攻坚工作专题调研并慰问贫困户。张书记代表学校党委与五华县山强种养专业合作社签订合作协议，并为百香果基地、香菇基地和蛋鸭养殖基地三大产业的学校扶贫工作坊进行授牌。张竹筠强调产业帮扶是造血帮扶，要把扶贫产业做精做大，打造产业富民工程，吸引贫困户参与帮扶产业项目中，巩固提高脱贫成果、稳定脱贫成效、防止贫困户返贫。根据统计，2019 年有 17 户贫困户自愿参与五华县山强种养专业合作社的产业项目，由公司保底产生的年纯收益不低于 10%，较好地带动贫困户脱贫致富。2020 年在新型冠状肺炎疫情的影响下，仍有 19 户贫困户自愿参与到该产业项目，由公司保底产生的年纯收益不低于 6.25%。通过产业带动，把“输血”扶贫转化为“造血”扶贫。

2019 年，学校共计投入 70 多万元帮扶资金，主要用于黄塔村引进产业帮扶项目、饮水工程项目和升级改造村小学办学环境，村基础设施完善等项目。精准扶贫脱贫工作已进入攻坚期，乡村振兴战略工作也进入了实质性建设阶段。学校在坚定产业扶贫的思路上，既要做好基础性工作，还要提高扶贫产业的效益，促进“三变”改革，提高贫困村集体和贫困户个人的稳定收益，要想贫困户之所想、急贫困户之所急，做好全村教育、医疗、饮水安全等民生工程。

2020 年，4 月 16 日至 17 日，学校张竹筠书记立马带队赴黄塔村开展脱贫攻坚工作专题调研、实地走访、科技培训并慰问贫困户，副校长王亚妮及相关职能部门、二级学院负责人等陪同参与扶贫工作。广州对口帮扶梅州指挥部副总指挥、扶贫工作队队长、梅州市委副秘书长欧阳可员，岐岭镇党委副书记刘志标，中国工商银行梅州分行县级支行行长、驻村党建指导员李柏如出席座谈会，学校驻村工作队成员、村“两委”干部等参加座谈。

村委书记巫华龙介绍了 2019 年黄塔村的整体情况和脱贫攻坚帮扶新进展。学校派驻扶贫干部、驻村第一书记江富强汇报了 2019 年扶贫工作成效及 2020 年帮扶工作计划。刘志标对学校领导调研指导表示欢迎，对学校扶贫工作成效给予充分肯定，在感谢学校对口帮扶工作的同时，表示要共同完成好今年的各项扶贫任务。欧阳可员表示，学校领导一直高度重视对口帮扶工作，驻村干部抓疫情防控与脱贫攻坚“两不误”，帮扶成效显著，同时要咬定目标一鼓作气，认真践行“一个引领、四个驱动”理念，“补短板、显亮点”，充分备战迎接“省考”，确保高质量打赢脱贫攻坚收官战。

张竹筠认真听取了大家的汇报，充分肯定了 2019 年脱贫攻坚成效，并对 2020 年扶贫工作提出了几点要求：一是要压实党建促扶贫，发挥第一书记职能，推动基层党组织建设，保障脱贫攻坚成效；二是扶贫工作要精准到位、到户、到人，确保脱贫攻坚收官年高质量完成各项扶贫指标；三是要充分发挥自身资源优势，研究发展深度产业扶贫路径，结合线上线下资源，打造“一村一品”“一镇一业”，以产业“造血”实现稳定脱贫；四是要加强扶贫工作和脱贫成效的总结提炼，以最佳的状态迎接广东省扶贫工作考核。张书记代表学校党委为黄塔村 2020 年扶贫工作捐赠扶贫资金 30 万元，并对两位驻村干部进行慰问，勉励他们牢记使命，高质量地完成脱贫攻坚任务。

在调研、走访环节，张竹筠来到村党建宣传阵地，强调要进一步加强基层党组织建设，全面提高村党组织的组织力、战斗力，以党建促脱贫，为高质量完成脱贫攻坚任务提供坚强组织保证。接着，他带领创新创业项目团队与三大扶贫产业负责人进行了深入洽谈，探讨创新创业与扶贫产业深度融合路径，致力以创新创业项目带动扶贫产业的可持续性发展。张书记一行还走进贫困户家庭，深入了解他们的生活情况和务工状态，并送上慰问金和慰问物资，叮嘱他们积极发展生产，坚定脱贫信心。

之后，学校信息工程学院院长王金兰、继续教育学院院长龚健协同团广州市委青年文化宫党总支书记李约坚带领的科技专家团队，为村贫困户举办了科技扶贫和农业技术专题培训，受到贫困户们的赞誉。

在黄塔村走访由学校捐建的党建宣传阵地

2020 年 5 月 15 日下午，学校对口帮扶黄塔村一行 15 人到校交流精准扶贫、精准脱贫工作。学校党委书记张竹筠出席，党办、工会负责人参加会议。五华县政协副主席刘冠鹏，岐岭镇镇长戴天平、党委副书记刘志标、党委委员何胡涛、副镇长张燎及驻村扶贫工作队、村“两委”干部等参加会议。此次会议，总结了 4 年来学校对口帮扶黄塔村精准扶贫工作情况及脱贫攻坚成效，并对决战决胜 2020 年黄塔村脱贫攻坚工作提出了新的要求：一是要压实党建促扶贫主体责任，落实各基层党组织扶贫工作成效；二是要加大扶贫专项资金投入，大力支持受疫情影响的贫困户和扶贫产业尽快复工复产；三是要探索创新创业与扶贫产业深度融合，助力扶贫产业长效发展。

5 月 28 日至 29 日，学校校长马仁听率队赴黄塔村开展脱贫攻坚工作调研、察看扶贫产业并慰问贫困户。学校纪委书记徐小锋，副校长麦国焞、乔西铭和相关职能部门负责人一起开展了扶贫慰问工作。岐岭镇镇长戴天平、镇委委员何胡涛、副镇长张燎以及工商银行梅州分行县级支行行长、驻村党建指导员李柏如，学校驻村工作队成员、村“两委”干部等出席座谈会。会前，马仁听一行参观了黄塔村党建宣传阵地和扶贫产业基地，细致了解扶贫产业发展状况，并为扶贫产业提升产品深加工水平、提高产品竞争力出谋划策。会上，校领导与岐岭镇、扶贫工作队、村“两委”干部就下一步的脱贫攻坚工作安排与具体举措进行了热烈讨论，提出了许多有针对性的可行性意见和建议。会后，马仁听代表学校向黄塔村捐赠“扶贫济困日”募捐款项 48 305 元。

2020 年 10 月 29 日至 30 日，在学校驻黄塔村扶贫工作队“牵线搭桥”下，广州立白集团党委书记、副总裁许晓东带队专程走进学校对口帮扶省定贫困村的黄塔小学，举办“神奇体验之旅——手拉手公益课堂”活动。五华县教育局党组副书记、副局长陈雨新，岐岭镇镇长戴天平，学校驻村扶贫工作队、镇驻村工作队、村“两委”干部和黄塔小学全体师生出席活动。本次活动由广州立白集团党群工作总监郑小敏主持。

2020 年 11 月 26 日至 27 日，张竹筠书记带队赴黄塔村调研指导脱贫攻坚和迎检工作。广州对口帮扶梅州指挥部副总指挥、扶贫工作队长、梅州市委副秘书长欧阳可员，广州驻五华县扶贫工作组组长邹雨元，岐岭镇镇长戴天平、副镇长张燎，中国工商银行梅州分行驻村党建指导员李柏如，学校驻村党组织第一书记、扶贫工作队队长江富强和扶贫干部钟剑龙以及村“两委”干部等出席座谈会。学校宣传统战部、图书馆、机电工程学院等党总支（支部）书记参加扶贫活动。座谈会由校扶贫办负责人王向岭主持。

黄塔村党总支书记巫海青介绍了 2020 年村的帮扶成效和变化情况。江富强汇报了 2020 年帮扶成效及迎检工作准备情况。戴天平代表岐岭镇镇委镇政府对学校精准帮扶黄塔村工作给予了高度肯定和衷心感谢。邹雨元充分肯定了学校帮扶成效和脱贫成果，强调要进一步做好扶贫迎检准备工作，准确填报数据，查漏补缺，完善台账资料。欧阳可员代表广州对口帮扶梅州指挥部感谢学校党委对扶贫工作的高度重视。张书记认真听取了大家的介绍和上级的有关精神要求，肯定了 2020 年黄塔村脱贫攻坚成效，对收官之际扶贫工作提出了四点要求：一是要巩固扶贫成果，做实经得起任何考核的迎检工作；二是要加大扶贫成果传播力度，多途径宣传脱贫攻坚成效；三是要发挥学校办学文化资源，促进黄塔村乡村文化振兴；四是要提前谋划明年扶贫的重点工作安排，做好相关资金预算。张书记代表学校党委为黄塔村党建宣传阵地建设捐赠扶贫资金 82 900 元，再次大力支持黄塔村基层党建工作。

自 2016 年 5 月结对帮扶黄塔村以来，2016—2020 年，学校在各级党委政府的重视和支持下，在广州协作办、广州驻梅州扶贫工作队的指导下，密切联系广州驻梅州扶贫工作组、县扶贫局及当地镇扶贫办，紧紧围绕工作目标，紧密团结村“两委”干部和当地群众，紧扣“两不愁三保障一相当”的工作目标，稳步推进精准扶贫工作。截至 2020 年 12 月，学校投入帮扶黄塔村的单位自筹资金为 202.0712 万元。帮扶涉及产业扶贫项目 11 个、民生工程 11 项、资产收益项目 5 项、提升就业技能 5 项以及其他项目 28 项，包括壮大村集体经济的资产性收益项目、民生工程自来水安装项目、改善村基础设备设施建设的路灯安装项目、改善村民耕种的机耕路建设以及水圳建设项目等，涉及面广。

4年扶贫以来，学校探索出了一条适合黄塔村的脱贫经验之路：第一，以精准帮扶为导向，扎实做好建档立卡动态管理；第二，以基层党建为引领，扎实推进脱贫攻坚任务落实；第三，以构建脱贫长效机制为抓手，大力推进特色农业产业项目落地；第四，以阻断贫困代际传递为出发点，全方位加强教育帮扶；第五，以改善人居环境为目标，改善贫困村居住环境顺应民意；第六，以消费扶贫为抓手，助力企业及贫困户脱贫见效；第七，汇聚社会多方力量，关心关爱贫困地区促脱贫成效；第八，压实帮扶主体责任。

黄塔村发展的三大特色农业扶贫产业，促进贫困户增收的同时壮大了村集体经济，每年为村集体收入增加15万元，为有劳动力的贫困户增加500元/人的分红收益。到了2020年11月底，黄塔村建档立卡贫困户年人均可支配收入由2015年的3900元增长到21 495元，增长率为451.15%；村集体年收入由2015年的8000元增长到210 000元，增长率为2525%。黄塔村于2019年年底作为岐岭镇唯一提前1年完成贫困户稳定脱贫退出及贫困村成功退出的村庄。黄塔村党支部更是创历史最佳成绩，在2020年荣获“先进党支部”荣誉称号。学校驻黄塔村扶贫干部江富强、钟剑龙均获岐岭镇“优秀共产党员”荣誉称号，江富强老师获2020年“感动广州的最美教师”荣誉称号。

脱贫攻坚的硕果，让学校获得了更多的媒体关注。2020年，学校精准扶贫黄塔村的工作成效获得新华网、教育部官网、中国网等的报道，展示了学校如何因地制宜帮扶黄塔村壮产业、强教育，实现贫困户全部脱贫和贫困村成功退出的帮扶目标。其中，《中国教育报》11月3日第七版头条，以《广州铁职院因地制宜帮黄塔村壮产业、强教育，实现贫困户全部脱贫——校企共帮种出致富“摇钱树”》为题，专题刊发了学校精准扶贫黄塔村工作情况。

驻大麦山镇，帮镇扶村

2021年，广东省委、省政府印发《广东省乡村振兴驻镇帮镇扶村工作方案》（粤委办发电〔2021〕60号），推进全省1127个乡镇、近2万个行政村全面振兴，创新开展乡村振兴驻镇帮镇扶村工作。这一行动是省委、省政府贯彻落实中央关于实施乡村振兴战略部署的创新举措，学校基于多次扶贫工作的优异成绩，被赋予新的重任——进行大麦山镇驻镇帮镇扶村乡村振兴工作。

2021年7月，学校积极响应广州应市委、市政府号召，选派陈永庆同志参加大麦山镇乡村振兴驻镇帮镇扶村工作，并由大麦山镇党委、工作队选派驻新寨村第一书记。

2021年11月11日，学校党委书记张竹筠带队调研大麦山镇驻镇帮镇扶村乡村振兴工作。广州市派驻大麦山镇驻镇帮镇扶村工作队队长林伟铿同志和队员出席调研座谈交流。连南瑶族自治县委书记闵飞、县委常委张冀，大麦山镇党委书记罗良县、镇长房秋明同志等县镇领导热情接待并介绍了连南瑶族自治县、大麦山镇的基本情况。学校党政办、宣传统战部、工会、继续教育学院有关负责同志参加调研座谈交流活动。

在座谈交流环节，房秋明详细介绍了大麦山镇的人文环境、自然生态、产业发展情况。林伟铿介绍了驻镇帮镇扶村工作队进驻后的工作开展情况以及大麦山镇乡村振兴规划思路、实施计划等。

学校驻镇帮镇扶村工作队队员陈永庆介绍了在工作队和兼任新寨村第一书记时工作情况。张竹筠书记在谈到“瑶山瑶寨瑶家兄弟”热情真挚的同时，由衷感谢驻镇帮镇扶村工作队的辛勤付出，感谢连南瑶族自治县、大麦山镇领导的鼎力支持。他表示，首先要确保不能返贫，用乡村振兴巩固拓展脱贫攻坚成果。同时，要不断创新党建引领模式，挖掘大麦山镇的自然禀赋，充分发挥学校的办学优势办实事，产生示范和品牌效应，一是着力加强人才振兴，在基础教育师资培养培训上加大力度；二是着力加强产业振兴，在“一镇一业”“一村一品”打造上助力大麦山镇产业发展；三是加强文化振兴，在瑶族传统文化和民风民俗传承发展上贡献力量。

在捐赠图书环节，大麦山镇中心小学副校长唐永清首先介绍了中心小学的基本情况。张竹筠书记结合自身求学与工作经历，鼓励学生“读书好、好读书、读好书”，通过刻苦读书不断去开阔思路、增长见识、拓宽视野，为党和国家、家乡建设尽责出力。驻镇帮镇扶村工作队、中心小学师生参加了捐赠图书仪式。

在实地调研环节，张竹筠一行察看了驻镇帮镇扶村工作队办公、住宿情况和大麦山镇白芒村千年古榕旅游项目，以及新寨村委党建引领、巩固脱贫攻坚成果、推进乡村振兴工作情况，并慰问了低收入农户。

2021 年 11 月 17 日，广州派驻清远市连南瑶族自治县大麦山镇帮扶组团单位第二次联席会议暨大麦山镇党委政府拜会组团单位活动在广州市人大常委会会议室举行。广州市人大常委会党组成员、秘书长陈小清同志主持会议，并对帮扶组团 5 家单位和驻镇帮镇扶村工作队提出工作要求。由广州市人大常委会办公厅牵头的广州市委网信办、广州市市场监督管理局、广州铁路职业技术学院、广州城市建设投资集团组成的广州派驻清远市连南瑶族自治县大麦山镇帮扶组团单位相关领导和驻镇帮镇扶村工作队成员，以及大麦山镇党委书记罗良县、镇长房秋明同志等镇村领导出席。学校党委副书记王超同志率对口帮扶、乡村振兴办相关负责人出席会议。

罗良县、房秋明同志汇报了大麦山镇基本情况及驻镇帮镇扶村工作队帮扶情况。驻镇帮镇扶村工作队队长林伟铿同志汇报了驻大麦山镇帮扶工作队基本情况、各帮扶事项落实情况以及下一步工作思路，并向会议提交了《驻镇帮镇扶村工作队关于做好清远市连南瑶族自治县大麦山镇巩固脱贫攻坚成果和全面推进乡村振兴工作的调研报告》。

帮扶组团 5 家单位领导分别介绍了本单位的帮扶情况及下一步的帮扶计划。王超同志表示，在前期学校筹资 45 万元帮扶大麦山镇党建阵地和教育设施建设的基础上，又向大麦山镇基础教育捐赠了 5 万元图书资料；党委书记张竹筠同志前一阶段又带队调研大麦山镇驻镇帮镇扶村乡村振兴工作，接下来学校将着力在组织振兴、教育振兴、人才振兴、产业振兴、文化振兴、生态振兴等 6 个方面持续发力，久久为功务求实效。

会上，连南瑶族自治县大麦山镇人民政府及大麦山镇中学、大麦山镇中心小学三方分别向学校致《感谢信》。

2022 年 10 月 26 日，广州市人大常委会副秘书长张振兴率队到学校调研乡村振兴工作情况。广州市派驻清远市连南瑶族自治县大麦山镇驻镇帮镇扶村工作队队长林伟铿、队员陈永庆、联络员鲍盛源等参加调研座谈交流。学校党委书记张竹筠、校长马仁听出席座谈会，相关职能部门、二级学院有关负责人参加座谈交流活动。

座谈会上，林伟铿介绍了大麦山镇驻镇帮镇扶村工作队的工作情况和下一步工作计划，对学校从教育、文化、人才等方面助力大麦山镇乡村振兴工作成果表示感谢。张振兴副秘书长对学校服务大麦山镇乡村振兴工作给予充分肯定，并就助推乡村振兴提出三点希望：一是按照中央及省、市乡村振兴工作部署要求，积极发挥学校智力优势和教育资源，扎根大麦山、发掘好瑶族文化资源禀赋；二是积极探索巩固拓展脱贫攻坚成果同乡村振兴有效衔接的具体路径，持续在"一对一"基层党组织结对共建、"一村一品"产业发展等方面发力；三是充分发挥高校服务地方的功能，以高度的责任心和使命感助力大麦山镇组织、教育、人才、文化、产业、生态全面振兴。

张竹筠书记对张振兴副秘书长一行表示热烈欢迎。他表示，学校将进一步强化政治担当，聚焦目标要求，继续实施组织、教育、人才、文化、产业、生态、消费等方面的帮扶。一是把乡村振兴的具体实践成果与"互联网+"创新创业大赛项目有机结合，以商业计划书为指导，将"建设成果、经验积累、理论提升、宣传推广"一体化打造；二是进一步创新工作方式方法，整合各方优势，有针对性地选派专家为镇村干部和群众提供规范化、专业化、精准化的管理能力与技能培训；三是实施精准帮扶，持续加大在镇村中小学基础教育师资培训、瑶绣非物质文化遗产品牌打造、瑶山瑶水旅游资源开发等方面的帮扶力度。

2022 年 12 月 15 日，学校调研组到大麦山镇实地考察帮扶工作进展情况。大麦山镇党委副书记、镇长房秋明，党委副书记、武装部部长房小平，驻镇帮镇扶村工作队队员、驻村第一书记陈永庆，新寨村委书记唐志勇等同志参加调研。座谈会上，调研组与镇村就防返贫监测、乡村振兴、帮扶共建等进行了深入探讨，并向新寨村委捐赠了一笔帮扶资金。会后学校调研组在新寨村委干部的带领下，走访了新寨村两户脱贫户，点对点地进行了教育帮扶。新寨村脱贫户代表表示，十分感谢党委政府和学校对自己家庭的帮助，自己一定会好好把握机会，刻苦学习，拼搏进取，以优异的成绩无愧于党和政府的帮助。

为贯彻落实《广东省教育厅关于开展美育浸润行动计划的通知》（教体艺〔2023〕5 号），推进国乐进课堂，2023 年 3 月 22 日至 24 日，学校党委副书记王超带队前往大麦山镇开展 2023 年度"美育浸润行动计划"之葫芦丝师资培训班暨乡村振兴帮扶工作。本次"美育浸润行动计划"葫芦丝师资培训班将针对帮扶 4 所学校的国乐师资需求，以"提升教师国乐素养"为主题，采用专家讲座与参与式培训的方式进行。2023 年作为学校承担省教育厅"美育浸润行动计划"的第二年，参与培训的教师将成为浸润计划成员，受聘为学校"浸润讲师"，培训结束后每位教师将于今年内开设一个班的课程。王超副书记对本年度"美育浸润行动计划"师资培训提出要求，强调不仅要把广州市优秀美育资源带到连南，更要把独具连南特色的民族文化带到广州，使学校与寨岗、大麦山中小学同频共振，共同打造独具特色的美育品牌。

本次培训采取线上线下共同开展，共吸引了 42 名连南县中小学教师参加，受惠学生达 1700 人，占帮扶学生总数的 95%。在帮扶大麦山镇乡村振兴工作交流会上，学校派驻干部、驻镇帮镇扶村工作队队员、新寨村第一书记陈永庆围绕党建引领、文化振兴、夯实防返贫基础及加快产业振兴、增加村民收入等进行了汇报。王超副书记就乡村振兴，夯实防返贫基础，如何带领村民脱贫致富，因地制宜开展特色帮扶项目等提出了指导性意见建议。

2011—2013 年，学校共投入了近 200 万用于帮镇扶村工作。学校充分发挥教育、人才资源优势，助力大麦山镇新寨村以创建连南县网格化基层治理示范村、清远市乡村振兴示范村、广东省级民主法治示范村等“三个示范”为抓手，创新模式，着力推进。在党建和队伍建设上，助力“一核多元”基层管理和“四位一体”队伍建设；在乡村治理上，助力开创“党建 + 瑶老”“网格化 + 信息化”“网格员 + 信息员”乡村治理新模式；在产业振兴上，助力推行“党支部 + 帮扶单位 + 合作社 + 农户”的产业发展新格局，助力新寨村盘活 70 多亩撂荒地，购买鸡苗给脱贫户饲养并做好成品鸡回收；做好大米、番薯等农产品的消费帮扶，激活村民参与活力，促进村集体和村民增产增收；在教育帮扶上，投入资金、资源加强镇中小学软硬件建设，着力提升人才培养质量。

2023 年 11 月 6 日，全省推进“百县千镇万村高质量发展工程”促进城乡区域协调发展现场会在广东省茂名市召开。由于在巩固拓展脱贫攻坚成果，促进乡村振兴方面成效显著，学校帮扶的大麦山镇新寨村入选广东“百千万工程”首批典型县镇村。

第三节
教育结对帮扶共享优质资源

教育结对帮扶，是学校落实广东省教育厅实施的一流高职院校结对帮扶计划的实践路径，更是学校聚焦巩固拓展脱贫攻坚成果、全面推进乡村振兴，深入贯彻落实习近平总书记对深化东西部协作的重要指示精神，深化东西部协作和定点帮扶工作，同时深入贯彻落实全国职教大会精神，着力解决东西部高等职业教育发展不平衡、不充分问题的重要内容。

多年来，学校在湛江、揭阳、梅州、西藏林芝等地开展了教育对口帮扶工作，包括黔南民族职业技术学院、揭阳职业技术学院、林芝市职业技术学校等职业院校以及基础教育领域。在对口帮扶中，学校积极发挥示范引领作用，推动对口帮扶工作的规范化、制度化运作，多举措、多途径地促使教育结对帮扶工作进入层次更高、领域更广、内容更实、机制更活的局面。

2019 年至今，学校更是在定点帮扶上靶向发力，携手奋进、勠力同心，不断深化帮扶的力度和深度。2023 年，广东省全口径全方位融入式帮扶专题研修班暨共促粤东粤西粤北地区基础教育高质量发展论坛在广州举行。学校作为唯一受邀的高职院校帮扶单位进行汇报，与中山大学、华南师范大学同台作案例分享，专题汇报了学校结对帮扶遂溪县基础教育的典型经验和行动举措，获得广泛认可和关注。为我国推进优质教育均衡发展贡献力量，学校坚定不移地行走在教育结对帮扶的路上，与友校共成长、共话未来。

揭阳职院，共同奋进

2019年9月6日上午，揭阳职业技术学院（简称“揭阳职院”）党委书记李文升、院长龚善初一行7人来学校进行结对帮扶访问交流。交流会在学校第一教学楼四楼会议室召开，会议由学校党委书记张竹筠主持，校长马仁听出席，党办、院办、教务处、科技处、人事处、质量管理办公室、实训管理与设备处主要负责人参加。此次会议，马仁听校长与揭阳职院院长龚善初代表两校签署了《广州铁路职业技术学院对口帮扶揭阳职业技术学院协议》，双方与会人员就两校帮扶的相关要求和措施分别进行了对口交流。这场交流会正式开启了两校对口帮扶的篇章。

2019年11月，学校党委书记张竹筠带队率院办、教务处、人事处、质量管理办公室等部门主要负责人赴揭阳职院访问交流，受到揭阳职院党政领导班子的热情接待。座谈会上，揭阳职院院长龚善初介绍了揭阳职院的办学特色与成效。学校张竹筠书记对揭阳职院在文明校园创建、学科专业规划、师资队伍及党建工作等方面取得的成绩表示称赞，希望两校以目标为导向，落实帮扶协议，形成两校之间互相帮助、互相进步的良好局面；并提出深化改革、激发办学活力，提升办学水平的相关经验。学校参会教师分别就相关领域与揭阳职院进行了深入交流。

2020年11月17日至18日，学校协同国泰安职业教育与产业发展研究院到揭阳职院开展教育结对帮扶工作。国泰安职业教育与产业发展研究院首席专家王毅教授、首席专家张玲教授围绕揭阳职院高质量持续发展，分别就“十四五”发展规划编制、高水平专业群建设等相关问题进行指导和帮扶，在慈云教学楼AT21会议室举办了系列专题讲座。揭阳职院党委委员、党总支书记、直属支部书记、副科级以上干部以及各系（部、院）教师代表参加学习。学校宣传统战部（扶贫办）、发展规划处等相关负责人员参加专题讲座。讲座由揭阳职院党委副书记、纪委书记姚玉平主持。其间，学校与揭阳职院展开对口交流，全面梳理、分析了2020年教育结对帮扶的工作情况及2021年的工作计划安排，双方提出了诸多有针对性的结对帮扶措施，进一步加深了两校未来的交流与合作。

2021年10月13日，学校党委副书记王超一行到揭阳职院开展对口帮扶工作。揭阳职院院长罗恢远、党委副书记姚玉平、党委委员张汉良出席，两校党政办公室、组织人事处、宣传统战部、教务处、学生工作处、科技与设备处、质量管理办公室、国际合作学院等负责人员参加了座谈交流。

在交流座谈会上，罗恢远院长对王超副书记一行表示热烈欢迎，并介绍了揭阳职院办学基本情况及近两年来对口帮扶工作落实情况。罗恢远指出，在学校的帮扶下，揭阳职院多方面工作取得显著成效，对学校在帮扶工作中作出的贡献表示衷心感谢。王超副书记简要介绍了学校近年来的办学情况和此行的目的，并希望两校继续深化帮扶交流，细化对口帮扶工作实施方案，巩固既有成果，拓展帮扶形式，进一步列出时间表、路线图，分步骤、按计划执行，着力提升帮扶工作质量和实效。双方研讨了下一阶段对口帮扶工作实施方案，就“创新强校工程”建设、师资培养培训、产教深度融合、高水平专业群建设、开展科学研究和国际交流合作等方面的帮扶工作进行了深入交流，为进一步结合揭阳市经济社会发展的现状和需求，提升揭阳职院办学成效和人才培养优势，提供帮扶指导。交流座谈会结束后，在罗恢远院长等领导的陪同下，王超副书记一行还参观了揭阳职院校园及实践教学基地。

经过几年的帮扶，第一阶段与揭阳职院对口帮扶期间取得了喜人的成绩。2023年6月28日，学校信息工程学院党总支书记谢家的一行 4 人前往揭阳职院调研交流并进行第二次帮扶协议签约。揭阳职院党委委员、组织人事处处长张汉良，党政办副主任黄君涛，教务处处长李镇伟等领导出席座谈会。张汉良对学校在党建引领、创强实施、“十四五”规划设计、师资队伍建设等方面的对口帮扶表示衷心感谢，并希望能够继续加强对口帮扶，第二次签订帮扶协议，促进揭阳职院高质量发展。双方交流结束后举行了对口帮扶协议签订仪式，开启了第二阶段帮扶交流工作的进程。

黔南职院，六共二联

早在2013年首次签约开始，学校与黔南民族职业技术学院（简称“黔南职院”）就开始了帮扶交流，两校拥有深厚的合作情谊。2016—2018 年，两校双方基于“重点帮扶、注重实效、资源共享、优势互补、体现创新、共同提高”的原则，就健全机制、加强沟通、深化合作、实现共赢等达成一致意见，持续加强学校与黔南职院对口帮扶工作的进一步开展，进一步增强了学校辐射带动能力和提高学校示范一流效应，提高了黔南职院的整体办学水平和社会影响力。

进入“十四五”时期，两校合作更加紧密。2021 年 4 月 12 日，学校与黔南职院对口帮扶框架合作协议签约仪式在黔南职院举行。黔南州人民政府副秘书长、广东省第一扶贫协作组驻黔南州工作组组长黄焕葆，学校党委书记张竹筠、党委副书记王超，黔南民族职院党委书记罗俊、党委副书记韦永革、副院长张泽宽等出席签约仪式。黔南民族职院院长刘荣鹏主持签约仪式。王超副书记和韦永革副书记分别代表两校签署对口帮扶框架合作协议，标志着两校对口协作工作进入新阶段。

在新时期深入推进对口帮扶工作，要创新路、乘新风。因此，2021 年以来，学校坚持求真务实的原则，精心组织，周密实施，努力推动对口帮扶工作的规范化、制度化运作。在对口帮扶黔南职院中，致力打造品牌专业，实现可持续发展，创新形成了“六共二联”（党建共联、专业共建、师资共长、学生共育、基地共建、资源共享、社团联建、特色联创）对口帮扶体系，并取得了一系列成果。

2021 年 9 月 15 日至 18 日，学校党委副书记王超率外语商贸学院副院长刘雨涛、谈竹琴及有关专业教师赴黔南职院开展对口帮扶活动。贵州省人民政府副秘书长、广州粤黔协作办副主任黄焕葆、广州粤黔协作工作队黔南工作组组长陈智凡以及黔南职院党委书记罗俊等领导出席座谈会。黄焕葆副主任代表广州粤黔协作办讲话，强调要进一步加强人才、技术、校校、校企等方面的交流合作，特别讲到了“六共二联”对口帮扶实施方案，不仅内容创新、方案翔实，而且还列举了目标清单、任务清单、责任清单，是一个全新的校校合作模式，相信这个新模式在两校协作下会产生“$1+1>2$”的效果。

双方就“六共二联”对口帮扶实施方案进行了深入交流，对党建共联、专业共建、师资共长等 8 个方面的帮扶任务清单进行了深入研讨，并举行了东西协作“一对一”教师（双方各 10 名教师）结对互进证书颁发仪式、签署了对口帮扶共建协议。会后，学校 10 名专任教师分别讲授课程思政示范课、思政课示范课、专业课示范课（商务英语、大数据与会计、电子商务）以及进行教师教学能力大赛经验分享。

实施“六共二联”对口帮扶体系过程中，学校于 2022 年建设了空中课堂资源库，这也是学校对口帮扶的标志性成果之一。“空中课堂”是由两校教师在同一时间不同时空共上一堂课，有效解决了两校在空间距离上的问题。“空中课堂”在黔南职院的实施探索也为后来学校与西藏林芝的帮扶工作提供了重要的价值。

学校教师进行空中课堂授课

为深化“六共二联”对口帮扶体系，2023 年 12 月 12 日至 13 日，黔南职院党委书记罗俊、党委副书记韦永革一行 9 人来学校交流。学校党委书记张竹筠、党委副书记王超，党政办公室、组织人事处、宣传统战部、教务处、质量管理办公室、继续教育学院及马克思主义学院等部门负责人参加了接待。

在座谈会上，张竹筠对罗俊一行的到来表示热烈欢迎，表示学校将继续深入贯彻落实习近平总书记对深化东西部协作和定点帮扶工作作出的重要指示精神，持续推动对口帮扶工作持续提质增效。罗俊书记介绍了本次交流团队成员及交流目标，表示希望借鉴学校多方面的经验，提升办学水平，持续在强起来、优起来、特起来的路上高质量前行。韦永革副书记介绍了黔南职院目前的发展情况、两校合作的成果以及未来进一步合作的方向。与会人员围绕“双高”建设、教育教学改革、美育、产教融合、思政、科研、组织人事、培训等进行深入交流。

会上，罗俊书记代表黔南职院赠送学校“双非遗”马尾绣水书《共筑职教梦》匾额，张竹筠书记代表学校回赠了 CR400BF 动车组模型及《诗乐二十品》书籍。为进一步深化东西部协作和定点帮扶工作，两校还签订了新一轮的《对口帮扶框架协议》。

2023 年 12 月 14 日，学校麦国焞副校长率资产管理处、后勤管理处等相关人员一行 4 人赴黔南职院参加东西部协作共育高素质技术技能人才论坛，开展对口帮扶工作。在黔南职院向学校赠树活动中，黔南职院王炎副院长对学校的对口帮扶工作表达了感激之情，并表示这一批树木是友谊之树，象征着广州铁职院和黔南职院多年来携手共进、互帮互助的深厚感情。麦国焞副校长对黔南职院的赠树之谊表示了衷心感谢，并表示未来两校一定会继续以“六共二联”为载体，优势互补、互利共赢、创出特色，打造东西部职业院校协作的特色和品牌，为国家巩固拓展脱贫攻坚成果、推动区域协调发展做出两校应有的贡献。

自2021年4月两校签署了对口帮扶框架协议以来，学校充分发挥地处粤港澳大湾区的区位优势与国家“双高计划”建设单位的先发优势，制定详细的工作方案与清晰的推进路径，积极帮扶黔南职院提高办学水平和人才培养质量，在“双高计划”建设、专业建设、师资培训、人才培养、科学研究、创业就业等领域加大对口帮扶力度，打造“校校合作”样板与典范，携手并进、合作共赢，助力黔南职院走上了高质量发展的快车道。

真诚的合作，换来了真挚、暖心的感谢。2023年，黔南职院向学校致感谢信。信中表示，近年来黔南职院办学结出的累累硕果，引领全州职业教育高质量发展，离不开学校长期以来给予的倾情帮扶和鼎力支持。信中写道：“这一年，学校全速推进省级‘双高’校建设，全年取得国家级省级各类标志性成果130项（个），‘技能贵州’项目立项8个，位列全省职院院校第4位。学校高质量承办2022金砖国家技能发展与技术创新大赛之数据分析与可视化赛项，成功申报国家AAAA级研学景区，‘4A级景区读双高校’成为中国唯一。学校被中国教育在线评为‘2022年度贵州省最受中学信赖高职院校’、连续2年位列全省高校毕业生满意度第二名，正在强起来、优起来、特起来的路上高质量前行，美誉度、认可度进一步提升。这些成绩的取得，是州委州政府坚强领导的结果，是贵院鼎力帮扶的结果。”

未来，学校将继续深入贯彻落实习近平对深化东西部协作和定点帮扶工作作出的重要指示精神，充分发挥自身优势，推动对口帮扶工作持续提质增效，以实际行动助推职业教育高质量发展，奋力续写新时代对口帮扶新篇章。

遂溪教育，共培共育

2021年，广东省政府印发《广东省推动基础教育高质量发展行动方案》（粤府〔2021〕55号），并出台《广东省全口径全方位融入式帮扶粤东粤西粤北地区基础教育高质量发展实施办法》。在方案中，确立了广州支援湛江、梅州、清远的市与市结对关系。在非师范类院校与市县结对关系中，确立了学校支援湛江遂溪县。

中央和广东省委、省政府及广东省教育厅决策部署下来后，学校迅速行动起来，统筹安排，实地调研，分析并策划帮扶方案。2021年11月11日，学校教务处、宣传统战部一行3人同广东东软学院一行6人、遂溪县教育局局长翟凯频和中小学校长共19人，在湛江市遂溪县遂城第五小学党员活动室召开了遂溪县基础教育高质量发展帮扶需求调研座谈会。会议提出，争取到2035年，遂溪县能够实现基础教育硬件设施相对完善、教师发展体系健全、教师教育教学能力显著提升、教师管理体制机制科学高效，教师队伍治理体系和治理能力现代化，全面实现遂溪县基础教育的高质量发展。

2022年1月4日，学校党委副书记王超率相关负责人一行6人，赴遂溪县教育局举行结对帮扶协议签订仪式及相关调研工作。遂溪县教育局局长翟凯频及办公室主任邓伟英、教师发展中心主任陈华永、副主任蔡军及相关工作人员共7人参加了签约仪式。签约仪式上，翟凯频局长与学校领导代表双方签订结对帮扶协议。王超强调，学校将按照省委省政府的要求和结对帮扶协议的任务清单，整合学校资源优势，制订每一项任务清单的序时进度表、责任分工表，将帮扶内容落到实处。他希望双方通过教育协作帮扶与共建共享，采取线上线下等方式，助力遂溪县基础教育党建引领、管理提升、师资素质、教学质量、办学水平等全方位发展，为实现全省基础教育高质量发展，交上一份满意的答卷。

为解决遂溪县基础教育当前存在教学基础配套设施落后、师资结构不均衡、教师教研教改能力亟须提升、校长管理瓶颈等短板情况，学校领导多次带队到遂溪县开展基础教育结对帮扶调研、经验交流等工作，并组织基础教育培训班。

2022 年 6 月 15 日，学校党委副书记王超率相关人员一行 8 人，前往遂溪县教育局开展基础教育结对帮扶工作。受到遂溪县教育局党组书记、局长陈赵成，副局长黄华军等领导热烈欢迎。会上，王超表示，学校将不断完善帮扶工作机制，确保结对帮扶工作取得实效，切实帮助遂溪县全面提高基础教育办学整体水平和教师队伍综合素质，培养出一批优秀中小学校长、名教师工作室、名班主任团队。为发挥名师团队的示范引领作用，学校为遂溪县教育局举办了校长研修班开班仪式，随后帮扶团队集中讲授了示范课。遂溪县中小学校长、骨干教师聆听了辅导讲座，讲座现场气氛热烈、学员互动积极，取得了良好效果。

当天下午，王超率队专程拜访了湛江市市长曾进泽，并汇报了学校结对帮扶遂溪县基础教育工作的基本情况和下一步工作计划，曾进泽市长对学校的帮扶工作表示感谢，并希望双方通过结对帮扶深化情谊，密切往来，将学校的教育管理、教学教研、师资培训等先进理念和经验做法带到湛江市。

2022 年 8 月 23 日，学校结对帮扶遂溪县教育局中小学校长高级研修及能力提升班开班典礼在华南师范大学（石牌校区）田家炳教育书院举行。华南师范大学东南亚中文教师教育学院培训部主任冯冬梅副教授、遂溪县教师发展中心主任蔡军、学校教务处副处长胡英芹及来自遂溪县中小学校领导 50 余人参加了开班典礼。28 日，培训结业典礼在华南师范大学石牌校区举办。来自该局教育系统的 40 余名中小学校长参加了为期 6 天的专题培训学习，全部取得结业证书，圆满完成结业典礼。针对此次培训，学校协作办公室高度重视、提前谋划、精心安排，联合华南师范大学培训部门共同举办，旨在进一步提升中小学校长们的教育教学能力、科研反思能力和行政管理能力，着力促进遂溪县基础教育师资队伍建设提质增效。

多元化、深入式的举措成功助推了遂溪县基础教育走上高质量发展的“快车道”，学校也因此获得了更高的肯定和关注。2023 年 3 月，学校作为唯一受邀的高职院校帮扶单位，在广东省全口径全方位融入式帮扶专题研修班暨共促粤东粤西粤北地区基础教育高质量发展论坛进行分享汇报。学校教务处负责人代表帮扶团队作了题为《深化教育结对帮扶　奏响“共培共育共进”三部曲——广州铁职院全口径全方位融入式帮扶遂溪县基础教育纪实》的专题报告。

2023 年 8 月，广东省百校联百县助力“百县千镇万村高质量发展工程”行动动员部署会在广州召开。这场会议动员部署了省内高校院所结对到县，全面投身“百千万工程”（简称“双百行动”）。可以说，实施“双百行动”，推动校县结对、合作共建，是优势互补、合作共赢的协作，既助力县域高质量发展，也有利于高校实现高质量发展。

为深入贯彻习近平总书记视察广东重要讲话、重要指示精神，贯彻落实广东省委“1310”具体部署（即锚定一个目标、激活三大动力、奋力实现十大新突破），以及实施“百千万工程”决策部署，2023 年 8 月 9 日，在由湛江市委市政府举办的驻湛高校、科研院所成果转化助推“百县千镇万村高质量发展工程”工作对接会上，学校校长马仁听代表学校与广东医科大学、湛江市遂溪县签订广东省百校联百县助力“百县千镇万村高质量发展工程”行动三方共建协议。湛江市委书记、市人大常委会党组书记、主任刘红兵，湛江市委市政府相关领导，驻湛高校、科研院所相关负责人等共同见证了签约仪式。

基于协议，学校与广东医科大学一起在强化产业发展科技支撑、强化城乡规划建设服务、突出基本公共服务支持、突出基层人才培养培训、参与集体经济运营、参与基层改革创新探索及提供决策咨询服务等 7 个领域开展合作共建。找准合作共建结合点，把项目化推进与重心下移结合起来，把合作共建落实到具体项目上、落到解决难点堵点上，大力提升学校的人才培养、科技成果转化和社会服务能力，共同促进遂溪县高质量发展。

10 月 26 日至 28 日，学校党委副书记王超带队赴遂溪县，开展“双百行动”对接交流调研暨遂溪县基础教育结对帮扶工作。会上，遂溪县教育局、卫健局、农业农村局、人社局等有关单位负责人围绕三方合作需求作了交流发言，学校与广东医科大学分别介绍了两所高校“双百行动”工作方案。王超副书记强调，学校作为“双高计划”建设单位，在“双百行动”中将按照“县域所需，高校所能”的原则，进一步提高站位，体现担当，结合学校资源禀赋，在电子商务助农兴农、基础教育和职业教育提质增效、人才培养能力提升等方面竭尽所能，全力以赴，为遂溪县产业转型升级、经济社会发展提供人才、科技和智力支撑，赋能遂溪县高质量发展。此次调研对推动“双百行动”开好局、起好步具有重要意义。

为推动校县结对合作谋深走实，12 月 7 日下午，广东医科大学、广州铁路职业技术学院与遂溪县三方在遂溪县委第二会议室召开“双百行动”第二次联席会议暨驻县干部报到入驻会议。广东医科大学党委书记、校长卢景辉、副校长曾志嵘，遂溪县委书记骆华庆、副书记沈东宇，学校党委书记张竹筠出席会议并讲话，合作三方相关负责人参加会议。

会上，广东医科大学党委常委、副校长曾志嵘宣读了陈炳权队长任命文件，学校学生工作部部长、宣传统战部负责人蒲伟宣读了江富强副队长任命文件；驻县服务队队长、副队长作表态发言；遂溪县副县长黄少娥就“双百行动”校县合作领导小组共建机制作解读并会议通过。

骆华庆代表遂溪县委县政府对广东医科大学、学校领导一行以及驻县两名干部的到来表示热烈欢迎。骆华庆表示，“双百行动”将通过发挥院校优势，在县域经济发展、城乡规划建设、集体经济发展、基本公共服务等领域加强共建，为县域高质量发展注入新动能，有力解决城乡区域发展不平衡不充分问题。“双百行动”机遇难得，三方要全力以赴把县校合作共建落到具体项目上、落到驻镇驻村服务上、落到解决难点堵点问题上，切实把高校优质资源转化为遂溪县镇村发展的新动能新势能。遂溪县将联同高校力量，精准施策、合力共建，助力遂溪高质高效落实“百千万工程”，在提高医疗水平、推动医学共同体建设、人才培养等多个领域进一步细化合作内容，分步骤精准落实，共同发力推动“双百行动”取得扎实成效。

张竹筠指出，学校高度重视“双百行动”任务，将按照“县域所需、高校所能”的原则，整合各方资源，聚焦落实“突出基本公共服务支持”任务，重点推动“教育遂溪”“科技遂溪”“人才遂溪”“文化遂溪”“红色遂溪”五大行动，加强三方互动，强化项目落地，把学校“双百行动”的“愿景图”转化为“实景图”。同时要求学校驻县干部进一步提高政治站位，深刻领悟“双百行动”的深远意义和丰富内涵，严格按照学校党委的工作部署，在驻县工作岗位上迅速进入角色，以认真负责、虚心学习的工作态度，敢于担当作为的扎实作风，严守廉洁自律底线，确保各项工作任务圆满完成。

通过持续性、深层次、多元化的帮扶举措，充分开发、利用、共享学校的教育教学优质资源，遂溪县基础教育的综合办学实力得到了全面提升，开创了遂溪县基础教育高质量发展的新篇章。2023年11月广东省教育厅公布的《关于2022年度全口径全方位融入式帮扶粤东粤西粤北地区基础教育高质量发展工作考核结果的通报》确定了全省210个支援单位组成的280对结对关系年度帮扶工作考核等级，其中在全省140所非师范院校共有12个优秀，合格率为76%。学校以优异成绩排名第2，获评“优秀”等级，并受邀参加广东省第二期全口径全方位融入式帮扶专题研修班，面向全省作经验分享。在研修班上，学校宣传统战部负责人代表作题为《广州铁路职业技术学院深化教育结对帮扶　奏响“共培共育共进”三部曲》的专题报告。从高位推动、制度保障、专项资金、优势资源、“菜单式帮扶”和广泛宣传等六方面，深入介绍了学校的帮扶经验、特色亮点。

3月6日，学校召开2024年“双百行动”工作推进会。会上，学校“双百行动”驻遂溪县工作服务队专题汇报了“双百行动”项目进展情况、2024年工作计划和赴遂溪县参加“双百行动”联席会议暨项目清单对接实施工作方案。学生工作部部长兼宣传统战部负责人结合考核指标体系对“双百行动”的重要性作了强调，并对学校2024年下达的对口帮扶专项经费分配使用等相关事宜作了补充说明。各项目负责人分别介绍了“教育遂溪”“科技遂溪”“人才遂溪”“文化遂溪”“红色遂溪”等五大行动的具体项目清单实施计划和存在的困难。

学校党委副书记王超作总结讲话时强调：一要高度重视。通过“双百行动”深度参与“百千万工程”，提升学校对“双百行动”高质量发展的支撑力贡献力，推动科技、人才、服务下沉，为全面推进乡村振兴、推动县域高质量发展注入新动能。二要发挥特色。发挥学校在职教办学、党团建设、师资培育、人才培养、专业建设、社会服务等方面的经验和优势，将“县域所需”和“高校所能”紧密结合起来，找准县校合作共建的结合点，切实增强合作的针对性、实效性。三要提升成效。学校自2021年起与遂溪县教育局签订结对帮扶协议，帮扶工作取得显著成效，连续获得全省全口径全方位融入式帮扶粤东粤西粤北地区基础教育高质量发展工作考核优秀等次，为“双百行动”的合作奠定坚实基础。

2024年3月18日至20日，学校党委书记张竹筠、党委副书记王超率师生团队一行30余人赴遂溪县实施百校联百县助力“百千万工程”2024年校县合作联席会第一次会议暨项目对接活动。

2024年3月18日，广东医科大学、广州铁路职业技术学院与遂溪县实施百校联百县助力“百千万工程”2024年校县合作联席会第一次会议在广东省湛江市遂溪县举行。会上，广东医科大学团委、广州铁路职业技术学院团委、共青团遂溪委员会签订共建结对框架协议；广东医科大学马克思主义学院、广州铁路职业技术学院马克思主义学院、遂溪县委党校签订共建结对框架协议。同时，会上还举行了“健康科技小院”“VR全景智慧乡村工程示范点”“美育浸润校园共建示范点”“优质生源基地”“基础教育师资培训基地”揭牌仪式。

联席会上，张竹筠介绍，学校自2023年开展“双百行动”以来，致力于在遂溪县“盘活”资源、“激活”要素，发挥学校在职教办学、党团建设、师资培育、人才培养、专业建设、社会服务等方面的经验和优势，将“遂溪所需”和“学校所能”紧密结合起来，找准县校合作共建的结合点。学校扎实开展“教育遂溪”“科技遂溪”“人才遂溪”“文化遂溪”“红色遂溪”五项行动，全力通过“双百行动”深度参与“百千万工程”，提升学校对“双百行动”高质量发展的支撑力贡献力量，推动科技、人才、服务下沉，为县域高质量发展注入新动能。

从教育帮扶方面来看，学校以“带资金、带人员”的模式深度参与教育帮扶工作，“请进来+走出去”教学，精准实施“一对一”“菜单”式帮扶。自2023年8月“双百行动”启动以来，学校组织开展2期遂溪基础教育帮扶校长班和中小学骨干师资培训班，1期帮扶遂溪县教育局开展教育信息技术应用培训班。由于教育帮扶工作成效突出，学校2023年对遂溪县基础教育帮扶工作被广东省教育厅评为优秀等级。

会议期间，学校还派出17个项目负责人25名教师到遂溪进行各项目对接。目前，学校已率先开展“教育遂溪”“科技遂溪”和“红色遂溪”行动，本次选派8名博士和教授“送教上门”，为职业教育和基础教育校级干部、骨干教师开展讲座，覆盖700人次。

2024年3月19日，学校到遂溪县岭北中学开展“美育浸润共建示范点”项目交流和挂牌活动。19日上午，学校教务处、招就处和美育教研室等相关部门负责人来到遂溪县岭北中学，与遂溪县教育局、岭北镇各中小学美育教师座谈，详细介绍美育浸润共建工作的具体设想和下一步计划。随后，学校党委副书记王超和遂溪县教育局副局长谢田桂等双方代表共同为岭北中学成为学校“美育浸润共建示范点”揭牌。与此同时，学校还联合广东医科大学在附城镇下洋村红色基地开展“红色基地共建授牌”仪式。

19日下午，学校与遂溪县3镇12村“VR全景智慧乡村工程”项目对接暨开拍启动仪式在遂溪县杨柑镇布政村举行。项目对接会上，信息工程学院党总支副书记、副院长孟思明介绍，2023年开展“双百行动”以来，信息工程学院结合专业特色与学科优势，通过使用无人机和智能设备，打造VR全景智慧乡村，探索数字乡村建设，以数字技术手段赋能乡村振兴建设，以此带动特色旅游业发展、特色农副产品的销售，加强乡村传统文化的保护和传承。乡村通过VR全景拍摄，以航拍的方式展示乡村风景的全貌，VR全景数字乡村能够深度挖掘乡村特色美景、美食，集点赞、评论、营销、电商功能于一体，打造VR场景里的闭环。VR全景数字乡村既可以展示乡村全貌，开拓乡村旅游新模式，又可以拓宽农产品的销售渠道，助农助销助力乡村振兴，打造特色乡村新品牌，助力智慧乡村的建设。启动仪式上，学校党委副书记王超、遂溪县人大常委会孔波等领导共同为示范点揭牌并启动开拍VR全景智慧乡村工程项目。

在学校党委的正确领导下，学校积极开展乡村振兴和教育帮扶工作，通过“双百行动”深度参与“百千万工程”，自开展结对共建以来，学校充分发挥在职教办学、党团建设、师资培育、人才培养、专业建设、社会服务等方面的经验和优势，将“地方所需”和“高校所能”紧密结合起来，找准校地合作共建的结合点，切实增强合作的针对性、实效性，打造人才培养的“蓄水池”，为全面推进乡村振兴和结对帮扶工作走深走实。接下来，学校将深入推进“双百行动”，继续助力遂溪基础教育的高质量发展，更好地肩负起高职院校的使命担当。

梅州职院，三方合作

为深入学习贯彻落实党的二十大精神和习近平总书记对深化东西部协作和定点帮扶工作作出的重要指示精神，精准落实《广州市人民政府办公厅　梅州市人民政府办公室关于印发广州市对口帮扶梅州市助推老区苏区全面振兴发展规划（2021—2025 年）的通知》（穗府办〔2022〕20 号），以及全省高水平高职院校结对帮扶欠发达地区公办高职院校的专项政策精神等，学校创新推动职业教育产教融合、校企合作迈上新台阶，促进梅州职业教育与区域产业深度融合，实现高素质技术技能人才培养与广州（梅州）产业转移工业园（简称“广梅产业园”）需求无缝对接。

2023 年 6 月 26 日至 27 日，信息工程学院党总支书记谢家的一行 4 人前往广梅指挥部、广梅产业园、广东梅州职业技术学院（简称“梅州职院”）开展“访企拓岗促就业”、帮扶调研和签订协议等专项活动。梅州市政府副秘书长、广州对口帮扶梅州指挥部副指挥长、梅州高新区（广梅产业园）管委会主任林满山，广梅指挥部办公室主任李世军，梅州高新区（广梅产业园）党工委委员、管委会副主任陈佳祥、党政办主任陈锐锋，以及梅州职院党政办主任谢荣欢、宣传统战部部长黄雪菲和万宝电器有限公司总经理何世宗、梅州圣戈班汽车玻璃系统有限公司人力资源与行政经理吴聚聚等领导及企业代表负责人出席座谈会。

会上，林满山代表广梅指挥部介绍了广梅产业园建设发展的情况、广州对园区的帮扶成效及园区的产业发展、人才队伍、校企合作情况和未来发展规划。谢荣欢介绍梅州职院办学情况及园区产业学院建设规划基本情况等。谢家的介绍了学校的办学情况，就对口帮扶梅州职院在广梅产业园共建产业学院，推动梅州职院人才培养质量和办学水平提升，推动广梅产业园人才协调发展和科研成果转化，促进广梅产业园区的经济发展和产业结构调整提供了意见建议。

校企三方还在学生实习就业、订单培养、科技研发、技能培训等方面进行了深入交流。三方均表示，通过共建现代产业学院等载体，充分发挥各自的资源优势，将共同致力于服务广州市对口帮扶梅州市助推老区苏区全面振兴发展规划，共同推进产教融合、校企合作，为梅州经济发展提供人才与智力支撑。

随后，梅州高新区（广梅产业园）、广州铁职院、梅州职院举行三方协议签约仪式。同时，信息工程学院、机电工程学院分别和万宝电器有限公司、梅州圣戈班汽车玻璃系统有限公司签约校企合作框架协议。

林芝职院，支援共建

深入贯彻落实教育部对口支援西藏工作会议精神，进一步深化教育援藏工作，对接对口支援林芝职业教育有关工作，是学校在教育结对帮扶工作的新挑战。

在签约合作前，西藏自治区林芝市教育系统领导先来到了学校进行调研交流。2023 年 8 月 31 日上午，学校党委副书记王超等人参加调研座谈会，广州市教育局职业教育与终身教育处二级调研员方昌明出席会议。

座谈会上，王超对西藏自治区林芝市教育系统领导一行表示热烈欢迎，并简要介绍了学校的总体发展、专业建设、师资引育、人才培养等基本情况。学校相关负责人简要介绍了学校近年的发展现状和帮扶工作开展情况，并就学校近年来的招生情况、专业设置、学生就业等方面进行了大致介绍。

林芝市职业技术学校副校长李桂锋介绍了该校的基本情况及此次交流访问的目的，提出合作意向。林芝市教育局副局长刘俊强表示，希望广州铁路职业技术学院支持林芝职业教育发展，加强两校之间的沟通交流，为推动西部地区高质量发展提供人才和技能支撑，为推进川藏铁路建设贡献力量。方昌明调研员强调，希望广州铁路职业技术学院结合自身实际，充分发挥各方面的资源优势建立对口帮扶机制，助力林芝市职业技术学校提高人才培养质量和教育教学水平。随后，双方就开展联合培养、师资培养、课程建设、团队交流等方面进行了深入研讨。

有了调研交流的基础，学校与林芝的合作就水到渠成了。2023 年 11 月 3 日至 6 日，学校党委副书记王超带队赴西藏林芝开展对接调研工作。

11 月 4 日，对口援藏对接座谈会暨签约仪式在林芝市职业技术学校会议室举行。林芝市教育局副局长刘俊强，林芝市职业技术学校校长徐久峰、副校长徐斯亮和相关职能部门负责人，学校工作组一行 4 人参加会议。会上，徐久峰校长介绍了该校的基本情况和发展思路，李桂锋副校长介绍了协作项目相关情况。刘俊强副局长详细介绍了林芝区位优势、产业结构、职业教育等相关情况，表示林芝教育部门将大力支持两所学校共建项目顺利实施。王超副书记强调，学校作为“双高院校”，将按照“区域所需，学校所能”的原则，进一步提高站位，体现担当，结合学校资源禀赋，在“3 + 3”联合培养、专业建设、师资培训、空中课堂、教学教改、科研能力和职业教育提质增效、人才培养能力提升等方面竭尽所能、全力以赴，为支援川藏铁路等“两个世纪工程”建设和林芝职业教育高质量发展做出应有的贡献。会后，由宣传统战部负责人蒲伟代表学校与林芝市职业技术学校签订对口帮扶协议。

11 月 5 日，在李桂锋副校长等陪同下，王超副书记率工作组一行到广东省第十批援藏工作队驻地和相关企业参观调研，听取了相关情况介绍，进行了探讨和交流。后续，学校将按照合作协议和共建项目清单，扎实有效、高位推进对口援藏项目落地见效。此次对接调研工作对推动对口援藏对接林芝职业教育工作开好局、起好步具有重要意义。接下来，学校将按照广东省教育厅工作任务，在教育帮扶、智力支持、科技兴职等方面找准学校与林芝职业教育发展的结合点，在服务林芝职业教育高质量发展进程中不断提升学校办学水平，推动互利共赢。

自学校与西藏自治区林芝职业技术学校签订对口支援协议起，投入了 40 万对口帮扶专项经费给林芝职校援建“空中课堂”实训室和双创实验室，邀请林芝职校铁路运输专业 3 名教师来学校进行为期 15 天的跟岗锻炼和专题辅导，以提升职业能力。

开展乡村振兴和结对帮扶工作以来，学校补短板、克难关、扛重任，科学谋划、集中资源、梯次推进，坚持因地制宜的原则，持续发挥和利用好学校优势资源，扎实做好教育结对帮扶工作，助推“双百行动”落地见效，助力乡村振兴高质量发展。

附 录

全宗构成者组织沿革

1. 全宗构成者名称：广州铁路职业技术学院。

2. 全宗构成成立时间：2000 年 6 月。

3. 全宗构成隶属关系：广州市人民政府主办，归口市教育局管理，为市直局级事业单位。

4. 全宗构成者简介：

2000 年 6 月 22 日，经广东省人民政府批准，广州铁路运输职工大学、广州铁路机械学校、广州铁路成人中等专业学校三校合并并转制组建广州铁路职业技术学院（粤府函〔2000〕356 号）。

2004 年 9 月由广州铁路集团有限公司移交广州市人民政府管理（粤府办〔2004〕79 号）。

2005 年 4 月教育部备案（教发函〔2005〕46 号）。

主要任务：承担高等职业技术教育和成人学历教育；承担铁路、地铁、城际轨道交通的继续教育、函授教育和员工培训、职业技能培训任务；开展轨道交通运输等方面的科学研究、技术开发和技术服务；开展国内外校际教育合作和学术交流。

学院定位与目标：坚持以习近平新时代中国特色社会主义思想为指导，以立德树人为根本，坚持“依托行业、立足广州、辐射全国、面向世界”的办学定位，坚持“质量立校、人才强校、特色兴校、文化铸校”的办学理念，面向中国教育现代化 2035，聚焦国家轨道交通产业升级和粤港澳大湾区建设，构建学历教育与培训并重的现代职业教育体系，完善学校内部治理体系，产教融合深化复合型技术技能人才培养培训模式改革，打造“特色引领、骨干支撑、协同发展”的专业群，形成工学结合、知行合一的高素质技术技能人才培养体系，为创建具有中国特色、一定国际影响力的高水平高等职业院校而努力奋斗！

事业编制：广州铁路职业技术学院为市局级事业单位，归口市教育局管理。内设 13 个党政管理部门、2 个群团组织、12 个教学部门和 4 个教辅部门，事业编制 477 个。

负责人名录（按时间顺序）

姓名	职务	任期	参考文件
江林洋	党委书记	2000 年 6 月—2003 年 12 月	广铁党〔2000〕86 号
潘濬源	院长	2000 年 6 月—2004 年 12 月	广铁干〔2000〕128 号
	党委书记	2003 年 12 月—2004 年 12 月	广铁党〔2003〕83 号
	党委副书记	2000 年 6 月—2003 年 12 月	广铁党〔2000〕62 号
叶树潭	党委常务副书记	2000 年 6 月—2004 年 12 月	广铁党〔2000〕88 号
	纪委书记	2003 年 12 月—2004 年 12 月	广铁党〔2003〕83 号
龚延祥	常务副院长	2000 年 6 月—2004 年 12 月	广铁干〔2000〕129 号
	副院长	2005 年 11 月—2012 年 4 月	穗组干〔2012〕105 号
卢宗耀	党委副书记	2000 年 6 月—2003 年 12 月	广铁党〔2000〕089 号
	纪委书记	2000 年 6 月—2003 年 12 月	广铁党〔2000〕089 号
王韶清	副院长	2000 年 6 月—2004 年 12 月	广铁干〔2000〕130 号
	副院长	2005 年 11 月—2014 年 1 月	穗组干〔2005〕505 号

续表

姓名	职务	任期	参考文件
林文华	副院长	2000 年 6 月 —2003 年 12 月	广铁干〔2000〕133 号
李淑珍	副院长	2000 年 6 月 —2003 年 12 月	广铁干〔2000〕132 号
廖金榜	副院长	2000 年 6 月 —2004 年 12 月	广铁干〔2000〕131 号
	纪委副书记	2005 年 11 月 —2012 年 1 月	广铁干〔2005〕1 号
廖惠卿	临时党委书记	2005 年 8 月 —2007 年 6 月	穗组干〔2005〕307 号
	党委书记	2007 年 7 月 —2012 年 10 月	穗教党函〔2007〕27 号
刘国生	院长	2005 年 8 月 —2014 年 1 月	穗人任免〔2005〕110 号
	临时党委副书记	2005 年 8 月 —2007 年 6 月	穗组干〔2005〕307 号
	党委副书记	2007 年 7 月 —2014 年 1 月	穗教党函〔2007〕27 号
彭铁英	临时党委副书记 临时纪委书记	2006 年 7 月 —2007 年 6 月	穗组干〔2006〕241 号
	党委副书记 纪委书记	2007 年 7 月 —2013 年 5 月	穗教党函〔2007〕27 号
林 姚	副院长	2005 年 11 月 —2014 年 12 月	穗组干〔2005〕505 号
陈 爽	党委书记	2012 年 10 月 —2016 年 1 月	穗组干〔2012〕392 号
雷忠良	院长	2013 年 12 月 —2016 年 1 月	穗组干〔2013〕567 号
薛小群	党委副书记	2013 年 10 月 —2017 年 3 月	穗组干〔2013〕472 号
马仁听	副院长	2013 年 11 月 —2017 年 3 月	穗人社任免〔2013〕125 号
蒋新革	副院长	2015 年 3 月 —2017 年 1 月	穗人社任免〔2015〕62 号
雷忠良	党委书记	2016 年 1 月 —2018 年 12 月	穗组干〔2018〕447 号
景广军	院长	2016 年 1 月 —2017 年 12 月	穗组干〔2016〕21 号
薛小群	纪委书记	2013 年 10 月 —2019 年 12 月	穗组干〔2013〕472 号
李晓明	副院长	2016 年 1 月 —2020 年 1 月	穗组干〔2016〕199 号
张竹筠	党委书记	2019 年 5 月至今	穗组干〔2019〕290 号
马仁听	党委副书记	2017 年 3 月 —2023 年 10 月	穗组干〔2017〕221 号
	院长	2019 年 1 月 —2023 年 10 月	穗人社任免〔2019〕9 号
王 超	党委副书记	2019 年 12 月至今	穗组干〔2019〕1061 号
徐小锋	纪委书记	2019 年 12 月至今	穗组干〔2019〕1061 号
麦国焯	副院长	2020 年 1 月 —2023 年 12 月	穗人社任免〔2020〕8 号
乔西铭	副院长	2020 年 1 月 —2024 年 1 月	穗人社任免〔2020〕8 号
	党委副书记	2024 年 1 月至今	穗组干〔2024〕50 号
	院长	2024 年 1 月至今	穗人社任免〔2024〕13 号
王亚妮	副院长	2020 年 1 月至今	穗人社任免〔2020〕8 号

一、党政管理部门（13个）

（一）党政办公室

党政办公室是负责统筹全面从严治党和依法治校、基层党组织建设和党员教育管理、党政工作要点的起草和督办、党委和行政文秘相关工作的综合管理部门。

（二）纪检室（纪委办公室）

纪检室（纪委办公室）是学校纪委的日常工作机构，负责党内监督、执纪、问责等工作。

（三）组织人事处（教师工作部）

组织人事处是负责学校组织和机构编制、干部和师资队伍等人力资源建设、薪酬福利和人事管理的综合管理部门，与教师工作部、计划生育办公室合署。

（四）宣传统战部

宣传统战部是负责宣传思想、意识形态、舆论引导、校园文化、扶贫帮扶、统战及老干等工作的综合管理部门。

（五）教务处

教务处是负责日常教学运行管理、教学内涵建设、人才培养模式改革、专业实训基地（室）规划、师生技能竞赛组织等工作的综合管理部门。

（六）学生工作部（学生工作处、武装部）

学生工作部是负责大学生思想政治教育、大学生心理健康教育等相关工作的综合管理部门，与学生工作处、武装部合署。

（七）招生就业处

招生就业处是负责统筹学校招生录取和毕业生就业工作的综合管理部门。

（八）科技产业处

科技产业处是学校科研与校企合作工作管理的综合管理部门，与校企合作办公室、学术委员会秘书处合署。

（九）财务处

财务处是负责学校财务预算管理、各类项目经费管理、物价票证管理、税收管理等方面的工作的综合管理部门。

（十）资产管理处

资产管理处是主要负责学校资产的增值和保值以及设备及耗材购置、管理与维护工作的综合管理部门。

（十一）发展规划处

发展规划处是负责学校发展规划、高职研究、学报编辑等工作的综合管理部门，与高职研究所、学报编辑部合署。

（十二）后勤管理处（保卫处）

后勤管理处是负责学校后勤、保卫工作的综合管理部门，与保卫处合署。

（十三）国际合作交流处(国际合作学院）

国际合作交流处是负责开展国际交流与合作的综合管理部门，与国际合作学院合署。

二、群团组织（2个）

（一）工会

工会是在学校党委和上级工会领导下开展工作的群众组织。

（二）团委

团委是负责学校团员青年的思想政治宣传教育、团组织的创新与建设、社会实践及志愿服务等工作的群众组织。

三、教学部门（12个）

（一）马克思主义学院

马克思主义学院是负责学校学生思想政治理论课教学、科研工作的教学部门。

（二）专业二级学院（7个）

专业二级学院包括电气工程学院、机电工程学院、运输物流学院、信息工程学院、外语商贸学院、机车车辆学院、铁道工程学院，是负责相关专业群建设，并组织制订与实施本学院专业人才培养方案的教学部门。

（三）实训中心

实训中心是负责全校工科类专业公共基础实训课程教学、全校综合实训基地管理和调度的教学部门。

（四）基础课部

基础课部是负责学校学生的数学、体育、美育等公共课程的教学部门。

（五）继续教育学院

继续教育学院是负责学校各类成人学历教育、培训、技能鉴定等工作，及中职教育的组织、管理、实施的教学部门。

（六）创新创业学院

创新创业学院是负责创新创业教育的教学部门。

四、教辅部门（4个）

（一）质量管理办公室

质量管理办公室是负责学校教学、管理、服务质量的监控、检查、评估和指导，统筹全校性重大综合项目建设的教辅部门。

（二）教师发展中心

教师发展中心是服务教师全生命周期发展，负责教师培养培训，落实师德师风建设的教辅部门。

（三）图书馆

图书馆是学校的文献信息中心、学习中心和信息咨询服务中心，是为教学、科研提供信息服务的学术性服务机构，是学校信息化和社会信息化的重要基地。

（四）教育技术中心

教育技术中心是学校信息化建设的主管部门与信息技术服务部门。

历史上的三所学校

1999年，广州铁路（集团）公司向广东省人民政府上报《关于广州铁路运输职工大学改制为广州铁路职业技术学院的请示》（以下简称《请示》）。《请示》中说道："我集团公司在广州有三所大中专学校：广州铁路运输职工大学、广州铁路机械学校、广州铁路成人中等专业学校。广州铁路运输职工大学是1984年由铁道部报国家教委批准成立的成人高校，开设10个专业，在校生635人，其中4个专业的高职班，在校生207人。该校1993年被评估为广东省先进成人高校。广州铁路机械学校是省部级重点中专，现正申报全国重点中专。广州铁路成人中专学校1996年被评为广东省成人中专教育先进学校。根据教育部关于发展高等职业教育的指示精神，结合我集团公司的实际，为优化教育资源配置，加速培养面向铁路、面向社会、面向生产一线的高级应用型人才，以适应铁路运输生产发展和广东经济发展，我们拟将广州铁路运输职工大学改制为广州铁路职业技术学院，同时将广州铁路机械学校、广州铁路成人中专学校并入职业技术学院……三校合并成立职业技术学院后，将能优化教育资源配置，增强办学能力，形成较大的办学规模，充分提高办学效益，培养出更多的合格人才。这既符合当前国家对成人高校、中专职业学校的战略调整精神，又可为广东经济的发展和我集团的发展提供高职人才。"

从上述文件的表述可以看出，当时的广州铁路（集团）公司主要考虑的是广州铁路运输职工大学改制，同时并入广州铁路机械学校、广州铁路成人中专学校。

三所合并的学校当中，历史最悠久的是广州铁路成人中专学校。这所学校最早萌芽于1952年广州铁路分局开办的技术训练班，当时地点在广州执信南路，还开办车务、商务、电讯等业务。1953年，衡阳铁路局南迁广州，将广州铁路分局的技术训练班改名为广州铁路局第一职工学校，校址不变。1962年学校搬迁至石门，1963年学校竟迁出广州，搬至衡阳，改名为广州铁路局衡阳职工学校。时隔六年，1969年广州铁路局衡阳职工学校并入衡阳铁路工程学校。1973年，恢复广州铁路局职工学校，校址在韶关梅村广州铁路局"五七干校"，学校重回广东。1974年，广铁成立广州铁路卫生学校，开办护士等专业。1975年，广州铁路局职工学校又被撤销，教职工一部分分流至衡阳工程学校，一部分分流至新成立的广州铁路技术学校，也就是说，在这一年，后来的两校（广州铁路成人中专学校、广州铁路机械学校）曾短暂合流过。1979年，广州铁路局职工学校又重新组建，广州铁路卫生学校被撤销，卫校及原安排进入技术学校的老师转入职工学校，校址在广州共和西路4号，有铁路运输、铁路会计、检验、药剂、护理专业。1983年，在原职工学校的基础上成立广州铁路局职工中专学校，设有铁路运输、铁路财会、铁路统计、护士专业，学制三年。1984年，成立广州铁路教师进修学校，1987年在教师进修学校的基础上成立广州铁路局师范学校，一套班子两块牌子，承担培养和培训小学师资的双重任务，1990年并入广州铁路成人中专学校。1986年，广州铁路职工中专并入石门培训中心，原职工中等专业学校搬迁石门，合并后校名不变。1988年，石门培训中心撤销，广州铁路机械学校、广州铁路职工中专学校合并，学校规模暂定1600人。1990年，广州铁路职工中专与广州铁路机械学校分开，并从石门迁出，改名为广州铁路成人中专学校，同时广铁进修学校并入广铁成人中专学校，校址在原进修学校校址。1992年，学校由共和西路搬迁至执信南路116号，直至2000年"三校"

合并。从这段悠长的历史可以看出，广州铁路成人中专学校与其他学校也曾有过分分合合，从前的合并犹如蜻蜓点水、点到即止。学校占地面积 5200 平方米，校舍建筑面积 9438 平方米，2000 年在册职工 75 人，其中专职教师 28 人（其中高级讲师 3 人，讲师 16 人），全日制学历班在校学生 303 人，业余学历班在校学生 1081 人，全年完成各类职工培训 5095 人。1984—2000 年，共为社会输送各类大中专学历毕业生 5998 人，1996 年被评为“广东省示范性成人中等专业学校”，是年获“广东省成人中专教育先进学校”的称号。

广州铁路机械学校和广州铁路司机学校是一所“两校合一”的全日制中专与技工学校。1974 年，经铁道部批准成立“广州铁路司机学校”（技校），位于广州市东山执信南路竹丝岗，1979 年升格更名为“广州铁路技术学校”（中专），1983 年更名为“广州铁路机械学校”，1986 年迁入石门，并入“石门培训中心”，中心撤销后，至 1990 年复名为“广州铁路机械学校”和“广州铁路司机学校”。学校占地 10 万平方米，校舍总面积 3.68 万平方米，藏书 13 万册，办学规模为 1800 人。中专设内燃机车、电力机车、企业供电等 6 个专业；技工设内燃机车乘务、电力机车乘务和接触网工等 3 个专业。1993 年和 1996 年，先后与华南师大、广州铁路运输职工大学联办企业供电、铁路供电、电力机车检修等专业大专班。同时，承担铁路机务、供电等部门的职工培训任务。2000 年年底，全校有教职工 263 名，其中专职教师 115 名（高级讲师 19 名，讲师 56 名），全日制学历班在校生 2073 人，业余学历班在校生 1479 人。至 2000 年，共输送毕业生 1 万余人。1993 年，经广东省评估批准为省（部）级重点中专学校。1996 年被评为广东省“一类技工学校”，1999 年被广东省高教厅评为普通中专“一级学校”，同年经铁道部专业评估，电力机车运用与维修等 3 个专业被授予“铁道部中专优秀教学专业点”。

广州铁路运输职工大学于 1984 年 4 月经铁道部批准、教育部备案成立，位于广州市东山东兴南路文化里 11 号，办学规模 240 人，以培训现职基层站段领导和经营管理干部为主，实行定向招生、对口培养。初期设铁路运输经济和铁路运输管理两个专业，1986 年后和广铁（集团）公司党校合并办学，又与广铁（集团）公司内中专联合，将专业设置增至 10 多个，并于 1999 年开始，通过普通高考招收大专学生。学校占地面积 10750 平方米，校舍建筑面积 19023 平方米，藏书 9 万册。2000 年教职工 123 人，专职教师 42 人（其中副教授 9 人，讲师 24 人）。全脱产大专学历班在校生 739 人，业余学历班在校生 992 人（均含联办）。从成立至 2000 年，全脱产班共培训大专毕业生 970 人，半脱产班大专毕业生 780 人。该校于 1986 年并入石门培训中心，1988 年培训中心撤销，职工大学与局（广州铁路局）党校合并，实行两块牌子一套机构的建制，直至 2000 年 6 月广州铁路职业技术学院成立。

2000 年 6 月 22 日，经广东省政府批准，广州铁路运输职工大学、广州铁路机械学校、广州铁路成人中专合并、改制、组建广州铁路职业技术学院，保留广州铁路机械学校牌子，并于是年 10 月 26 日挂牌。学校位于广州市白云区石井镇，占地面积为 11.60 万平方米，校舍建筑面积为 7.18 万平方米，藏书 24.56 万册，可容纳全日制学生 3600 名。教职工 459 人，专职教师 171 人（具有高级职称者 22 人、中级职称者 94 人）。原三校所办专业保留，实行多渠道、多层次办学，并继续承担广铁（集团）公司下达的各项教育培训任务。

广州铁路职业技术学院大事记

1974 年

5 月 22 日，铁道部教育局批准筹备广州铁路司机学校。

1975 年

10 月 4 日，广州铁路司机学校筹备就绪，于 10 月 25 日正式开学。共招收内燃机车专业 8 个班，新生 309 人。

1976 年

10 月 27 日，经广州铁路局党委常委研究决定：广州铁路司机学校党的核心小组改设为党委。全称：中国共产党广州铁路局广州铁路司机学校委员会。

1979 年

4 月 12 日，铁道部同意广州铁路司机学校调整为中等专业学校。

6 月 8 日，广州铁路司机学校正式改为中等专业学校。校名改为“广州铁路技术学校”，规模为 800 人，设内燃机车、铁道企业供电专业。

1983 年

3 月 9 日，广州铁路局于 1 月 31 日决定恢复石门疗养院的房屋归还，分期搬出。

11 月 15 日，经铁道部批准，成立广州铁路局职工中等专业学校，同时撤销局职工学校。

1984 年

9 月 3 日，广州铁路局职工中等学校举行首届开学典礼。

1985 年

1 月 23 日，广州铁路局同意广州铁路机械学校自 1985 年 3 月 1 日开始实行校长负责制。

1986 年

8 月 19 日，正式成立“广州铁路局石门培训中心”，同时撤销“培训中心筹备组”。培训中心由副局长石达成任主任，方雅明、张仕家任副主任。

1987 年

2 月 20 日，培训中心召开股级以上干部会议。杨义云书记、石达成主任分别在会上作了重要讲话。

6 月 25 日至 27 日，培训中心召开第一届机校第三届教职工工会委员代表大会。培训中心党委书记杨义云、主任石达成出席了大会、杨书记在大会上做了重要讲话。

1988 年

7 月 14 日，广州铁路局决定：撤销广局石门培训中心。局职大与局党校合并；局职工中专与广铁机校合并。职工中专与广铁机校合并后，实训一套机构，一个班级，两块牌子；规模为 1600 人。书记：刘耀；纪委书记：蔡庆主；工会主席：宋擎仁；校长：李启元；副校长：唐山樵、黄志、胡治中。

1989 年

3 月 3 日，两校召开第一次党员代表大会。大会选举产生了新的校党委会及校纪委会。刘彦青同志任党委书记，蔡庆力任纪委书记。

9 月 10 日，学校陈汉韬老师被评为全国优秀教师，钟长盛老师被评为铁道部优秀教师，李启元校长被评为铁道部优秀教育工作者。

1990 年

1 月 4 日，广州铁路局决定：广铁机械学校、局成人中专两校分开单独建制，两校重建党、政领导班子。机校仍实行校长负责制。学校规模 1200 人。

1991 年

2 月 5 日，铁道部劳动工资司批复广局广教（90）585 号文，同意撤销广铁机校技工部，同时在原技工部的基础上改建恢复广州铁路司机学校。学校规模为 400 人，开设内机车乘务和电力机车乘务两个专业。

1992 年

5 月 24 日，全国铁路中专的“电子技术”教学研讨会在学校召开。

10 月 21 日，广东省办学水平评估专家组到学校指导工作。省高教局中专处的何处长在会上作了复评工作的总结，铁道部教育司盛伟民专程来学校检查评估工作，局领导龙局长及教育处的同志也特意前来检查指导工作。

1993 年

11 月 23 日，在广东省普通中专学校创建文明校园活动中，学校经复检被评为“文明校园”单位。评分的分值是 400 分，学校自评为 363 分，兄弟单位的同志到学校复评为 353.5 分，位于今年评比第 6 名（全省中专学校）。

2000 年

6 月 22 日，经广东省人民政府批准“广州铁路运输职工大学”“广州铁路机械学校”“广州铁路成人中等专业学校”三校合并转制为“广州铁路职业技术学院”。

9 月 29 日，广州铁路职业技术学院宣布成立，新的领导班子诞生。

10 月 26 日，举行广州铁路职业技术学院揭牌仪式。

2003 年

1 月 15 日上午，集团总经理吴俊光同志来学校视察。

9 月，广州铁路职业技术学院和集团公司党校正式分开建制，不再实行一套机构、两块牌子。

12 月，中共广州铁路职业技术学院委员会、中共广州铁路职业技术学院纪律检查委员会、中国铁路工会广州铁路职业技术学院委员会、中国共产主义青年团广州铁路职业技术学院委员会成立。

2004 年

12 月，学校正式移交广州市人民政府管理。

2005 年

4 月 1 日，中华人民共和国教育部《教育部关于公布备案的 56 所高等职业学校名单的通知》正式批准学校备案。

8 月 22 日，市委组织部《廖惠卿等同志任职的通知》同意成立中共广州铁路职业技术学院临时委员会，廖惠卿同志任书记，刘国生同志任副书记。广州市人事局文件《关于刘国生同志任职的通知》，广州市人民政府决定：刘国生同志任广州铁路职业技术学院院长。8月底廖惠卿、刘国生到任成立新班子。

2006年

4月，广州市教育局确定学校城市轨道交通车辆专业被遴选为广州市属高等学校第一批示范性建设高职高专专业。这是学校第一个被上级主管部门认定的示范性建设高职高专专业。

12月，在广州市白云区第十四届人民代表大会第一次会议上，经大会代表选举，并经广州市人民代表大会常务委员会批复同意，校长刘国生教授当选为广州市第十三届人民代表大会代表。这是学校教职工首位当选市人大代表。

2007年

6月30日，中国共产党广州铁路职业技术学院第一次党员大会在学校礼堂举行，全校党员280余人出席了会议。

12月23日，学校召开首届教职工暨工会会员代表大会。

2008年

3月27日，学校喜获2008年“广州市春运和抗灾救灾先进集体”称号。

10月22日，学校在礼堂召开深入学习实践科学发展观活动动员大会，标志着学校深入学习实践科学发展观活动正式启动。

12月5日，广州市档案局评审组对学校申报“省特级档案综合管理单位”进行评审。学校单项分与总评分均达到省特级优异成绩，以总分95.9分晋升为“省特级档案综合管理单位”。

2009年

6月24日，以广东轻工职业技术学院院长叶小明为组长的人才培养评估专家组一行11人进入学校，正式对学校开始为期3天的人才培养工作评估。

9月29日，学校取得全国大学生电子设计竞赛获国家级一等奖。

12月26日至27日，学校荣获“2009年全国德育管理先进学校”称号。

2010年

3月1日，陈泽宇高级工程师负责的“数控机床装调”荣获国家精品课程称号，自动入选2009年度省级精品课程。

4月1日，民盟广州铁路职业技术学院支部成立。

6月，学校电气工程系周力尤教授主持的“污水处理厂污泥回流系统的建模与节能优化控制系统开发”项目获住房和城乡建设部2010年科学技术项目立项，实现了学校主持省部级科学技术项目立项零的突破。

9月18日，学校代表队获得2010年省大学生电子设计竞赛一等奖。

11月30日，学校被确定为“国家示范性高等职业院校建设计划”骨干高职院校立项建设单位。

12月1日，广州2010年亚洲残疾人运动会动员大会在广州召开，在会前，中共中央政治局委员、广东省委书记汪洋和省长黄华华先后接见了学校学生卜子游、开幕式微笑小姐吴怡、广州十大杰出青年李森等 6 名亚运会志愿者代表，学校轨道交通系学生卜子游代表亚运会 50 万名城市志愿者受到汪洋书记接见，汪书记并与卜子游同学进行了亲切的对话。

2011 年

1 月 21 日，广州亚运会、亚残运会志愿者工作总结表彰大会在广州市委礼堂举行，亚组委授予学校亚运志愿服务工作最高荣誉——“广州亚运会、亚残运会志愿者工作贡献奖”。

4 月 18 日，学校取得教育部单独招生改革试点资格。

5 月 8 日，学校喜获中高职衔接招生培养试点资格。

6 月 2 日，学校获批广东省职业教育师资培训基地。

11 月 1 日，学校在广东高校校园文化建设优秀成果评选中喜获二等奖。

11 月 16 日，广东省教育厅公布了 2011 年广东省大学生数学建模竞赛获奖名单，学校师生获得 1 个国家一等奖、3 个国家二等奖。

2012 年

3 月 3 日，教育部 2012 年度人文社会科学研究项目立项结果揭晓，学校科技处王向岭老师主持的“政校行企四方联动模式下高职院校校企合作长效机制的实证研究”（批准号：12YJC880107）获准立项。该项目是学校在教育部人文社科青年基金项目的首次立项，也是全省高职院校中唯一获立的青年基金项目。

12 月 28 日，学校师生荣获 2012 年数学建模竞赛国家级一等奖。

2013 年

4 月 26 日，广州市市长陈建华来学校考察调研。

7 月 13 日，学校学子喜获第四届全国软件设计大赛一等奖。

11 月 16 日，广州工业交通职教集团挂牌仪式暨 2013 年理事会年会，在职教集团理事长单位——广州铁路职业技术学院举行。

12 月 5 日，广州市政府与广州铁路（集团）公司共建广州铁路职业技术学院签约仪式在市政府礼堂举行。

2014 年

5 月 15 日，学校周力尤教授带领的科研创新团队的科技成果“污水处理系统节能运行智能控制技术及关键设备的研发与产业化”获广东省科技进步二等奖，使学校在省级科学技术奖励方面实现了零的突破。

6 月 25 日，学校被评选为广东省成人教育先进集体。

7 月，学校被评选为广东省就业督察优秀单位。

9 月，教育部公布 2014 年国家级教学成果奖获奖项目。学校刘国生教授主持的“行业高职院校转制后人才培养模式改革的探索与实践”、阮彩霞副研究员主持的“高职教师专业发展校本研训体系的研究与实践”均荣获二等奖。此次获奖是学校首次获得国家级教学成果奖。

11 月 10 日，由信息工程系 2014 级计算机应用技术专业新同学组成的现代学徒制试点班登上校车赶赴位于广州大学城的国家数字家庭应用示范产业基地，开始为期 2 年的现代学徒制人才培养模式试点培养。这是学校第一个正式开班运行的现代学徒制试点项目。

11 月 24 日，学校荣获“2014 全国职业院校就业竞争力示范校”。

2015 年

1 月 27 日，广州工业交通职教集团 2014 年年会在理事长单位——广州铁路职业技术学院举行。

8 月 25 日，学校成为教育部首批现代学徒制试点单位。

9 月 9 日，学校成立市属高校首家理事会。

10 月 24 日至 25 日，学校与广州铁路(集团)公司共同承办首届全国铁路职业院校接触网技能竞赛。

11 月 27 日，学校举行广东省轨道交通技术协同育人中心成立暨首届理事会大会。

12 月 19 日，学校举行服务轨道交通事业 40 年庆典活动，500 余名校友从各地赶回母校参加庆典。广州市教育局局长屈哨兵、广州大学党委书记庾建设、番禺职业技术学院党委书记孟源北、广州铁路（集团）公司代表组织人事处处长申俭聪、广州地铁集团有限公司副总经理何霖、广州科技贸易职业学院副院长丁霞、广州交通运输职业学校校长刘建平等莅校祝贺。广东省教育厅、北京交通大学、西南交通大学等近百家单位发来贺信。当天，学院领导与 95 届校友代表、广西校友会代表先后为教风、学风文化石揭幕。

2016 年

2 月 1 日，教育部、财政部发出《关于公布“国家示范性高等职业院校建设计划”骨干高职院校建设项目 2015 年验收结果的通知》（教职成函〔2016〕1 号），学校国家骨干高职院校建设项目通过教育部、财政部验收。

6 月 27 日至 28 日，学校组织召开全国职业院校现代学徒制交流研讨会。

12 月 2 日至 3 日，学校成功承办教育部首批现代学徒制试点工作经验交流活动。

12 月 11 日，学校广东省一流高职院校建设方案与任务书通过专家论证。

2017 年

9 月 3 日，2017 年全国大学生电子设计竞赛获奖名单揭晓，学校应用电子技术专业勇夺国家一等奖 1 项。本次竞赛成果是省一流校建设项目和应用电子技术省二类品牌专业建设国家级标志性成果之一。

10 月，学校机械制造与自动化专业和铁道供电技术专业分别入选全国职业。院校装备制造类示范专业点、全国职业院校交通运输类示范专业点，是广州市属高职院校中入选的两所高职院校之一。

10 月 24 日至 25 日，马来西亚拉曼大学学院代表团来学校访问交流。

2018 年

5 月 12 日，学校和郑州铁职院共同主持召开“铁道供电技术专业教学资源库共建共享联盟”成立大会。

5 月 18 日，学校牵头组建华南“一带一路”轨道交通产教融合联盟。

6 月 21 日，学校喜获“2018 中国职业教育就业百强”荣誉称号。

2019 年

1 月 8 日，广东省 2018 年全国大学生数学建模竞赛获奖名单出炉，学校学生喜获国家一等奖 2 项、省一等奖 2 项、省二等奖 8 项、省三等奖 6 项的优异成绩。

2 月 19 日，《广东省教育厅关于 2018 年广东省依法治校示范校认定结果的通报》（粤教策函〔2019〕19 号），认定学校达到广东省依法治校示范校认定标准要求，荣获“广东省依法治校示范校”称号。

7 月 10 日，学校成功入选国家优质专科高等职业院校。

9 月，机车车辆学院李瑞荣教授获“全国优秀教师称号”。

9 月，学校与白俄罗斯国立交通大学合作举办铁道交通运营管理专业专科教育项目正式获批并取得教育部备案（批准书编号：PDE44BY3A20191078N）。

11 月 23 日，学校在 2019 年中国技能大赛——第十一届全国交通运输行业“捷安杯”城市轨道交通服务员职业技能大赛全国总决赛获一个团体二等奖、一个团体三等奖，曾险峰老师获得国赛优秀裁判员称号。

12 月 10 日，学校成功入选国家“双高计划”建设单位，成为高职院校的“双一流”。

12 月 14 日，学校当选为中国高等教育学会创新创业教育分会副理事长单位，党委书记张竹筠当选为中国高等教育学会创新创业教育分会第三届理事会副理事长。

2020 年

5 月 25 日，学校被确定为“广东省示范性高等职业院校”。

7 月 16 日，学校周欢伟博士主持的“超高压保鲜米饭生产装备关键技术”入选 2019 年度广东省优秀科技成果，本次获奖是本批次唯一一项以高职院校牵头获得的奖项，也是学校第一个以学校牵头获得的省级科技成果奖。

7 月 18 日，中国共产党广州铁路职业技术学院第一次代表大会召开。会上选举产生了中国共产党广州铁路职业技术学院第一届委员会委员，名单为张竹筠、马仁听、王超、徐小锋、麦国焞、王亚妮、乔西铭；产生了中国共产党广州铁路职业技术学院第一届纪律检查委员会委员，名单为徐小锋、曹越、陈红志、李营、林燕波。会后举行了中国共产党广州铁路职业技术学院第一届委员会第一次全体会议，选举张竹筠同志为第一届委员会书记，马仁听、王超同志为副书记；举行了中国共产党广州铁路职业技术学院第一届纪律检查委员会第一次全体会议，选举徐小锋、曹越同志为第一届纪律检查委员会书记、副书记。

11 月 13 日至 15 日，学校斩获“2020 亚太职业院校影响力 50 强”和“2020 全国职业院校产教融合 50 强”的荣誉称号，是全国轨道类高职院校中唯一获得 2 项殊荣的学校。

11 月 20 日至 22 日，入列“全国职业院校课程思政研究中心”。

12 月 10 日，管春玲老师主持的精品在线开放课程“轨道交通车辆制动机维护与运用”成功入选教育部 2020 年国家精品在线开放课程（高职）。

12 月 30 日，学校获广东省第三批新时代高校党建示范创建和质量创优工作培育创建单位立项，机车车辆学院车辆党支部入选广东省高校“党建工作样板支部”培育创建单位，实现党建“双创”工作零的突破。

2021 年

1 月 25 日，学校教师团队马冬、袁泉、滕世平等参赛的作品《动车组车顶高压电气设备维护与检修》获得 2020 年全国职业院校技能大赛教学能力比赛专业课程二组一等奖。

1 月 28 日，学校与白俄罗斯国立交通大学、威凯检测技术有限公司、广东 - 独联体国际科技合作联盟共同签署《共建独联体国家轨道交通进口设备检测认证（中国）中心框架合作协议》。

4 月 29 日上午，学校师生 3 人均被授予“广东省五一劳动奖章”。

6 月，学校牵头的广州工业交通职业教育集团成功入选全国第二批示范性职业教育集团（联盟）培育单位。这是集团成立以来获得一项国家级荣誉及成果。

11 月 5 日，学校特聘董勤喜教授签约暨“院士工作站”揭牌。

2022 年

1 月 9 日，学校成功入选“中国高职教育五十强”。

1 月 21 日，学校教师团队吴静、黎志涛、朱琳、姬秀春的参赛作品《车站突发事件应急处置》获得 2021 年全国职业院校技能大赛教学能力比赛专业课程二组一等奖。

2 月 15 日，学校成功入选 100 所全国高职院校教师发展指数优秀院校。

2 月，学校与白俄罗斯国立交通大学合作举办的第二个中外合作办学项目——铁道供电技术专业中外合作办学项目获广东省教育厅批复。

2 月，学校被认定“广东省绿色学校”。

4 月，国家发改委下发了《关于印发“十四五”时期教育强国推进工程有关储备院校清单的通知》，“广州铁职院轨道交通产教融合实训基地（轨道交通装备智慧运维产业学院）项目”成功入选国家发改委“十四五”时期教育强国推进工程。

4 月 28 日上午，学校外语商贸学院闫娟副教授被授予“广东省五一劳动奖章”。这是学校继 2021 年之后被授予的第二枚劳动奖章。

7 月，学校成功入选教育部“一站式”学生社区综合管理模式建设自主试点单位。

10 月 5 日上午，广州铁路职业技术学院迁建工程项目移交工作会议召开，标志着科教城新校区使用管理权正式移交学校。

10 月 9 日，学校科教城新校区隆重举行入驻仪式，迎接 2700 余名首批入驻学子。

12 月 11 日下午，学校轨道交通产教融合实训基地（轨道交通装备智慧运维产业学院）项目开工。

12 月，学校成功入选广东省国防教育特色学校。

2023 年

1 月，学校正式通过审核获批为国家自然科学基金依托单位。这标志着学校具备了独立申报和承担国家自然科学基金项目的资格。

1 月 18 日，学校教师团队李媛、李惠贤、马幸会、叶琳琳参赛的作品《心理调适与积极应对》

获得2022年全国职业院校技能大赛教学能力比赛高职公共基础课程组一等奖。

2月，学校在197所国家首批“双高计划”建设院校中期绩效评价中获评“优秀”等级。

5月，在国家铁路局装备技术中心铁路动车组驾驶资格实作考试模拟驾驶考评技术服务项目中标结果中，学校成功中标第三标包“CR400AF型动车组模拟驾驶资格实作考试”。该项目的中标是学校作为独立个体承接的第一个铁路司机考评项目，也是全国铁路类院校首批落地的动车组模拟驾驶考试考点。

6月16日上午，学校牵头组建的广州市轨道交通学会在科教城校区举行成立大会暨第一届第一次会员大会。

6月28日，由华南理工大学、香港城市大学、广州铁路职业技术学院三校共同建设的粤港澳现代交通节能控制和智能运维技术联合实验室在学校正式揭牌。

6月30日，学校被认定为工信部首批产教融合专业合作建设试点单位。

8月24日，学校机车车辆学院李法敬博士的研究课题“超高速微型电主轴液态金属纳米流体高效传热机理研究”和铁道工程学院高玉龙博士的研究课题“子流域剖分的地表水-地下水紧密耦合模型开发与应用”成功获批2023年度国家自然科学基金青年科学基金资助立项，获批经费共计60万元。这是学校自2022年12月获得国家自然科学基金依托单位后，首次实现自主申报立项资助，是国家级基金项目立项从无到有的又一重大突破。

8月16日，广东省教育厅发布《关于2023年度高等职业教育“创新强校工程”考核结果的公示》，学校在2023年度“创强工程”考核中位列全省高职院校37所A类规划院校第2名。

9月，学校成功入选教育部办公厅第二批全国学校急救教育试点学校。

10月12日，学校举行“广州工匠学院”“广州市劳模和工匠人才创新工作室（吴静工作室）”“学校劳模和工匠人才创新工作室（闫娟工作室）”揭牌仪式。

10月17日，学校代表队首次参加第22届全国大学生游泳锦标赛（南方赛区）取得好成绩：运输物流学院22级黄建铭同学荣获50米仰泳比赛第1名和50米自由泳第3名；机电工程学院21级彭弋同学荣获200米自由泳第3名和50米自由泳比赛第6名；机车车辆学院21级陈哲韬同学荣获50米蛙泳第4名和100米蛙泳第7名；机电工程学院23级陆泽成同学荣获50米蛙泳比赛第5名；机电工程学院李夏麟荣获50米自由泳比赛第6名；同时荣获4×100米自由泳接力赛第2名，男子乙组团体总分第3名，乙组团体总分第5名，实现了金牌零的突破。

11月8日，国家铁路局铁路机车驾驶人员资格考试中心审定学校具备承办铁路动车组模拟驾驶实作考试能力，同意在学校设立国家铁路局动车组模拟驾驶资格实作考点（广州铁职考点），可承办铁路动车组模拟驾驶资格实作考试。学校成为全国铁路类院校首批落地的动车组模拟驾驶实作考点，在全国铁路行业具有很强的示范意义。

12月29日，广州市新能源汽车智能制造产教联合体成立大会召开。来自政府、学校、企业、行业、科研机构等联合体单位领导共同签署共建市域产教联合体意向书。成立大会的召开标志着广州市新能源汽车智能制造产教联合体迈向新的发展起点。

广州铁路职业技术学院教师荣誉名录

优秀教师/优秀教育工作者名单

序号	姓名	称号	获得时间（年份）
国家级			
1	李瑞荣	全国优秀教师	2019
省级			
2	蔡勤生	南粤优秀教师	2003
3	梁才	南粤优秀教师	2005
4	李瑞荣	南粤优秀教师	2009
5	王亚妮	南粤优秀教师	2012
6	欧阳丽	南粤优秀教育工作者	2012
7	朱宛平	南粤优秀教师	2015
8	李助军	南粤优秀教师	2018
9	管春玲	南粤优秀教师	2021
市级			
10	廖慧卿	广州市优秀教育工作者	2005
11	李华兴	广州市优秀教育工作者	2005
12	谢家的	广州市优秀教师	2005
13	张华	广州市优秀教师	2005
14	温向东	广州市优秀教师	2005
15	刘国生	广州市优秀教育工作者	2007
16	李瑞荣	广州市优秀教师	2007
17	曹越	广州市优秀教师	2007
18	刘雨涛	广州市优秀教师	2007
19	张红	广州市优秀教师	2007
20	王韶清	广州市优秀教育工作者	2009
21	王巧莲	广州市优秀教师	2009
22	费安萍	广州市优秀教师	2009
23	伍文彬	广州市优秀教师	2009

续表

序号	姓名	称号	获得时间（年份）
24	王青	广州市优秀教师	2009
25	邵玫	广州市优秀教师	2009
26	蔡幼君	广州市优秀教师	2009
27	欧阳丽	广州市优秀教育工作者	2011
28	王亚妮	广州市优秀教师	2011
29	陈泽宇	广州市优秀教师	2011
30	林红梅	广州市优秀教师	2011
31	郑山水	广州市优秀教师	2011
32	陈红志	广州市优秀教师	2011
33	曾青中	广州市优秀教师	2011
34	蒋新革	广州市优秀教育工作者	2013
35	朱宛平	广州市优秀教师	2013
36	刘让雄	广州市优秀教师	2013
37	王友良	广州市优秀教师	2013
38	陈敏	广州市优秀教师	2013
39	薛胜男	广州市优秀教师	2013
40	刘冬香	广州市优秀教师	2013
41	谷志元	广州市优秀教师	2013
42	刘琼	广州市优秀教育工作者	2015
43	赵华军	广州市优秀教师	2015
44	段振华	广州市优秀教师	2015
45	邵玫	广州市优秀教师	2015
46	王巧莲	广州市优秀教师	2015
47	胡亚娟	广州市优秀教师	2015
48	李助军	广州市优秀教师	2017
49	刘让雄	广州市优秀教师	2019

其他教师荣誉名单

序号	姓名	称号	评选年份
国家级			
1	许爱军	全球创业周“创业名师”奖	2017
2	叶琼	全国铁路优秀共青团干部	2019
3	潘素芳	全国铁路优秀共青团干部	2019
4	王吉峰	国家级技能大师工作室主持人	2019
5	周世平	国家级技能大师工作室主持人	2019
6	郑山水	全国第一届物流行业职业教育教学名师	2019
7	叶琼	全国铁路优秀共青团干部	2020
8	谭铮铮	全国铁路优秀共青团干部	2021
9	何雪	全国铁路优秀共青团干部	2021
10	叶琼	全国铁路向上向善好青年	2021
11	马仁听	国家级职业教育教师教学创新团队带头人	2021
12	刘让雄	全国课程思政教学名师	2021
13	何发武	全国课程思政教学名师	2021
14	王吉峰	全国课程思政教学名师	2021
15	王亚妮	全国课程思政教学名师	2021
16	杨琦	全国课程思政教学名师	2021
17	陈珂	全国课程思政教学名师	2021
18	马冬、袁泉、滕世平等	全国职业院校技能大赛教学能力比赛专业课程二组一等奖	2020
19	吴静、黎志涛、朱琳、姬秀春	全国职业院校技能大赛教学能力比赛专业课程二组一等奖	2021
20	李媛、李惠贤、马幸会、叶琳琳	全国职业院校技能大赛教学能力比赛高职公共基础课程组一等奖	2022

续表

序号	姓名	称号	评选年份
省级			
21	王友良	广东省高等职业教育专业领军人才	2015
22	王亚妮	“广东特支计划”教学名师	2016
23	刘启绍	广东省高层次技能型兼职教师	2016
24	赵树启	广东省高层次技能型兼职教师	2016
25	何剑峰	广东省高层次技能型兼职教师	2016
26	许爱军	“广东特支计划”教学名师	2017
27	王亚妮	广东省职业教育“双师型”名教师工作室主持人	2018
28	林煜生	广东省技术能手	2019
29	陈敏	广东省高等职业教育专业领军人才	2019
30	刘让雄	广东省高等职业教育专业领军人才	2019
31	管春玲	广东省高等职业教育专业领军人才	2019
32	李瑞荣	广东省高等学校教学名师（第九届）	2019
33	丘少美	广东省优秀共青团干部	2019
34	陈晓宏	省级技能大师工作室主持人	2019
35	吴静	广东省先进女职工	2020
36	吴静	广东省五一劳动奖章	2020
37	谭铮铮	广东国防教育工作先进个人	2020
38	樊振华	广东国防教育工作先进个人	2020
39	吴静	广东省技术能手	2020
40	吴伟民	第十届广东省高校学生工作“红棉奖”	2020
41	刘让雄	广东省高等学校第十届教学名师	2021
42	刘永旭	广东省资助工作先进个人	2021
43	李锦源	2020 年度广东省高校辅导员年度人物	2021
44	谭铮铮	广东省百佳团支部书记	2021
45	闫娟	广东省五一劳动奖章	2022
46	郑山水	广东省特支计划教学名师	2022
47	李涛	省级技能大师工作室主持人	2022
48	曾险峰	省级技能大师工作室主持人	2022

续表

序号	姓名	称号	评选年份
市级			
49	许爱军	广州市高层次人才（优秀专家A）	2018
50	许爱军	广州市高层次人才（广州市优秀专家）	2019
51	潘素芳	广州市优秀共青团干部	2019
52	叶琼	广州市优秀共青团干部	2019
53	王亚妮	广州市高层次人才（优秀专家A）	2020
54	周世平	广州市高层次人才（青年后备人才A）	2020
55	康利梅	广州市高层次人才（青年后备人才A）	2020
56	周玉海	广州市高层次人才（青年后备人才A）	2020
57	江富强	2020年感动广州的最美教师	2020
58	谭铮铮	广州市优秀共青团干部	2020
59	何雪	广州市优秀共青团干部	2020
60	李惠贤	广州市优秀共青团干部	2021
61	孟思明	广州市优秀共产党员	2021
62	曾险峰	广州市优秀共产党员	2021
63	王吉峰	广州市优秀党务工作者	2021
64	文苇	优秀指导教师奖	2021
65	曾险峰	曾险峰名师工作室主持人	2022
66	申利民	申利民名师工作室主持人	2022
67	申富林	申富林名师工作室主持人	2022
68	王吉峰	王吉峰名师工作室主持人	2022
69	黄俊刚	黄俊刚名师工作室主持人	2022
70	袁泉	袁泉名师工作室主持人	2022
71	申彦春	申彦春名师工作室主持人	2022
72	李蜜	李蜜名师工作室主持人	2022
73	韩威	电气自动化技术专业教师教学创新团队带头人	2022
74	黎志涛	铁道运营管理专业教师教学创新团队带头人	2022
75	郭咏辉	铁道工程技术教学创新团队带头人	2022
76	刘雨涛	旅游管理专业职业院校教师教学创新团队带头人	2022
77	滕世平	动车组检修技术专业教师教学创新团队带头人	2022
78	伍洪俊	铁道信号自动控制专业教师教学创新团队带头人	2022

后 记

为庆祝学校建校五十周年，学校党政领导班子决定续编校史。《广州铁路职业技术学院校史》历经大半年时间，在2020年版校史的基础上修订编纂成书。

现校史编纂委员会成员皆为现职员工，主要利用业余时间查阅史料、电话访谈、走访老教师来收集有效信息。不论是年逾花甲的老前辈，还是步入教坛不久的青年人，大家都以高度的责任感全身心地投入校史编纂工作，力求做到客观、全面地记述学校的发展历程，使其不致因世事变迁而为岁月的尘埃所湮没、遗忘。

校史编纂工作得到学校领导的重视和支持，得到广大教职工和校友的关心，尤其是老同志的热切关注，他们为编纂校史提供了宝贵的历史资料和照片。在史稿审核工作中，学校各相关部门为定稿做了大量工作。在此，一并表示衷心感谢！

由于年代久远、多校合并、校址迁徙、人事变更，一些早、中期的史料仅存只言片语。校史编纂难度较大，加之时间仓促，编纂人员水平有限，疏漏之处在所难免，诚望大家批评指正，提出宝贵意见和建议，以便我们在今后修订校史时补漏拾遗、去伪存真。

《广州铁路职业技术学院校史》编纂委员会

2024年6月20日